생각하는 교육과정과 수업을 위한

개념 기반 탐구학습의 실천

- 전이 가능한 이해의 촉진 전략 -

Carla Marschall · Rachel French 공저 | 신광미 · 강현석 공역

Concept-Based Inquiry in Action

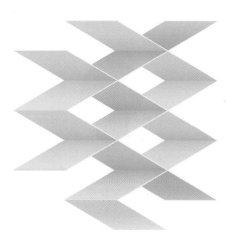

학지사

CORWIN

우리가 사는 지금의 이 시대는 우리가 예측도 하지 못했던 일들을 우리에게 과제처럼 던져 주고는 이를 공동체가 함께 해결책을 제시하고 해결하도록 강력하게 요구하고 있다. 그런데 그 과제들 중에는 COVID-19, 환경 문제와 같이 과제를 완전히 이해할 수 있는 시간도 주지 않고 급한 해결을 요구하며 이 과정에 인간 및 동식물의 생명이 희생되기도 하는 잔인한 것도 있다. 게다가 지식과 정보는 시간이 지남에 따라 더욱 넘쳐 나고 있고, 전 세계의 구성원은 고도화된 산업기술로 이전보다 더 자주, 더 빠르게 교류하고 있다. 학교에서 학생들을 가르치는 교사로서 이 시대의 현상을 생각하면 도대체 무엇을 어떻게 가르쳐야 우리의 미래인 학생들이 앞으로 그들에게 주어질 크고 작은 많은 시대적 과제를 잘 이해하고, 공동체적으로 해결하며 보다 더 나은 세상을 만들 수 있는 사회 구성원이 될 수 있을지에 대해 고민하지 않을 수 없다.

IB(International Baccalaureate) 프로그램뿐 아니라 다양한 교육과정에서는 이미 오래전부터 지식 위주의 교육(Content Based Learning)보다는 지식(Knowledge)과 기능(Skills)을 넘어 배운 정보들을 연결하고 패턴을 찾아 개념적인 이해(Conceptual Understanding)로 이끌어야 학생들이 만들어 낸 개념적 이해를 다양한 상황과 맥락으로 전이할 수 있게 된다고 설명하며 개념 기반 학습을 강조하고 있다. 또한 이 개념 이해를 위한 학습 과정은 연역적 접근(Inductive Approach) 방식이 아닌 귀납적 접근(Deductive Approach) 방식으로 학습자가 질문하고 주도적으로 탐구할 수 있는 탐구 기반 학습이 되어야 한다고 강조하고 있다. 이는 학생들이 개념 기반 학습을 통해 개념적 이해를 계발하고, 탐구 기반 학습을 통해 독립적인 학습자로서 성장하게 되면 우리가 살아가는 세상을 보다 평화롭게 만들 수 있는 사회 구성원이 될 수 있다는 믿음에 근거한 것이 아닌가 생각해 본다.

　이 책은 탄탄한 학문적 이론을 바탕으로 하고 있지만 그 접근법에 있어서는 직접 매일 성취 기준에 근거해서 교안을 계획하고 학습 활동을 디자인하고 평가를 고안해야 하는 교사들에게 직접적인 도움이 되고자 하는 것을 목적으로 하고 있다. 각 국가 교육과정에서 제시되는 다양한 교과에서 제시되는 엄청나게 많은 지식(Knowledge)과 기능(Skills)을 어떻게 개념과 연결시켜 학생들의 시너지적 사고를 가능하게 하고, 그 학습 과정이 학생 주도적 탐구로 이루어질 수 있도록 하는지에 대한 구체적인 방법과 예시들을 제시한다.

　제1장에서는 탐구 기반 학습과 개념 기반 학습이 어떻게 통합되는지를 살펴보기 위해 각 기반 학습에 대해 자세히 설명하고 있다. 개념 기반 학습은 린 에릭슨(H. Lynn Erickson)과 로이스 래닝(Lois A. Lanning)의 이론에 근거를 두고 있고, 탐구 기반 학습은 교수 연속체 선상에서의 다양한 교수 접근법을 소개함으로써 탐구의 목적, 학생의 필요에 따라 다양한 탐구 기반 학습 접근법을 계획할 수 있도록 융통성을 제공하고 있다.

　제2장에서는 개념 기반 탐구 모델을 소개하고 각 탐구 단계의 목적을 개념 기반 학습과 연결 지어 설명하고 있어 어떻게 개념과 개념적 이해가 탐구 기반 학습을 통해서 형성되는지 잘 보여 주고 있다. 또한 교사가 세밀하게 개념 기반 탐구 모델을 기반으로 훌륭한 교안을 디자인한다고 해도 학생들 스스로가 자신을 유능한 개념적 사고자로 바라볼 수 없다면 효과적인 교육이 일어날 수 없음을 인식하고 개념 기반 탐구의 문화를 창출하기 위한 전략들도 소개하고 있다.

　제3장에서는 개념 기반 탐구 모델을 기초로 하여 실질적으로 단원을 계획해 나가는 단계와 학생들이 개념과 개념적 이해를 더욱 심화시킬 수 있도록 하는 다양한 전략을 소개하고 있다. 책에서 전반적으로 언급되고 있듯이 개념 기반 탐구 모델에서 제시되는 탐구의 단계는 순서적인 것이라고 이해하기보다는 탐구의 목적과 단원 진행 상황에 맞추어 그 단계들이 반복되기도 하고 동시에 진행되기도 한다는 것을 염두에 두어야 한다. 물론 모든 단계에 있어 '성찰하기' 단계는 반복적으로 적용될 수 있다는 것도 기억해야 한다.

　제4장에서 제10장은 개념 기반 탐구 모델의 각 단계를 단원의 제목으로 하고 각 단계의 특징, 그리고 각 단계의 목적을 달성하기 위해 사용될 수 있는 구체적인 학습 전략들이 자세한 설명과 예시로 제시되고 있다. 이곳이야 말로 교사들에게는 보물 창고와 같은 곳이라 할 수 있겠다. 제4장에서 제10장에는 바로 학급에서 실행 적용할 수 있는 학습 전략들 그리고 그 전략이 실제 실행되는 동영상까지 소개되고 있어, 개념 기반 탐구 학습을 실천하는 교사들이 학생들의 개념과 개념적 이해를 계발하고 주도적인 탐구자로 학습에 참여할 수 있도록 구체적으로 도울 수 있는 많은 학습 도구에 대해 배울 수 있다.

각 장의 마지막에 제시된 잠시 멈추어 되돌아보기 부분은, 각 장에서 제시되는 내용과 교육 현장에서 경험하는 것들을 잘 연결하여 성찰할 수 있는 기회를 제공함으로써 이 책이 보다 실용적으로 활용되고 교육 현장에 긍정적 영향을 끼칠 것이다. 책의 마지막 부분 자료 C에서는 개념 기반 탐구 학습 모델로 계획된 단원의 예를 제시하고 있어 교사들이 단원을 계획할 때 도움이 될 것이다.

개인적으로 IB(International Baccalaureate) 프로그램의 교사로 학생들을 가르친 지 벌써 7년이 되었다. IB에서 강조하고 있는 개념 기반, 그리고 탐구 기반 학습으로 교안을 디자인하고 학생들을 가르치면서 이 2개의 기반 학습이 통합될 수 있는 방법은 없을까 고민하던 중, 이 책의 제목만 보고도 감격했던 그 순간을 아직도 잊을 수 없다. 책을 읽으면서는 책에서 제시되는 다양한 학습 전략, 그리고 그 전략이 세계 여러 나라의 교실, 다양한 교과에서 실질적으로 사용되는 예시들을 보며 더욱 감동하게 되었다. 많은 전략을 바로 나의 교실에서 적용해 볼 수 있었고, 이를 통해 학생들의 이해, 참여 등에 있어 긍정적인 변화를 직접 목격할 수 있었다. 마찬가지로, 학교 현장에서 일하는 교사, 관리자, 장학사, 교육과정 연구자, 대학원생, 학부생 그리고 개념 및 탐구 교육에 관심이 있는 다양한 관계자가 이 책을 읽고, 개념 기반 탐구 학습을 설계하고 실천할 수 있기를 진심으로 기대한다. 끝으로 이 책의 중요성을 공감하고 역서를 출판하기 위해 애써 주신 학지사 관계자 여러분께 진심으로 감사의 말씀을 드린다.

역자를 대표하여
신광미

Concept-Based
Inquiry in
Action

머리말

　칼라 마샬과 레이첼 프렌치가 쓴 이 책은 우리의 교실 상황을 가장 가깝게 보여 주면서 각 장마다 교사들에게 많은 선물을 제공하고 있다. 개념 기반 커리큘럼과 수업이라고 하는 문을 열면 교사들이 사용할 수 있는 실질적인 탐구 전략, 제안, 템플릿, 동영상 등이 쏟아져 나온다. 교사들은 이 전략들을 그대로 사용할 수도 있고, 자신의 교실의 상황에 맞게 변형할 수도 있으며 개념 기반 탐구 속에서 자신들만의 창의적인 아이디어를 발굴할 수도 있다.

　이 책은 개념 기반 커리큘럼과 수업에 중요한 공헌을 하고 있는데, 이 책이 교사들의 손을 잡고 어떻게 탐구를 통해 학생들을 낮은 수준의 지식과 기능에서 심층적인 개념적 이해와 전이의 수준으로 옮겨 갈 수 있도록 하는지를 자세히 보여 주고 있기 때문이다.

　개념 기반 탐구를 다루는 이 책은 정말 잘 쓰인 책이며 논리적으로 구성되어 있다. 처음 3개 장은 개념 기반 수업 및 개념 기반 탐구에 대한 기초를 제공한다. 마샬과 프렌치는 탐구 기반 접근법을 연속적으로 나열하고 있다. 구조화된 탐구에서 개방형 탐구에 이르기까지 다양한 탐구의 종류를 정의하고 설명해 준다. 탐구에 관한 다른 책과는 달리 이 책의 저자들은 개념 형성, 일반화 개발 그리고 개념의 전이를 탐구 과정의 중심에 두고 있다. 각 장은 탐구의 다른 단계들을 보여 주고 있고, 어떻게 각 탐구의 단계가 학생들의 개념적 스키마를 쌓아 갈 수 있도록 하는지를 설명하고 있다. 소개된 다양하고 구체적인 교수 전략 속에서 어떻게 탐구가 이루어지는지를 자세히 보여 준다.

　이 책의 가장 중요한 측면의 하나는 개념 기반 학습의 교실에서 실제적으로 어떻게 탐구가 이루어지는지를 보여 주는 동영상을 포함하고 있는 것이라 생각된다. 이 동영상들은 세계 여러 나라, 다양한 학년과 교과의 예를 보여 주고 있다. '보는 것이 백 마디의 말보다 낫다(百聞이 不如一見)'라고 하는 말이 있는데, 이 동영상이 그러하다. 아마도 이러한 동영상들을 여러분이 보게 된다면 바로 그 수업으로 들어가 참여하고 싶어질 것이다.

마샬과 프렌치는 각 장의 탐구 도구를 디자인하는 탄탄한 기반으로 개념적 이해, 전이, 개념 렌즈, 안내 질문, 시너지적 사고 등과 같은 개념 기반 교수 및 학습의 핵심 내용을 잘 사용하고 있다. 이 책에 제시된 전략, 제안, 설명, 동영상 등은 젊은 교사들에게 특히 많은 도움이 될 것이다.

-H. Lynn Erickson & Lois A. Lanning

학생들의 생각에서 교사의 행동까지

몇 년 전 칼라 마샬은 1학년 교사와 함께 '생명체'라고 하는 단원을 같이 가르쳤다. 단원의 시작 단계에서 학생들로부터 질문을 끌어내어 차트 용지에 기록했다.

생명체에 관한 우리의 질문들
• 왜 어떤 동물들은 겨울잠을 자는가? • 애벌레는 어떻게 나비로 변하는가? • 모기의 다리는 왜 길까? • 왜 어떤 동물은 수영을 할 수 있고 어떤 동물은 수영을 하지 못할까? • 개미는 왜 무엇을 자꾸 운반할까? 어떻게 하는 것일까? • 뱀은 왜 이상하게 생겼을까? • 개구리는 어떻게 볼에 바람을 넣어 볼록하게 할 수 있을까? • 동물들이 길에서 죽는 이유는 무엇일까? • 사과 씨앗은 왜 별처럼 생겼을까? • 올빼미는 제일 처음 어디서 생겨난 것일까?

이처럼 다양하면서도 구체적인 질문을 가지고 다음 단계를 계획하는 것은 정말 어려운 일이었다. 각 학생들의 개별 질문에 맞추어 탐구를 해 나가는 것이 정말 가능할까? 이것이 정말 바람직한 방법일까? 아니면 주제들을 조금씩 다루는 패치워크 단원으로 진행해야 할까? 교사

의 질문을 사용하여 학습을 유도하는 것이 더 적절하지 않을까? 그렇게 하면 학생의 생각을 평가절하하게 되는 것은 아닐까? 학생들의 질문은 교사가 질문했을 때 일어난 우연한 생각이 아니라 진정한 궁금증이었을까? 이때 칼라는 이렇게 학생들이 구성한 좁은 질문들과 생명체에 대한 개념적 이해를 안내하려는 교사의 목표를 어떻게 조정해야 하는지 불확실했다. 만약 교사가 학생들이 전이 가능한 아이디어와 연결시키도록 도와주지 않고 질문에 대한 탐구를 하게 한다면, 학생들이 사실을 넘어서 더 깊은 이해를 얻을 수 있다고 확신할 수 있을까?

우리 중 대부분은 이런 상황을 마주한 적이 있을 수 있다. 또 학생들의 생각과 질문을 수업을 진행하는 데 어떻게 사용할지에 대한 온전한 이해 없이 학생들의 생각에 대해 묻는 경우도 있다. 되돌아보면 교사는 성실하게 학생의 생각을 수집한 순간들이 많지만 단원 끝에는 답하지 않은 질문 스티커 메모 더미만 남아 있는 경우도 많다. 이것은 동기 부족의 문제가 아니라 학생의 사고가 단원의 더 큰 맥락에 어떻게 부합하는지에 대한 조직적인 문제였으며, 우리는 개념적 이해를 가능하게 하기 위한 탐구에서 학생과 교사의 사고가 어떻게 결합될 수 있는지에 대한 틀을 아직 찾지 못했기 때문이기도 하다.

이 책의 목적은 개념 기반 탐구 모델과 유치원에서 12학년 교실의 이해를 위한 탐구 기반 학습을 지원하는 데 수반되는 교수 전략을 모두 제시함으로써 위에 제기된 문제를 해결하는 것이다. 보다 구체적으로, 우리는 교사가 일반화 또는 개념적 관계에 대한 설명을 개발하여 학생들과 함께 이해를 구축할 수 있는 구체적인 방법을 제공한다. 우리는 모든 학생들이 얼마나 '자연스럽게' 개념적으로 생각하든 관계없이 개념적으로 생각할 기회를 가질 자격이 있다고 확신한다. 교실에는 교사의 명시적인 지원 없이 개념을 습득하고 연결하는 학생들도 있다. 교사가 학생들에게 그들이 이해한 것을 새로운 상황으로 전이시킬 수 있는 기회를 제공한다면 모든 학생들이 개념적 수준에서 사고하는 능력을 습득할 수 있다고 믿는다. 복잡하고 빠르게 발전하는 21세기의 맥락에서, 개념적 이해의 촉진자로서의 교사 역할은 그 어느 때보다 중요하고 시급하다.

교사가 학생들에게 그들이 이해한 것을 새로운 상황으로 전이시킬 수 있는 기회를 제공한다면 모든 학생들이 개념적 수준에서 사고하는 능력을 습득할 수 있다고 믿는다.

수년에 걸쳐, 우리는 교사들이 교실에서 개념 기반 학습을 구현하도록 돕는 방법을 고안하기 위해 협력해 왔다. 우리의 생각은 미국, 브라질, 독일, 스위스, 이집트, 홍콩, 싱가포르, 뉴질랜드 등 전 세계 학교에서 실천에 기반을 두고 발전되었다. 이러한 다양한 상황은 전이 가능하고 쉽게 사용할 수 있는 전략의 중요성을 강조하여 다양한 문화와 인종의 학생들로 구성

된 학교에서도 이러한 전략들을 쉽게 수정하고 적용할 수 있도록 하였다. 동영상 프로젝트로 시작하여 우리의 협업은 이해를 위한 교육 모델을 포함하도록 확장되었다.

이 책의 구조

이 책이 이론과 실천을 모두 다루고 있다는 것은 우리에게 매우 중요하다. 컴퓨터 과학자인 월터 사비치(Walter J. Savitch, 1984)는 "이론상 이론과 실습 사이에는 차이가 없다. 그러나 실습에 있어서 차이가 있다."라고 말했다. 교실에 아이디어를 적용해 보면 우리는 이 말에 전적으로 동의할 수밖에 없다. 각 장은 수업을 위한 가치 있는 전략을 만들기 위해 이론과 실습 모두에 어떻게 의존해야 하는지에 대한 이해를 바탕으로 이론과 실습이 균형을 이루며 구성되어 있다.

책 전체에서 우리는 또한 우리의 전략을 직접 보여 주고 있다. 예를 들어, 각 장에는 함께 제공되는 시각적 메모 세트가 있다(제7장의 조직 전략). 또한 제1장에는 프레이어 모델, 스펙트럼 정렬 및 모두, 일부, 없음 전략의 예가 있다. 책 전반에 걸쳐 사진을 소개하면서 관련 전략을 참조할 수 있도록 하고 있다. 보시다시피 이러한 전략은 성인 학습자를 지원하므로 학교 내 조직에서도 사용할 수 있다.

이 책의 제1부(제1장과 제2장)에서는 탐구 기반 학습과 개념 기반 학습이 의미하는 바가 무엇인지를 명확히 하고 있다. 제1장에서는 탐구 기반 학습과 개념 기반 학습이 가지고 올 수 있는 이점과 과제를 고려하여 탐구 유형에 대해 설명한다. 린 에릭슨 박사와 로이스 래닝 박사의 연구를 바탕으로 이 장에서는 지식 및 과정 구조에 대해 설명하고 있다. 제2장은 이해를 가르치는 귀납적 탐구의 한 형태로서 개념 기반 탐구를 정의하고 그 특징을 설명한다. 각 탐구 단계에 대한 설명과 함께 탐구 모델이 제시되고 있다.

제2부(제3장)에서는 각 단계를 하나로 모아서 한 단원 안에서 탐구 모델을 구현하는 방법을 보여 준다. 단원 계획 과정에 초점을 맞춘 이 장에서는 개념적 사고를 탐구에 통합할 수 있는 여러 가지 방법을 제공한다.

제3부(제4장~제10장)에서는 탐구 모델의 각 단계를 독자에게 안내하고 있다. 이러한 각 장은 탐구 단계에 대한 이론적 배경을 제공하는 짧은 요약 섹션과 개념 기반 탐구 교실에서 쉽게 구현할 수 있는 여러 전략을 공유하는 실제 섹션 이렇게 두 섹션으로 구성되어 있다. 동영상, 수업 계획안과 같은 자료 등 각 장에 관련된 추가 자료는 회원 사이트(www.connectthedotsinternational.com/members-only)에서 찾을 수 있다.

우리의 목표는 이 책의 구조가 개념 기반 탐구를 처음 접하는 교육자와 경험이 있는 교육자

모두에게 적합할 수 있도록 하는 것이다. 개념 기반 탐구를 처음 접하는 경우에는 제2장의 개념 기반 탐구 모델로 넘어가기 전에 제1장부터 시작하여 탐구 기반 및 개념 기반 학습의 몇 가지 기본 원칙에 익숙해지는 것이 좋다. 경험이 풍부한 개념 기반 탐구 교사는 우리의 탐구 모델과 계획 권장 사항을 검토한 다음 제4장에서 제10장까지 다양한 단계로 뛰어들 수 있다.

전략 선택하기

우리는 때때로 "개념 형성에 가장 적합한 전략은 무엇인가요?" 또는 "어떤 조직 및 정리하기 전략이 다른 전략보다 더 나은가요?"라는 질문을 받는다. 하지만 이것은 잘못된 질문이다. 어떤 전략이 가장 좋은지 묻는 것은 체육관에서 어떤 운동이 가장 좋은지 묻는 것과 유사하다. 우리가 하는 운동은 우리의 목표에 따라 달라진다. 다시 말해 우리는 근육을 키우거나, 체중을 줄이거나, 지구력을 높이거나, 단순히 건강을 유지하려고 하는가 하는 목표에 따라 다른 운동을 선택해야 한다. 우리가 얼마나 많은 반복을 하고 얼마나 많은 무게를 들어 올리느냐는 현재의 건강과 체력 수준에 달려 있다. 같은 방식으로, 이 책에서 공유하는 각 전략은 대부분은 유치원에서 12학년 교실의 다양한 교과에서 사용될 수 있지만 특정한 목적을 가지고 있다. 여기서 핵심이 되는 것은 전략 사용의 의도이다. 우리는 학생들의 사전 지식을 평가하고 학생들이 한 단원에서 의도한 개념적 이해에 도달하는 데 필요한 사실 및 기능의 기초를 고려해야 한다.

기본 전략에 주의해야 한다. 요리할 때 매주 우리가 가장 좋아하는 요리법으로 돌아가는 것처럼 교사들도 교실에서 동일한 전략으로 돌아가는 경향이 있다. 이 책은 경험이 풍부한 개념 기반 탐구 교사에게도 새로운 아이디어와 전략을 제공하고 있다. 전략 부분을 자주 다시 살펴보는 것이 중요하다. 수업 계획 회의에 이 책을 가져가서 각 탐구 단계와 관련하여 자신의 전략을 개발하고 공유하도록 해 보라. 이러한 방식으로 우리는 교사로서의 역량을 구축하고 개념적 사고를 촉진하는 풍부한 학습 환경을 만들 수 있다.

이 책에서 소개된 전략은 포괄적인 것이 아니며 그렇게 되어서도 안 된다고 생각한다. 우리는 다양한 전략을 제공하고 싶지만 아이디어와 창의성을 장려하고 싶다. 이 책에서 제시된 아이디어를 가지고 실천해 보면서 자신의 교실에 맞는 전략을 개발하는 것이 좋다.

 각 전략마다 전략에 가장 적합한 학생의 연령 범위를 표시하기 위해 옆에 아이콘을 사용하여 시각적으로 연령을 참조할 수 있도록 했다. 각 수치는 다음과 같이 연령대를 나타낸다.

- 첫 번째 그림은 유아원에서 2학년 학생을 나타낸다.
- 두 번째 그림은 초등학교 3~6학년 학생을 나타낸다.
- 세 번째 그림은 중학교 7~9학년 학생을 나타낸다.
- 가장 큰 그림은 고등학생(10~12학년)을 나타낸다.

모든 그림이 다 검정색으로 나타나면 이 전략은 모든 연령의 학생들에게 적합하다는 의미다.

회원 사이트: www.connectthedotsinternational.com/members-only

교사로서 우리는 교실에서 아이디어를 쉽게 실행할 수 있는 자료들을 확보하는 것이 얼마나 유용한지 잘 알고 있다. 이 책은 우리가 공유하는 아이디어를 구현하는 데 도움이 되는 자료들로 가득한 독점적인 회원 웹 사이트를 제공하고 있다.

- 동영상: 23개의 동영상 안에는 전 세계의 K-12 교실에서 진행되는 학습 상황이 담겨져 있다. 이 동영상들은 우리의 탐구 단계에 생명을 불어넣고 교실에서 실행할 수 있는 특정 전략을 보여 준다. 동영상은 책 전체에 삽입되어 있으며 이 특수 동영상 아이콘으로 표시되어 있다.
- 자료: 우리는 교사가 학생들을 위해 자료를 만드는 데 얼마나 많은 시간을 투자했는지 알고 있다. 교사가 작업을 보다 쉽게 수행할 수 있도록 샘플 앵커 차트와 블랙라인 마스터를 구성하여 다운로드할 수 있도록 했다. 교사들이 사용하기 쉬운 템플릿을 제공하여 교사들이 이 책에서 소개하고 있는 전략들을 쉽게 사용할 수 있도록 하였다.
- 단원 계획서: 우리가 제시한 탐구 단계가 하나의 단원으로 결합되는 방법을 보여 주는 단원 계획서도 회원 사이트에서 볼 수 있다.

QR 코드를 읽으려면 카메라가 있는 스마트폰 또는 태블릿이 있어야 하며, 스마트폰 또는 태블릿 브랜드 전용으로 제작된 QR 코드 리더 앱을 다운로드하는 것이 좋다.

Concept-Based
Inquiry in
Action

차례

| 제11장 | **결론**   317

Concept-Based Inquiry in Action

•

제1장

개념 기반
탐구의 기초

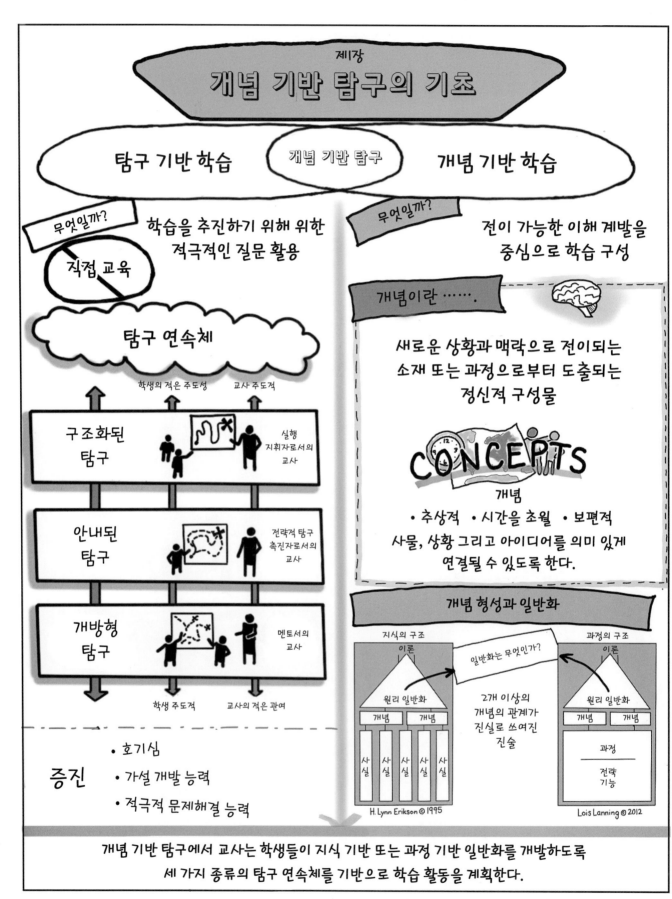

제1장
개념 기반 탐구의 기초

탐구 기반 학습 　개념 기반 탐구　 개념 기반 학습

무엇일까?　학습을 추진하기 위해 위한 적극적인 질문 활용

무엇일까?　전이 가능한 이해 계발을 중심으로 학습 구성

직접 교육

탐구 연속체

학생의 적은 주도성　교사 주도적

구조화된 탐구 / 실행 지휘자로서의 교사

안내된 탐구 / 전략적 탐구 촉진자로서의 교사

개방형 탐구 / 멘토서의 교사

학생 주도적　교사의 적은 관여

개념이란 ······.

새로운 상황과 맥락으로 전이되는 소재 또는 과정으로부터 도출되는 정신적 구성물

CONCEPTS
개념

•추상적　•시간을 초월　•보편적 사물, 상황 그리고 아이디어를 의미 있게 연결될 수 있도록 한다.

개념 형성과 일반화

지식의 구조

이론

일반화는 무엇인가?

원리 일반화

| 개념 | 개념 |

| 사실 | 사실 | 사실 | 사실 | 사실 |

H. Lynn Erikson ⓒ 1995

2개 이상의 개념의 관계가 진실로 쓰여진 진술

과정의 구조

이론

원리 일반화

| 개념 | 개념 |

| 과정 |
| 전략 기능 |

Lois Lanning ⓒ 2012

증진
• 호기심
• 가설 개발 능력
• 적극적 문제해결 능력

개념 기반 탐구에서 교사는 학생들이 지식 기반 또는 과정 기반 일반화를 개발하도록 세 가지 종류의 탐구 연속체를 기반으로 학습 활동을 계획한다.

탐구 기반 학습과 개념 기반 학습의 통합

개념 기반 탐구는 탐구 기반 학습과 개념 기반 학습이라는 두 가지 별개의 교수학적 접근 방식을 결합한다. 이러한 각 접근 방식을 요약하면 다음과 같다. 탐구 기반 학습은 학습을 추진하는 방법으로 교사와 학생 모두가 적극적인 질문을 사용하는 데 초점을 맞추고 있다고 말할 수 있다. 이에 비해 개념 기반 학습은 교과 내(within)와 그리고 교과 간(across)의 전이 가능한 아이디어 개발을 중심으로 학습을 구성한다. 모든 개념 기반 학습이 탐구 중심적인 것은 아니며, 모든 탐구 기반 학습이 전이 가능한 아이디어 개발에 초점을 맞추는 것은 아니다([그림 1-1] 참조). 이 벤다이어그램에서 볼 수 있듯이 개념 기반 탐구는 개념적 이해를 위한 탐구학습과 단순한 탐구학습을 명확히 구별 짓는다('모두, 일부, 없음'에 대해서는 130페이지 참조). 개념 기반 탐구는 학생들이 전이 가능한 개념 이해를 명확히 하고 다른 탐구 모델에 있는 탐구 기술과 전략을 개발하는 데 도움이 되는 탐구학습의 한 형태를 나타낸다.

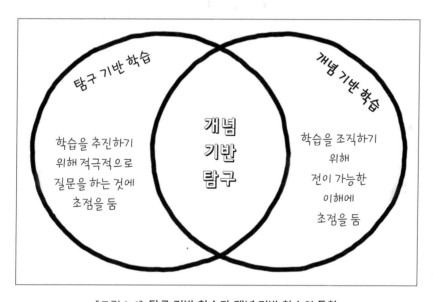

[그림 1-1] 탐구 기반 학습과 개념 기반 학습의 통합

제2장에서 개념 기반 탐구학습의 과정이 어떠한지 고려하기 전에 우선 탐구 기반 학습과 개념 기반 학습이 의미하는 바를 자세히 설명하고자 한다. 이를 위해 이 장은 두 부분으로 나뉘어 있는데, 첫 번째 부분에서는 개념 기반 탐구학습이라는 이 광범위한 제목 아래에 존재하는 다양한 접근 방식의 장점과 한계를 분석하여 탐구 기반 학습의 측면을 명확히 하고 있다. 두 번째 부분에서는 어떻게 커리큘럼 디자인이 교실에서 개념 기반 탐구를 지원하는지에 대한 내용을 포함하며 개념 기반 학습이 의미하는 바를 설명한다. 린 에릭슨 박사와 로이스 래닝 박사의 연구에 중점을 둔 이 장에서는 개념 기반 커리큘럼과 수업이 어떻게 전이 가능한 이해를 중심으로 학생 학습을 구성하고 집중하는 데 도움이 되는지 살펴본다.

개념 기반 탐구는 학생들이 전이 가능한 개념 이해를 명확히 하고 다른 탐구 모델에 있는 탐구 기술 및 전략을 개발하는 데 도움이 되는 탐구학습의 한 형태를 나타낸다.

Part 1: 탐구 기반 학습 탐색하기

교수와 학습의 연속체

탐구학습과 다른 학습 접근법을 구분하는 것은 무엇인가? 탐구학습에서 학생들은 의미를 구성하기 위해 질문을 제기하고 대답하는 데 적극적인 역할을 한다. 이것은 말하기가 주된 교수 접근 방식인(강의, 튜토리얼 또는 데모를 통한) 직접 교육에서 발견되는 수동적인 학습 형태와 대조된다. [그림 1-2]의 스펙트럼 정렬 (p. 140)에서 볼 수 있듯 직접 교육은 구조화된 접근 방식에서 개방형 접근 방식에 이르기까지 다양한 교육 및 학습 연속체의 한쪽 맨 끝에 있는 것으로 볼 수 있다.

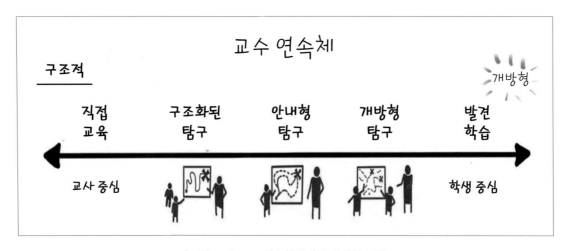

[그림 1-2] 교수 연속체에서의 다양한 접근

구조화된 것, 또는 개방적이라는 것은 학생이 단원의 내용과 수업 계획안을 교사와 공동 구성할 수 있는 능력과 교사가 제공하는 구성의 전체적인 정도를 일컫는다. 예를 들어, 직접적인 교육 접근 방식의 엄격한 수업 구성안에서는 개인적인 질문이나 관심사를 조사할 기회가 존재하지 않는다. 이와는 반대로 다른 쪽 끝에서 명백한 개방적인 접근 방식은 학생의 주도성을 높이고 교사 통제가 저하되는 특징을 가지게 된다. 개방형 학습 상황에서 학생들은 스스로 질문하기도 하고, 때로는 교사의 많은 지도 없이 자신의 질문에 대한 답을 찾기 위한 과정을 설계하기도 한다.

중요한 점은 개방적인 접근 방식이 교사 지원의 완전한 부재와 동일하지 않다는 것이다. 학습 촉진자로서 교사의 역할은 이 교수 접근법에도 많이 반영되어 있다. 개념 기반 탐구에서 개방형 탐구 접근법을 사용하는 교사는 여전히 학생들이 개념적 사고 수준에 도달할 수 있도록 스캐폴딩을 잘 설계한다.

[그림 1-2]에서 제시된 교수와 학습의 연속체 선상에서 개방형 탐구 너머에는 순수한 형태의 발견학습이 있는데 이 발견학습에서 학생은 교사의 지도가 필요하다면 상당히 제한된 상태에서 학생 스스로가 학습을 지도해 나간다(Bruner, 1961). 이 접근법에서 학습은 완전히 자기주도적이며, 학생이 개념을 스스로 '발견'하도록 남겨 둔다. 그러나 이 접근 방식은 학습자에게 상당한 인지 부하를 가하고, 학습자를 오류와 오개념으로 이끌 수 있기 때문에 비효과적이라는 비판을 많이 받아 왔다.

우리는 '탐구 교사'가 된다는 것이 반드시 모든 수업에 대해 탐구 접근법을 사용하는 것을 의미하지는 않는다는 점을 강조하고 싶다. 교수 및 학습 연속체 선상에서 각 접근 방식은 서로 다른 목적을 제공한다. 교육자로서 우리는 탐구 단원 내에서 언제 어떤 접근 방식을 사용할지에 대해 의도적으로 선택해야 한다. 교수 및 학습 연속체에 따른 수업 접근 방식은 의도된 학습 성과를 구현하기 위해 교육자가 전략적으로 사용할 수 있는 개념 기반 탐구의 가능성을 제공한다.

교수 연속체 선상에서 각 접근 방식은 서로 다른 목적을 제공한다.

일부는 학생들이 스스로 질문을 하고 자신의 질문에 답하는 것이 '진정한 탐구'의 유일한 형태라고 주장할 수 있지만, 우리는 탐구학습의 연속체에는 교사 주도(구조화) 탐구에서부터, 중간 연속체에는 어느 정도 교사가 이끌어 주는 탐구, 그리고 온전한 학생 주도(개방형) 탐구에 이르기까지 다양한 탐구학습의 연속체가 있음을 제안한다. 각 형태의 탐구는 그 중심에 구성주의적 성격을 띠고 있으며, 지식은 적극적인 학습의 주체로서 학생에 의해 능동적으로 구성된다는 개념을 옹호한다. 이런 점에서 교수법(pedagogy)으로서의 탐구는 호기심, 적극적인 문제 해결, 가설 개발 및 가능한 해결책의 생성을 촉진한다.

구조화된 탐구인지, 교사의 안내로 이루어진 탐구인지, 아니면 개방형 탐구인지를 구분하는 것은 학습 단원 및 학습 참여 설계(교안 설계)에 있어 교사가 얼마나 관여하였는지 그리고 결과적으로 학생의 주도성이 어떠하였는지 하는 것이다. 이러한 각 형태의 탐구에는 각각의 장점과 단점이 있다. 그렇다면 이러한 각 탐구의 형태는 어떠한 것이며 그 특징은 무엇일까?

구조화된 탐구

실행 지휘자로서의 교사: 교사는 수업의 과정에서 수업의 일정 및 각 단계에서 얼마나 오랫동안 배울 것인지를 결정한다.

일반적인 특성

– 학생들은 일반적으로 이미 주어진 절차를 통해 교사가 구성한 안내 질문을 조사한다.

– 학생의 사고는 탐구 중에 찾은 정보를 이해하는 데 중점을 둔다. 이와 관련하여 학생의 질문은 찾은 정보를 확인하거나 결과의 중요성을 고려하기 위해 발생할 수 있다.

– 교사의 안내 질문과 질문에 대한 답을 찾아내는 방법은 학생들을 명확한 개념 이해(국가, 주 또는 학교 교과 과정 결과에 부합되는)로 안내하도록 설계되었다.

[사진 1-1] 학생들은 재료의 특성에 대한 구조화된 탐구를 통해 재료를 시험한다.

출처: Gayle Angbrandt.

초점이 되는 구조화된 탐구

– 11학년 시각 예술 학생들은 '예술가들은 서로 충돌하는 재료, 기술 및 주제를 사용하여 특정 이데올로기를 거부할 수 있다.'라는 것을 이해하기 위해 포스트모던 미술에 대해 배우고 있다. 학생의 일반화를 지원하기 위해 교사는 연결 4 플레이스 매트 전략을 사용하기로 결정했다. 여기에서 학급은 동일한 개념 질문을 사용하여 4개의 작품을 비교하고 대조한다(p. 228). 학생들은 바버라 크루거, 로이 릭턴스타인, 제프 쿤스 및 제니 홀저의 작품을 보고 공감하는 작품을 선택한다. 선택한 작품에 대한 짧은 시놉시스를 읽은 후 학생들은 다른 작품에 대해 배운 학생들과 소그룹을 형성한다. 소그룹에서 학생들은 작품 간의 공통점을 찾아 플레이스 매트에 요약하고 자신의 생각을 일반화로 표현한다.

이점

– 학생들에게 일반적인 학습경험을 제공한다.

– 구조화된 탐구가 증가하면 수업 순서가 더 연결되어 학생들이 정보의 패턴을 더 쉽게 식별할 수 있다.

– 리서치 과정 중, 보다 구조화된 접근 방식의 혜택을 받는 학생들을 지원한다.

– 안내된 탐구 또는 개방형 탐구 방식보다 시간 측면에서 더 효율적일 수 있다.

극복해야 할 부분

– 교사가 탐구를 주도함에 따라 학생 주체성이 감소한다. 그렇다고 해서 학생들이 이 접근 방식을 사용하여 배우려는 동기가 없음을 의미하지는 않는다.

– 유연성이 적은 구조이다.

– 만약 탐구의 진행을 빨리 해 나가게 되면 탐구의 내용을 정리하거나 전이시키는 기회를 놓치게 되거나, 그것이 무시될 수 있다.

안내된 탐구

전략적인 탐구 촉진자로서의 교사: 교사는 탐구의 과정을 계획하고, 이 과정 중에 다양한 결정을 내리는 데 있어 학생을 포함시키고 학생의 의견을 들으며 학생을 관찰한다.

일반적 특성

- 안내된 탐구 접근법에서 교사의 질문은 일반적으로 조사에 초점을 맞추는 데 사용된다(Martin-Hansen, 2002). 안내된 탐구에서는 질문은 교과 과정의 목적에 맞추어지게 된다.
- 학생의 관심사와 질문은 종종 독립적 또는 소그룹 조사에 활용된다.
- 교사는 학생들이 탐구 조사와 리서치 기술을 계발할 수 있도록 지원하여 학생들이 안내 탐구에 필요한 독립성을 얻도록 한다.
- 탐구를 통해 결과를 찾아내는 과정은 학생들의 의견을 받아들여 교사가 안내할 수 있고 수업마다 다를 수 있다.
- 학생들은 종종 자신의 탐구 내용을 종합하고 탐구를 통해 발견한 것들을 다른 사람들과 소통하는 가장 좋은 방법을 선택할 수 있다.

[사진 1-2] 봄베이 아메리칸 스쿨의 제시카 험블 크로프츠 선생님의 과학 수업에서 학생들이 자신이 만든 보트를 테스트하고 있다.

출처: Jessica Humble-Crofts.

초점이 되는 안내된 탐구

- 취리히 국제학교의 2학년 학생들은 사람들의 직업이 지역사회의 필요와 요구를 충족시킬 수 있다는 것을 이해하기 위해 직업에 대해 배우고 있다. 학생들은 아이디어 생성 및 분류 활동을 통해 상품과 서비스가 지역사회의 필요와 요구를 어떻게 충족시킬 수 있는지에 대해 생각하기 시작했다. 학급 담임선생님 샘 로스는 이번 단원이 학생들의 삶과 지역 공동체와 연결되기를 원한다. 이 선생님은 직업에 대해서 알기 위해 지역사회에서 누구를 인터뷰하기를 원하는지를 학생들에게 물어본다. 학생들은 빵집, 슈퍼마켓, 꽃집 등 다양한 지역 업종을 목록으로 만든다. 학생들은 개인적인 관심에 따라 소그룹을 만들고, 교사와 함께 어떻게 직업(일)이 우리의 필요성과 욕구와 연결되어 있는지를 더 알아보기 위한 인터뷰 질문을 만든다. 인터뷰 후에 교사는 각 그룹이 알아낸 것을 학급에서 공유할 수 있도록 한다. 학생들은 지역 공동체에서의 상품과 서비스가 사람들의 필요와 욕구를 충족시키는 것을 비교할 수 있는 표를 만들어 중심 생각을 기록해 본다.

이점

- 학생들이 공부하는 데 있어서 개인적인 관심사 및 또는 질문을 분별하여 학습에 대한 주도권을 더 갖도록 장려한다.
- 학생들이 학습에 대한 주체성을 갖도록 한다.
- 새로운 학습을 발견하고 아이디어를 소통하는 데 있어 다양한 접근법을 사용할 수 있도록 함으로써 비판적 사고능력을 함양한다.
- 탐구의 구조를 제공하는 동시에, 학습 기능과 성품을 발전시켜 나갈 수 있도록 지원함으로써 구조화된 탐구에서 개방형 탐구로 학생들이 나아갈 수있도록 도와준다.

극복해야 할 부분

- 수업을 계획하는 과정에서 교사의 융통성이 요구된다.
- 탐구 기능에 대해 더 집중하게 되면 학습 단원의 진도 속도가 느려질 수 있다.
- 스스로 학습을 주도하는 데 어려움을 겪는 학생은 교사가 계획한 추가 지원이나 스캐폴딩이 필요하다.
- 학생의 연령에 따라 소그룹 탐구나 개인 탐구를 수행하기 위해 다른 성인의 도움이 필요할 수도 있다.

개방형 탐구

멘토로서의 교사: 교사는 학생들에게 어디로 가야 하고 어떻게 가야 하는지 묻는다. 그 과정에서 질문과 제안을 한다.

일반적인 특성

- 이 접근 방식은 학생 질문에 초점을 맞추거나 교사가 제기한 문제를 해결하기 절차를 학생이 직접 계획하는 데 중심을 두는 특징이 있다.
- 어떤 경우에는 학생들이 질문도 직접 하고 그 질문에 대한 답을 위한 과정도 만들어 낸다. 이러한 것은 프로젝트 기반 학습, 메이커 무브먼트 또는 구글의 20% 시간에서 영감을 받은 개인화된 탐구와 같은 예에서 보이기도 한다(교육에서의 20% 시간에 대해서는 Juliani, 2014 참조).
- 이 접근 방법에 있어서 교사는 학생들이 개념의 일반화를 형성하는 데 도움이 되는 토론을 진행한다.

[사진 1-3] 학생들이 개방형 탐구 중 전기회로를 작동해 보고 있다.

출처: David French.

이점

- 학생 스스로가 개인의 관심사와 질문을 탐구해 가며 학습을 주도해 가기 때문에 학생들의 주인의식과 참여가 최대화된다.
- 학생들은 교사와 다른 학생들을 탐구를 돕는 학습 자원으로 인식한다.
- 학생들이 선택한 주제는 전통적으로 학교 커리큘럼에 존재하지 않지만 학생들의 이해의 폭을 넓혀 줄 수 있는 지식과 탐구 과정을 지원한다.

초점이 되는 개방형 탐구

- 취리히 국제학교의 캐더린 도이치 선생님은 5학년 학생들의 생각, 개인적인 관심사를 중요하게 생각하고 탐구를 통해 자신을 탐구해 가는 기회를 제공하기를 원한다. 교사는 학생들에게 개인적인 탐구의 시간을 제공하기 위해 수업시간을 조정한다. 이 시간 동안 학생들은 발견하기 위한 중심 내용과 절차를 모두 선택한다. 독립적으로든 소그룹으로든 공부하면서 학생들은 다양한 주제를 탐구하고 이 중 많은 주제들은 일반적으로 학교 커리큘럼에서 제시되지 않는 것이다. 어떤 학생들은 로봇을 만드는 것을 탐구하고, 다른 학생들은 다양한 댄스의 형태나 댄스의 역사에 대해 탐구할 수 있다. 이 시간에 교사는 촉진자의 역할을 한다. 교사는 학생들이 주제에 대해 더 깊이 생각할 수 있는 질문을 하기도 하고, 프로젝트를 더 진행해 나갈 수 있도록 격려하기도 한다. 탐구가 자연스럽게 끝나갈 즈음에 교사는 학생들이 자신의 탐구한 것을 공유할 수 있도록 전시회나 기념행사 등과 같은 기회를 제공한다. 교사 캐더린은 5학년 학생들에게 탐구를 통해 얻게 된 지식뿐 아니라 탐구를 위한 리서치 과정, 생각의 과정들을 되돌아볼 수 있도록 격려한다.

극복해야 할 부분

- 탐구 경험이 부족한 학생들에게는 탐구 과정에 필요한 폭넓은 학습 기능이 부담스러울 수 있다.
- 탐구에 있어서 학생의 자율성이 크다 보니 학생과 교사에게 있어 탐구의 목적과 과정, 결과 등에 있어 모호성이 증대될 수 있다.
- 학생들이 선택한 탐구 주제가 커리큘럼의 학습 목표를 반영하지 못할 수도 있다.
- 탐구의 구조에 따라 개방형 탐구는 학생의 입장에서 표면적인 이해로 끝날 수 있는 위험 요소도 있다.

개념 기반 탐구에서 탐구 접근 방식

이 세 가지 탐구 접근법이 흑백논리로 정확히 분류되는 것이 아니라는 점을 강조하고 싶다. 교실에서 이미 탐구 접근법을 사용하고 있다면 이러한 모든 접근 방식을 어떤 식으로든 활용하여 학생 학습을 지원했을 가능성이 높다. 학습 참여와 학생의 필요성에 따라 학생들의 이해를 위해 이 탐구 연속체선에서 목적에 맞는 접근 방식을 택할 수 있다. 가장 중요한 것은 의도와 목적이다.

탐구 연속체선에 걸쳐 학습 참여를 만들어 내는 것은 체계적이지 못한 잡동사니 접근 방식으로 끝나서는 안 된다. 각각의 학습경험을 통해 우리가 이루고 싶은 것이 무엇인지를 명확히 함으로써 우리는 탐구를 계획하는 데 보다 의도적이고 목적적일 수 있다.

우리는 또 학생들의 학습 기능 정도와 사전 지식이 지도안을 계획하는 데 어떻게 영향을 미치는지를 고려해야 한다. 학생들이 질문하고 답하는 데 능숙해짐에 따라 개방형 탐구 방식을 통해 학습할 수 있는 능력은 증가하게 된다. 교실에서 탐구가 어떻게 구조화되든 일반적인 교사의 목적은 점차 스캐폴딩을 줄이고 학생들이 질문하고 질문에 대한 답을 찾아가는 것을 증진시키는 것이다. 레오나르도 다빈치가 "자신의 교사를 능가하지 않는 학생은 불쌍하다."라고 지적한 적이 있는데 우리의 목적은 학생들에게 점점 높은 수준의 도전을 제시하는 학습경험을 만들고 지적으로 독립할 수 있도록 학습을 극대화하도록 격려하는 것이다.

교실에서 탐구가 어떻게 구조화되든 일반적인 교사의 목적은 점차 스캐폴딩을 줄이고 학생들이 질문하고 질문에 대한 답을 찾아가는 것을 증진시키는 것이다.

Part 2: 개념 기반 학습 탐색하기

여기에서는 개념 기반 탐구의 핵심 원칙을 요약함으로써 개념 기반 학습이 의미하는 바를 탐색한다. 린 에릭슨 박사와 로이스 래닝 박사는 개념 기반 교육과정 및 수업에 대해 많은 저서를 썼다. 이 부분에서는 이 두 명확한 특성에 중점을 두어 두 사람의 연구의 측면을 종합해 보고자 한다. 개념을 어떻게 정의하며 어떻게 지식과 과정이 개념적 수준의 이해를 위한 기반을 제공하는지 고려해 볼 것이다. 예를 들어, 어떻게 더 강력하게 일반화시키는지와 개념 기반 교육과정 및 수업에 대한 다른 요소는 이 책의 관련 장(chapter)에 통합되어 있다.

조직자로서의 개념

개념은 새로운 상황과 맥락으로 전이되는 토픽 또는 과정으로부터 도출되는 정신적 구성물이다(Erickson, Lanning, & French, 2017). 이 정신적 구성물은 복잡한 세상 속의 정보들을 정리하고, 이해하고, 분석하고, 상호작용할 수 있도록 해 준다. 사고의 구성 요소로서의 개념은 우리의 사고와 세상을 연결해 주는 자연스러운 다리라고 볼 수 있다. 이 개념들은 우리가 지속적으로 재학습해야 할 필요성을 줄여 주어 우리가 세상에서 한 경험들을 분류된 정신적 범주와 자동적으로 연관시킬 수 있다. 예를 들면, 우리가 한 신문에서 빈곤 지역에서의 가난한 삶의 상태에 대한 기사나 원주민의 불공평한 물에 대한 권리를 다룬 기사를 읽으면, 이 두 가지 실제 예가 기본적으로 다른 이슈이지만 불평등이라고 하는 이해와 연결시킬 수 있다.

개념은 시간, 공간, 상황 속에서 전이된다. 위의 예를 살펴보면 불평등에 대한 이해는 꼭 빈곤이나 물에 대한 권리(수권)가 아니더라도 새로운 사례를 이해할 수 있도록 도와준다.

빠르게 변화하는 세상에서, 개념을 익숙지 않은 상황으로 전이시킬 수 있다는 것은 우리에게 엄청난 인지적 이점을 제공한다. 새로운 정보를 암기해야 하는 대신 우리는 새로운 사례를 이해하기 위해 정신적 스키마를 사용할 수 있다. 개념 이해는 사물이나 상황, 새로운 생각을 보다 의미 있게 하고 연결되게 해 준다. 이것은 학생들이 비판적 사고 기술과 그들을 둘러싸고 있는 세상에 대해 더 깊이 이해하고 분석하는 능력을 기르도록 도와준다.

그렇다면 우리는 개념과 그 특성을 어떻게 정의할 수 있을까? 다음 [그림 1-3]의 프레이어 모델에서 어떤 것이 개념이고 어떤 것은 개념이 아닌지를 정리하였다(제5장의 124페이지에서 이 학습 전략을 참조할 수 있다.).

개념은 교과 내 그리고 교과 간의 범위 내에서 다른 일반화 수준으로 존재한다(Erickson, Lanning, & French, 2017, p. 12). 우리는 이러한 개념을 마이크로 개념 그리고 매크로 개념(〈표 1-1〉 참조)으로 설명한다. 관점,

구조, 균형과 같은 매크로 개념은 각 교과 내 또는 교과 간에 존재하는 넓은 범위의 개념을 나타낸다. 가장 넓은 범위를 제공하는 이러한 매크로 개념은 새로운 맥락과 상황에 가장 잘 전이될 수 있다.

예를 들면, 구조라는 개념에 대한 이해는 영어 교과에서 이야기 속에 나타난 구조, 사회 교과에서 혈연관계의 구조, 그리고 과학 교과에서 세포의 구조에 대한 이해로 전이될 수 있다. 반면에 세포 구조의 하나인 엽록체와 같은 마이크로 개념은 특정한 교과에서의 개념적 지식을 나타낸다. 이러한 개념은 과목의 전문성을 길러 주고 개념적 깊이를 더해 준다. 개념 기반 탐구에서 우리는 학생들이 매크로 개념과 마이크로 개념에 대한 이해를 모두 발전시켜 나가도록 해야 한다.

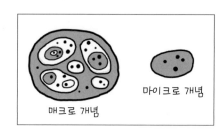

정신 스키마: 새로운 정보를 범주로 구성하고 새로운 정보 간의 관계 및 패턴을 설정하는 정신적 프레임워크 (Piaget, 1950)

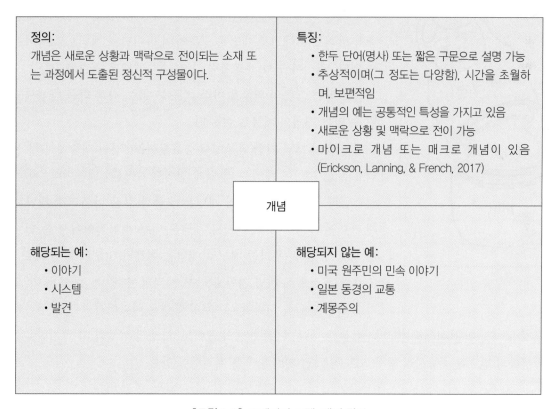

정의:
개념은 새로운 상황과 맥락으로 전이되는 소재 또는 과정에서 도출된 정신적 구성물이다.

특징:
• 한두 단어(명사) 또는 짧은 구문으로 설명 가능
• 추상적이며(그 정도는 다양함), 시간을 초월하며, 보편적임
• 개념의 예는 공통적인 특성을 가지고 있음
• 새로운 상황 및 맥락으로 전이 가능
• 마이크로 개념 또는 매크로 개념이 있음
(Erickson, Lanning, & French, 2017)

개념

해당되는 예:
• 이야기
• 시스템
• 발견

해당되지 않는 예:
• 미국 원주민의 민속 이야기
• 일본 동경의 교통
• 계몽주의

[그림 1-3] 프레이어 모델: 개념 정의

출처: D. A. Frayer, W. C. Frederick, & H. G. Klausmeier의 "A schema for testing the Level of Concept Mastery"에서 발췌, 기술 보고서 No. 16. Copyright 1969 by the University of Wisconsin.

〈표 1-1〉 **마이크로 개념과 매크로 개념의 비교**

개념의 유형	정의	예
마이크로 개념	교과(학문)에 관련된 개념으로 구체적이고 탐구에 깊이를 더함	• 총수요(경제) • 공생(생물) • 리얼리즘(미술) • 우화(영어)
매크로 개념	광범위하고 탐구에 폭을 더하는 교과(학문) 내 또는 교과(학문) 간 개념	• 패턴 • 기능 • 상호작용 • 연산(수학)* • 글쓰기 과정(영어)*

* 매크로 개념은 한 교과 내에서 가장 폭넓은 개념이 될 수도 있다.

© Marschall & French, 2018.

개념이 그 범위가 넓을 수도 있고 좁을 수도 있다는 것을 알면 개념 간의 관계를 파악하고 수업을 계획하는 데 도움이 될 수 있다. 개념은 계층적 방식으로 매크로 개념을 구축하여 마이크로 개념으로 이어져 나갈 수 있다. 러시아 인형 세트처럼 가장 넓은 개념은 관련된 모든 마이크로 개념을 담는 그릇의 역할을 한다. 〈표 1-2〉는 다른 학문 간에서 둥지가 될 수 있는 개념의 예를 보여 준다.

왜 이것이 개념 기반 탐구에서 중요할까? 개념의 계층에서 더 상위 개념으로 갈수록 이 개념은 더 쉽게 전이될 수 있기 때문이다. 예를 들어, 시스템과 같은 넓은 범위의 개념은 호흡과 같은 마이크로 개념보다 쉽게 전이될 수 있다. 즉, 매크로 개념은 너무 추상적이어서 좀 더 맥락화될 필요가 있다. 우리는 매크로 개념을 이해하기 위해 마이크로 개념을 조사하는 것으로 개념 기반 탐구를 시작할 수 있다. 예를 들어, 감각이라고 하는 단원을 시작할 때 5세의 학생은 미각이라고 하는 생각과 연결시키는 것이 이 단원을 이해하는 데 더 쉬울 것이다. 단원 개념의 난이도, 학생의 연령과 사전 지식을 고려해 보고 학생들의 필요를 충족시켜 줄 수 있도록 개념 기반 탐구를 계획해야 한다.

〈표 1-2〉 **둥지가 되는 개념의 예**

교과	영어	과학	체육	미술
매크로 ↕ 마이크로	글쓰기 과정	구조	움직임	구성
	편집	동물의 특성	민첩성	공간
	글쓰기 규칙	보호적 특성	이동	음의 공간
	대문자 쓰기	발톱	드리블	초점

지식의 구조
Erickson @ 1995

이론

원리
일반화

개념   개념

소재

사실 사실 사실 사실 사실 사실

과정의 구조
Lanning @ 2021

이론

원리
일반화

개념   개념

과정

전략
기능

[그림 1-4] 지식과 과정의 구조

출처: Erickson, Lanning, & French (2017).

지식과 과정의 구조

학생들이 이해하는 것을 전이시킬 수 있도록 우리는 지식과 과정이 어떻게 구성되어 있는지 알아야 한다. 각각의 구성 요소와 이 요소들 간의 관계를 잘 이해하는 것은 개념 기반 탐구에 있어서 개념적 이해를 명확히 제시하는 데 매우 중요하다. 지식의 구조는 어떻게 지식이 개념의 이해와 연결되어 있는지 보여 준다. 반대로 과정의 구조는 과정과 개념적 이해를 연결시켜 준다. 두 모델 모두 암기해야 할 사실 목록이나 습득해야 할 기능과 같이 종종 단절되어 보이고, 개별적으로 보이는 커리큘럼이 어떻게 개념적 사고의 기초를 제공할 수 있는지를 보여 준다.

에릭슨과 래닝(Erickson & Lanning, 2014)의 지식과 과정의 구조는 전체론적이다. 이 모델의 아래 단계는 일반화를 구성하거나 개념의 습득을 지지한다. 각 모델의 아랫부분을 빠트리는 것은 정확하지 않은 이해에 도달하게 하거나 과잉 일반화를 불러일으키는 오점을 만들어 낼 수 있다. 메디나(John Medina, 2014)는 사실적 근거의 부족은 지적인 공기타를 연주하는 것과 같다고 했다. 개념 기반 탐구에서는 귀납적인 접근 방식을 채택하여 아래로부터 시작하여 학생들에게 지식 기반 또는 과정 기반 일반화를 적용할 수 있는 기회를 제공한다.

지식의 구조

10학년 학생이 과학시간에 세포의 구조와 기능에 대해 배우는데 동물 세포에서 핵, 리보솜 및 미토콘드리아와 같은 세포 기관을 조사하는 마지막 두 수업에 참여했다. 이 학생은 이 세포의 구조를 잘 안다. 그런데 어떻게 하면 이 학생이 이 세포들 간에 존재하는 복잡한 관계를 이해할 수 있도록 할 수 있을까? 모든 정보가 우리의 손끝에 있는 이 세대에서 우리는 가르침이 사실적 지식 수준을 넘어 학생들이 지식, 기술, 이해와 지성으로 무장한 적응력 있고 개념적인 사고가가 될 수 있도록 해야 한다. [그림 1-4]에서 에릭슨(H. L. Erickson, 1995)의 지식의 구조는 사실적 지식이 어떻게 전이 가능한 이해를 위한 기초를 제공하는지 보여준다.

모든 정보가 우리의 손끝에 있는 이 세대에서 우리는 가르침이 사실적 지식 수준을 넘어 학생들이 지식, 기술, 이해와 지성으로 무장한 적응력 있고 개념적인 사고가가 될 수 있도록 해야 한다.

모델의 아래에서 위로 올라가는 지식의 구조는 소재와 사실에서 시작하고 이것은 탐구의 기초와 맥락을 제공한다. 이런 중요한 사실적 내용으로부터 우리는 중요한 개념을 이끌어 낼 수 있고, 그 개념들을 연결하여 전이 가능한 이해를 형성한다. 지식의 구조의 요소들을 자세히 살펴보도록 하자.

소재는 학습의 구체적인 중심 내용이 무엇인지를 말한다. 소재는 사실적이며, 시간, 장소, 상황에 한정되어 있고 전이되지 않는다.

다음은 소재의 예이다.

- 아마존 열대 우림의 생태계(장소)
- 20세기의 미국 작곡가(시간과 장소)
- 2011년 이집트 혁명(시간, 장소, 상황)

사실은 소재를 뒷받침하고 시간, 장소, 상황에 한정적이다. 소재와 마찬가지로 전이되지 않는다. 사실적 내용은 일반화 및 원리의 기초를 제공한다.

다음이 사실의 예이다.

- 원형의 면적은 $\pi \times r^2$이다.
- 팔분음표는 온음표의 1/8이고 사분음표의 반이다.
- 순수한 물의 경우 끓는점은 1 기압에서 섭씨 100도 또는 화씨 212도이다.

개념은 소재로부터 끌어낸 지적 구성체이며 새로운 상황과 맥락으로 전이된다. 개념은 한두 단어로 구성된 명사이거나, 짧은 구이며, 추상적이고, 시간에 제한 받지 않고 보편적이다. 개념은 새로운 상황이나 맥락으로 전이되고, 예시들은 일반적인 특성을 공유한다.

개념의 예는 다음과 같다.

- 분수
- 동력(이동)
- 리더십

일반화는 한 문장으로 한두 개의 개념 간의 관계를 진술한다. 일반화는 맥락과 상황 간에 전이된다. 개념은 진리로 서술되는데, 이러한 이유로 '자주, 아마' 등의 표현이 요구된다. 일반적으로 이것이 바로 일반화가 원리와 다른 점이 된다. 왜냐하면 원리는 원초적인 법칙이나 과목 안에서의 진리이고 위에 열거한 표현들이 필요하지 않기 때문이다. 이 책에서 우리는 일반화와 개념 이해를 원칙이든 일반화이든 관계없이 모든 개념적 관계에 대한 포괄적인 용어로 사용한다.

다음은 일반화의 예이다.

- 국제적 갈등 시기에 국가는 자원 사용에 우선순위를 정하고 자원 사용의 목적을 축소시킨다.
- 소수는 정수 사이에 존재하는 수량을 나타낸다.
- 모든 물체는 외부의 힘의 작용에 의해 변화하도록 강요받지 않는 한, 정지 상태에 있거나 직선으로 균일한 움직임을 유지한다(뉴턴의 제1법칙−원리).

이론은 최상의 근거를 기반으로 한 특정 현상에 대한 설명이다. 가끔 우리가 학생들에게 토론과 논쟁에 영감을 주기 위해 이론을 소개시키기도 하지만 개념 기반 학습에서 중점을 두는 것은 전이 가능한 일반화이다.

다음은 이론의 예이다.

- 상대성이론
- 끈이론(String Theory)
- 대륙이동설

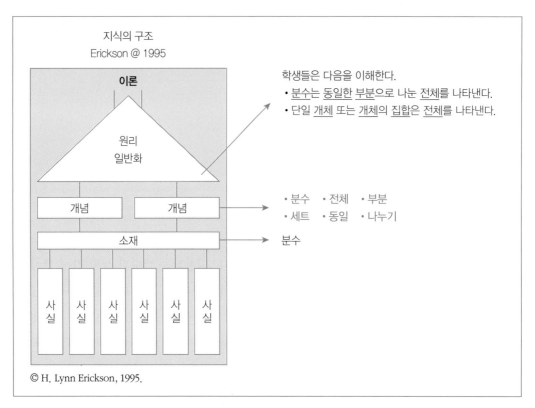

[그림 1-5a] **수학: 분수**
룩셈부르크 국제학교(룩셈부르크)에 있는 4학년 교사들이 개발한 일반화

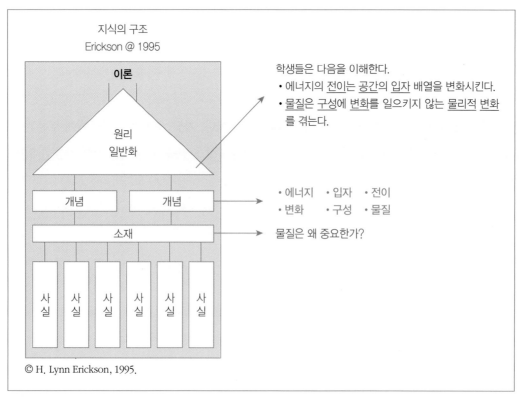

[그림 1-5b] **과학: 물질**
봄베이 국제학교(인도, 뭄바이)의 모나 시에르바이 교사가 개발한 일반화

과정의 구조

읽기 수업 지도 후에 3학년 학생이 화이트(E. B. White)의 『스튜어트 리틀』이라는 책을 읽으면서 읽은 내용을 시각화하는 기능을 연습하고 있다. 어떻게 하면 우리는 학생들이 시각화의 목적을 이해하고 다른 책을 읽을 때 이 시각화의 기능을 효과적으로 사용할 수 있도록 할 수 있을까? 각 교실에서 경험했듯이 이러한 기능을 격려된 상태에서 적용해 보는 것만으로는 충분하지가 않다. 언제 어떻게 이러한 기능을 적용해야 하는지에 대한 이해 없이는 학생들이 온전히 탐구하는 학생이 되었다고 말할 수 없다.

[그림 1-4]에서 보듯 과정의 구조(Lanning, 2012)는 어떻게 독해와 같은 과정, 추론과 같은 전략, 시각화와 같은 기능이 전이 가능한 이해의 기반을 마련하는지 보여 준다. 지식의 구조와 마찬가지로 과정의 구조도 낮은 인지 수준으로부터 개념적 이해의 수준으로 올라가는 사고의 위계를 보여 주는데, 아래 단계에서 조금 차이가 있다. 래닝(Lanning, 2012)은 과정의 구조를 과정, 전략, 기능에 기초한 것으로 설명한다. 과정은 가장 광범위하고 복잡한 것이다. 이 과정은 전략으로 세분화될 수 있고 이 전략은 구체적인 기능으로 이루어져 있다. 지식의 구조에서 우리는 한 가지의 사실적 예로부터 일반화를 이루어 내지는 못한다. 그러나 과정의 구조에 있어서는 단 하나의 복잡한 기능, 예를 들면 중심 생각을 찾아내는 것과 같은 하나의 기능에서 일반화를 이끌어 낼 수 있다. 이러한 이유로 과정의 구조에서는 과정, 전략, 기능이 한 단계에 묶여 있고, 개념과 일반화가 이 세 단계 중 어디에서도 도출될 수 있다는 것을 상기시킨다.

래닝이 정의하고 있는 과정의 구조의 각 부분들을 자세히 들여다보도록 하자.

과정은 원하는 결과나 목적을 만들어 내는 일련의 행동이다. 과정은 연속적이며 단계를 포함하고 있고 각각의 행동은 과정의 목적을 이루어 내도록 돕는다. 이 과정은 전략으로 세분화될 수 있다.

전략은 학습자가 자신의 학습 수행을 향상시키기 위해 의식적으로 적용하거나 점검하는 체계적인 계획으로 이해될 수 있다(Harris & Hodges, 1995 in Erickson et al., 2017, p. 39). 전략은 복잡하고 그 안에 많은 기능들을 담고 있다. 예를 들면, 문자 해독과 같은 전략이 있다. 전략을 효율적으로 사용하기 위해서 학생들은 관련된 다양한 기능들을 습득해야 하고, 그 기능들을 적용시킬 수 있는 관련된 맥락을 이해해야 한다.

기능은 전략을 더 성공적으로 만들 수 있게 하는 가장 작은 요소나 조작들이다. 예를 들어, 단어를 읽어 낼 수 있는 읽기 전략은 단어 안의 글자를 분리하거나 각 글자가 내는 소리를 합해 보는 구체적인 기능들을 포함한다.

지식과 과정으로부터 도출된 교과들

우리는 교과들을 지식 기반 또는 과정 기반으로 설명한다. 모든 교과들은 이 두 가지 모델에서 비롯되고 있음을 인지하는 것이 중요하다(37페이지 [그림 1-7] 참조). 예를 들면, 과학은 지식 기반 교과로써 지식의 구조에서 도출되는 중요한 내용들을 담고 있다. 동시에 과학적 과정에 해당되는 많은 기능이 과정의 구조를 통해 나타나기도 한다. 지식과 과정 모두를 개발하는 것이 과학자로서 역할을 하는 데 중요한 것이다. 마찬가지로, 과정 기반 교과인 미술은 종종 창조적인 과정에 중점을 두지만 (과정의 구조), 동시에 예술적 전통과 예술의 역사를 이해하는 것(지식의 구조) 등을 포함하고 있다.

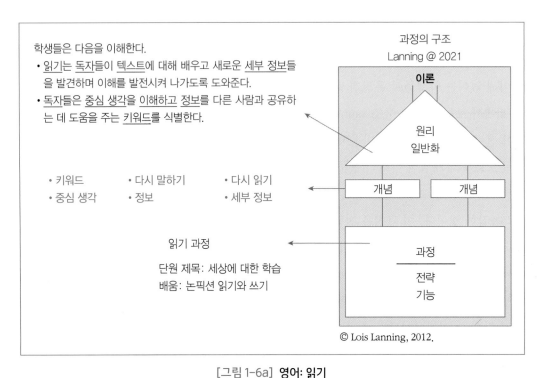

[그림 1-6a] **영어: 읽기**

프랑크푸르트 국제학교(프랑크프루트, 독일)의 지오이아 모라시와 게일 앵브랜트가 개발한 일반화

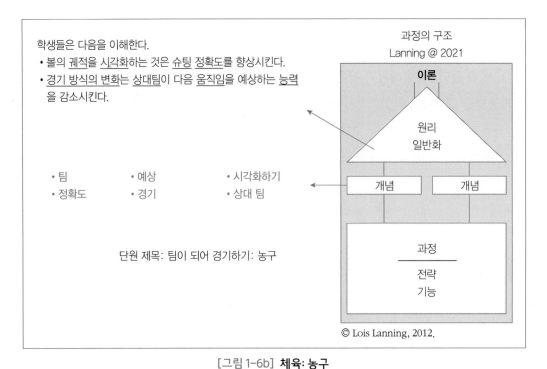

[그림 1-6b] **체육: 농구**

사이프러스의 아메리칸 국제학교(니코시아, 사이프러스) 페트로 파파페트로우가 개발한 일반화

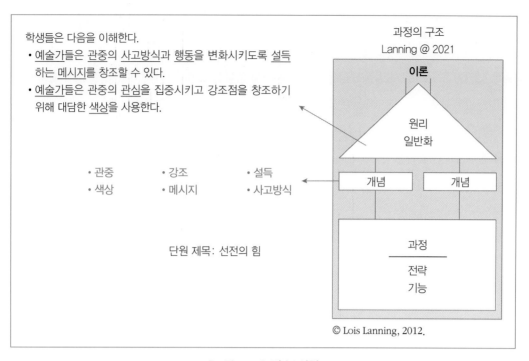

[그림 1-6c] **미술: 선전**
잉글리시 스쿨 파운데이션 디스커버리 칼리지(홍콩)의 케이트 손티스가 개발한 일반화

지식 기반 교과	과정 기반 교과
사회(지리, 역사) 과학(컴퓨터 과학 포함) 수학 엔지니어링 체육(건강)	영어 외국어 미술 공연 예술(음악, 드라마, 무용) 디자인과 테크놀로지 체육(전략 및 전술)

[그림 1-7] **지식 기반, 과정 기반 교과**

개념 기반 탐구 단원은 5~6개 정도의 일반화를 담고 있고, 지식 기반 이해와 과정 기반 이해의 결합을 포함하고 있다. 우리의 목적은 학생들이 교과 내 또는 교과 간에 존재하는 개념적 관계를 인식하면서 학습하고 있는 단원 안에서 일반화할 수 있는 다양한 기회를 제공하는 것이다. 그러나 그 교과가 지식의 구조에 더 밀접하게 결합되어 있는지 아니면 과정의 구조에 더 밀접하게 결합되어 있는지를 이해하는 것은 우리의 일반화를 구상하는 데 도움을 준다. 예를 들어, 음악 단원이 지식 기반 일반화보다는 과정 기반 일반화를 더 많이 담고 있음을 예상할 수 있다는 것이다. 지식 기반과 과정 기반 이해가 함께 결합될 때, 학생들은 적극적인 탐구학습자가 되기 위해 지식과 과정의 중요성을 모두 인지하면서 그 교과에 더 깊이 몰입할 수 있다.

이 단원에서 우리는 개념 기반 탐구학습의 골격이 되는 탐구 기반 학습과 개념 기반 학습의 몇 가지 요소들에 대해서 알아보았다. 각 기반 학습의 구조를 이해함으로써 교사는 두 기반 학습을 결합하여 학생들이 개념 이해와 탐구 기능, 전략을 개발하는 것을 도울 수 있다.

잠시 멈추어 되돌아보기

제2장으로 넘어가기 앞서 잠시 멈추어 다음의 질문에 대해 생각해 보자.

- 지금 담당하고 있는 교실 수업에서 탐구 기반 접근법을 어떻게 실행하고 있는가? 이러한 접근법은 교수 연속체 선상에서 어느 단계에 있는가?
- 교실 수업에서의 학습은 어느 정도 전이 가능한 아이디어를 중점적으로 구성하고 있는가? 어떻게 이 부분을 더 향상시킬 수 있는가?
- 교실 수업에서 개념 기반 탐구학습을 실행하는 데 어떤 기회와 어려움이 존재하는가? 설명해 보라.

Concept-Based Inquiry in Action

제2장

개념 기반 탐구

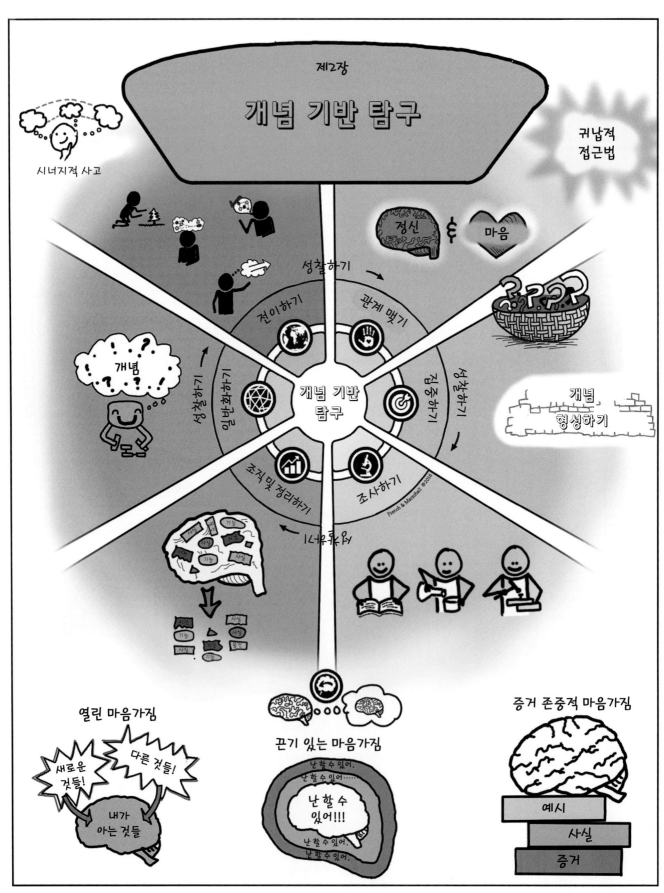

제2장

개념 기반 탐구

귀납적 접근법

시너지적 사고

정신 & 마음

성찰하기

전이하기

관계 맺기

집중하기

일반화하기

개념 기반 탐구

개념

조직 및 정리하기

조사하기

개념 형성하기

분석하기

열린 마음가짐

새로운 것들!

다른 것들!

내가 아는 것들

끈기 있는 마음가짐

난 할 수 있어.
난 할 수 있어……
난 할 수 있어!!!
난 할 수 있어.
난 할 수 있어.

증거 존중적 마음가짐

예시

사실

증거

"나는 개념 기반 커리큘럼을 상당히 지지하는데 그 이유는 지식과 이해를 학생들이 통제할 수 있는 것으로 바라볼 수 있게 함으로써 학생들이 자신의 학습에 대해 주체성을 가지도록 하는 그 무언가가 있다고 생각하기 때문이다. 피상적인 수준에서 지식을 다루고 학생들이 단순히 배운 것을 앵무새처럼 되풀이하기만 하면 학생들은 그냥 교사가 가르치는 것을 반복해서 되뇌는 것밖에 되지 않고, 그 과정에 있어서 학생 스스로 자신의 학습에 대해 주체성을 가질 수 있는 기회는 없다. 학생들이 지식 안에 숨어 있는 것들을 이해하고 스스로 이러한 이해를 구성하는 데 깊이 관여하게 될 때 학생들은 창의적 사고를 할 수 있고, 새로운 사고의 상황에 창의적으로 참여하게 된다.

-이언 팀스
중학교 영어과장, 유나이티드 월드 칼리지 사우스 이스트 아시아

"아주 어린 학생들과 함께 개념 이해에 깊이 빠져드는 것은 학생들이 할 수 있는 것들에 대해 더 높은 기대를 갖도록 해 준다. 나는 학생들이 만들어 내는 명확한 일반화에 놀라곤 한다. 짧은 기간에도 학생들은 다른 상황에 전이 가능한 개념적 이해를 구성해 간다."

-멜라니 스미스
2학년 교사, 암스테르담 국제학교

개념 기반 탐구의 모델

이미 몇 가지 탐구 기반 학습 모델들이 개발되어 왔고, 개념 기반 탐구의 각각의 단계에 대한 목적과 특성에 대해 생각을 형성할 수 있도록 해 주었다(Dewey, 1938; Murdoch, 1998; Short, 2009). 우리가 제시하는 모델은 어떻게 개념과 개념적 이해가 탐구 기반 학습을 통해 형성되는지 그리고 이 과정의 스캐폴딩에 있어 교사의 역할이 무엇인지에 대해 더 깊이 알아보도록 하는 데 목적이 있다. [그림 2-1]에 보이는 개념 기반 탐구는 교과 내 또는 교과 간의 학습과 지도에 적용될 수 있는 과정을 설명하고 있다. 개념 기반 탐구의 각 단계에 대한 간단한 설명은 〈표 2-1〉에 나타나 있다.

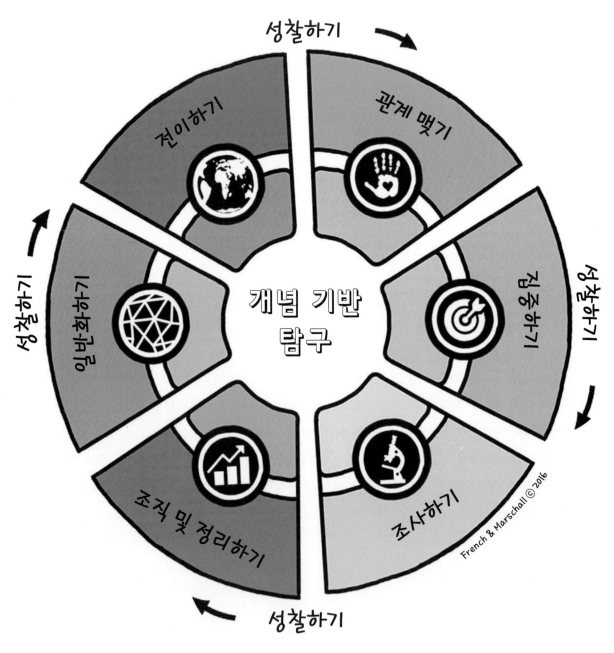

[그림 2-1] 개념 기반 탐구 모델

참고: A color version of this model is available for download via our membership site, www.connectthedotsinternational.com/members-only.

〈표 2-1〉 개념 기반 탐구 단계

탐구의 단계	목적
관계 맺기	• 학생들을 지적·감정적으로 수업 내용에 참여시키기 • 학생들의 사전 지식 이끌어 내고 평가하기 • 학생들이 질문할 수 있도록 유도하기
집중하기	• 개념 형성 전략을 사용하여 수업 단원의 주도적인 개념을 함께 이해할 수 있도록 하기 • 탐구 과정의 조사하기 단계에서 더 알아볼 수 있는 관련된 사실적 예를 소개하기
조사하기	• 사실적 예, 사례 연구를 더 알아보고 이러한 것들을 단원 개념과 연결시키기 • 복잡성을 도입하거나 추가 질문을 유도할 수 있는 사례 연구를 제공함으로써 단원의 개념들을 이해하는 것을 확장시키기 • 교과 내 또는 교과 간의 기능들을 습득하기
조직 및 정리하기	• 사실적 그리고 개념적 수준에서 생각을 구성하기 • 다른 자료, 방법 또는 교과를 사용하여 개념과 생각을 나타내기 • 맥락 안에서 기능들을 알아내고 적용하기
일반화하기	• 사실적 예시 안에 존재하는 패턴을 알아내고 연결성 찾기 • 일반화를 명료화하고, 정당화하고 전달하기
전이하기*	• 일반화의 유효성을 테스트하고 정당화하기 • 새로운 이벤트나 상황에 일반화를 적용시키기 • 예측하거나 가정을 형성하기 위해 경험과 이해를 활용하기 • 학습에 대해 의미 있는 행동 취하기
성찰하기**	• 학생들에게 자신이 학습의 주체자라는 인식 부여하기 • 학생들이 자신의 학습의 과정을 계획하고 통제할 수 있도록 하기 • 탐구 과정이나 탐구 과정의 마지막에 개인적으로 또는 함께 학습 과정을 평가하기

*학급 내 단원을 넘어서 확장된다.
**탐구의 모든 단계에 포함되어 있다.
© French & Marschall, 2016.

개념 기반 탐구의 단계

 ## 관계 맺기(Engage)

탐구 기반의 가장 기초가 되는 것은 배우고자 하는 주제에 학생들이 관심을 가지게 하는 것과 학생들이 경험과 사전 지식을 배우는 주제와 연결시키도록 하는 것이다. 이 탐구의 단계는 배움의 시작을 설정하고 앞으로 이어질 학습의 범위를 정의한다. 이 관계 맺기 단계 동안 학습의 주제와 단원의 개념이 학생의 관심을 불러일으킬 수 있는 방법으로 제시된다. 이 단계의 목적은 감정적·지적으로 학생들을 참여시켜 학생들이 이 탐구에 더 깊이 관여하고 더 알아보고 싶다는 마음을 가지게 하는 것이다. 학생들의 사전 지식을 이끌어 냄으로써 학생들은 배우는 주제 또는 개념들과 연결성을 찾을 수 있게 된다. 학생들의 사고와 호기심을 불러일으킬 수 있는 학습경험들이 학생들이 배우는 내용과 개인적인 경험과 쉽게 연결성을 도울 수 있도록 사용된다. 이러한 학습경험은 교사에게 한 발 물러서서 학생들을 관찰하고 가치 있는 평가 자료를 수집할 수 있는 기회를 제공한다. 제4장에서 탐구의 관계 맺기 단계에 있어서 감정적·지적 참여가 어떤 의미인지 살펴본다.

[사진 2-1] 관계 맺기 단계 실행 예

탐구의 관계 맺기 단계에서 학생들은 IB 화학 고급 반에서 질문들을 분류하고 그룹화하고 이름을 지정한다(제5장, p. 128 참조).
출처: Julia Briggs.

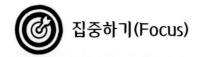

집중하기(Focus)

먼저 학생들이 단원과 관계를 맺고 나서 개념 형성 전략을 사용하여 학생들이 단원의 개념적 렌즈나 주도적인 개념 이해를 발전시켜 나가도록 한다. 단원의 초기 단계에 개념 형성에 대해 설명하는 것은 많은 장점이 있다. 우선 모든 학생들이 이 단원의 주도적인 개념들이 무엇인지에 대한 공통적 이해를 확실히 하고 앞으로 사고하는 것에 대해 학생들을 준비시킬 수 있다. 조사하기 단계에서 학생들이 지식과 기능에 대해 공부할 때 단원의 개념에 대한 초기 이해를 더 확장시키고 발전시킬 수 있다.

둘째, 개념 형성에서 중점을 두는 것은 교사들이 관계 맺기 단계에서 발견하지 못한 오해들에 대해 설명하고 이 오해들이 학습 단원의 다음 단계에서 학생들이 일반화를 발전시켜 나가는 데 어려움을 주지 못하도록 한다. 예를 들어, 힘(forces)에 관한 단원에서 만약 학생들이 힘이 물체에 가해지면 꼭 이동이 일어나야 한다고 생각하고 있다면 이것은 명확한 일반화를 만들어 내는 능력을 저해하게 된다. 개념 기반 학습을 실행하는 교사로서 우리는 단원의 개념에 대한 필수적인 속성들에 대해 명확하게 할 필요가 있고 예시와 비예시를 활용하여 학생들이 사고를 형성해 나갈 수 있도록 도와야 한다.

마지막으로 중요한 것은 단원의 개념에 대해 명확히 하고 이것을 수업 전략을 통해 설명함으로써 학생들이 개념들과 실질적인 예시들을 학생들이 계발해 내기를 원하는 일반화와 잘 연결되어 정렬될 수 있도록 하는 것이다. 일반화되기를 원하는 것으로부터 계획하고 자주 계획을 돌아보면서 우리는 학생들이 개념 단계의 사고를 할 수 있도록 도와주는 학습 참여 기회를 계획할 수 있다. 제5장에서 탐구의 집중하기 단계를 더 자세히 살펴본다.

[사진 2-2] 집중하기 단계 실행 예
탐구의 집중하기 단계에서 학생이 반복 덧셈의 개념을 이해하기 위해 빨랫줄을 이용하여 스펙트럼 정렬을 하고 있다
(제5장, p. 140 참조).

🔬 조사하기(Investigate)

개념적 렌즈와 주도적인 개념에 대한 일반적인 이해를 확인한 후에야 학생들은 자신의 리서치를 시작할 준비가 된다. 조사하기 단계에서는 단원의 개념들과 연결된 다양한 사실적 예시와 기능들을 알아보도록 한다. 이 탐구의 리서치 단계는 개인적, 소그룹 또는 전체 학급 리서치로 이루어질 수 있다. 단원 내의 교사의 지도 정도에 따라 조사하기는 다양한 형태로 진행될 수 있다. 때로 학급의 전 학생이 같은 사례 연구에 참여할 수도 있다. 다른 탐구에 있어서는 학생들이 보다 광범위한 주제의 맥락 안에서 자신만의 리서치를 할 수도 있다. 학생들이 구체적인 주제를 배우면서 교사들은 학생들의 지식 습득과 성공적 리서치 과정을 위해 기능과 전략을 개발시켜 나가는 데에 중점을 둔다. 제6장에서 탐구의 조사하기 단계에서 학생들의 리서치를 구성하고 지원할 수 있는 방법에 대해 살펴본다.

[사진 2-3] 조사하기 단계 실행 예
탐구의 조사하기 단계에서 학생들은 현미경을 사용하여 물체에 크리스털이 형성되는 것을 배우고 있다(제6장, p. 166 참조).
출처: David French.

조직 및 정리하기(Organize)

조직 및 정리하기 단계에서 학생들은 자신들이 배운 것들 속에 존재하는 패턴들을 살펴보면서 사실적 개념적 수준에서 자신의 사고를 정리해 갈 수 있는 기회를 제공한다. 이 탐구의 단계에서 학생들은 조사하기 단계에서 수집한 데이터를 정리한다. 이는 학생들에게 매우 중요한 단계로, 이 단계에서 교사는 학생들이 지도, 그래프, 차트 등을 사용하여 정보를 이해하면서 사례 연구 속에 드러난 공통점들을 감지하기 시작할 수 있도록 돕는다. 배운 것들을 정리하면서 학생들은 교과 내용에 더 쉽게 접근하게 되고 인지적 부하를 감소시킨다. 이 단계는 탐구의 다음 단계에서 일반화를 발전시켜 나가도록 돕는다.

동시에 학생들은 다른 매개체나 다른 교과를 통해 집중하기 단계에서 습득한 개념들을 설명할 수 있는 기회를 제공받는다. 이것은 단원의 개념에 대한 학생들의 생각을 통합할 수 있도록 한다. 예를 들면, 3학년 학생들의 곱하기에 대한 단원에서 학생들은 그림이나 물체를 이용해 정렬이라고 하는 개념을 설명할 수 있는 기회를 제공받는다. 배운 것들을 설명할 수 있는 기회들을 통해서 학생들은 개념의 필수적 속성들을 되돌아보고 이 속성들이 어떻게 다양한 방법으로 묘사될 수 있는지에 대해서도 생각하게 된다. 제7장 조직 및 정리하기 단계에서 교사가 어떻게 학생들이 자신의 생각을 정리하고 설명할 수 있도록 도울 수 있는지에 대해 더 깊이 알아본다.

[사진 2-4] 조직 및 정리하기 단계 실행 예
조사하기 단계에 이어서 학생들이 벤다이어그램을 사용하여 물질의 특성에 따라 사물을 분류·정리하고 있다.
출처: Gayle Angbrandt.

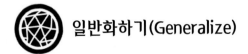 **일반화하기(Generalize)**

일반화하기 단계에서 학생들은 사실과 기능을 바탕으로 개념적 이해를 설명한다. 전 단계에서 정리된 내용들을 활용하여 학생들은 패턴들을 알아내고 배운 것들을 연결시켜 나간다. 그리고 학생들은 개념들 사이의 관계를 식별하고 일반화로 결론을 설명하게 된다. 제1장에서 설명된 것과 같이 일반화는 2개 이상의 개념 간의 관계를 설명할 수 있는 이해의 진술이다. 예를 들어, 문체와 청중이라는 두 개념들을 연결시키는 일반화는 "작가는 자신의 글에서 문체를 사용하여 청중들과 효과적으로 소통한다."가 될 수 있다.

일반화는 이해를 전이 가능한 이해로 이끌기 때문에, 이 단계는 탐구 과정에서 가장 중요한 단계이다. 우리는 이 탐구 단계 없이 학생들이 자신의 사고를 새로운 상황이나 맥락에 적용시킬 수 있다고 확신할 수 없다. 일반화하기 단계는 학생이 스스로 시작한 행동을 포함해서 단원을 배우는 동안과 배운 후에 일어날 수 있는 다양한 종류의 전이의 기초 단계를 제공한다. 제8장에서 일반화하기 단계에 있어 교사들이 학생들의 개념적 이해 계발을 위해 스캐폴딩을 제공하는 방법들을 살펴본다.

디자인의 마지막 단계에서
디자이너들은 렌더링과 굵고 가는 선들을
이용하여 디자인을 더 부각시키고
더 현실적으로 만든다.

[사진 2-5], [사진 2-6] 일반화하기 단계 실행 예
칼워 중학교의 디자인 테크놀로지 수업에서 학생들이 마지막 디자인에서 렌더링의 역할을 일반화하고 있다.
출처: David French.

 전이하기(Transfer)

학생들이 일반화를 형성하고 난 후에 우리는 탐구 안에 새로운 사실적 예시에 이 일반화를 적용하거나 전이해 보는 기회를 제공해야 한다. 전이하기 단계에서는 학생들이 자신들의 개념적 이해가 유효하고 정확한지를 확인하면서 그 개념적 이해를 테스트하도록 한다. 교사는 학생들이 일반화 내용을 전이 가능한지 여부에 대해 평가하고, 더 세련되게 일반화를 다듬을 수 있도록 도와줄 수 있는 학습경험을 계획한다. 우리는 다른 종류의 전이에 관련된 다음과 같은 질문을 한다.

• 우리가 리서치한 사례 연구를 보았을 때 이 이해는 항상 옳은가?

- 우리는 우리의 이해를 설명하는 단어들을 어떻게 변화시켜서 사실적 예시들을 제대로 반영할 수 있도록 할 수 있는가?
- 어떻게 이 이해가 현 세상의 시사적 사건이나 이슈와 관계가 있는가?
- 우리의 이해를 새로운 상황과 연결시킬 수 있고, 그 상황에 어떻게 잘 적용될 수 있는지 예측할 수 있는가?
- 우리의 이해를 새로운 생각, 상품 또는 프로젝트를 창조해 낼 수 있도록 적용할 수 있는가?

전이하기 단계가 비록 개념 기반 탐구 과정의 하나로 존재하지만 가끔 이 단계는 학급에서 단원 수업을 넘어 확장될 수 있다. 학생들은 탐구와 관련된 새로운 학습이나 시사적 사건들을 대할 때 지속적으로 이해를 전이시킨다. 이러한 기회가 발생할 때 우리는 어떻게 우리의 이해가 학교 밖의 세상에 적용될 수 있는지에 대해 다시 설명할 수 있도록 학생들을 토론으로 이끈다. 제9장에서 다양한 전이의 형태와 이러한 전이들이 전이하기 단계에서 일어날 수 있도록 하는 것들을 살펴본다.

 성찰하기(Reflect)

성찰하기는 그 자체로는 탐구의 단계로 구분되기보다는 개념 기반 탐구 모델의 각 단계에 모두 포함되어 있다고 보는 것이 맞다. 메타인지적 사고를 사용하여, 학생들은 단원에서 습득된 지식, 기능, 이해가 어떻게 각자의 생각, 관점 태도를 변화시키는지를 살펴본다. 우리는 각 학생이 그리고 학급 전체가 단원을 배우

[사진 2-7] 전이하기 단계 실행 예

봄베이 아메리칸 학교의 제시카 험블 크로프트의 학생들은 전이 단계에서 열에너지를 최소화하는 방법의 가설을 세우고 그들의 가설을 테스트할 수 있는 모델을 개발하고 있다.

출처: Jessica Humble-Crofts.

는 동안 학습하는 것에 대해 성찰하도록 격려하는데 이것은 더욱 성공적인 단원을 계획하고, 탐구의 진행 사항을 모니터하고, 탐구의 결과를 평가하기 위함이다. 학급 내에서 성찰하기 활동을 일상적인 활동으로 만들게 되면 학생들이 학습 과정에 있어 더욱 동기 부여가 되고 적극적으로 참여하게 됨으로써 학생들이 학습에 대한 강한 주인의식이 생길 수 있도록 도와준다. 학급 공동체에서 성찰하는 것은 어떤 것인지에 대한 예시를 들어 이야기함으로써 우리는 모든 학생이 더 적극적으로 그들의 학습을 사용할 수 있도록 목표를 설정할 수 있다. 이 점에서 성찰하기는 특히 탐구하기의 마지막 단계에 전이하기 단계와 자연스럽게 융합될 수도 있다. 제10장에서 개념 기반 탐구 과정에서 성찰하기 역할이 무엇인지 깊이 살펴보도록 한다.

탐구의 복잡성

개념 기반 탐구 모델을 명확하게 표현할 때 내재된 위험 중 하나는 탐구가 규정된 순서대로 따라야 하는 일련의 엄격한 단계가 된다는 것이다. 물론 모델이 이해를 지원하지만 진실된 탐구는 보기에 아주 복잡하고 혼란스러운 것이다. 이러한 이유로 우리가 제시한 개념 기반 학습 모델은 선형적이라기보다는 반복적인 것으로 보아야 한다. 각 단계가 순차적으로 전개되는 것은 아니라는 것이다. 예를 들어, 학생들은 한 단원에서 조사하기와 조직 및 정리하기 단계를 몇 차례나 반복적으로 경험함으로써 수차례 자신들이 발견한 것을 종합하고 일반화를 형성한다. 이 때문에 탐구의 단원들은 단원 안의 작은 탐구들로 나타날 수도 있다. 탐구는 확실히 복잡한 과정이다. 그러나 이 모델은 우리가 학생들이 계발해 나가기를 원하는 개념적 이해를 강화시키고, 이에 대해 서로 토론할 수 있는 공통의 언어를 제공한다.

개념 기반 탐구와 귀납적 접근 방식

제1장에서 살펴보았듯이, 탐구 기반 접근 방식은 구조화된 탐구에서 개방형 탐구의 연속선상 안에 있는 것으로 보일 수 있다. 그 모든 접근 방식에 걸쳐 우리는 학생들이 학습에 적극 참여하고 전이 가능한 이해로 지도하기 위해 능동적인 질문이라고 하는 것을 주요 소재로 사용한다. 이러한 이유로 개념 기반 탐구 모델에 있어 귀납적 접근 방식이 중심이 된다고 할 수 있다.

귀납적인 학습에는 무엇이 수반될까? 귀납적인 접근 방식에서 학생들은 실제 예를 탐구하고, 그들 안에서 공통점을 찾고 찾아낸 내용들을 종합하기 위해 일반화를 형성하게 된다. 그들만의 일반화를 설명하기 위해 학생들은 패턴을 찾게 된다([그림 2-2]). 이 귀납적인 접근 방식에 있어 학생들은 자신의 생각에 책임을 지고 주체적으로 사고하게 된다.

이것은 이해력 계발에 대한 연역적 접근 방식과 대조되는데, 연역적 접근 방식에서 교사는 학생들에게 학습을 통해 이해해야 할 내용을 미리 말하고 학생들은 이 일반화를 뒷받침하는 사실적 사례를 조사한다. 학생 조사는 교사가 제시한 이해를 검증할 뿐이다. 귀납적 방법과 연역적 방법 모두에서 시너지적 사고(사실적 사고 수준과 개념적 사고 수준 간의 상호작용)는 깊은 이해를 유도하는 데 필요하다(Erickson & Lanning, 2014, p. 10).

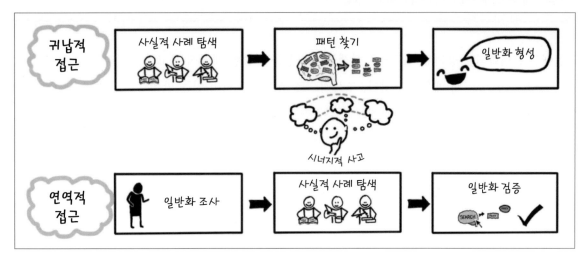

[그림 2-2] 이해를 위한 귀납적 · 연역적 교수법

© Marschall & French, 2018.

그렇다면 우리는 왜 귀납적 접근을 장려할까? 관련되는 사실적 사례를 탐색하기 전에 학생들에게 일반화를 제공하면 교사는 학생들을 위해 생각을 대신해 주는 것이 된다. 이것은 학생들이 자신의 이해를 구성할 수 있는 지적 능력이 없다는 믿음을 드러내며, 학생들의 생각을 평가절하하는 것이다. 생각하는 교실을 만들고 싶다면 우리 학생들이 능력 있고 유능한 개념적 사고자임을 믿어야 한다. 교사는 수업 계획에 사용할 자체 일반화 세트를 만들지만 이러한 일반화를 학생들과 공유하거나 '설명'하지는 않는다. 우리는 학생들이 자신의 개념적 이해를 구성하고 표현할 수 있도록 한다.

생각하는 교실을 만들고 싶다면 우리 학생들이 능력 있고 유능한 개념적 사고의 주체임을 믿어야 한다.

개념 기반 탐구의 문화 창출

교사로서 우리는 종종 어떤 아이들은 자연스럽게 개념적 사고에 강하다는 것을 알게 된다. 이 학생들은 교사의 지원이 거의 또는 전혀 없이도 의미 깊은 연결을 만들고 통찰력 있는 의견을 공유하며 한 연구에서 다른 연구로 이해를 전이한다. 이 학생들에 대한 우리의 경험은 어떤 아이들은 개념적으로 생각할 수 있지만 다른 아이들은 단순히 생각할 수 없다고 믿게 할 수 있다. 이것은 사실이 아니다. 모든 학생들은 개념적 사고자가 될 수 있다. 풍부한 토론과 의미 형성이 이루어지는 교실을 만들기 위해 어떻게 개념 기반 탐구의 문화를 구축하는지에 대해 성찰해 보아야 한다. 이러한 교실 공간은 학생들에게 높은 기대치를 불러일으키는 동시에 협업과 지원 관계를 옹호한다.

모든 학생은 개념적으로 사고하는 사람이 될 수 있다.

교실에서 모델화되고 장려된 태도들은 학생들이 자신을 유능한 개념적 사고자로 바라볼 수 있는 개념 기반 탐구 문화를 만드는 데 매우 중요하다. 추상적으로 생각하고 의미 있는 방식으로 개념을 연결하기 위해 학생들이 다음과 같은 사고방식을 채택하도록 권장한다(Geertsen, 2003에서 수정).

- 열린 마음가짐: 다양한 관점과 대안적 아이디어를 고려하려는 의지
- 증거 존중적 마음가짐: 적절한 증거가 조사 될 때까지 판단을 보류하고 객관적으로 행동할 수 있는 능력
- 끈기 있는 마음가짐: 가능성 있는 모든 것을 다 해 보며, 인지적 도전을 통해 끈기 있게, 주제를 깊이 탐구하기 위한 질문을 하는 결심

이 세 가지 성향은 아이디어 공유와 개념적 사고 계발을 지원하기 위해 교실에서 함께 작동한다. 열린 마음가짐이 없으면 학생들은 쉽게 오해하거나 지나친 일반화를 유지할 수 있다. 증거를 완전히 조사하지 않고 자신의 신념과 대조하는 것을 거부하게 되어 학생들은 현재 생각을 바꿀 수 없다. 증거 존중적 마음가짐이 없으면 학생들은 부정확하거나 지나치게 단순화된 일반화를 형성할 수 있다. 아이디어가 사실인지 확인하기 위해 여러 예를 살펴보는 대신 학생들은 적절한 고려 없이 결론에 도달할 수 있다. 마지막으로, 끈기 있는 마음가짐이 없다면 학생들은 번갈아 가며 생각을 하고 계속되는 생각을 확장하는 데 어려움을 겪을 수 있다. 교사는 학생들이 이 세 가지 성향을 구현하도록 장려하는 방법을 인식하고, 탐구 과정 전반에 걸쳐 이를 본보기화하는 방법을 숙고해야 한다. 〈표 2-2〉는 교실에서 개념 기반 탐구 문화를 촉진하기 위해 교사로서 채택할 수 있는 여러 가지 행동을 정리한 것이다. 교실에서 이러한 마음의 성향을 발전시키는 데 도움을 받을 수 있는 차트는 회원 사이트에서 찾을 수 있다.

〈표 2-2〉 개념 기반 탐구 문화를 촉진하는 전략

성향	학급 전략
 열린 마음가짐	학생들과 함께 교실 규범 만들기: 열린 마음을 갖고 다양성과 다양한 관점을 수용하도록 하는 것을 교실 규범으로 포함시켜 열린 마음을 가질 수 있도록 장려. 협업에 의존하는 활동 계획하기: 학생들은 다른 사람들과 함께 작업하면서 자신의 관점의 한계를 인식. 질문을 사용하여 관점 인식하는 것을 촉진: • 우리의 아이디어를 지지하거나 반증하기 위해 어떤 증거를 사용할 수 있을까? • 그 아이디어를 우리 학급의 다른 아이디어와 어떻게 결합할 수 있을까? • _____는 우리의 아이디어를 어떻게 볼 수 있을까? 왜 그렇게 생각하는가?

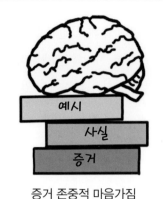 증거 존중적 마음가짐	토론에서 사고의 어휘 예시 들기: 추측이나 편견과 같은 아이디어가 우리의 추리를 표현하는 데 어떻게 도움이 될 수 있는지 보여 줌. 토론 중에 학생에게 공책 또는 검색 차트를 사용하도록 권유: 학생들은 사전 학습의 증거를 사용하여 일상적으로 사고 강화. 추론을 강조하기 위해 탐색 질문 사용: • 왜 그렇게 생각하는가? • 당신의 생각을 뒷받침할 수 있는 예를 제시할 수 있는가? • 이것이 사실이거나 거짓일 수 있는 상황을 생각할 수 있는 사람이 있는가?
 끈기 있는 마음가짐	위험을 감수하고 어려움을 경험하는 풍부한 활동 제시: 학생들은 집중력, 끈기 및 탄력성을 구축하는 도전적이면서도 안전한 활동에 참여. 학생들에게 도전을 관리하는 전략을 공유하도록 초대. 성장형 사고방식 장려: 토론 및 상호작용에서 개인이 시간이 지남에 따라 연습을 통해 무언가를 더 잘할 수 있는 것을 보여 주고 우리의 지적인 능력도 점진적으로 성장해 가고 있는 것을 볼 수 있도록 장려(Dweck, 2012). 생각할 수 있는 시간 제공: 학생들이 생각을 모을 수 있는 시간을 제공. 학생들의 생각이 명확해질 때까지 기다려 주기. 무작위로 학생을 선택하는 전략(이름표 등 사용): 모든 학생들이 자신의 생각을 표현 수 있도록 격려하고 믿음. 격려하고 다시 생각할 수 있는 질문 활용: • 새로운 생각을 형성하기 시작하는 것 같은데 다시 사례 연구로 돌아가서 생각을 확장시켜 볼까? • 이것은 어떨까? 이것이 어떻게 우리의 생각을 바꿀 수 있을까? • 우리의 생각을 지지하기 위해 어떤 추가적 증거가 필요할까?

교사는 개념 기반 탐구 문화를 만드는 데 아주 중요하다. 교사는 개념적 사고의 역할 모델이자 촉진자 역할을 하며 학생들이 비판적 분석과 토론이 이루어질 때까지 판단을 유보해야 한다. 개념 기반 탐구 교실에서 교사는 빠른 사고보다 지속적인 사고를 중요하게 생각한다. 하지만 신중하게 가르칠 시간 없이 종종 '과밀한 커리큘럼'을 가지고 있는 것을 생각하면 지속적 사고를 중요하게 생각해야 하는 이 마지막 요점을 내재화하기 어려울 수 있다. 그러나 우리가 구성주의를 교육적 접근으로 진정 중요시한다면, 우리는 학생들에게 그들의 사고를 통해 작업할 수 있는 기회를 기꺼이 제공해야 한다. 개념 기반 탐구 교실에서 교사는 아이디어 공유가 개인 및 학급 이해로 이어질 수 있는 신중하고 원근적인 공간을 설계한다. 개념 기반 탐구에서는 일반적으로 커리큘럼 결과와 일치하는 특정 일반화 세트를 학생들과 함께 지향하기 때문에 구조화되거나 안내된 탐구의 맥락에서 이러한 공간 설계가 종종 발생한다.

이 장에서 우리는 귀납적 이해를 장려하는 교육 및 학습에 대한 접근 방식으로 개념 기반 탐구의 모델을 탐구했다. 사고와 논리적인 토론을 장려하는 데 있어서 교사의 역할과 연결되어 학생들의 선택 의지를 함양하기 위한 교실 문화의 중요성을 강조했다. 개념 기반 탐구는 학생들이 자신의 사고에 대한 주체성을 갖도록 장려하여 진정한 비판적 사고자가 될 수 있도록 한다.

　제3장에서는 수업 계획 과정이 개념 기반 탐구를 어떻게 용이하게 할 수 있는지에 대해 실질적으로 생각할 것이다. 이를 지원하기 위한 수업 계획 단계와 전략을 검토하면서 학생들의 사고를 지지하는 개념적으로 깊이 있는 수업 단원을 만들 수 있는 방법을 탐구한다. 계획 과정에서 수업 및 단원 계획과 관련하여 탐구 단계의 역할을 고려하게 될 것이다.

 잠시 멈추어 **되돌아보기**

제3장에서 수업 계획 과정을 알아보기 전에 잠시 멈추어 다음의 질문에 대해 생각해 보자.

- 개념 기반 탐구 모델이라고 하면 어떤 생각이 드는가? 교실에서의 경험에 비추어 볼 때 익숙하고 생소한 것은 무엇인가?
- 귀납적 이해 모델이 사고능력 계발을 어떻게 촉진할 수 있는가? 교실에서 이를 위한 기회는 어떤 것들이 있는가?
- 교실 문화는 어떤 방식으로 열린 마음가짐, 증거 존중적 마음가짐, 끈기 있는 마음가짐을 장려할 수 있는가? 필요에 따라 말이나 글로 설명해 보자.

Concept-Based Inquiry in Action

제3장

개념 기반 탐구의 계획

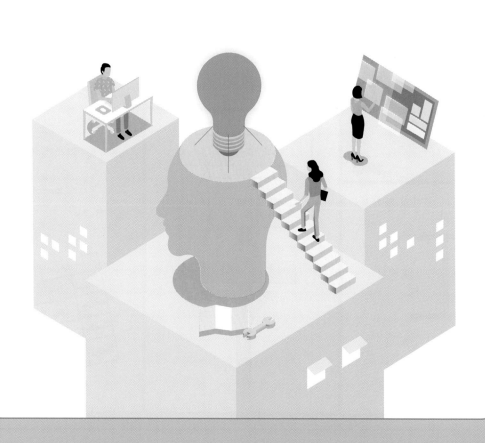

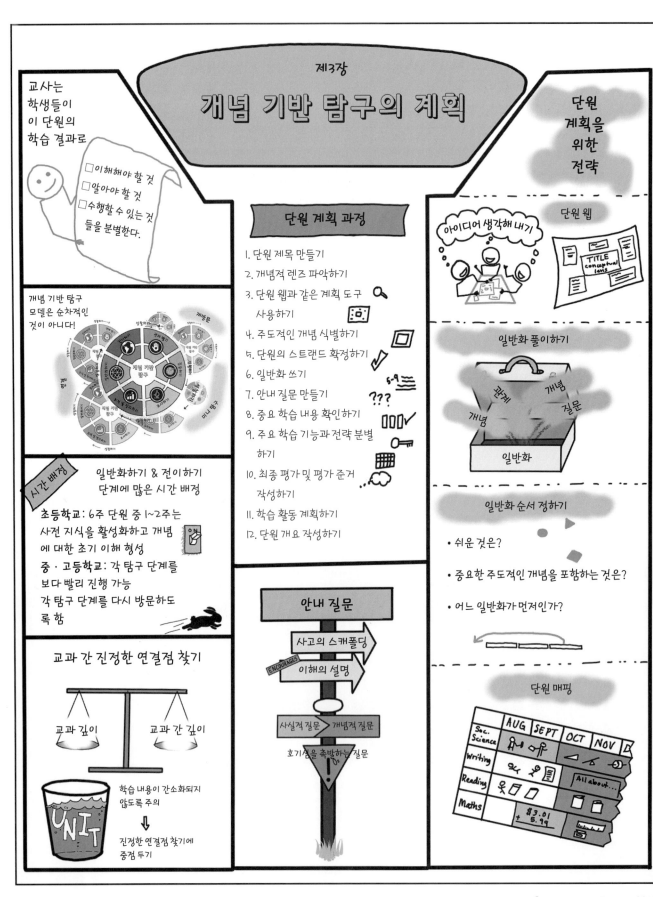

제3장

개념 기반 탐구의 계획

교사는 학생들이 이 단원의 학습 결과로

☐ 이해해야 할 것
☐ 알아야 할 것
☐ 수행할 수 있는 것

들을 분별한다.

개념 기반 탐구 모델은 순차적인 것이 아니다!

시간 배경

일반화하기 & 전이하기 단계에 많은 시간 배정

초등학교: 6주 단원 중 1~2주는 사전 지식을 활성화하고 개념에 대한 초기 이해 형성

중·고등학교: 각 탐구 단계를 보다 빨리 진행 가능 각 탐구 단계를 다시 방문하도록 함

교과 간 진정한 연결점 찾기

교과 깊이   교과 간 깊이

학습 내용이 간소화되지 않도록 주의

진정한 연결점 찾기에 중점 두기

단원 계획 과정

1. 단원 제목 만들기
2. 개념적 렌즈 파악하기
3. 단원 웹과 같은 계획 도구 사용하기
4. 주도적인 개념 식별하기
5. 단원의 스트랜드 확정하기
6. 일반화 쓰기
7. 안내 질문 만들기
8. 중요 학습 내용 확인하기
9. 주요 학습 기능과 전략 분별하기
10. 최종 평가 및 평가 준거 작성하기
11. 학습 활동 계획하기
12. 단원 개요 작성하기

안내 질문

사고의 스캐폴딩

ENCOURAGES

이해의 설명

사실적 질문 › 개념적 질문

호기심을 촉발하는 질문

단원 계획을 위한 전략

단원 웹

아이디어 생각해 내기

TITLE
conceptual lens

일반화 풀이하기

관계   개념

개념   질문

일반화

일반화 순서 정하기

• 쉬운 것은?

• 중요한 주도적인 개념을 포함하는 것은?

• 어느 일반화가 먼저인가?

단원 매핑

	AUG	SEPT	OCT	NOV	D
Soc. Science					
Writing				All about...	
Reading					
Maths					

이 장에서는 개념 기반 탐구 계획과 관련된 여러 가지 일반적인 질문에 대한 답을 제공한다. 여기에서 제시하는 계획 과정은 보다 효과적인 개념 기반 탐구 수업을 개발하기 위한 중요한 단계이다.

개념 기반 탐구를 지원하는 계획 단계는 무엇인가

개념 기반 탐구를 계획하려면 교사는 학생들이 단원의 결과로 무엇을 이해하고 알고 수행할 수 있는지 파악해야 한다. 이러한 중요한 구성 요소는 개념적 이해와 일치하는 안내 질문, 평가 활동 및 학습 참여 설계로 이어진다. 단원 계획의 일부로 일반화를 형성하면 다음과 같은 것이 가능해진다.

- 단원의 결과로 발생하는 전이 가능한 학습을 명확하게 표현할 수 있다.
- 시너지적 사고를 촉진하는 질문을 디자인할 수 있다.
- 학습경험을 단원 개념 및 일반화에 맞게 조정할 수 있다.
- 학생들이 형성하고자 하는 개념적 관계에 대한 평가 범위를 정의하여 개념 중심의 형성 평가와 총괄 평가를 만들 수 있다.

이 책의 자료 부분(p. 321)에서는 단원 계획 양식과 요약된 8학년 인문학 수업 계획서를 볼 수 있다. 또 회원 사이트(www.connectthedotsinternational.com/members-only)에서는 지속적으로 다양한 수업 계획서를 찾아볼 수 있고 이 내용은 지속적으로 업데이트된다. 개념 기반 탐구의 요소들이 어떻게 결합되는지에 대한 이해를 심화하기 위해 이러한 계획 양식을 검토하는 시간을 가지기 바란다.

시작하기에 앞서, 현재 자신의 수업 계획 과정을 한번 되돌아보라. 이 과정들이 이해 중심의 교육과 학습을 어떻게 지원하는가? 또는 어떤 어려움을 제공하는가?

_____

_____

_____

_____

_____

_____

_____

_____

_____

교사로서 우리는 개념 기반 탐구 단원을 계획하는 동안 개념적으로 생각해야 하기 때문에, 학생들을 위해 개념 학습 목표를 식별할 수 있도록 지원할 수 있는 다양한 전략이 제시되었다. 이러한 전략은 〈표 3-1〉의 적절한 계획 단계에 맞춰져 있다.

〈표 3-1〉 **단원 계획 전략**

전략	간략한 설명	해당 질문	계획 단계	페이지
단원 웹	교사는 단원의 개념과 몇 가지 중요한 내용을 식별하는 단원 웹을 만들어 단원 일반화 작성을 지원한다.	교사는 단원에 대한 이해를 어떻게 향상시킬 수 있는가?	3단계: 계획 도구 사용하기	61
일반화 풀이하기	교사는 일련의 개념적 질문을 작성하기 위하여 일반화 속에서 개념을 분석한다.	안내 질문은 개념 기반 탐구에 어떤 역할을 하는가?	7단계: 안내 질문 만들기	66
일반화 순서 정하기	교사는 탐구 과정에 걸쳐 구축하는 학습 단원의 스트랜드에 맞춰 일반화 순서를 정한다.	학습 단원에서 개념 기반 탐구의 단계는 어떻게 나타나는가?	11단계: 학습경험 디자인하기	71
단원 매핑	교사는 1년 동안의 수업 단원들을 설계하여 교과 내 또는 교과 간 연결점을 찾는다.	교사는 어떻게 진정한 교과 간 연결을 만들 수 있는가?	단원 계획과 병행하기	76

단원 계획 단계

다음의 단원 계획 단계는 에릭슨과 래닝(Erickson & Lanning, 2014)의 원본 작업을 기반으로 하지만 몇 단계는 이 책과 더 잘 일치하도록 변경하였다.

1단계: 단원 제목 정하기

단원 제목은 개념 학습을 위한 맥락을 제공한다. 단원에 대한 학생들의 관심을 사로잡고 참여시킬 수 있도록 작성할 수 있다. 강력한 제목은 단원 내용이나 단원의 방향을 설명한다. 예를 들어, 제1차 세계 대전의 단원을 '대전쟁?'이라는 제목으로 계획할 수 있고, 이러한 제목은 토론을 유도할 수 있다.

2단계: 개념적 렌즈 파악하기

일반적으로 광범위한 매크로 개념인 개념적 렌즈는 연구에 초점과 깊이를 부여하고 시너지적 사고를 보장한다. IB 교사의 경우 개념적 렌즈는 대개 주요 개념 목록에서 비롯되지만 이에 국한되지는 않는다. 개념적 렌즈에 대한 자세한 내용은 제5장(p. 116)에서 확인할 수 있다.

3단계: 단원 웹과 같은 도구 사용하기(Erickson & Lanning, 2014)

이 단계에서는 단원 웹을 사용하여 단원에서 다루어질 수 있는 개념과 서로 다른 단원 스트랜드 간의 개념적 관계를 식별한다. 각각의 부분을 인식하면서 이 단원을 서로 연결성 있는 전체로 시각화한다. 때때로 교사는 이 단계에서 수업 활동만 나열하게 되는 경우가 있다. 그러나 이때 단원의 개념과 하위 주제에 중점을 두는 것이 중요하다.

단원 웹을 수업 계획의 도구로 사용할 때, 그 단원의 스트랜드를 식별하고 탐구의 범위를 정하는 것으로 계획을 시작하라. 그러면 유기적으로 단원의 주제와 개념들을 계획해 나갈 수 있다. 각 스트랜드에 해당하는 개념들을 강조하면 그러한 개념들은 다음 단계에서 쉽게 접근할 수 있다. 이 도구는 다음 단원에서 더 자세히 살펴보도록 하자.

4단계: 주도적인 개념과 마이크로 개념 식별하기

단원 웹을 만들다 보면 주도적인 개념이 정확하게 나타나게 된다. 주도적인 개념은 그 단원의 방향을 제공하면서 학습을 구성한다. 대부분 이것은 과목과 연결되어 있고 배울 주제를 반영한다. 단원 학습을 안내할 4개에서 7개 정도의 주도적인 개념을 정하라. 이 과정에서 주도적인 개념과 관련된 마이크로 개념도 명확해질 것이다. 제1차 세계 대전에 관한 '대전쟁?'이라는 단원에서 주도적인 개념은 충돌, 연합, 외교, 기술, 전략, 국경이다. 주도적인 개념은 제5장에서 더 자세히 설명한다(p. 115).

5단계: 단원 스트랜드 확정하기

단원 스트랜드가 바로 탐구의 범위이며, 이것은 학습 단원을 좀 더 세분화한다. 스트랜드는 학제 간 단원의 교과 영역 또는 교과 내의 하위 스트랜드 영역이다. 단원 웹을 구성하면서 우리는 스트랜드에 대해 인식하게 되고, 그것을 확정하게 된다. 학교 커리큘럼의 성취 기준들을 잘 확인해서 이 모든 것을 학생들이 배울 수 있도록 한다.

6단계: 일반화 쓰기

일반화란 2개 이상의 개념 간 관계를 설명하는 것이다. 단원 웹에서 식별된 개념들을 바탕으로 단원에서 학생들이 이끌어 낼 일반화를 설명해 보라. 주도적인 개념들을 이용하여 구성된 '대전쟁?'에 대한 일반화는 '테크놀로지의 발전이 부상과 파괴를 증대시키는 새로운 군사적 전략을 가능하게 한다'가 될 수 있다.

각 단원은 학습의 범위와 시간 배정(수업 시수)에 따라 5개에서 9개 정도의 개념들을 포함한다. 개념적 렌즈를 포함한 한두 개의 일반화를 한번 작성해 보라. 교과의 스트랜드를 염두에 두고 단원의 주도적인 개념과 관련된 마이크로 개념을 융합할 수 있는 각 스트랜드에 대해 한두 개의 일반화를 구성해 보라. 일반화는 하나 또는 그 이상의 탐구의 분야와 관련된 것이고, 특히 과정 기반 교과에서는 더욱 그렇다. 일반화에 대한 자세한 내용은 제8장에서 살펴본다.

7단계: 안내 질문 만들기

안내 질문들은 일반화를 위한 학생들의 사고를 스캐폴딩해 준다. 우리가 구성할 수 있는 세 가지 종류의 질문이 있는데 하나는 사실적 질문, 다른 하나는 개념적 질문 그리고 호기심을 촉발하는 질문이다. 하나의 일반화를 위해서는 수업 계획 과정 중에 구성한 5개 정도의 사실적·개념적 질문과 그 단원의 3~4개의 호기심을 촉발하는 질문들이 필요하다. 안내 질문에 대한 내용은 이 장의 후반부에서 다루고 있다.

8단계: 중요 학습 내용 확인하기

중요 학습 내용이란 일반화의 기초를 다지고 단원 주제의 지식을 깊게 하고, 특별한 과정에 대해 학생들이 알아야 할 것이 무엇인지를 명확하게 하는 데 필요한 사실적 지식을 말한다. 이 단계에서 우리는 이러한 일반화를 되돌아보기 위해 최상의 사례 연구 또는 사실적 예를 고려한다. 사례 연구에 대해서는 제6장에서 살펴본다.

9단계: 주요 학습 기능과 전략 분별하기

주요 학습 기능과 전략은 단원의 학습목표가 된다. 주요 학습 기능은 다양하게 적용될 수 있도록 전이되고 평가나 학습경험에서 드러날 때까지 구체적인 주제 안에 갇혀 있지 않는다.

10단계: 최종 평가 및 평가 준거 작성하기

최종 평가는 중요한 일반화(한 개 또는 두 개)에 대한 학생들의 이해 정도, 교과의 중요 내용에 대한 지식과 중요 기능을 나타낸다. 학생들의 결과물을 평가하기 위한 루브릭이나 채점 가이드로서의 평가 준거를 만든다.

11단계: 학습 활동 계획하기

이 단계에서 교사는 다양한 탐구의 단계와 연결될 수 있는 의미 있고, 실질적인 학습 활동을 계획한다. 이 학습 활동은 단원의 최종 목표로 학생들이 이해하고, 알고 할 수 있는 것이 무엇인지를 반영한다. 학습 활동을 전략적으로 선택하면서 형성평가의 기회도 식별한다. 이 책의 나머지 장에서는 탐구 모델을 더 상세히 설명하고 각 탐구 단계에 필요한 교수 전략에 대해 다룬다.

출처: Erickson & Lanning (2014).

교사는 어떻게 학습 단원의 이해를 심화시킬 수 있을까

많은 교사들이 특정 요구 사항을 충족시킬 수 있는 계획 과정을 필요로 한다는 점을 인식하지만, 모든 것에 적합한 유일한 단원 계획 도구가 있을 수는 없다. 이 섹션에서는 개념적 렌즈가 식별된 후 교사가 단원을 이해할 수 있도록 하는 '사전 수업 계획 작성 도구'로 단원 웹을 보여 준다.

단원 계획을 위한 전략: 단원 웹

단원 계획의 제3단계에서 우리는 단원을 세분화하고 이해하기 위해 '사전 계획 작성' 도구를 사용한다. 이 단원 웹 (Erickson & Lanning, 2014)은 단원에 대해 전체적으로 생각할 수 있게 하여 주요 학습 내용과 개념들을 결합할 수 있는 시각적 개요를 제공한다. 단원 스트랜드와 탐구 영역을 중심으로 구성된 단원 웹은 단일 교과 또는 교과 간 단원을 계획할 수 있도록 한다. 다음은 이 단원 웹이 단원 계획에 어떻게 사용되는지를 보여 준다.

1. 웹 구성하기: 커다란 종이나 루시드 차트와 같은 디지털 프로그램을 사용하여 단원의 제목과 그 한가운데 개념적 렌즈를 써라.
2. 단원 스트랜드 확립하기: 이 단원에서 공부할 스트랜드 또는 탐구의 범위를 선택하라. 교과 간 단원에서 스트랜드는 다른 교과가 된다. 단일 교과 단원에서 스트랜드는 각 교과 또는 구체적인 주제로 세분화될 수 있는 주요 카테고리이다. 예를 들어 경제시장에서 정부의 개입에 관한 단일 교과 단원은 경제, 시민, 문화, 지리 또는 역사에서 가져 올 수 있다. 과정 중심 단원에서는 이해하기, 대답하기, 비판하기 그리고 생산하기의 스트랜드가 있다.
3. 부주제와 개념 생각하기: 다양한 스트랜드와 관련된 부주제들과 개념을 나열하라. 전이 가능한 학습을 지명할 수 있는 개념들에 밑줄을 그어 보라. 예를 들면, 식물 영양에 관련된 주제를 나열한 후 살펴보면 가능성 있는 개념들은 에너지, 성장, 광합성 작용, 식물대사 그리고 세포 수송이 될 것이다. 모든 스트랜드와 개념이 개념적 렌즈와 관련된 것은 아니다.
4. 개념에 밑줄 긋기: 다음 단계에서 개념들을 쉽게 접근할 수 있도록 각 스트랜드에 속해 있는 개념들을 정리하고 밑줄을 그으라.
5. 일반화 만들기: 이미 생각해 낸 개념들과 개념적 렌즈들을 사용하여 단원의 일반화를 작성해 보라. 원하면 스트랜드들을 결합해 보는 것도 좋다.

[그림 3-1]은 5학년 미디어 단원의 단원 웹 예이다. 전체적인 수업 계획서 및 계획서와 단원 웹의 관계를 살펴보고자 하면 회원 사이트의 단원 계획서 예시 섹션을 찾아보라(www.connectthedotsinternational.com/members-only).

스트랜드 1: 미디어 문해력
의사소통
의미
표현의 수단
정보 이해
의사결정–링크/동영상
디지털 vs 전통적 문해력
리서치 기술
효과적으로 정보 찾기
정보 평가
출처 평가

스트랜드 2: 미디어 출처
의사소통 수단
동영상
오디오
출간물
디지털 산출물–팟캐스트, 동영상, 사진 이야기, 블로그
아날로그 산출물–잡지, 책, 저널, 신문
인터뷰
진화하는 테크놀로지

스트랜드 3: 사회와 정체성
사회적 네트워크
의사결정
저작권
표절
편견
사생활 보호
지각력
디지털 발자국
권리와 책임

단원 제목: 디지털 시대에 정보를 얻고 공유하기

개념적 렌즈: 책임/편견

동시 수행 단원: 영어:
설득의 힘

스트랜드 4: 정보와 소통
디자인
유효성
정확성
신뢰성
접근성
정보관리
정보의 프레젠테이션
레이아웃과 디자인
그래픽과 이미지
목적
의도된 청중

스트랜드 5: 미술
관중
목적
메시지
색상
선
관점

스트랜드 6: 수학
데이터 처리
평균
중앙값
모드
범위
편향
표상

[그림 3-1] 단원 웹 예시

개념 기반 탐구에서 안내 질문은 어떤 역할을 하는가

질문은 개념 기반 탐구의 핵심적 부분이며, 귀납적 접근법을 통해 학생들의 이해를 지원한다. 교사는 학생들에게 무엇을 이해해야 하는지 직접 설명하지 않는다. 교사들의 안내 질문은 학생 스스로가 이해를 설명할 수 있도록 도와주며 학생들의 사고에 스캐폴딩을 제공한다. 안내 질문은 학생들이 단원의 중요한 부분에 집중할 수 있도록 한다. 사실적 수준에서의 단원의 주제와 개념적 수준에서의 일반화로부터 시작해서 수업을 계획함으로써 교사는 그 단원의 세 가지 종류의 질문—사실적 · 개념적 · 호기심을 촉발하는 질문들—을 만들어 낸다.

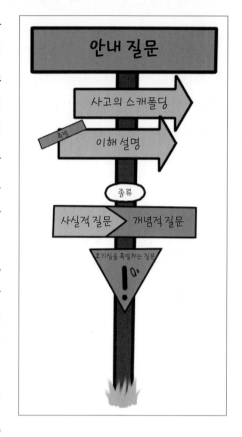

사실적 질문: 이러한 질문들은 단원의 학습 내용에 관한 것이며, 단원 후반부에 일반화를 도와주게 될 사실적 예시나 사례 연구들을 포함한다. 이 질문들은 주제에 집중하고 학생들이 비판적인 지식적 이해를 할 수 있도록 지원한다. 이러한 질문들은 다른 상황이나 맥락에 전이될 수 없고 시간, 공간, 상황에 한정되어 있다.

20세기 음악 작곡에 관한 중학교 학습 단원 속 질문의 예를 살펴보자. 학생들이 이해하기를 원하는 일반화의 하나는 '개인의 경험, 시대 그리고 음악가가 살고 있는 곳의 문화가 음악가로 하여금 음악의 장르와 곡의 내용을 선택하는 데 영향을 미친다'이다.

이 이해에 도달하기 위해 학생들은 블루스와 같은 특별한 음악의 장르의 속성들을 알아야 할 필요가 있다. 그러므로 교사는 다음과 같은 사실적 질문을 할 수 있다.

- 20세기의 인기 블루스 곡 사이에는 어떤 공통점이 존재하는가?
- 빌리 홀리데이와 같은 음악가들이 블루스 곡을 만들도록 영감을 준 것은 무엇인가?
- 20세기 전반기의 문화와 사건은 어떻게 음악적 움직임에 영감을 주었는가?

개념적 질문: 개념적 질문은 전이 가능하다. 학생들의 다양한 반응을 허용할 수 있을 만큼 개방적이지만, 교육과 학습을 단원 일반화로 안내하는 방식으로 구성되어 있다. 이러한 질문들은 학생들이 자신의 이해 진술을 표현하는 데 도움이 된다. 개념적 질문은 전이성을 보장하기 위해 3인칭 및 현재 시제로 작성된다. 음악 단원에 대한 개념적 질문에는 다음과 같은 것이 있다.

- 음악가는 작곡에 영감을 받기 위해 자신의 개인적인 경험을 어떻게 사용하는가?
- 음악가가 살고 있는 시대와 문화는 그들의 노래 형성에 어떤 영향을 미치는가?
- 음악 장르는 작곡 패턴과 주제적 패턴을 어떻게 반영하는가?

호기심을 촉발하는 질문: 논란의 여지가 있는 질문이라고도 하는 이 질문은 비판적 사고와 대화를 촉진한다. 사실적이거나 개념적일 수 있지만 '정답'이 없는 것으로 작성된다. '예/아니요' 응답을 유도하기 위해 호기심을 촉발하는 질문이 작성되더라도 학생들은 입장을 취하고 증거를 사용하여 자신의 의견을 정당화해야 한다. 호기심을 촉발하는 질문은 학생들이 지식을 적용하는 데 도움이 되므로 학생들이 자신의 이해를 전이하도록 장려하는 데 매우 유용하다. 다음은 20세기 음악 작곡 단원과 관련된 호기심을 촉발하는 질문의 예이다.

- 파블로 피카소는 "좋은 예술가들은 모방하고, 위대한 예술가는 훔친다"고 주장했다. 개인적인 경험에서 얻은 영감이 훔친 것으로 인식될 수 있는가? 설명해 보라.
- 블루스 또는 재즈와 같은 장르는 역사적인가, 아니면 현대적 가치가 있는가? 설명하라.

일련의 안내 질문의 하나의 세트로, 사실적·개념적 호기심을 촉발하는 질문은 지식 및 과정 구조의 다양한 수준을 전체적으로 다룬다. 안내 질문의 내용은 학년 및 교과에 따라 어떻게 달라질까? 다양한 학년으로부터 도출된 안내 질문의 세 가지 예를 여기에 제시했다. 이러한 질문은 하나의 단원 일반화에 대한 것이고 학생들이 쉽게 이해할 수 있도록 쓰여졌다. 전에 언급했듯 전형적인 학습 단원은 대략적으로 5개에서 9개의 일반화를 포함하고 있다. 넓은 범위의 개념이 풍부한 단원을 만들기 위한 5~9개의 각각의 일반화는 3~5개 정도의 사실적·개념적 질문을 포함하고 그중 1~2개는 호기심을 촉발하는 질문으로 이루어질 것을 권유한다(Erickson et al., 2017, p. 55). 단원의 이러한 일반화와 안내 질문들을 보여 주는 예시 단원은 회원 사이트에서 볼 수 있다(www.connectthedotsinternational.com/members-only).

수학-자릿값 단원(4학년)
일반화: 숫자에 할당된 값은 수의 자리에 따라 다르다.

사실적 질문
- 이 숫자의 값은 무엇인가?
- 이 수에서 숫자의 값을 어떻게 보여 줄 수 있나?
- 이 숫자의 자리를 오른쪽 또는 왼쪽으로 옮기면 어떻게 될까?

개념적 질문

- 숫자에서 숫자의 값을 결정하는 것은 무엇인가?
- 숫자의 위치를 변경하면 값이 어떻게 변경되는가?
- 10진수 시스템에서 소수점은 어떤 역할을 하는가?

호기심을 촉발하는 질문

- 숫자의 값을 결정하는 수학적 '규칙'이 없다면 어떻게 될까?

영어-설득하는 글쓰기 단위(7학년)

일반화: 작가는 설득력 있는 언어, 관련 사례 및 반론을 사용하여 자신의 관점을 뒷받침하는 주장을 만들 수 있다.

사실적인 질문

- 이 글에서 글쓴이의 관점은 무엇인가?
- 글쓴이는 설득하기 위해 어떤 특정 언어를 사용하며 이것이 독자에게 미치는 영향은 무엇인가?
- 글쓴이는 독자를 설득하기 위해 어떻게 예제를 사용하는가?

개념적 질문

- 글쓴이는 자신의 관점을 뒷받침하는 주장을 어떻게 구축하는가?
- 설득하는 글에서 설득력 있는 언어의 특징은 무엇인가?
- 관련 사례와 반례가 어떻게 논쟁을 강화하는가?

호기심을 촉발하는 질문

- 글이 지나치게 설득적일 수 있는가? 설명해 보라.
- 다른 사람들이 우리의 관점을 받아들이도록 설득하는 것이 윤리적인가? 설명해 보라.

시각 예술-정체성과 자화상(11학년)

일반화: 예술가는 작품에서 자기 자신 또는 정체성의 측면을 표현하기 위해 다양한 테크닉을 적용할 수 있다.

사실적인 질문

- 빈센트 반 고흐, 척 클로즈 및 신디 셔먼과 같은 미술가는 자화상을 만들기 위해 어떤 테크닉을 사용했는가? 그러한 테크닉은 어떤 효과를 가져 오는가?
- 프리다 칼로와 같은 미술가들이 작품 속에서 자신을 나타내는 이유는 무엇인가?

개념적 질문

• 예술가가 자화상을 만드는 이유는 무엇인가?

• 예술가의 정체성이 예술적 과정과 어떻게 연결될 수 있는가?

• 예술가는 어떻게 테크닉을 사용하여 원하는 효과를 만들 수 있는가?

호기심을 촉발하는 질문

• 왜 일부 예술가는 자신의 작품에서 자신을 나타내기로 선택하는가?

• 예술가가 작업에서 자신의 정체성을 완전히 제거할 수 있는가? 설명해 보라.

단원 계획을 위한 전략: 일반화 풀이하기

개념적 질문은 학습을 용이하게 하여 학생들이 단원 일반화를 발견하도록 한다. 개념적인 질문들을 계획하는 데 있어 이 질문들은 학생들이 탐구를 통해 개념적 관계를 탐구할 수 있을 만큼 유연하지만, 단원의 중요한 측면에 학생의 관심을 끌 수 있는 충분한 구조를 제공한다.

수업 계획 과정 7단계에서 개념적 질문을 개발하기 위해 사용하는 전략 중 하나는 일반화 풀이하기이다. 이것은 일반화를 분석한 다음 그 안에서 발견된 개념적 관계를 질문으로 바꿀 수 있다. 어떻게 이루어지는지 다음에서 자세히 살펴보자.

1. 일반화 식별: 설명할 일반화를 선택한다.
2. 일반화에서 개념 추출: 모든 일반화 내에서 모든 개념은 명사로 작성된다. 개념은 시대를 초월하고 보편적이며 정도는 다르지만 모두 추상적이라는 것을 기억하라. 개념 목록을 만들기 위해 개념을 강조 표시하거나 밑줄을 쳐 일반화를 세분화해 본다.
   일반화: 영양 순환 내에서 유기 물질은 분해 과정을 통해 더 단순한 물질로 분해된다.
   개념: 영양 순환, 유기 물질, 물질, 과정, 분해
3. 추가 개념 식별: 필요한 경우 이전 단계에서 만든 목록에 다른 개념을 추가한다. 이것들은 동사의 존재에 의해 추론되거나 개념을 이해하는 데 필수적인 개념일 수 있다. 과학 예제에서 분해가 일어나는 환경(생물권)과 분해를 돕는 유기체(분해자)를 추가할 수 있다.
4. 중요한 개념적 관계 고려: 이제 개념이 식별되었으므로 학생들이 개념들을 연결하는 것에 대해 생각할 수 있다. 여기서 우리는 "이 개념들 사이의 어떤 관계를 학생들이 탐구하기를 바라는가? 이러한 관계를 어떻게 질문으로 표현할 수 있을까?"와 같은 질문을 스스로에게 해 볼 수 있다.
5. 관계를 질문으로 작성: 종종 문장을 질문 형식으로 뒤집어 이러한 관계를 질문으로 작성해 본다.

개념적 질문으로 풀이된 일반화

일반화: 영양 순환 내에서 유기 물질은 분해 과정을 통해 더 단순한 물질로 분해된다.

개념: 영양 순환, 유기 물질, 물질, 과정, 분해

추가 개념: 생물권, 분해자, 재활용

개념 기반 탐구의 단계는 한 단원에서 어떻게 나타나는가

개념 기반 탐구 모델은 선형 방식으로 사용하도록 설계되지 않았다. 각 단계는 특정 목적을 나타내며 학생의 이해를 돕기 위해 다시 돌아가기도 한다. 이 때문에 학생들이 소재의 측면을 조사하고, 기능을 습득하고, 여러 일반화를 형성하면서 탐구 단계가 여러 번 반복되는 경우가 많다. 단계를 재검토하는 방법을 개념화하는 한 가지 방법은 하나의 단원이 각 스트랜드 또는 탐구 영역에 대해 하나씩 여러 '미니 탐구'를 포함하는 것으로 생각하는 것이다. 종종 이러한 소규모 탐구는 각각 탐구 단계를 거치면서 더 광범위한 단원 탐구와 연결된다. 또한 학생들이 학습 참여에 어떻게 반응하는지에 따라 특정 탐구 단계에 맞는 아이디어의 통합 또는 확장을 위한 추가적인 기회를 포함할 수 있다.

〈표 3-2〉는 탐구 전반에 걸쳐 다양한 탐구 단계가 어떻게 재검토될 수 있는지에 대한 한 가지 예를 보여준다. 한 단원이 진행되면서 이해를 일반화하고 이해를 전이시킬 수 있는 기회가 증대한다. 중요한 것은 이 모든 것이 단원의 마지막에 오는 것은 아니라는 것이다. 우리는 학생들이 단원 전체에서 개념적으로 생각하기를 기대한다. 개념 기반 탐구 교사로서 우리는 학생들에게 새로운 맥락과 상황에 대한 이해를 형성하고 적용하도록 하는 다양한 학습 참여 활동을 설계한다.

〈표 3-2〉 **탐구 단계의 재검토(예시 단원)**

	1주 차	2주 차	3주 차	4주 차	5주 차	6주 차
관계 맺기	X		X	X		
집중하기	X	X			X	
조사하기		X	X	X		
조직 및 정리하기		X	X	X	X	
일반화하기			X	X	X	
전이하기				X	X	X
성찰하기	X	X	X	X	X	X

© Marschall & French, 2018.

개념 기반 탐구의 진도 배정

교사는 늘 수업시간이 부족하고 이것에 대해 교무실에서, 가족에게 이야기하며 심지어는 학년 초부터 수업시간이 부족하다고 이야기한다. 한 단원에서 우리는 개념 기반 탐구의 단계를 거치면서 이해를 일반화하고 전달하는 데 충분한 시간을 남겨두기 위해 시간을 면밀히 모니터링해야 한다.

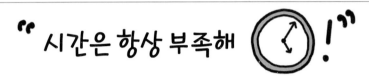

K-12 연속선상에서 우리는 연령과 기능 수준이 다른 학생들이 다양한 속도로 탐구 단계를 거치는 것을 알고 있다. 초등 및 중등 교육자에게 단원 수업 시수 배분이나 진도 배정에 대해 다음 제안을 고려해 보라.

초등: 6주 단원에서 첫 1~2주 동안 관계 맺기 및 개념 형성 전략을 사용하여 학생들의 사전 지식을 활성화하고 단원의 주도적인 개념에 대한 초기 이해를 형성한다. 이러한 전략은 단원 전체에서 사용될 수 있지만 학생들이 두 번째 주가 끝날 때까지 사례 연구를 탐색하도록 해야 한다. 학생들은 조사하기 단계에서 관련성 있고 의미 있는 사례 연구를 접할 때 단원의 주도적인 개념에 대한 이해를 종합한다. 우리의 목표가 역동적이고 목적이 있는 단원을 구성하는 것이라면 우리는 긴박감을 가지고 가르칠 필요가 있다. 그렇지 않으면, 우리 단원은 코스에서 벗어나고, '고착'되거나, 추진력을 잃어 학생들이 이해를 일반화하고 전달할 기회를 빼앗아 갈 수 있다.

중학교 및 고등학교: 학생들의 기능과 지적 성숙으로 인해 중학교 및 고등학교 학생들은 탐구 단계를 빠르게 진행할 수 있으며 때로는 두 번의 수업으로 전체 주기를 통과할 수도 있다([그림 3-2] 참조). 그렇다고 두 번의 수업안에 탐구의 각 단계를 항상 다 다루어야 한다고 생각할 필요는 없다. 또한 탐구 모델을 수업 계획 템플릿으로 사용해야만 한다고 옹호하지도 않는다. 그러나 탐구 단계가 엄격하게 구분되어 있지 않음을 인식하는 것이 중요하며, 탐구 단계는 단기 및 중기 계획에 모두 사용될 수 있다.

관계 맺기 	학생들을 수업에서 다음과 같은 질문을 접하게 된다. • 개념적 질문: "작가는 독자의 텍스트 해석을 지원하기 위해 은유법을 어떻게 사용할 수 있는가?" • 학생들은 "은유가 순전히 예술적인 것인가 아니면 독자의 텍스트 이해를 지원하는 기능을 하기 위함인가? 설명해 보라."라는 호기심을 촉발하는 질문에 짝을 지어 토론한다.
집중하기 	• 교사는 수업에서 살펴보게 될 제유법과 환유법의 개념을 은유의 형태로 소개한다. 학생들은 이와 관련된 다양한 예를 접하고 각각에 대한 특성을 설명한다. 유추 전략을 사용하여 학생들은 다음과 같은 문장구조를 완성한다. "제유법은 _____과 같은 반면 환유법은 _____과 같다."
조사하기 	• 학생들은 소그룹으로 은유의 예가 포함된 다른 텍스트에서 발췌한 부분을 다시 읽는다. 각 그룹은 다른 텍스트에 중점을 둔다.
조직 및 정리하기 	• 텍스트를 다시 읽는 동안 학생들은 중요한 세부 사항을 추출하여 교차 비교 차트에 배치한다.
일반화하기 	• 교사는 학생들에게 개념적 질문과 관련된 자신의 생각을 요약하도록 요청한다. "다음의 질문에 답하기 위해 한 가지 진술을 작성하라. 작가는 텍스트에 대한 독자의 해석을 지원하기 위해 어떻게 은유를 사용할 수 있는가?"
전이하기 	• 교사는 이전에 읽은 텍스트에서 3개의 짧은 발췌 내용을 보여 준다. 학생들은 "이 텍스트 발췌문에 우리의 진술을 적용할 수 있는가? 그 이유는 무엇인가? 적용할 수 없다면 세 가지 텍스트 모두에 적용되도록 진술을 변경할 수 있는가?"
성찰하기 	• 학생들은 다음과 같이 호기심을 촉발하는 질문을 다시 살펴보며 자신들의 생각이 변화되었는지를 설명하면서 성찰하기로 수업을 마무리한다. "수업 시작 시에 은유법은 온전히 예술적인 요소인지 아니면 독자들의 텍스트 이해를 돕기 위한 기능이 있는지에 대해 생각해 보았다. 이것이 대해 지금은 어떻게 답할 수 있는가? 수업이 우리의 생각을 변화시키거나 확장시켰는가? 그렇다면 생각이 어떻게 변화되고 확장되었는지 설명하라."

[그림 3-2] 샘플 고등학교 수업(영어)

탐구 단계는 개념 기반 탐구를 위한 교사 계획을 어떻게 지원하는가

앞서 언급했듯 각 단원은 탐구 영역과 해당 일반화에서 가져 온 '작은 단원'의 탐구를 포함하고 있다. 예를 들어, 미디어 영향력에 대한 4학년 단원은 광고, 뉴스 미디어 및 커뮤니케이션 수단이라고 하는 탐구 영역으로 구성될 수 있다. 탐구의 각 영역은 단원 전체에 대한 이해를 심화시킨다.

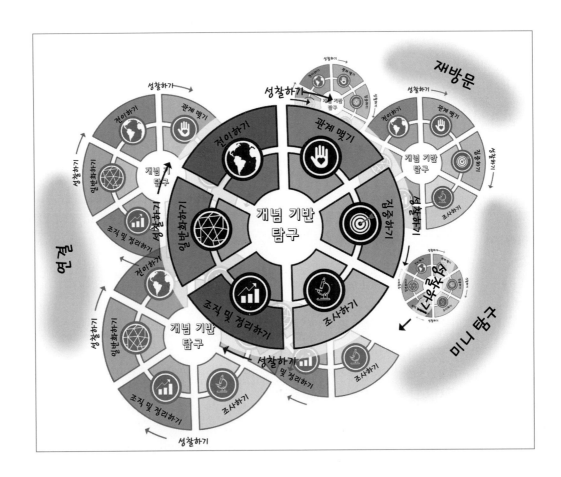

개념 기반 탐구 단계를 사용하여 계획할 때 탐구한 영역을 '자세히 들여다보기'를 하거나 뒤로 물러나 전체적으로 단원을 바라볼 수 있다. 단기적 및 중기적 관점을 가진 이중 계획 관점은 서로를 보완하여 학습의 깊이와 단원의 연속성을 보장한다. 단기 계획 또는 수업 계획을 할 때는 학습활동이 어떻게 학생들이 스스로 개념적 이해를 형성할 수 있도록 할 수 있는지를 고려한다. 수업 계획의 일부에는 계획 과정 중에 개발된 단원 일반화의 순서 및 순서 지정이 포함된다(이 장 뒷부분의 전략 참조). 이를 통해 우리는 한 단원 과정에서 학생의 사고를 기반으로 계획을 개발할 수 있다.

중간 단계 계획 또는 단원 계획은 단원 전체가 학생들이 개념적·비판적·창의적·성찰적 사고에 참여하도록 지원하는 방법을 반영하도록 해야 한다. [그림 3-3]은 이 두 가지 관점에 대한 개요와 단원을 계획할 때 우리가 스스로에게 묻는 성찰적인 질문을 제공하고 있다. 개념 기반 탐구 단계를 통합하는 단원 계획 작성

양식은 자료 B 및 C에서 하나의 샘플 양식과 함께 제시되어 있다. 이외 추가적인 단원 계획서는 회원 사이트(www.connectthedotsinternational.com/members-only)에서 찾아볼 수 있다.

수업 계획과 단원 계획을 모두 수행할 때 우리는 이 두 가지 사고방식을 동시에 실행한다. 좋은 수업 계획은 한 단원이 전체적으로 어떻게 진행되고 있는지에 대한 인식도 필요하고, 단원 계획을 구현할 수업 계획 수준도 고려해야 한다.

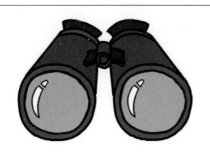	
단원 계획 **중기적 관점**	**수업 계획** **단기적 관점**
단원 전체적인 개발	하나의 일반화 또는 단원 스트랜드 개발
계획 시 고려해야 할 질문 • 이 단원에서 탐구의 단계는 어떻게 진행되고 있는가? • 이 단원을 개발하기 위한 다음 단계는 무엇인가? 어떤 탐구 단계가 연결될 수 있을까? • 탐구의 결과로 학생들이 광범위하게 이해하고 있다고 말할 수 있는 것은 무엇인가? • 학생들이 개념적 사고를 하고 있는 것을 나타내는 증거들은 무엇인가? • 다음에 이 단원을 가르치게 되면 탐구의 어떤 부분을 개선할 수 있는가? • 이 단원에서 학생들은 어떻게 주도적으로 학습을 이끌어 가는가?	계획 시 고려해야 할 질문 • 이해를 발전시키기 위해 탐구의 단계가 어떻게 진행되고 있는가? • 이해를 발전시키기 위한 다음 단계는 무엇인가? 어떤 탐구의 단계가 연결될 수 있을까? • 이 탐구에서 학습활동들은 학생들이 일반화를 구성하는 것을 지원하고 있는가? • 언제 이 미니 탐구를 마무리하고 다른 이해에 집중할 수 있을까? • 미니 탐구에서 학생들의 선택권과 의견이 나타날 수 있는 기회가 주어지고 있는가?

[그림 3-3] **수업 및 단원 계획을 위한 탐구 사이클 사용**

단원 계획을 위한 전략: 일반화 순서 정하기

단원 계획의 11단계에서 학습 활동을 설계하기 전에 최대 효과를 위해 일반화를 순서대로 나열한다. 단원이 진행됨에 따라 우리의 목표는 이전에 탐색한 일반화를 기반으로 이해의 통합 및 전이가 가능하도록 하는 것이다. 다음의 예를 살펴보자.

1. 성찰: 먼저 우리는 학생들의 사전 지식, 가장 중요한 주도적인 개념을 고려하고, 다양한 질문을 통해 어떤 일반화가 다른 것들을 포함할 수 있는지를 고려한다.

- 학생들의 사전 지식을 고려해 볼 때 어떤 일반화가 학생들이 가장 쉽게 연결할 수 있는가?
- 어떤 일반화가 가장 중요한 주도적인 개념을 포함할까?
- 예를 들어, 하나에 대한 이해가 다른 것에 대한 이해에 의존하는 것과 같이, 어떤 일반화가 다른 일반화의 디딤돌이 될 수 있나?

2. 일반화 분류: 이 단계에서는 복잡성과 정교함을 기준으로 일반화 분류를 시작한다. 교사는 종종 단원의 시작과 함께 이루어져야 할 일반화와 단원 후반에 이루어질 일반화를 쉽게 식별할 수 있다. 이 초기 사고를 사용하여 일련의 일반화를 생각해 보라.

3. 순서 결정: 일반화 목록을 만든 후 순서가 이해되고 학생의 요구를 충족하는지 확인하기 위해 이를 읽어 보라. 순서와 각각의 일반화에 소요될 대략적인 시간을 확인하라. 적절한 경우 지식 기반 및 과정 기반 이해를 잘 정렬하라.

4. 일반화 및 단원 수준에서 계획: 단원의 초기 일반화가 결정되면 개념 기반 탐구 사이클을 사용하여 계획을 수행할 수 있다. 학습 활동은 단일 일반화를 개발할 수 있도록 하고 더 넓은 단원 내용을 동시에 다룰 수 있어야 한다. 대부분의 단원 내용과 주요 기능은 여러 일반화와 관련이 있다.

[그림 3-4]는 세포 생물학 단원의 일반화 순서를 보여 준다. 지식 기반 일반화 순서가 어떻게 정교하게 발전하는지 주목해 보라. 수많은 지식 기반 이해가 세포의 개념에 대한 학생들의 이해를 심화시키는 동시에 세포 전송과 같은 더 복잡한 아이디어로 나아간다. 과정 기반 이해는 학생들이 세포 생물학에 대한 과학적 아이디어를 배우고, 분석 및 평가할 수 있도록 지원한다. 어떤 의미에서 우리는 그것들을 지식 기반 이해의 개발을 촉진하는 원동력이라고 생각할 수 있다. 과정 기반 단원에서는 이러한 역할이 반대가 된다고 생각하면 된다.

일반화	탐구의 범위
지식 기반 이해	
1. 다세포의 생명은 시스템 내에서 함께 작동하는 세포에 달려 있다.	다세포 유기체 내 세포의 기능
2. 진핵 세포는 세포기관과 막을 포함하고 있는데 이것들은 세포의 생명을 지원하는 특별한 기능을 수행한다.	진핵 세포의 부분과 기능
3. 세포 수송 중에 신체는 세포 내부와 외부 사이에서 영양분과 노폐물을 효과적으로 교환한다.	진핵 세포 내 또는 진핵 세포 사이의 세포 수송
4. 신체 시스템 내에서 세포는 조직을 형성하고 조직은 함께 작동하는 장기를 형성한다.	더 큰 신체 시스템의 일부로서의 세포
과정 기반 이해	
1. 과학자들은 현미경과 다른 도구들을 사용하여 사람의 눈에 보이지 않는 물체들을 관찰한다.	세포에 대한 이해를 지원하는 과학 도구의 역할
2. 모델은 과학적 아이디어를 설명하고 묘사하는 데 도움이 되는 추상적 현상을 나타낸다.	세포에 대한 이해를 지원하는 모델의 역할

[그림 3-4] 세포 생물학 단원에서 순서화된 일반화

계획한 단원 하나를 생각해 보라. 이해 및 해당 탐구 영역은 무엇인가? 학생들의 이해를 스캐폴딩하기 위해 어떻게 이해와 탐구의 영역을 순서화시킬 것인가?

_____

_____

_____

_____

_____

_____

_____

_____

_____

_____

_____

교과 간 연계를 위한 접근 방식은 무엇인가

단원 계획 중에 우리는 단원 간의 진정한 교과 간 연결점을 찾는다. 간학문적 학습은 이해의 통합 및 전이를 위한 귀중한 맥락을 제공한다. 우리는 간학문적 단원을 개발하는 것이 항상 가능하거나 바람직하지는 않다는 것을 알고 있다. 우리는 통합을 목적으로 '학습의 내용을 간소화'하지 않고 각 교과 내에서 온전한 학습을 보장하고자 한다. 개념 기반 탐구는 학생들이 다양한 교과의 관점을 탐구함으로써 교과들을 잘 연결하기를 격려한다. 우리가 간학문적 학습을 적극적으로 장려한다는 이유로 교과의 내용을 포기하고 교과 간 융합만을 증대시키려 하는 어리석음에 빠지면 안 된다.

예를 들어, 재생 가능 에너지와 재생 불가능 에너지에 관한 5학년 간학문적 단원에서 중심 교과는 과학이다. 이 단원에 통합된 다른 교과에는 사회, 미술, 수학 및 영어가 포함될 수 있다. 이때 조심해야 할 것은 학생들이 과학적 이해를 계발하는 데 초점을 맞추는 반면, 영어 수업은 비판적으로 읽기 또는 설득하기 위해 쓰기에 대한 개념적 이해를 계발하지 않고 에너지 사용에 대해 읽는 데 소비되지 않도록 하는 것이다. 교과의 높은 수준의 내용을 포기하지 않으면서 교과 간 탐구의 이점을 균형 있게 맞추기 위해 병렬 단원을 개발한다. 병렬 단원은 개념 이해를 강화하고 심화하기 위해 다른 단원보다 먼저 진행하거나 동시에 진행되거나 다른 단원으로 확장된다(〈표 3-3〉 참조). 교사가 단원을 연결하는 방법을 결정하는 것은 이해의 정교함과 그것이 새로운 맥락과 상황에 어떻게 적용되는지에 달려 있다.

앞에서 에너지 예제로 돌아가서 개념 기반 탐구 교사는 학생들이 여러 신문 기사를 비평적으로 읽으면서 편견을 발견할 수 있도록 한다. 영어 단원인 '설득의 힘' 단원은 에너지 단원을 시작하기 2주 전으로 계획하고 이 단원에서 다음과 같은 개념적 이해를 다룬다.

- 글쓴이는 독자를 설득하기 위해 감정적인 언어와 일화를 사용한다.
- 독자는 사실적 증거가 사용되는지를 평가하여 논증을 비판적으로 분석한다.
- 독자는 정보에 입각한 의견을 설정하기 위해 여러 출처를 조사한다.

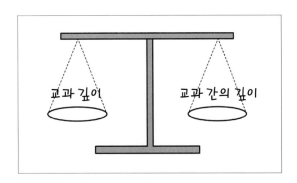

이렇게 단원 계획을 보다 신중하게 하면 과학과 영어 교과에서 요구하는 수준 높은 학습 성취 기준을 모두 만족시킬 수 있다. 진정한 교과 간 사고는 학생들이 에너지 단원 내에서 에너지에 대한 읽기 과정과 관련된 이해를 적용할 수 있을 때 발생하며, 기능과 전략을 의미 있게 강화하고 연습할 수 있는 기회를 제공한다.

교과 간에 이러한 진정한 융합을 찾고 개선할 수 있는 한 가지 방법은 한 학년도(또는 IB 디플로마 프로그램 과정의 경우에는 2년)의 단원을 매핑하는 것이다. 종종 단일 교과에 기반을 둔 중학교 및 고등학교 과정조차도 지식 및 과정 기반 단원으로 협력해서 매핑하면 많은 이점이 있다.

〈표 3-3〉 **병렬 장치 유형**

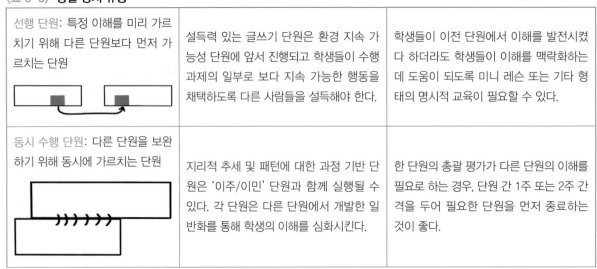

선행 단원: 특정 이해를 미리 가르치기 위해 다른 단원보다 먼저 가르치는 단원	설득력 있는 글쓰기 단원은 환경 지속 가능성 단원에 앞서 진행되고 학생들이 수행 과제의 일부로 보다 지속 가능한 행동을 채택하도록 다른 사람들을 설득해야 한다.	학생들이 이전 단원에서 이해를 발전시켰다 하더라도 학생들이 이해를 맥락화하는 데 도움이 되도록 미니 레슨 또는 기타 형태의 명시적 교육이 필요할 수 있다.
동시 수행 단원: 다른 단원을 보완하기 위해 동시에 가르치는 단원	지리적 추세 및 패턴에 대한 과정 기반 단원은 '이주/이민' 단원과 함께 실행될 수 있다. 각 단원은 다른 단원에서 개발한 일반화를 통해 학생의 이해를 심화시킨다.	한 단원의 총괄 평가가 다른 단원의 이해를 필요로 하는 경우, 단원 간 1주 또는 2주 간격을 두어 필요한 단원을 먼저 종료하는 것이 좋다.

| 확장 단원: 이해를 구축, 적용 또는 확장하기 위해 한 단원 종료 후 가르치는 단원  | 부피에 대한 단원은 학기 초에 가르친 3D 도형에 대한 학생들의 이해를 적용한다. | 확장 단원이 항상 다른 단원 후에 바로 따라올 필요는 없다. 때로는 교사들이 개념을 재검토하는 나선형 접근 방식을 취하는 것이 적절하다. 단원 간의 연결이 학생들에게 명시되어 있는 한, 단원 이해는 연중 다른 시점에서 각 단원들을 기반으로 할 수 있다. |

어떤 유형의 병렬 단원을 개발할지를 결정할 때 교사는 학생들에게 필요한 학습이 무엇인지를 고려한다. 이것은 많은 교사가 단원의 다른 측면을 가르칠 책임이 있을 때 특히 중요하다. 종료되는 한 단원과 막 시작되는 단원 사이에 상당한 차이가 있다면 단원을 어떻게 구성해야 하는지에 대해 비판적으로 검토해야 한다. 이 단원들의 순서가 학생들이 나중에 개념을 다시 볼 수 있도록 하기에 필요한 것인가 아니면 이 단원들의 순서가 매년 반복되는 순서이기에 그대로 하는가? 만약 후자의 이유로 단원들의 순서가 결정되었다면 교사는 학생의 학습을 최우선으로 하여 단원을 재정렬해야 할 것이다.

한 학년 동안 가르치는 단원들을 생각해 보라. 이들의 순서는 교과 내 또는 교과 간 이해의 발전을 어떻게 지원하는가? 어떻게 개선될 수 있을까?

_____

_____

_____

_____

_____

_____

_____

_____

_____

단원 계획을 위한 전략: 단원 매핑

단원 매핑은 학년(또는 IB 디플로마 프로그램 과정의 경우 2년)에 대한 조감도를 제공하여 단원들이 어떻게 서로 의미 있게 구축되는지를 볼 수 있다. 다음은 단원 매핑을 구성하는 한 가지 방법이다.

1. 캘린더 차트 만들기: 디지털로 또는 차트 용지에 차트를 그리고 학년에 대한 한 페이지 개요를 만든다. 선호하는 항목에 따라 각 열의 상단에 학교 주 또는 월을 표시하라. 예를 들어, 여행이나 특별 행사와 같이 단원의 수업 시수에 영향을 줄 수 있는 중요한 날짜를 각 열의 상단에 적어 보라.
2. 행 이름 지정: 차트 맨 왼쪽에 행 이름을 지정한다. K-5 교사에게는 교실에서 가르치는 다양한 교과가 될 것이다. 6~12학년 교사는 3개의 행을 만들고 지식 기반 단원, 과정 기반 단원 그리고 교과 간 융합 단원이라고 표기하라.
3. 단원 매핑: 스티커 메모, 연필 또는 디지털 도구를 사용하여 학년 내내 단원 맵을 작성해 보도록 해라. 목표는 교과 범위 안팎에서 정교하게 아이디어를 구축하는 것이다. 효과적으로 이것을 시작하는 방법으로 작년의 단원 순서를 다시 만들고 토론을 촉진하기 위해 성찰적인 질문을 해 보라.
   - 1년 동안 단원의 순서와 아이디어의 도입이 잘된 것은 무엇인가?
   - 어떤 방법으로 아이디어를 더 잘 배열해야 학생들이 시간이 지남에 따라 아이디어를 잘 구축해 갈까?
   - 축하 행사, 모의고사 또는 최종 평가와 같은 행사 때문에 특정 시기에 배워야 하는 단원이 있는가?
   - 단원의 잘못된 순서로 교과 간 융합 기회를 놓치지는 않았는가?
   - 이해를 적용할 수 있는 진정한 기회가 추가될 수 있는가?
4. 교과 간 융합 강조: 성공적인 교과 간 융합 단원을 계획하기 위해서는 추가적으로 고려할 것들이 많다. 교과 간 학습 기회를 극대화하기 위해 단원이 잘 정렬되도록 교사 간 협력이 필요하다. 이것은 관련된 모든 교사의 유연성을 필요로 한다. 단원을 매핑한 후 교과 간 연결을 강조하고 대략적인 계획 수립 방법을 결정한다. 예를 들어, 관련 교사가 2~3주 전에 만나야 하면 회의 날짜를 잠정적으로 설정하라. 특정적 이해가 학년 말에 다른 단원에 적용되거나 확장되게 되면 해당 단원 계획서에 메모를 작성하여 이러한 연결점을 잊지 말라.
5. 학년 내내 검토: 다음 해의 중요한 학습 내용을 조정하고 기록하기 위해 이미 완성된 단원 맵을 1년 내내 검토할 수 있는 방법을 결정하라.

〈표 3-4〉는 2학년 커리큘럼의 단원 매핑 예를 보여 준다. 일부 단원들이 자연스럽게 통합되는 방법과 이러한 단원들이 어떻게 병렬 단위로 실행되어 학습을 심화하게 하는지 보여 준다. 예를 들어, 상품 및 서비스에 대한 단원은 학생들이 교실 시장에서 물건을 사고팔 때 덧셈과 뺄셈을 의미 있게 연결시켜 준다. 이것은 이해의 적용을 위한 실제적 상황을 제공한다. 이 단원에서 영어 학습은 이야기책 읽기와 이야기 쓰기에 중점을 두게 되어 교과 영역의 통합이 결과적으로 강제적이 되고 의미 있게 이루어질 수 없다. 그러나 '단순 기계' 단원에서 학생들이 정보 제공하는 글쓰기 및 논픽션 읽기를 탐구하게 되면, 읽고 쓰는 것에 대한 이해가 과학 단원에서 아이디어를 연구하고 소통할 때 적용될 수 있다.

	8월	9월	10월	11월
사회/과학	커뮤니티: 상품 및 서비스		힘과 운동: 단순 기계	
영어(작문)	개인적인 이야기 쓰기: 작은 순간		정보 제공하는 글쓰기: 책에 관한 모든 것	
영어(읽기)	소설 읽기		논픽션 읽기	
수학	숫자 감각	덧셈과 뺄셈(돈 포함)		측정: 길이 및 무게

● 다른 탐구 단계와의 연결 ●

탐구의 각 단계를 자세히 살펴보는 다음 장에서는 개념 기반 탐구 수업 계획에 통합될 수 있는 특정 전략을 살펴볼 것이다. 단원 계획은 단원이 공식적으로 시작되기 전에 이루어지지만 수업 계획은 단원 전체에서 매우 유연한 방식으로 이루어진다. 단원 계획은 기초를 설정하는 것으로 간주할 수 있으며, 이 단원을 기반으로 교사는 매일의 수업을 통해 개별 학생의 요구가 충족되도록 교실에서 유연하게 지도한다.

제4장에서는 탐구의 단계 중 관계 맺기 단계를 더 자세히 살펴본다. 단원을 시작할 때 교사들의 목적은 학생들이 마음과 정신 모두 단원에 관심을 갖고 참여할 수 있도록 하는 것이다. 학생들이 더 많은 것을 배울 수 있도록 동기를 부여하도록 하는 여러 전략을 공유할 것이다. 이러한 관계 맺기 전략들은 단원 계획에 있어 귀중한 사전 평가 자료를 제공하고 학생들의 정신 스키마를 활성화하는 두 가지의 목적을 가지고 있다. 초기 학생 질문의 역할도 살펴볼 것이다.

 잠시 멈추어 **되돌아보기**

제4장으로 넘어가기 전에 잠시 멈추어 다음 질문에 대해 생각해 보자.

- 현재 단원을 어떤 식으로 계획하고 있는가? 이것이 개념 기반 탐구 계획과 일치하는 점은 무엇인가?
- 다음 단원을 위한 단원 웹을 만들어 보자. 단원 스트랜드는 중요한 지식과 과정 기반 이해 모두를 어떻게 반영하는가?
- 개념 기반 탐구 모델은 단원 및 수업 계획을 지원하는 데 어떤 방식으로 사용될 수 있을까?

Concept-Based Inquiry in Action

제4장

관계 맺기

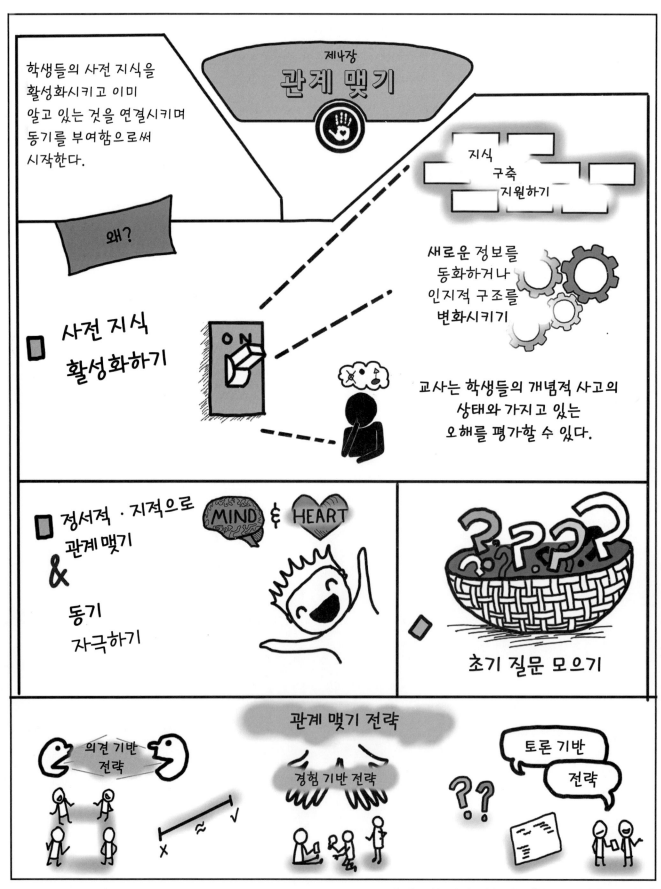

관계 맺기 단계의 실행 예

유나이티드 월드 칼리지 사우스 이스트 아시아 8학년 사회 교사인 낸시 페어번은 산업화에 초점을 맞춘 새로운 단원을 시작하고 있다. 개념에 대한 생각을 모으는 동안 학생이 단원과 관계를 맺을 수 있도록 그녀는 호기심을 촉발하는 발언을 사용하여 네 모퉁이 토론을 진행한다. 교실의 네 모퉁이에는 '매우 동의하지 않음'부터 '매우 동의함'까지 4개의 카드가 걸려 있고, 학생들은 "산업화의 이점이 산업화가 가져 오는 환경에 대한 부정적 영향보다 더 크다"와 같은 진술에 대해 자신의 의견을 결정하고 토론한다. 이 활동 동안 낸시는 학생들의 사전 지식을 활성화하고 8학년 학생들의 오해에 대한 통찰력을 제공하는 평가 데이터를 수집한다. 학생들이 산업화가 인간의 삶의 질을 향상시키는 결과를 가져 왔다는 사실을 고려하지 않은 채 산업화에 대해 부정적인 경향을 보이는 것인가? 학생들은 산업화 시대의 특징을 무엇으로 보고 있는가? 과제를 수행하는 동안 낸시는 눈에 띄는 학생들의 코멘트를 기록하고 서로 다른 '모퉁이'에 있는 학생들이 자신의 관점을 공유하도록 권장한다. 그 후 그녀는 학생들의 생각을 사용하여 산업화에 대한 이해를 더욱 발전시키는 개념 형성 활동을 개발한다.

관계 맺기 전략을 사용하여 사전 지식 활성화하기

관계 맺기 단계에서는 학생들이 사전 지식을 활성화할 수 있도록 전략을 사용한다. 사전 지식은 학생들이 무엇을 알고 있느냐 하는 것 이상을 의미한다. 사전 지식에는 학생들의 경험 그리고 다루고자 하는 주제나 아이디어에 얼마나 노출되었었는지도 포함한다. 사전 지식은 학생들이 새로운 정보를 선택하고 구성하는 데 도움을 줌으로써 학습에서 중심적인 역할을 한다(Mayer, 2011, p. 35). 이 과정에서 학생들은 정보를 기존 스키마에 동화시키거나 자신에 반대하는 정보를 수용하기 위해 인지 구조를 변경한다(Piaget & Cook, 1952; Wadsworth, 2004).

동화(Assimilation): 새로운 정보를 자신의 기존 정신 스키마에 맞추는 인지 과정.

조절(Accommodation): 새로운 정보에 접하여 그것에 기초하여 자신의 정신 스키마를 변경하거나 수정하는 인지 과정.

이것이 개념적 이해에 왜 중요한가? 우리의 가르침이 학생들에게 관련 사전 지식을 활용하도록 요구하지 않을 때, 학생들의 지식 구축이 더 번거롭게 된다. 의미 있는 학습은 새로운 정보가 이전에 획득한 개념과 연결될 때 발생한다(Novak, 2002). 학생들이 이미 알고 있을 수 있는 내용을 숙고하도록 격려하는 것은 기존 정신 스키마의 수정 또는 성장을 지원하는 데 매우 중요하다.

정서적 · 지적으로
관계 맺기

MIND & HEART

우리의 가르침이 학생들에게 관련 사전 지식을 활용하도록 요구하지 않을 때, 우리는 지식 구축을 더 번거롭게 만들게 된다.

사전 지식을 활성화하는 것은 교사가 단원 개념에 대한 학생들의 현재 생각과 그들이 가지고 있을 수 있는 오해를 평가할 기회를 제공한다. 개념적 변화에 대한 연구는 지식을 재구조화하는 것의 중요성을 지적하고 있다(Carey, 1987; Olson & Loucks-Horsley, 2000). 세상에 대한 학생들의 이론을 이끌어 냄으로써 우리는 개념적 이해의 발달을 지원하는 방법을 식별할 수 있게 된다. 예를 들어, '이주' 단원에서 일부 학생들은 이동이 '이주'로 간주되려면 선택의 여지가 없어야 한다고 제안했다고 하자. 그렇다면 교사는 학생이 제안한 이 내용을 메모하고 나중에 단원에서 밀기 및 당기기 요소를 도입할 때 이 제안으로 다시 돌아와 이 생각의 정당성에 대해 살펴볼 수 있다.

학생들은 학습하는 내용과 관련된 사전 지식이 있을 때 학습에 더 깊이 연결된다(Novak, 2012). 주제에 대해 분리된 사실적 정보를 얻은 학생은 아직 주제를 접하지 않은 학생보다 깊은 개념적 이해를 형성할 가능성이 없다. 학생들의 사고를 이끌어 내기 위해 교수 전략을 사용하면 단원을 시작할 때 무엇을 가르쳐야 할지 결정할 수 있다. 여기에는 학생들이 단원 주제 또는 주도적인 개념에 제한적으로 노출된 경우 사전에 가르쳐야 할 내용 지식이 포함된다. 이를 통해 탐구 단계 전반에 걸쳐 학생들에게 보다 의미 있는 학습이 될 수 있다.

학생들의 동기 부여를 위해 전략 사용하기

동기 부여는 행동을 시작하고, 지시하고, 유지하는 내부 상태이다(Gerrig & Zimbardo, 2002). 동기는 학생들이 목표를 설정하고 그 목표에 도달하는 데 인내하도록 도와줌으로써 학습을 지원한다. 동기 부여에 긍정적인 영향을 미칠 수 있는 요소는 여러 가지가 있다. 예를 들면, 개인의 관심사 또는 문제 해결에 대한 욕구와 같은 것 이다. 한 단원에서 우리는 학생의 동기를 자극하기 위해 지 성과 감성 모두가 단원과 관계를 맺을 수 있는 전략을 사용 할 수 있다. 시뮬레이션과 같은 이러한 전략 중 일부는 학생

들을 자극하기 위해 강한 감정적 반응을 일으킬 수 있다. 앞에서 언급한 네 모퉁이 토론과 같은 전략은 학생들로 하여금 자신의 지성을 활용해 합리적인 관점을 갖도록 요청한다. 관계 맺기 전략의 선택과 사용은 학생들이 모두 함께 개념적 이해도 시간이 지남에 따라 발전하는 것으로 보는 성장 마인드를 계발해 나갈 수 있도록 지원한다(Dweck, 2012).

초기 질문, 초기 사고

관계 맺기를 지원하는 또 다른 방법은 학생들에게 단원과 관련된 질문이 무엇인지 묻는 것이다. 그러나 학생들이 특히 주도적인 개념과 관련하여 단원의 내용에 대해 제한된 경험을 가지고 있다면 학생들의 질문 수준은 피상적이고 단순할 수밖에 없음을 인식해야 한다. 진정한 궁금증을 뒷받침하기 위해 우리는 학생들에게 질문을 하도록 초대하는 시기와 방법을 숙고해야 한다. 학생들은 주제에 대해 알게 된 후에만 의미 있는 질문을 개발할 수 있

다(Lindfors, 1999). 이와 관련하여 관계 맺기 단계에서 수집된 질문을 '첫 번째 생각(first think)'으로 간주해야 한다. 그럼에도 이러한 질문은 조사하기 단계에서 소그룹 또는 전체 학급 조사 계획에 사용할 수 있는 학생 사고의 귀중한 통찰을 제공한다. 학생들에게 단원의 주도적인 개념을 반영하는 사실적인 예를 접한 후 질문을 수정하거나 새로운 질문을 할 수 있는 여러 기회를 제공해야 한다.

관계 맺기 단계에서 수집된 질문을 '첫 번째 생각(first think)'으로 간주해야 한다.

관계 맺기 전략 사용에 대한 재고

관계 맺기 전략은 종종 학생들에게 배울 단원에 대한 흥미를 불러일으키고 동기를 부여한다. 이 때문에 우리는 그것들이 교실에서 특정한 방식으로 사용되는 것을 상상할 수 있다. 예를 들어, 일부 교사는 관계 맺기 전략이 주로 단원 시작 시 사용되어야 한다고 생각할 수 있다. 하지만 이러한 전략 사용의 시기에 대해 제

한적으로 보기보다는 단원 내에서 이 전략의 목적을 고려하는 것이 더 유용하다. 제2장에서 설명한 대로 개념 기반 탐구학습의 순환적 특성과 목표에 따라 탐구의 단계를 반복하기도 함을 인식해야 한다. [그림 4-1]에서는 관계 맺기 전략에 대한 몇 가지 일반적인 오해를 고려하고 개념 기반 탐구에서 이 전략의 사용을 명확히 하고 있다.

잘못된 인식	개념 기반 탐구 안에서 사용
관계 맺기 전략은 단원의 초반에만 사용한다.	관계 맺기 전략은 단원이나 수업의 다양한 시점에서 사용될 수 있다. 이 전략은 다음과 같은 경우에 특히 도움이 된다. • 학생들이 단원에 대한 흥미를 잃어 가거나 재충전이 필요할 때 • 새로운 탐구나 개념적 이해가 시작되며 단원의 방향에 변화가 생길 때 • 학생들의 사전 지식이나 오해에 대한 추가적인 평가가 필요할 때
관계 맺기 전략은 실행하면 좋지만 개념 이해를 가르치기 위해 꼭 필요한 것은 아니다.	고층 빌딩을 짓기 위해 기초공사를 하듯 개념 이해를 위해서는 관계 맺기 전략이 꼭 필요하다. 이 전략은 앞으로 일어날 학습에 대한 위치와 의도를 표시한다. 관계 맺기 전략은 학생들로 하여금 자신의 정신 스키마에 접근하고, 학급 안에 존재하는 다양한 사고를 경험하며, 단원의 주제와 주도적인 개념과 쉽게 연결점을 찾도록 도와준다.
관계 맺기 전략은 단원의 평가와 전혀 관련이 없다.	관계 맺기 전략은 평가 도구의 하나이다. 이 전략을 통해 교사는 학생들의 사고를 정확히 파악할 수 있다. 단원이 진행됨에 따라 이 전략이 여러 번 사용되면 학생들의 개념적 이해가 시간이 지남에 따라 어떻게 변화되는지 확인할 수 있다. 관계 맺기 전략은 학생들이 성찰할 수 있도록 하는 좋은 도구로서의 역할도 한다.

[그림 4-1] 개념 기반 탐구 안에서 관계 맺기 전략 사용

관계 맺기 단계에서의 전략은 다음 세 가지 범주로 나뉜다.

의견 기반 전략	경험 기반 전략	토론 기반 전략
의견 기반	경험 기반	토론 기반
호기심을 촉발하는 진술이나 질문에 대한 의견과 사전 지식에 대해 토론	사고와 감정을 동요시키고 촉발시키는 공동 학습경험에 참여	학급 학생들의 의견을 듣고, 말하고 생각을 교환

이 장의 전략을 탐색하기 전에 학생들이 단원과 관계를 맺을 수 있는 방법에 대해 생각해 보라. 현재 사용하는 전략은 앞의 세 가지 범주와 어떻게 연결되고 있는가? 어떻게 전략들을 사용하고 있는가?

⟨표 4-1⟩ 관계 맺기 전략

전략	간단한 설명	페이지
의견 기반 전략		
네 모퉁이 토론	학생들은 입장을 취하고 호기심을 촉발하는 발언에 대해 토론한다.	88
스펙트럼 입장(진술)문	학생들은 연속체를 사용하여 질문이나 입장(진술)에 대한 의견을 공유한다.	92
경험 기반 전략		
시뮬레이션	학생들은 실생활에서 벌어질 수 있는 상황과 조건과 유사한 경험에 참여한다.	96
실험 놀이	학생들은 개방형 탐구 질문을 사용하여 자료를 실험하고 관찰한다.	98
토론 기반 전략		
질문 확장	학생들은 전략을 사용하여 단원 관련 질문을 생성하고 우선순위를 지정하고 토론한다.	102
토론 프로토콜	학생들은 프로토콜을 사용하여 사전 지식과 현재 사고에 대한 대화에 참여한다.	104
거미줄 토론	학생들은 토론 패턴을 시각적으로 기록하면서 사전 지식과 현재 질문을 공유한다.	106
선호도 다이어그램	학생들은 스티커 메모를 사용하여 개방형 질문에 답한 다음 응답에서 발생한 그룹을 분류하고 이름을 지정한다.	108
모국어 연결	학생들은 모국어와 수업 언어로 어휘를 쌓고 단원에 대한 개인적인 연결을 탐색하기 위해 모국어를 사용한다.	110

의견 기반 전략

제3장에서 설명한 것과 같이 개념 기반 탐구 단원의 계획 과정에서 학생 학습을 촉발하기 위해 세 가지 유형의 질문을 설명했다.

- 사실적 질문은 학생들이 한 단원에서 접하게 될 사실적 예를 식별하게 한다.
- 개념적 질문은 학생들이 개념 간의 관계를 밝히는 데 도움을 준다.
- 호기심을 촉발하는 질문은 토론과 관점 파악을 통해 학생들의 사전 지식과 새로운 학습을 모두 장려한다.

이 섹션에서 소개되는 많은 전략은 호기심을 촉발하는 질문 대신 호기심을 촉발하는 진술을 사용하고 있다. 이러한 질문을 진술로 바꾸는 것은 의도적인 교육 전략이다. 호기심을 촉발하는 질문에 답하려면 더 많은 확신이 필요하게 된다. 이러한 질문은 대부분 '예/아니요'의 응답을 요구하는 방식으로 작성되어 학생들이 확고한 입장을 취하도록 강요하고 있다. 하지만 이를 입장(진술)문으로 바꾸어 학생들에게 진술에 대해 어느 정도 동의하고 반대하는지를 표현하도록 함으로써 강한 의견을 가진 학생뿐만 아니라 모든 학생이 토론에 참여하도록 초대할 수 있다. 의견 기반 전략을 계획할 때 우리는 호기심을 촉발하는 질문을 학생들이 쉽게 접근할 수 있는 '한입 크기의' 진술로 만든다. 지적 호기심을 촉발하는 진술로 '번역된' 질문의 예는 [그림 4-2]에서 찾아볼 수 있다.

주제	주도적인 개념	호기심 촉발 질문	호기심 촉발 입장(진술)문
산업혁명	산업화 테크놀로지 생산 변화 원인 결과	이 세상은 산업화로 더 좋은 세상이 되는가, 산업화가 없어야 더 좋은 세상이 되는가?	• 사회가 산업화되면 삶의 모든 면에서의 변화가 동시에 일어난다. • 산업화는 역사의 특정한 시대에 일어난 것이다. • 산업화가 가져 오는 이점이 산업화가 환경에 끼치는 부정적인 영향보다 더 크다.
경기 기술	코트 게임 방어 공격 팀워크 협력 연결	스포츠 팀에서 가장 중요한 사람은 누구인가?	• 공을 점유하는 선수가 팀에서 가장 가치 있는 선수이다. • 경기에 있어 방어보다는 공격이 더 중요하다. • 팀에 실력이 뛰어난 선수 하나만 있으면 모든 선수가 같이 협력해서 경기하지 않아도 된다.
현실주의 소설	작가 글쓰기 과정 서술 현실성 등장인물 주제	소설은 현실성을 반영하는가?	• 실제 경험에서 영감을 받은 이야기는 소설이나 논픽션 모두가 될 수 있다. • 작가들은 이야기 속에서 실질적 사건들은 바꿔 써야 한다. • 독자들은 자신의 삶과 유사한 이야기를 더 잘 이해한다.

[그림 4-2] **호기심 촉발 질문을 호기심 촉발 입장(진술)문으로 만들기**

네 모퉁이 토론

실행 방식: 이 전략에서 학생들은 호기심을 촉발하는 진술에 대해 입장을 취하고 교실의 네 모퉁이를 사용하여 자신의 의견에 따라 그룹을 만든다. 모퉁이에는 매우 동의함, 동의함, 동의하지 않음 및 매우 동의하지 않음과 같은 등급 척도 단어를 사용하여 표시한다. 이 전략은 학생들의 사전 지식과 잠재적인 오해를 포함한 학생의 사고를 이끌어 내는 훌륭한 전략이다. 이 전략을 촉발하는 한 가지 방법은 다음과 같다.

1. 입장 진술문 개발: 단원의 호기심을 촉발하는 질문을 사용하여 대략 3~6개의 호기심을 촉발하는 입장 진술문을 구성한다. 입장 진술문을 개발할 때 단원의 주도적인 개념과 단원 계획 중에 설계된 호기심을 촉발하는 질문을 고려한다. 진술문이 다양한 의견을 생성하고 교실 내에서 토론을 촉진하는지 확인하는 것이 중요하다.
2. 규범 정의: 이 전략에서는 학생들이 안전하고 개방적인 환경에서 자신의 의견을 공유하기를 바란다. 진술문을 읽기 전에 학생들과 함께 예상되는 행동에 대해 이야기하고 이 전략을 진행할 때 필요한 규범을 확실히 한다.
3. 입장(진술)문 및 클러스터 보여 주기: 입장 (진술)문을 보여 주고 학생들에게 현재 생각을 가장 잘 반영하는 모퉁이로 가도록 요청한다. 친구들이나 다수의 학생이 가는 모퉁이로 따라가는 것이 아니라 그 모퉁이로 갈 자신만의 이유를 가지도록 격려한다.
4. 논쟁 공유: 일단 각 모퉁이로 가서 자신들의 입장을 취하게 되면, 같은 모퉁이에 있는 학생들은 그들의 논쟁을 통합하고 다른 모퉁이에 있는 학생들과 자신들의 생각을 공유한다. 다른 모퉁이의 주장을 들은 후 학생들은 모퉁이를 바꾸거나 반박하는 의견을 제시할 수 있다.
5. 아이디어 기록: 토론 중에 공유한 주요 아이디어를 교사가 직접 적어 두거나 학생(중학교 이상)에게 적도록 요청하는 것이 좋다. 후에 단원에서 학생들이 조사하기 단계에 들어서게 되면 이때 기록했던 내용들을 살펴볼 수 있다.

리더십 단원(사회)
- 리더십은 타고나는 것이지 만들어지는 것이 아니다.
- 중요한 지위나 위치에 있는 사람이 리더이다.
- 좋은 리더는 활달하고 사회성이 좋다.
- 훌륭한 리더는 혼자 일한다.

개인 건강 단원(체육)
- 며칠 밤 이어서 잠을 적게 자는 것은 개인의 건강에 영향을 미치지 않는다.
- 사람들이 아프지만 않으면 칫솔이나 화장품과 같은 개인 용품을 공유해도 괜찮다.
- 개인의 배경이나 라이프 스타일과 관계없이 음식 피라미드는 모두에게 적용된다.

유전자 단원(과학)
- 모든 돌연변이는 해롭다.
- 이 세상의 인구의 대부분에서 지배적인 유전자 특성이 나타나게 되어 있다.
- 유전자가 모든 유기체의 특성을 결정한다.
- 복제된 유기체는 원본의 정확한 사본이다.

[그림 4-3] 네 모퉁이 토론 입장(진술)문 샘플

변형: 진술문의 복잡성과 단원의 내용에 따라 학생들은 단원 시작 시 진술문에 대해 토론할 충분한 사전 지식이 없을 수 있다. 학생들이 의미 있게 참여할 수 있는 배경 지식이 부족한 경우 이 전략은 몇 가지 초기 교육을 수행한 후에 수행할 수 있다. 네 모퉁이 토론은 학습의 결과로 학생들의 사고가 어떻게 변했는지 보여 주기 위해 단원이 끝날 때 다시 실행해 볼 수도 있다. 추가적으로 변형할 수 있는 내용은 [그림 4-4]에 설명되어 있다.

극단적인 진술문: 초등학교 학생들을 위해서는 "절대 할 수 없다. 또는 항상"이라고 하는 문구를 추가하여 진술문을 더 강한 의견이 나올 수 있도록 변형할 수 있다. 예를 들면, "이주는 항상 기회로 이끈다." 진술문에 어휘를 강화함으로써 학생들이 진술문에 대한 자신의 입장을 쉽게 결정할 수 있고, 진술문이 진리가 아닌 경우에 대해 생각해 볼 수 있다.	다른 의견의 소그룹 형성: 학생들이 진술문에 대한 입장을 정하고 모퉁이를 선택하고 나면 각 코너에 있는 학생들을 하나씩 모아 다른 의견을 가진 학생들로 구성된 소그룹을 형성하도록 한다. 이 소그룹 안에서 서로 다른 관점과 의견을 서로 나누도록 한다. 학생들은 그래픽 조직자를 사용하여 논쟁들을 기록하고 기록된 논쟁들은 이후에 학급 토론을 지원한다.
강요된 관점: 단원의 후반기에 학생들로 하여금 자신의 의견이 아닌 교사가 지정해 준 입장을 취해서 논쟁하도록 활동을 구성할 수 있다. 예를 들면, 어떠한 진술문에 대해 강하게 동의하는 학생에게 강하게 반대하는 입장을 취하도록 요청할 수 있다. 어떻게 학생들에게 다른 입장을 취하게 하는지는 의도적일 수도 있고 무작위로 이루어질 수 있다. 학생들로 하여금 단원 초기에 지식을 사용하여 자신이 대표하는 관점을 입증하기 위해 논쟁을 만들어 나가도록 지도한다.	진술문 바꾸기: 단원이 진행됨에 따라 학생들은 리서치한 내용을 반영하여 최초 진술문을 더 진실에 가까운 진술문으로 바꿀 수 있다. 만약 이 활동을 위해 추가적인 스캐폴딩이 필요하면 다음과 같은 문구를 제공할 수 있다. • _____은 사실이 아니다. 왜냐하면 …… • 더 정확한 진술문은 _____ 이다. 왜냐하면 ……

논쟁 트윗: 호기심을 촉발하는 진술문 또는 질문을 학생에게 제시한다. 칠판에 4분면을 그리고 각 칸에 이 진술문에 대한 동의 여부를 측정할 수 있도록 강하게 동의, 강하게 반대와 같은 문구를 쓴다. 자신의 입장에 맞는 칸에 280자 정도로 트윗할 수 있는 문구를 쓰도록 한다. 트윗 내용은 명확하고 관심을 집중시킬 수 있어야 한다. 이 전략은 학생들의 생각을 빠르게 파악할 수 있고 수업 전후에 반복하여 사용함으로써 학생들의 생각의 변화도 관찰할 수 있도록 한다.

[그림 4-4] 네 모퉁이 토론의 변형

동영상: 네 모퉁이 토론-누구의 책임인가? 미디어(5학년)

이 동영상에서 우리는 독일 바이마르의 슈린지아 국제학교에 있는 트루디 맥밀린의 5학년 수업을 방문하여 네 모퉁이 토론에 참여해 보자. 이 토론은 트루디가 자신이 만든 가짜 뉴스를 수업에 발표하고 모든 학생들이 할리우드 영화에서 엑스트라로 오디션을 볼 기회가 있다고 믿게 하는 시뮬레이션을 시도한다. 토론의 마지막 질문은 학생들이 선생님의 이야기가 사실이 아니라는 것이 밝혀졌을 때의 학습경험과 감정을 되돌아볼 기회를 제공한다.

학급은 다음 진술문에 대해 토론한다.

• 언론 보도가 사실인지 여부를 결정하는 것은 독자 또는 시청자의 책임이다.
• 진실한 정보를 보도하는 것은 언론의 책임이다.
• 가짜 뉴스는 불법이어야 하며 가짜 뉴스를 게시하는 사람에게는 €5,000,000의 벌금을 부과해야 한다.
• 선생님의 거짓말은 귀중한 학습경험을 제공했기 때문에 괜찮다.

이 동영상을 시청하면서 다음 질문에 대해 생각해 보라.

1. 자신의 입장을 옹호하기 전에 학생들이 자신의 생각에 대해 토론하게 하는 것이 왜 중요한가?
2. 왜 학생들에게 다른 학생들의 생각을 듣고 자신의 입장을 바꿀 수 있는 기회를 주는가?
3. 모든 학생들이 수업에 포함되고 학습에 접근할 수 있도록 트루디는 어떤 전략을 사용하고 있는가?
4. 때로는 시뮬레이션에 학생을 속이는 것이 포함된다. 이러한 유형의 학습경험 후에 되돌아보고 이야기를 나누는 것이 왜 중요한가?

이 동영상은 당사 회원 사이트(www.connectthedotsinternational.com/members-only)에서 볼 수 있다.

[사진 4-1] 트루디 맥밀린의 네 모퉁이 토론에 참여하는 학급

출처: David French.

계획했던 단원 하나를 생각해 보라. 그 단원의 호기심을 촉발하는 진술은 어떤 것이 될 수 있을까? 어떤 유형의 평가 정보를 수집할 수 있을까?

실행 방식: 교실 바닥 전체를 스펙트럼으로 사용하여, 다음 범주 중 하나와 관련하여 양쪽 끝에 2개의 평가 척도 단어를 표시하는 유연한 전략이다.

- 동의: '전적으로 동의한다'에서부터 '전적으로 반대한다'.
- 빈도: '전혀'에서부터 '항상'.
- 중요성: '중요하지 않음'에서 '중요함'.
- 친숙성: '매우 익숙하지 않음'에서부터 '매우 익숙함'.

스펙트럼 입장(진술)문 전략 실행 동안 학생들은 해당 단원의 호기심을 촉발하는 질문에서 도출된 여러 호기심을 촉발하는 진술문에 대한 응답으로 자신의 의견을 보여 주기 위해 교실 바닥의 스펙트럼 선을 이동한다. 정도에 따라 문장의 문구가 변경될 수 있다.

1. 진술문을 개발하고 척도 결정: 네 모퉁이 토론과 마찬가지로 단원의 호기심을 촉발하는 질문을 반영하는 3~6개의 호기심을 촉발하는 진술문을 개발한다. 다음으로 척도를 결정한다. 빈도 또는 중요도에 따른 척도를 사용하여 개인 선호도 또는 경험과 같은 학생들의 사전 지식의 다른 측면을 평가할 수 있다.
2. 척도 소개: 학생들에게 호기심을 촉발하는 진술문을 제공하기 전에 척도 단어를 소개하고 줄에 설 위치를 결정하는 방법을 소개한다. 예를 들어, 어린 학생들에게는 참여 방법을 설명할 필요가 있다.
3. 진술문 소개 및 스펙트럼 라인에 서기: 하나씩, 진술문을 보여 주고 학생들이 자신의 의견, 선호도 또는 경험을 반영하는 장소에 줄을 서도록 초대한다. 학생들에게 선 전체의 분포를 고려하도록 하라. 학생들이 다른 쪽보다 한쪽에 더 많이 모여 있다면 이것은 무엇을 말해 주는 것일까?
4. 생각 나누기: 다른 위치에 있는 학생들이 자신의 생각을 공유하게 하고, 스펙트럼의 등급이 매겨진 특성을 강조하여 학생들 사이에 존재하는 의견의 차이를 발견하도록 한다.
5. 배운 점 기록: 이 활동의 척도는 의견 이상을 반영할 수 있으므로 배운 점은 다양한 방식으로 기록될 수 있다. 친숙성 척도(매우 익숙하지 않은 것부터 매우 익숙한 것까지)를 사용할 때, 학급은 주제의 측면이나 그들이 어느 정도 지식이 있는 주도적인 개념을 보여 주기 위하여 T-차트에 사고를 기록하고 싶어 할 수도 있다.

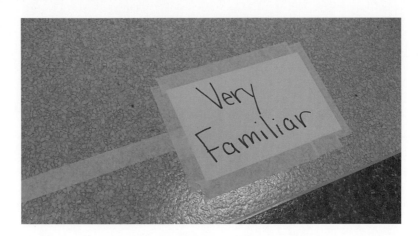

[사진 4-2] 교실 전체의 스펙트럼 스케일

[그림 4-5]에 나와 있는 것처럼 이 전략은 다양한 방법으로 변형될 수 있다.

곤경스러운 좌석: 각 스펙트럼의 양쪽에 곤경스러운 좌석을 놓는다. 제시된 진술문에 대한 자신의 입장에 따라 스펙트럼 선에 위치를 정한 학생들 중 하나를 양쪽 스펙트럼 선에 놓아진 곤경스러운 좌석에 앉도록 하고 자신의 의견을 학급 학생들과 나누도록 한다. 진술이 바뀌면 다른 학생이 그 좌석에 앉도록 한다.	진술문 만들기: 학생들이 단원의 개념에 대한 이해가 깊어지고 사실적인 정보를 습득함에 따라 이 활동에서 사용할 수 있는 진술문을 학생들이 직접 만들도록 한다. 이 활동의 목적이 학생들 사이에 토론을 촉발하는 것임을 잊지 말아야 한다. 이 진술문들은 탐구한 사례 연구에서 영감을 얻을 수 있다.
벽 스펙트럼: 스펙트럼 입장(진술)문을 벽에 걸 수 있는 포스터로 정리한다. 학생들은 자신의 이름을 적은 그 스티커를 자신의 의견을 반영하는 곳에 붙인다. 이러한 활동은 같은 포스터에 몇 번 반복할 수 있고, 이러한 과정 중에 학생들의 사고가 시간이 지남에 따라 어떻게 변화되어 가는지 볼 수 있다. [그림 4-3]은 이 전략이 산업화에 관한 호기심을 촉발하는 진술을 사용하여 실행되는 예를 보여 준다.	척도를 나타내는 단어에 대한 토론: 초등학교 학생들은 이 활동을 시작하기 전에 학생들과 개인적으로 관련된 맥락을 사용하여 척도를 나타내는 단어에 대해 토론할 수 있는 기회를 제공한다. 예를 들어, 2학년 학급은 아침 미팅에서 "여러분의 삶에서 중요한 것은 무엇인가? 중요하지 않은 것은 무엇인가?"와 같은 질문을 던진다. 이러한 활동은 학생들이 스펙트럼 입장(진술)문에서 사용되는 척도의 단어들을 쉽게 이해할 수 있도록 도와준다.

[그림 4-5] **스펙트럼 입장문의 변형**

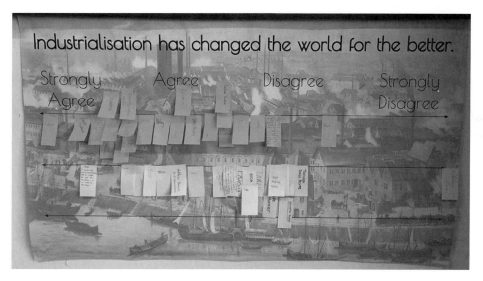

[사진 4-3] **벽 스펙트럼 전략 실행 예**
낸시 페어번의 8학년 학급은 벽 스펙트럼을 사용하여 산업화에 대한 생각을 기록한다.

경험 기반 전략

교사는 학급의 학생들이 다양한 배경과 경험을 가지고 있음을 알고 있다. 학교와 학교 외부에서 진행되는 경험 기반 전략은 학생들을 참여시키고 사고를 자극할 수 있는 공유 경험의 기회를 제공한다. 경험 기반 전략은 모든 학생들에게 공통된 경험을 제공하기 때문에 나중에 단원에서 일반화를 지원하는 방식으로 분석할 수 있다. 예를 들어, 전 세계의 부의 분배를 모방한 '배고픈 연회장' 시뮬레이션은 '부가 분배되는 방식이 개인의 기회 접근을 지원하거나 방해할 수 있다'는 증거로 작용할 수 있다.

우리는 경험 기반 전략이 종종 초등학교 교실에서 일어나는 경우를 많이 본다. 그러나 이 전략은 중학교와 고등학교에서도 사용할 수 있는 효과적인 전략이다. 중학교 사회 교사인 낸시 페어번은 교실에서 정기적으로 시뮬레이션을 사용한다. 낸시는 "때때로 시뮬레이션과 잘 맞지 않는 내용이나 일반화를 다룰 때도 시뮬레이션으로 시작할 수 있고, 시뮬레이션이 학습을 연결하는 데 정말 중요한 역할을 한다고 생각한다"고 말한다.

학생들을 학교에서의 경험 기반 전략에 참여시키는 것 외에도, 학생들이 학교에서의 경험과 가정에서의 생활을 연결하도록 요청할 수 있다. '가정 연결'을 통해 학생들은 사전 지식에 접근하고 가족 구성원과 함께 자신의 생각을 반영할 수 있다. 이러한 전략에 대해 이 장에서 더 자세히 설명하지는 않지만 전략의 예는 집에서 관련된 물건을 가져 오거나 가족 또는 지역사회 구성원을 인터뷰하는 것들이 있다.

현장 학습과 같은 경험 기반 전략은 다른 관계 맺기 전략보다 더 많은 준비가 필요할 수 있다. 이런 이유로 교사들은 종종 단원 처음이 아닌 단원이 끝날 때 경험 기반 전략을 사용하는 것을 본다. 그러나 [그림 4-6]에 설명된 것처럼 한 단원에서 경험적 전략을 사용하는 시기는 전략의 목적을 변경한다. 학년 초에 모든 단원을 검토하고 경험 기반 전략을 계획하는 데 시간을 할애하여 의도적으로 개념 이해를 지원할 수 있도록 하는 것이 좋다.

단원에서의 사용 시기	개념 기반 탐구에서의 목적
단원 초기	• 학생의 사전 지식을 활성화 • 단원에서 학생들의 동기를 부여하고 단원과 관계 맺기 • 학생들의 질문을 촉발할 수 있는 경험 제공
단원 중간	• 정보를 수집하는 리서치 도구로 실질적 맥락 사용 • 단원의 초점을 새로운 탐구로 변화하기
단원 후반	• 일반화하기 단계에서 개발된 이해를 새로운 맥락과 상황으로 전이하기 • 단원을 통해 축적된 학습의 진보를 축하하고 성찰하기

[그림 4-6] **경험 기반 전략의 시기와 목적**

© Marschall & French, 2018.

[그림 4-6]에서 우리는 경험 기반 전략을 언제 사용하느냐에 따라 단원 내 전략의 목적이 바뀌는 것을 보았다. 한 단원에서 이루어지는 현장학습과 같은 경험을 일반적으로 언제 계획하는가? 이것의 장점과 어려움은 무엇인가?

_____

_____

_____

_____

_____

_____

_____

_____

_____

_____

_____

_____

_____

_____

_____

_____

실행 방식: 시뮬레이션은 학생들이 관련 사전경험이 부족하거나 다른 사람의 관점을 이해하기 어려운 단원에서 사용할 수 있는 가장 효과적인 전략이다. 시뮬레이션에서 학생들은 일상적인 맥락에서 벗어나 다른 현실적인 상황이 대해 생각할 기회를 갖는다. 학생들에게 자신의 삶을 넘어서 한 단원의 내용과 정서적으로 연결될 수 있는 기회를 제공한다. 연구에 따르면 시뮬레이션은 복잡하고 개념적인 관계를 이해하는 데 있어 모든 연령대의 학생들을 지원하는 전략이다(Andrews, Woodruff, MacKinnon, & Yoon, 2003; Wilkerson-Jerde, Gravel, & Macrander, 2015). 다음은 시뮬레이션을 용이하게 하기 위한 몇 가지 조언이다.

1. 학생들의 정서적 반응 준비: 일부 시뮬레이션은 강한 감정을 일으킬 수 있다. 진행하기 전에 시뮬레이션의 적합성을 평가하기 위해 항상 학생들의 연령과 배경을 고려해야 한다. 시뮬레이션이 강한 감정적 반응을 불러일으킬 수 있다면 이 가능성에 대해 학생들과 미리 논의해야 한다.

2. 개념을 강조: 시뮬레이션은 몰입형이므로 학생들은 이에 대해 성찰할 수 있는 명시적인 기회 없이는 시뮬레이션이 단원 학습과 어떻게 연결되는지 깨닫지 못할 수 있다. 시뮬레이션을 잠시 멈추고 개념적 질문을 사용하여 학생의 생각을 기록하는 것도 좋다.

3. 성찰을 위한 기회 제공: 시뮬레이션 후 학생들에게 생각을 나눌 수 있는 시간을 제공한다. 이 성찰이 학생들에게 경험의 지적 및 정서적 요소를 모두 고려하도록 요구하는지 확인하도록 한다. 예를 들어, 강제 이주 시뮬레이션에서 우리는 학생들에게 "이주자가 강제 이주를 할 때 어떤 선택을 해야 할까?"라는 질문에 대해 생각해 보도록 요청할 수 있다. "이 경험을 통해 어떻게 감정을 느꼈는가? 이것은 난민의 실제 경험과 어떤 관련이 있을까?" 이러한 질문에 대한 답변은 반드시 말이나 글을 통해 이루어져야 하는 것은 아니다. 학생들은 그림을 그리거나 현재 생각을 반영하는 시각적 메모를 만들 수 있다(p. 199).

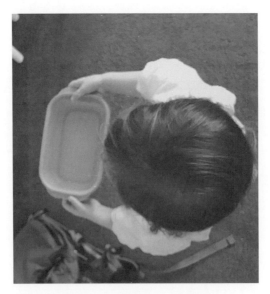

[사진 4-4] 시뮬레이션: 빈 도시락

어린 학생들도 시뮬레이션에 참여할 수 있다. 위 사진에서 프랑크푸르트 국제학교의 어린 학생들은 자신의 점심 도시락이 비어 있는 것을 발견하고 가족이 자신의 필요를 어떻게 충족해 왔는지를 배우게 된다.

출처: David French.

개념	시뮬레이션	URL
부의 분배	옥스팜 배고픈 연회장	https://www.oxfamamerica.org/take- action/events/oxfam-hunger-banquet/
이주	캐나다 곡물 은행의 강제 이주	https://www.foodgrainsbank.ca/wp-content/ uploads/2016/04/Forced-to-Flee-Dec2016.pdf
인권	월드 비전 아동 노동 시뮬레이션	http://borntobefree.worldvision.org.nz/ eliminateChildLabour.aspx?menu=6
경제 시스템	내셔널 지오그래픽 교환 게임	https://www.nationalgeographic.org/activity/ the-trading-game/
서식지	밴더빌트 대학교의 오 사슴! 시뮬레이션	https://www.vanderbilt.edu/cso/oh_deer.pdf

[그림 4-7] 시뮬레이션 샘플

디지털 시뮬레이션

고등학교 학생들에게 적합한 네트로고(NetLogo)(https://ccl.northwestern.edu/netlogo/)와 같은 다양한 디지털 시뮬레이션을 사용할 수 있다. 종종 이러한 시뮬레이션은 학생들에게 여러 변수를 조작하고 상황이나 시스템에 미치는 영향을 확인하도록 요청하기 때문에 조사하기 단계에 더 적합하다. 이는 생태계, 도시 시스템, 진화 또는 기후 변화와 같은 복잡한 시스템의 새로운 행동을 발견하는 데 특히 유용하다.

동영상: 산업화 이전 및 산업화 시뮬레이션(8학년)

이 동영상은 낸시 페어번의 사회 수업 8학년 학생들이 베이킹 시뮬레이션을 사용하여 산업화 이전과 산업화된 시대를 비교하고 대조하는 것을 보여 준다. 시청하는 동안 다음 질문에 대해 생각해 보라.

[사진 4-5] 베이킹 시뮬레이션: 산업화 전·후 대조
출처: David French.

1. 학생들은 시뮬레이션에서 산업화 이전 및 산업화의 개념을 어떻게 연결하는가?
2. 학생들이 산업화 이전과 산업화를 비교하고 대조하는 것을 돕기 위해 교사는 어떤 교육방법적 결정을 내리고 있는가?
3. 교사는 이 활동에서 앞으로의 수업 계획을 도와줄 어떤 평가 정보를 수집할 수 있는가?

이 동영상은 당사 회원 사이트(www.connectthedotsinternational.com/members-only)에서 볼 수 있다.

실행 방식: 실험(Hawkins, 1974에서 각색)은 학생들이 사전 지식을 활용하여 관찰하고 초기 궁금증을 형성할 수 있도록 다양한 자료를 이용하여 호기심을 촉발시킬 수 있게 설정한다. 실험 놀이 탐험은 개방형이다. "무엇이 보이나요?"를 제외하고 자료를 다루는 방법에 대한 구체적인 안내는 제시되지 않는다. 이 전략을 실행하는 방법은 다음과 같다.

1. 자료 및 지적 호기심 촉발 준비: 실험하기 전에, 단원의 주도적인 개념과 관련된 자료를 수집하고 지적 호기심 촉발을 계획한다. 특정 개념을 위한 실험 재료의 예는 [그림 4-8]에서 볼 수 있다.

2. 개방형 질문을 사용하여 실험 놀이 소개: 실험 놀이에서 교사는 "재료에서 무엇을 알 수 있을까? 재료를 통해 탐구해야 할 개념에 대해 무엇을 배울 수 있을까?"와 같은 개방형 질문을 제기한다. 이 전략은 학생들이 자신의 배경 지식과 관심을 가지고 실험 놀이에 참여함으로써 현재의 사고를 강화한다.

3. 관찰하고 궁금증을 갖도록 격려: 학생들이 재료를 가지고 실험 놀이에 참여하기 전에 재료에 대해 관찰하고 궁금증을 갖도록 격려한다. 학생들에게 실험 놀이의 중간에 초기 아이디어를 수집하기 위해 실험을 잠시 멈출 것이라고 미리 알려 주는 것이 좋다.

4. 일화 정보 수집: 학생들이 개별적으로 또는 소그룹으로 실험 놀이에 참여하는 동안 학생들의 사전 지식과 가능한 오해를 알려 줄 일화 정보를 수집한다. 동영상, 사진 또는 서면으로 이를 기록한다.

5. 멈춤: 실험 놀이의 중간쯤에 학생들을 다시 모아서 관찰한 내용을 공유하도록 요청한다. 이것을 칠판에 기록하고 다른 학생들이 동료들이 알아낸 것을 '테스트'해 보도록 한다.

6. 계속해서 재료 실험: 학생들에게 재료를 조사할 두 번째 기회를 제공한다. 동료들의 생각을 듣고 많은 학생들이 새로운 것을 시도하고 생각을 확장할 것이다.

7. 관찰 내용 정리 및 기록: 실험 놀이 끝에 학생들이 생각을 공유할 수 있도록 초대한다. 다음 조사하기 단계에서 조사를 추진하기 위해 실험 놀이에서 나타난 관찰 내용과 질문을 대조하도록 한다.

[사진 4-6a] 빛에 관한 실험 놀이

출처: David French.

과학 단원에서 실험 놀이는 테스트 가능한 질문과 테스트 불가능한 질문에 대한 의미 있는 토론을 촉발할 수 있다. 테스트 가능한 질문의 개발을 지원하기 위해 실험 놀이를 다시 참조하여 학생들에게 질문을 던지고 바로 재료들을 사용하여 질문에 답할 수 있는지 물어본다. 만약 답할 수 없다면 그 질문은 테스트가 불가능한 질문일 가능성이 높은 것이다.

개념	실험 놀이
도형	학생들을 블록 패턴, 도형 타일 그리고 다른 조각들을 조작하면서 만들어지는 모양과 도형에 대해 토론한다.
고고학	학생들은 고고학자가 사용하는 삽, 붓, 모종삽, 체, 줄자 등의 도구를 이용하여 통에 묻힌 여러 물건을 발굴한다.
색상	학생들은 수채화 물감을 섞으며 다양한 색깔의 명암 및 색조를 만들어 본다.
빛	학생들은 램프, 손전등, 라이트 박스, 거울, 프리즘 그리고 투명도가 다른 재료를 가지고 다양한 광원을 탐구한다.
혼합물과 솔루션	학생들은 물, 밀가루, 설탕, 모래, 돌과 같은 다양한 재료들을 실험하여 어떤 재료는 물에 용해되고 어떤 것은 용해되지 않으며 어떤 재료는 물과 혼합된 후 재분리 가능하고 어떤 재료들은 그렇지 않은 것들을 실험한다.

[그림 4-8] **실험 놀이와 개념의 연결**

동영상: 빛의 실험 놀이(Grade 1)

이 동영상은 1학년 학생들이 빛에 대해 배우기 위해 여러 재료를 조사하는 것을 보여 준다. 시청하는 동안 다음 질문에 대해 생각해 보라.

1. 실험 놀이의 개방형 구조는 학생들의 사전 지식에 대한 정보를 제공하고 색상, 투명도 및 그림자와 같은 개념에 더 익숙해지도록 어떻게 도와주는가?
2. 실험 놀이에 참여하면 학생들이 단원에서 더 의미 있는 질문을 하는 데 어떻게 도움이 되는가?

이 동영상은 당사 회원 사이트(www.connectthedotsinternational.com/members-only)에서 볼 수 있다.

[사진 4-6b] 빛 실험 놀이
출처: David French.

가르치는 단원에 대해 생각해 보라. 시뮬레이션 또는 실험 놀이를 단원에서 어떻게 사용할 수 있을까? 학생들이 시뮬레이션 또는 실험 놀이를 경험하는 동안 단원 개념에 대한 명시적인 연결을 어떻게 만들 수 있을까?

토론 기반 전략

우리는 자신, 타인 및 우리 주변의 세계를 이해하기 위한 기본 매체로 구두 의사소통을 사용한다. 이러한 이유로 구두 언어는 이해를 확인하고 학생과 교사 간의 강력한 학습 상호작용을 장려하는 데 사용될 수 있다 (Fisher & Frey, 2014).

이 섹션의 많은 전략은 책임 있는 대화 환경을 만드는 데 중점을 두고 있다. 책임 있는 대화는 교육학적으로 풍부한 대화와 학생들 간의 상호작용을 지원하기 위한 프레임 워크를 제공한다(Resnick, 1995). 이 프레임 워크 내에서 학생들은 다음을 학습하게 된다.

- 토론 주제에 집중하기
- 탐구 중인 주제와 연결되는 정확한 정보를 사용하기
- 동료의 말에 귀를 기울이고 깊이 사고하기

토론 프로토콜(규칙)은 학생들이 서로 의사소통하는 방법에 대한 명확한 구조와 기대치를 제공함으로써 대화를 용이하게 한다. 학생들에게 예측 가능성을 부여하여 자신감과 생각을 공유하려는 의지를 키울 수 있도록 돕는다. 카간(Kagan) 협동학습 방법과 같이 학생 대화를 지원하기 위한 많은 방법이 있다.

이 섹션의 일부 전략(예: 질문 확장 또는 모국어 연결)은 학생들이 언어를 가지고 노는 데 도움을 주어 단원에서 적극적인 역할을 수행하는 능력을 강화한다.

토론 기반 전략은 학생들에게 다양한 구조화된 학습 참여를 통해 동료로부터 배울 수 있는 기회를 제공한다. 이런 의미에서 이러한 전략은 학생들이 동료와 상호작용을 통해 개념에 대한 이해를 확장하기 시작할 수 있기 때문에 개념 형성을 지원하는 것으로 볼 수 있다. '개념적 이해와 언어 능력을 동시에 구축'하는 이러한 전략은 우리 교실에서 영어를 배우는 학생들과 영어가 모국어인 학생들 모두에게 힘을 실어 준다(Stanford University, 2013).

실행 방식: 관계 맺기 단계에서 개발된 질문은 단원의 주제 또는 주도적인 개념에 대해 초기 호기심을 나타내고 사전 지식과 연결시킬 수 있는 기회를 제공하는 '첫 생각'으로 간주된다. 학생들이 초기 단원 질문들을 개발한 후에는 [그림 4-9]의 질문 확장 중 하나 이상을 사용하여 질문을 정교하게 다듬고 탐구할 수 있다. 질문을 개발하는 것은 학생들에게 어려울 수 있으므로 학생들이 개별적 또는 소그룹으로 질문을 개발하는 것을 연습하기 전에 이러한 전략을 사용하는 시범을 보여 주는 것이 좋다.

닫힌 질문을 열린 질문으로, 열린 질문을 닫힌 질문으로 변형: 이 전략을 통해 학생들은 질문의 구조를 변경시켜 보면서 질문에 따라 원하는 답의 정보의 양과 종류가 얼마나 달라지게 되는지를 실험해 본다. 먼저 학생들에게 주제에 관련된 다양한 질문을 작성하도록 한다. 그리고 질문 중 닫힌 질문 하나와 열린 질문 하나를 선택하고 열린 질문을 닫힌 질문으로 닫힌 질문은 열린 질문으로 바꾸어 보도록 한다. 그리고 각 질문의 종류가 가진 장단점이 무엇인지에 대해 생각해 보도록 한다. 더 깊은 탐구를 위해 두 종류의 질문이 필요한지 왜 그런지에 대해 자신들의 생각을 나누도록 한다. 학생들에게 열린 질문과 닫힌 질문이 무엇인지를 설명할 수 있는 포스터는 회원 사이트에서 다운로드할 수 있다.

질문에 대한 궁금증: 가끔 학생들은 자신의 생각을 질문보다 진술문으로 표현하는 것이 더 쉬울 때가 있다. 이 활동에서는 학생들에게 단원에 대해 궁금한 내용을 써 보도록 한다. 어린 학생들을 도와주기 위해 "내가 이 단원에서 궁금한 것은 _____다"와 같은 문장구조를 제공할 수도 있고, 책이나 관련된 자료를 살펴보게 할 수 있다. 다른 수업에서는 어떻게 궁금한 내용들을 질문으로 만들 수 있는지에 대해 시범을 보여 줄 수 있다. 예를 들면, 무엇을, 어떻게, 왜와 같은 질문 문장을 사용하도록 하는 것이다. 저학년 학생들에게 이것이 좀 어려울 수 있어서 학급 전체가 몇 차례 연습해 보는 것이 좋다.

질문의 우선순위: 이 전략에서 학생들은 다른 범주를 사용하여 질문의 우선순위를 정한다. 학생들이 고려할 수 있는 범주는 다음과 같다.

- 나의 관심을 가장 잘 반영하는 질문
- 내가 제일 먼저 대답해야 할 필요가 있는 질문
- 가장 대답하기 어려운 질문
- 대답하기 위해 가장 적은 또는 가장 많은 자료가 필요한 질문

질문의 우선순위를 정한 후 학생들이 자신의 생각을 공유하도록 한다. 이 질문의 우선순위는 개별 또는 그룹 탐구에 어떤 의미를 지니는가?

분류, 묶기, 명명: 학생들이 질문을 적은 다음 소그룹 또는 학급 전체로 주제를 선정한다.
분류: 학생들로 적혀진 질문들을 살펴보고 탐구해야 할 정보의 종류에 따라 질문을 분류하도록 한다. 예를 들면, '이 질문은 에너지의 종류에 대해 묻고 있다.'로 분류하는 것이다.
묶기: 질문을 분류해 가며 유사한 질문들을 서로 묶는다.
명명: 마지막으로 같이 묶인 질문들의 그룹들을 그 질문이 찾고자 하는 주요 정보에 따라 그룹 이름을 짓도록 한다. [사진 4-7]에서 이 전략이 실제 사용되는 예를 살펴보라.

[그림 4-9] **질문 '확장' 전략**

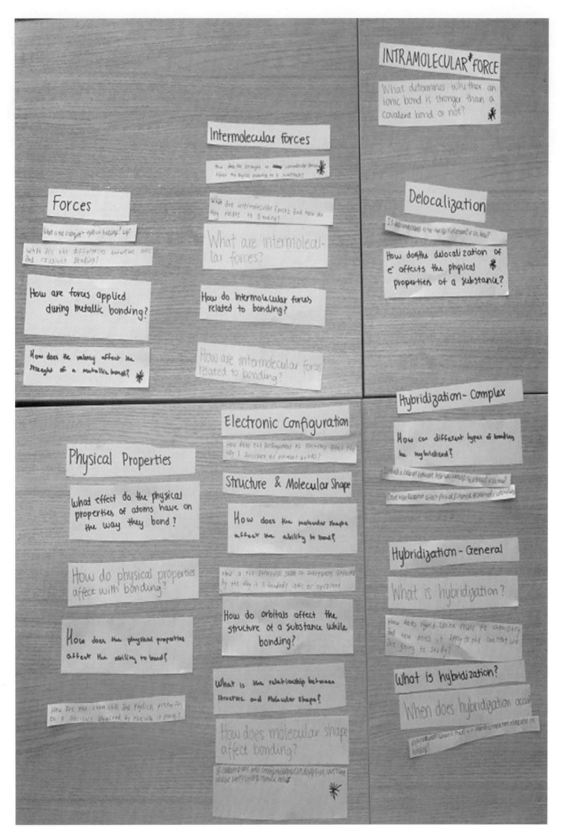

[사진 4-7] 질문 확장 전략의 실행 예

줄리아 브리그스의 12학년 화학 수업은 분류, 묶기, 명명 전략을 사용하여 화학 결합 및 구조에 대한 초기 질문을 포착한다.

출처: Julia Briggs.

실행 방식: 프로토콜은 학생의 대화를 위한 프레임 워크를 제공하여 학생들이 의도적으로 듣고 말할 수 있도록 지원한다. [그림 4-10]은 우리가 가장 좋아하는 프로토콜 중 몇 가지를 보여 준다. 학생들이 이러한 프로토콜에 참여할 때 우리는 단원 주제 또는 주도적인 개념에 대한 학생들의 다양한 관점을 '들을' 수 있다. 학생들이 짝으로 또는 소그룹 토론에 참여한 후 자신들의 생각을 학급 전체와 공유하는 것을 권한다. 이것은 학생들이 다양한 생각에 노출될 때 열린 마음을 구축할 수 있기 때문이다.

침묵의 대화: 침묵의 대화 전략은 학생들이 질문이나 제시된 문장에 대한 답을 글로 적게 하는 것이다. 생각하게 하는 문장이나 질문을 제기한 후 학생들에게 약 2~3분 정도 생각할 수 있는 시간을 주고 각자의 생각을 적을 수 있도록 한다. 그리고 자신들이 쓴 생각을 동료에게 전달하고 동료들이 쓴 내용을 1~2분 정도 읽고 이에 대해 또 자신의 생각 또는 질문을 쓰게 한다. 이 활동에서 생각은 자유롭고 유기적으로 발생한다. 이렇게 서면 의견 교환을 몇 번 반복할 수 있다. 마지막에 학생들은 다른 학생들의 생각을 읽고 제시된 문제나 문장에 대한 중요한 요점들을 정리해서 쓸 수 있게 된다.	**멈추어 이야기하기**: 멈추어 이야기하는 전략은 학생들이 읽거나 보고 있는 정보들을 이해하고 성찰할 수 있는 프로토콜을 제공한다. 이 전략을 관계 맺기 전략으로 사용하기 위해서 학생들에게 호기심을 촉발하는 자료를 주고 토론할 수 있도록 한다. 자료들은 몇 가지 인용문이 될 수도 있고 단편 동영상 또는 단원 주제의 내용과 관련된 사진일 수도 있다. 학생들이 주어진 학습 자료를 보고 읽을 때 함께 멈추어 생각할 수 있는 시간을 갖는다. 예를 들어, 읽는 자료를 살펴볼 때 각 문단이 끝날 때 잠시 멈출 수 있다. 이때 학생들은 자신의 생각을 이야기할 기회를 갖게 된다. 이 학습 자료들이 학생들에게 어떤 생각을 할 수 있도록 하는가를 생각하면서 이 프로토콜에 참여한 후 학습 자료에 나타난 공통된 주제가 무엇인지 학급 전체가 토론할 수 있도록 한다.
4명이 함께 생각하기: 이 전략은 짝지어 생각하기 전략의 변형된 형태로 둘이 같이 생각하는 것이 아니라 4명이 짝을 지어 생각하도록 함으로 함께 다양한 관점을 접하고 대화를 활성화하도록 하는 것이다. 이 전략을 관계 맺기 전략으로 활용하기 위해 먼저 짝지어 생각할 수 있는 문제나 질문을 제기한다. 동영상과 같은 다양한 매체를 사용할 수 있다. 동료와 제시된 자료에 대한 초기 생각에 대해 대화한 후 다른 2명의 짝을 찾아 4명의 그룹을 만들어 생각을 나누도록 한다. 4명이 생각하기 전략은 다양한 수준의 사전 지식과 전문적 정보를 가진 학생들이 잘 섞어 의견을 나눌 수 있도록 할 때 효과적이다.	**토큰 대화**: 이 전략은 학급의 모든 학생이 돌아가며 자신의 생각을 공유할 수 있도록 해 준다. 각 학생에게 토큰 3개를 나누어 주고 대화에 참여할 때마다 토큰을 사용하도록 한다. 토큰을 다 사용하게 되면 더 이상 말할 수 없다. 이 전략은 공을 던져 가면 대화를 하거나 말하기 스틱을 사용하여 대화를 더 자연스럽게 전개시키는 다른 전략보다는 덜 구조화된 전략이다. 이 전략을 사용하기 전에 모든 학생들 특히 어린 학생들을 위해 이 전략이 어떻게 사용되는지 시범을 보여 주는 것이 좋다.

[그림 4-10] 학생 참여를 위한 토론 프로토콜

학생들의 연령과 기능의 수준에 대해 생각해 보라. 풍부한 학습 대화는 어떤 모습일까? 이러한 대화를 이끌기 위해 어떤 규범이나 기대가 필요한가?

실행 방식: 하크니스 방법이라고도 불리는 거미줄 토론은 학생들이 개인이 아 닌 집단에 의존하는 토론에 의미 있게 참여하도록 권장한다. 대화 패턴과 주제 를 추적하면 서로 협력하고 서로의 의견을 경청함으로써 공동체 인식이 높아진 다. 이 전략에서 교사는 진행자의 역할을 맡아 대화가 더 발전될 수 있도록 하 기 위해서만 말한다. 교사는 또한 그룹 내 학생들 간의 대화 패턴을 차트로 작 성하여 나중에 분석한다. 이 전략은 학생들이 서로 대화할 수 있는 공간을 제공 하는 데 중점을 두기 때문에 그룹 규모를 약 10명 이하로 유지하는 것이 좋다. 이 전략에 대한 자세한 내용은 위긴스(Wiggins, 2017)를 참조하면 된다. 거미줄 토론은 다음 절차를 사용하여 실행할 수 있다.

1. 토론 차트 만들기: 토론에 참여하는 학생 수와 좌석 배치를 보여 주는 차트를 만든다. 개인적 분석을 피하기 위해 학생 이름 대신 각 학생을 숫자로 지칭할 수 있다. 차트에 학생들이 이름이 명확하게 제시되지 않으므로 학생들은 토론 후 생 각을 나눌 때 토론 중에 식별한 패턴에 대해 더 자유롭게 말할 수 있다.

2. 좌석 결정: 이 토론 전략을 사용하려면 학생들이 원을 그리며 앉도록 하여 대화를 더 많이 주고받을 수 있도록 해야 한 다. 학생들은 바닥에 원형으로 앉거나 원으로 끌어당긴 의자에 앉거나 큰 테이블에 둘러앉을 수 있다.

3. 토론 프롬프트 제시: 풍부한 토론을 위해 대화를 시작하는 개방형 프롬프트를 디자인한다. 이것은 호기심을 촉발하는 진술문, 인용문 또는 질문일 수 있으며 단원의 주도적인 개념과 연결되어야 한다.

4. 토론 목표 제공: 교사의 참여가 최소화되기 때문에 학생들은 토론에 대한 지침을 가지고 있어야 한다. 모든 학생이 참 여하고 아무도 토론을 지배하지 않도록 한다. 사실 협업은 깊은 대화를 위한 핵심이다.

5. 토론: 학생들에게 말할 시간을 주고, 주요 주제를 기록하고, 첫 번째 발표자로부터 토론이 원을 따라 어떻게 진행되는 지 차트를 작성한다. 각 학생이 말하기 시작하면서 선을 그린다. 교사는 학생의 말에 추가, 연결 또는 토론의 주제에서 벗어나지 않도록 하기 위해서만 말한다.

6. 분석 및 결론 도출: 그룹은 스파이더 웹 차트에서 패턴을 분석하여 토론이 많거나 적은 영역을 파악한다. 교사는 대화 에서 나타난 토론 포인트에 대한 개요를 제시하고 학생들에게 그룹이 어떻게 토론을 지속하고 풍부하게 했는지에 대해 성찰하도록 요청한다.

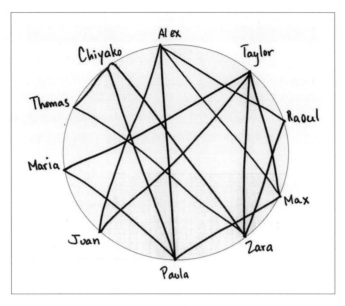

[사진 4-8] **거미줄 토론 차트**

대화 패턴 예측하기: 거미줄 토론이 끝난 후 학생들에게 대화의 패턴이 어떠했을 것인지 예측하고 왜 그렇게 예측하는지 설명해 보도록 한다. 차트의 모양이 어떤 것 같은가? 왜 그렇게 생각하는가, 그리고 이 패턴은 그룹의 참여에 대해 무엇을 말해 주고 있는가와 같은 질문을 던져 보라. 학생들의 토론이 풍성해지면 충분히 토론할 있는 시간을 제공한다. 이러한 대화 패턴이 발생할 수밖에 없었던 이유에 대해서도 생각해 보도록 한다.

어항: 학급의 모든 학생들이 거미줄 토론에 참여하게 만들 수 있는 방법 중 하나는 어항과 같은 상황을 만드는 것이다. 이 전략에서 학급의 반 정도가 토론에 참여하고 나머지 반은 토론 서클 바깥쪽에서 토론의 내용, 논쟁, 토론 패턴을 기록한다. 어항 모양을 조직하는 하나의 방법은 2개의 원을 만들고 안쪽의 원에 앉은 학생들은 교사가 제시한 질문과 토론 프롬프트에 대해 토론을 하고 바깥쪽에 앉은 학생들은 능동적으로 토론을 참관한다. 토론이 점차 소강상태를 보이게 되면 바깥쪽에 앉은 학생들이 토론 중 제기된 주장에 대해 의견을 말할 수 있도록 한다.

일반화하고 연결하기: 탐구 과정 중에 학생들이 많은 실질적 사례를 접하고 나면 거미줄 토론 전략을 사용하여 사례들을 연결하고 일반화할 수 있도록 한다. 단원의 개념적 질문 중 하나를 제시하고 토론을 이끌어 나가도록 한다. 토론에 앞서 학생들이 탐구 과정에서 기록한 내용이 담겨 있는 공책이나 다른 학습 자료들을 활용하여 공부한 내용을 정리하도록 한다. 자신의 논쟁을 뒷받침하기 위해 구체적인 사례 연구나 참고 자료들을 사용할 수 있도록 한다. 대화를 촉발하기 위해 다음과 같은 문장구조를 활용할 수 있다.

- 나는 _____이유로 _____ 라고 생각한다.
- 이 연구 사례는 _____을 보여 준다.
- _____이유로 _____ 의 의견에 동의한다.
- ____이유로 _____의 의견에 반대한다.
- 내가 그렇게 생각하는 이유 중 하나는 _____이다.

[그림 4-11] **거미줄 토론의 변형**

실행 방식: 일본 인류학자 지로 가와키타(Jiro Kawakita)가 만든 선호도 다이어 그램은 학생들의 사전 지식을 개념적 범주로 수집하고 구성하는 방법을 제공한다. 그 구조 때문에 선호도 다이어그램은 소그룹 또는 학급 전체의 사고의 다양성을 보여 주고 교사 계획을 추진할 수 있는 평가 정보를 제공한다. 이 전략은 단원의 주도적인 개념에 대한 학생들의 이해를 통합하기 위해 나중에 단원에서 사용할 수도 있다.

1. 프롬프트 소개: 이 전략은 개념적 질문과 연결되는 사실적 프롬프트를 사용한다. 예를 들어, 먼저 학생들에게 "정부가 시장 개입을 한 예를 알고 있는 것을 말해 보자."라고 말할 수 있다. 이 프롬프트는 단원의 후반에 "정부가 시장에 어떻게 개입하는가?"라는 개념적 질문에 답할 수 있도록 도와준다. 프롬프트 샘플은 [그림 4-12]에 제시되어 있다. 이 초기 프롬프트는 학생들에게 사실적인 예제를 생성하도록 요청한 다음 나중에 개념적으로 그룹화한다(4단계 참조).
2. 아이디어 생성: 전체 수업을 마치면 각 학생에게 1~2개의 메모지를 나누어 준다. 소규모 그룹에서는 메모지를 1인당 4~5개 정도 나누어 준다. 이 메모지에 학생들은 사실 질문과 관련된 자신의 생각을 메모지 하나에 하나씩 작성한다.
3. 분석: 학생들은 작성된 메모지를 소그룹으로 또는 전체 학급과 공유한다. 학생들의 생각 사이에 유사점이 있는가? 어떠한 생각들이 함께 묶여질 수 있을까?
4. 개념적 질문 제시: 다음으로 개념적 질문을 소개한다. 학생들에게 나머지 활동의 목표는 해당 질문에 간결하게 대답할 수 있는 범주를 개발하는 것이라고 설명한다.
5. 분류 및 묶기: 학생들은 메모를 정렬하고 그룹화하여 각 범주를 열 또는 행으로 정렬한다. 학생들이 메모를 왜 그렇게 배치했는지에 대해 설명할 수 있도록 한다.
6. 명명: 함께 분류된 메모지 그룹에 포유류, 파충류 등과 같이 각각 한두 단어로 된 개념적 머리글을 사용하여 각 범주의 이름을 지정한다. [사진 4-9]는 위에서 언급한 개념적 질문인 "정부가 시장에 어떻게 개입하는가?"에 대한 11학년의 학생들이 만들어 낸 범주를 보여 준다. 학생들이 생각해 낸 범주는 보조금, 과세 및 가격 제한이었다.
7. 보고(소그룹용): 각 그룹에서 한 명의 학생이 대표로 해당 그룹의 범주를 발표한다. 이 활동을 통해 무엇을 알게 되었는지, 각 그룹의 아이디어에 유사점이 있는지, 특별히 놀라운 사실이 있었는지에 대해 생각을 나누도록 한다.

[사진 4-9] 선호도 다이어그램: 정부의 시장 개입

단원 주제	주도적인 개념	선호도 다이어그램 프롬프트/질문
20세기의 예술 운동	예술적 과정 예술 운동 영감 창의력	초기 프롬프트: 예술가가 작품을 창작할 때 영감을 주는 것들을 말해 보라. 개념적 질문: 예술가는 작품을 창작할 때 어디에서 영감을 받는가?
전 세계의 정부 시스템	정부 시스템 힘 대표 기능	초기 프롬프트: 정부의 기능을 말해 보라. 개념적 질문: 정부의 가장 중요한 기능은 무엇인가?
학문적 논쟁	학문적 논쟁 의견 증거 반론 자료 출처	초기 프롬프트: 학문적 논쟁을 만들기 위해 작가가 사용하는 테크닉을 말해 보라. 개념적 질문: 학문적 논쟁에 대한 아이디어를 전달하기 위해 작가는 어떤 테크닉을 사용하는가?

[그림 4-12] 선호도 다이어그램 프롬프트/질문 샘플

변형: 단원의 마지막에 사용하기

학생들은 단원이 끝날 때 선호도 다이어그램을 만들어 이해를 통합할 수 있다. 유나이티드 월드 칼리지 사우스 이스트 아시아 학교의 비키 버먼의 스페인어 수업에서 12학년 학생들은 이주 단원의 일부로 이주민의 삶에 영향을 미치는 요소를 고려하기 위해 선호도 다이어그램을 만들었다([사진 4-10]). 이후 학생들은 다음과 같은 일반화를 만들어 냈다.

[이민자의 프로필이 점점 더 다양해짐에 따라 이주의 사회적 · 정치적 상황을 이해하기 위해서는 이민자들이 어디에서 이주해 왔는지, 이주 이유는 무엇인지, 이러한 각각의 고유한 프로필을 가진 이민자가 어떤 어려움에 직면하는지에 대해 생각해 보아야 한다.]

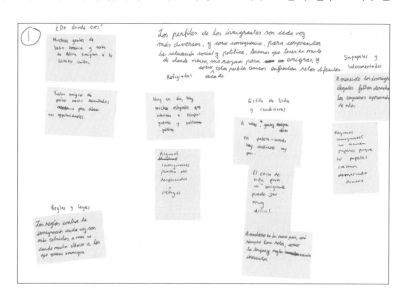

[사진 4-10] 이주민 경험에 관한 선호도 다이어그램(스페인어)

출처: Vicky Berman.

모국어 연결

실행 방식: 연구 결과 교육 환경에서 학생들이 모국어로 학습하게 될 때 많은 이점이 있다고 한다. 유엔 교육, 과학 및 문화기구('Mother Tongue Matters,' 2008)는 4개국 80만 명 이상의 학생들의 연구 데이터를 요약하여 학습에서 학생들이 모국어를 사용할 때 더 자신감 있고 적극적으로 학습에 참여한다고 요약하고 있다. 다음은 교실에서 모국어를 장려하는 몇 가지 방법이다.

모국어로 생각을 말하기: 학생들의 사전 지식을 활성화하고 학습 참여를 지원하는 하나의 방법은 학생들이 자신의 생각을 모국어로 기록할 수 있도록 하는 것이다. 스크린캐스팅 어플리케이션이나 학습 저널 플랫폼을 사용하여 이미지나 다이어그램 또는 그림에 대해 이야기할 수 있다. 교사는 학생들이 자신의 생각을 음성 녹음할 때 사용할 수 있는 문장구조나 프롬프트를 제공할 수 있다. 모국어로 쓰기가 가능한 고학년 학생들은 스크린캐스트에서 자신들이 말하고자 하는 요점을 적을 수 있다.

이중 언어로 생각을 매핑하기: 학생들은 단원 주제에 대해 이미 알고 있는 것들을 보여 주는 마인드맵을 개발한다. 마인드맵 개발자 토니 부잔은 마인드맵을 구성할 때 이미지, 색상, 줄기, 줄기에 나타난 단어들 그리고 맵 안에서 나타난 지원 아이콘들을 사용하도록 추천하고 있다. 마인드 매핑을 하는 동안 학생들은 어떤 부분은 모국어로 표현하고 어떤 부분은 영어(학급에서 사용되는 언어)로 표현할지 선택할 수 있다. 언어가 아닌 이미지나 아이콘도 학생들의 생각을 설명하기 위해 사용될 수 있다.

이중 언어로 질문 개발하기: 학생들이 초기 질문을 생성할 때 영어(학급에서 사용되는 언어)나 모국어를 모두 사용할 수 있도록 한다. 학생들은 모국어로 질문을 만들어내고 언어를 발전시켜 나가면서 영어로도 질문을 만들어 갈 수 있다. 중요한 것은 질문이 어떻게 우리가 공부해야 할 내용들을 결정하게 되는지를 생각하도록 하는 것이다. 생성된 질문들을 분류하기 위해 학생들이 쓴 질문을 메모지에 모국어와 영어로 모두 쓸 수 있도록 한다.

모국어 사용 친구와 짝 되기: 가능하면 같은 모국어를 사용하는 학생들이 모국어로 의미 있는 토론을 할 수 있는 기회를 제공한다. 물론 교사가 학생이 사용하는 모국어를 알지 못하면 학생들의 토론 내용을 정확히 평가할 수는 없지만 학생들이 모국어 토론을 통해 일어난 의미 있는 학습에 대해 설명할 수 있도록 하는 것도 중요하다. 모국어를 사용하는 짝이 토론에서 나누었던 내용을 반 전체에 학급 언어로 통역해 이야기해 줄 수 있도록 한다.

공동체와 연결하기: 단원의 주도적인 개념과 중요한 내용에 대해 학생들과 토론할 수 있는 공통체 구성원에 대해 생각해 본다.

프랑크푸르트 국제학교 1학년 팀은 모든 단원의 초기에 모국어 연결 활동을 계획한다. 이를 통해 학생들이 두 언어로 단어와 이해를 계발해 나갈 수 있도록 지원한다. 이러한 의미 있고 관련된 학습경험을 통해 부모님과 공동체 구성원은 학생들과 단원의 주제와 개념에 대해 모국어로 대화하게 된다. 이런 활동의 하나로 사진이 사용되게 되면 부모님들은 [사진 4-11]에서 볼 수 있는 것과 같이 자신들의 문화와 관련된 물건이나 이미지를 학급에 가지고 올 수 있다.

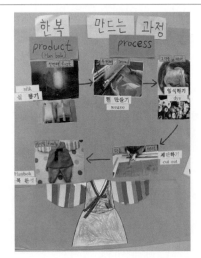

[사진 4-11] 공동체와 연결하기
공동체와 연결하기를 통해 1학년 학생들은 모국어로 제작 과정을 논의한다.
출처: Bonnie Winn.

[그림 4-13] **모국어 지원 전략**

관계 맺기 단계에서의 평가

　관계 맺기 전략은 계획 과정에 정보를 제공하기 위해 수집할 수 있는 학생 사고를 이끌어 낸다. 관계 맺기의 평가 정보는 다양한 방식으로 개념 기반 탐구에서 학습을 이끌어 간다([그림 4-14]). 이 단계에서 관찰된 내용을 사용하여 집중하기 및 조사하기 단계와 같은 다른 탐구 단계에서 다룰 수 있는 특정 교육 포인트를 지정한다. 동시에 이 단계를 통해 학생 성향에 대한 정보를 찾을 수 있다. 학생들은 얼마나 열린 마음, 증거 존중적인 마음, 끈기 있는 마음을 가지고 있는가? 이러한 마음의 성향은 전체 탐구를 통해 훈련되고 성장하게 된다. 학생들과 이러한 전략을 수행하기 전에 관계 맺기 단계에서 평가 정보에 적합한 기록 시스템을 결정하는 것이 좋다. 그렇지 않으면 우리에게 보여진 학생 사고의 강력한 증거를 놓치게 된다.

평가 정보	중심적인 교수 내용	중심적인 교수 내용을 지원하는 전략
단원의 주도적인 개념에 대한 이해도 부족	개념 형성	• 개념 형성 전략(제5장)
단원의 주제 또는 주도적인 개념에 대한 오해	부정확한 사고 바로잡기	• 관계 맺기 전략(제4장) • 개념 형성 전략(제5장) • 공유된 또는 소그룹 사례 연구(제6장)
관련된 단원 주제에 대한 사전 지식의 부족	관련 지식을 증대시킬 수 있는 공유된 경험 제공	• 관계 맺기 전략(제4장) • 공유된 사례 연구(제6장)
개발해야 할 학습 기능의 범위	병행 단원과 별개로 또는 병행 단원의 하나로 필요한 학습 기능을 사전 교육	• 소그룹 또는 전체 그룹으로 학습 기능 관련 수업(제6장)

[그림 4-14] **초기 평가 데이터를 사용하여 교수 계획**

탐구의 관계 맺기는 학생들이 이전 경험과 새로운 경험 사이의 연관성을 검색할 수 있도록 단원을 고정시키는 역할을 한다. 학생들을 참여시키고, 사전 지식을 활성화하고, 현재 지식, 학습 기능 및 이해에 대한 증거를 수집한 후 집중하기 단계에서 단원의 주도적인 개념에 대한 공통된 이해를 개발하려고 한다.

이것을 별개의 단계로 보는 대신 이 단계들이 서로 얽혀 있다고 생각하는 것이 좋다. 교사는 개념 형성 활동을 위해 적절하게 계획하기 위해 학생 사고의 증거를 사용하고, 결과적으로 개념 형성 활동은 개념 이해의 발달을 방해할 수 있는 격차 또는 오해를 해결해 준다. 탐구의 집중하기 단계를 다루는 다음 장에서는 한 단원에서 학생 주도적 학습을 지원하기 위해 이러한 전략들을 실행할 수 있는 다양한 방법에 대해 자세히 설명하고자 한다.

 잠시 멈추어 **되돌아보기**

단원에서 사용할 관계 맺기 전략을 선택할 때 다음과 같은 질문을 스스로에게 제기해 보라.

- 단원 일반화를 감안할 때 이 단계에서 어떤 주도적인 개념과 주제 관련 지식을 평가해야 하는가?
- 단원 내용과 학생의 요구에 따라 학생들의 호기심을 유발하고 사고를 유도할 수 있는 관계 맺기 전략은 무엇일까?
- 관계 맺기 전략에서 평가 정보를 어떻게 수집할 수 있는가?
- 학생들의 초기 질문은 수업을 계획하고 수정하기 위해 어떻게 사용될 수 있을까?
- 단원을 진행하는 동안 언제 이 관계 맺기 탐구 단계로 되돌아올 수 있을까?

Concept-Based Inquiry in Action

•

제5장

집중하기

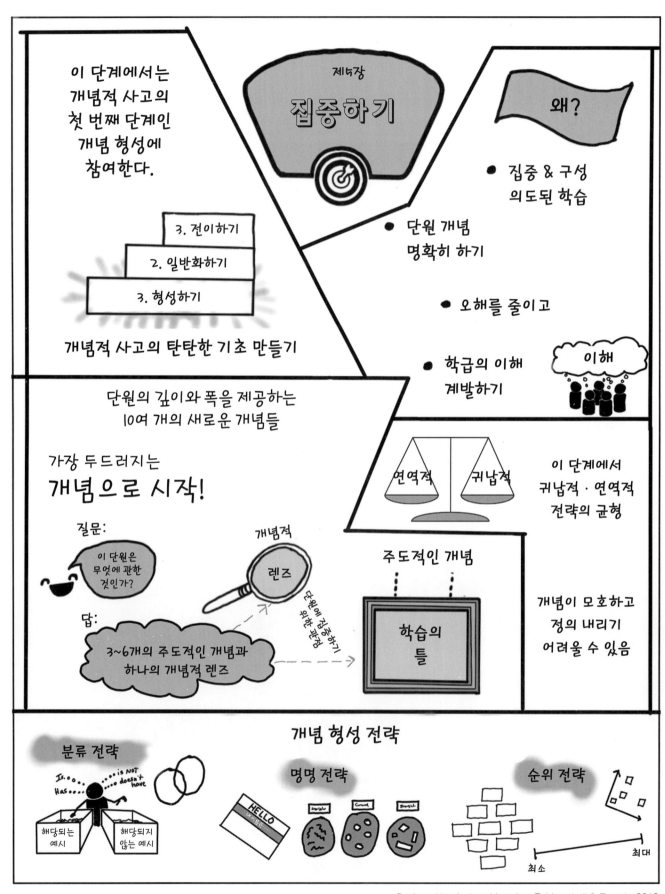

이 단계에서는 개념적 사고의 첫 번째 단계인 개념 형성에 참여한다.

제4장
집중하기

왜?

- 집중 & 구성 의도된 학습
- 단원 개념 명확히 하기
- 오해를 줄이고
- 학급의 이해 계발하기

이해

3. 전이하기
2. 일반화하기
3. 형성하기

개념적 사고의 탄탄한 기초 만들기

단원의 깊이와 폭을 제공하는 10여 개의 새로운 개념들

가장 두드러지는
개념으로 시작!

질문:
이 단원은 무엇에 관한 것인가?

답:
3~6개의 주도적인 개념과 하나의 개념적 렌즈

개념적
렌즈

단원에 집중하기 위한 관점

주도적인 개념

학습의 틀

연역적   귀납적

이 단계에서 귀납적·연역적 전략의 균형

개념이 모호하고 정의 내리기 어려울 수 있음

개념 형성 전략

분류 전략
Is...
Has...   ...is NOT
        ...doesn't have
해당되는 예시   해당되지 않는 예시

명명 전략
HELLO
내 이름은

순위 전략
최소   최대

이 단계의 목적

- 개념 형성 전략을 사용하여 단원의 개념적 렌즈 및 주도적인 개념에 대한 공유된 이해 계발
- 탐구의 조사하기 단계에서 심층적으로 조사할 수 있는 사실적 관련 사례를 소개

이 단계에서 주로 사용되는 안내 질문

- 사실적인 질문
- 개념적 질문

집중하기 단계의 실행 예

취리히 국제학교의 3학년 교사인 제이미 로는 생태계에 대한 단원을 시작했다. 학생들이 단원의 핵심 개념인 적응 및 상호의존의 개념을 이해하도록 하기 위해 단원과 관련된 설명 문장이 적혀 있는 종이를 분류하도록 소그룹 활동을 진행한다. 각 설명 문장에는 학생들이 분석하고 토론할 수 있는 개념의 예가 될 수 있는 것 또는 예가 될 수 없는 것이 적혀 있다. 동물의 환경 적응에 관한 일부 문장은 '오리의 물갈퀴 발'과 같은 유전적 적응의 예가 포함되어 있는 반면, 다른 문장에는 '돌의 강도'와 같이 한 세대에서 다른 세대로 유전되지 않는 속성이 포함되어 있다. 예시가 되는 것/되지 않는 것 차트를 사용하여 학생들은 소그룹으로 문장들을 분리하고 문장을 이동하여 자신의 생각을 정당화한다. 제이미는 이때 학생들의 이야기를 듣고, 학생들이 각 개념의 예와 비예시를 가지고 분류하는 것을 보며 학생들이 개념에 대해 어느 정도 이해하고 있는지에 대한 증거를 찾게 된다. 학생들은 대부분의 예가 되지 않는 것이 암석이나 햇빛과 같은 생태계의 무생물과 관련이 있음을 알아차린다. 제이미는 단원 전체에서 이러한 연결을 구축하여 학생들이 생태계 내에서 생물과 무생물의 관계를 이해하도록 돕는다.

[사진 5-1] 환경 적응의 예가 되는 것과 예가 되지 않는 것(3학년)

출처: Jamie Rowe.

개념 형성 전략을 사용하여 탐구에 집중하기

학생이 단원의 토픽과 관계를 맺으면서 참여하고 이를 사전 지식과 연결시킬 기회를 얻은 후에는 다양한 개념 형성 전략을 사용하여 한 단원에 집중하게 된다. 이것은 학생들이 단원의 개념적 렌즈와 중심 개념에 대한 공유된 이해를 개발하는 데 도움이 된다. 개념 형성 전략은 다음과 같이 단원의 개념적 기반을 제공한다.

- 학생들이 사실적 예를 조사하기 전에 단원 개념을 명확하게 한다.
- 의도된 학습을 구성하고, 이에 집중하게 함으로써 학생들이 개념 수준에서 연결을 쉽게 형성할 수 있도록 한다.
- 학생들이 잘못 이해할 수 있는 가능성을 줄인다.

이해의 폭과 깊이를 제공하는 개념

단원의 시작 부분에서 학습에 초점을 맞춘 개념적 렌즈(매크로 개념)와 교과 지식을 배울 수 있도록 하는 일련의 중심 개념(마이크로 및 매크로 개념)을 정의한다. 개념적 렌즈와 주도적인 개념은 탐구 단원의 폭과 깊이를 넓고 깊게 함으로써 교과 내뿐 아니라 교과 간 학습을 모두 가능하게 한다.

개념적 렌즈

탐구 단원을 계획할 때 정보를 분석하고 종합할 수 있는 관점을 설정하는 개념적 렌즈를 선택한다. 예를 들어, 세계 기아를 고려할 때 '힘'이라고 하는 개념적 렌즈를 통해 보는 것과 '성장'이라고 하는 개념적 렌즈를 통해 보는 것은 매우 다를 것이다. 하나는 부의 분배에 대한 생각을 촉진하는 반면 다른 하나는 인구와 자원을 고려하게 한다. 개념적 렌즈는 낮은 수준과 높은 수준의 사고 사이에 지적 시너지 효과를 창출하는 해석적 초점을 제공한다(Erickson, 2007). 일반적으로 이해의 전이를 용이하게 하는 데 사용되는 개념은 매크로 개념(교과 간 또는 가장 광범위한 교과의 개념)이다.

개념적 렌즈의 선택에 따라 단원의 방향이 바뀔 수 있다. 생태계에 관한 제이미의 3학년 단원을 다시 살펴보자. 다음과 같은 다양한 렌즈를 통해 볼 때 발생하는 학습 유형을 상상해 보라.

- 상호 의존
- 자원
- 연관성
- 권리

개념적 렌즈가 상호 의존성 또는 연결이라면, 단원이 생태 과학을 탐구하는 방향으로 이끌어지는 반면, 자원이나 권리라고 하는 개념적 렌즈를 사용하면 이 단원은 생태계에서 인간의 역할에 대해 탐구하는 방향으로 이끌어질 것이다. 이런 의미에서 개념적 렌즈는 한 단원에서 탐구할 몇 가지 마이크로 개념을 결정할 수 있도록 한다. [그림 5-1]은 단원의 초점을 맞추는 데 사용할 수 있는 몇 가지 개념적 렌즈 샘플을 보여 준다. 국제 바칼로레아 교사는 IB 프로그램의 교과에 제시되어 있는 핵심 개념 목록에서 개념적 렌즈를 선택할 수 있다.

기능	패턴	순서	균형
진보	진화	변화	정체성
상호작용	성장	시스템	인물*

[그림 5-1] **개념적 렌즈의 사례**

*개념적 렌즈는 종종 교과 간에 존재하지만 교과 내에서 가장 광범위한 매크로 개념 중 하나일 수 있다.

주도적인 개념

주어진 탐구 단원에서 학생들은 십여 개의 새로운 개념을 접하게 된다. 이들 중 일부는 광범위하고 교과 간에 존재할 수 있는 반면 다른 일부는 특정 교과의 학습에 특화될 수 있다. 이 단원의 시작 부분에서 이러한 모든 개념을 한번에 다루는 것은 의미가 없다. 학생들은 정보의 양에 압도되어 깊은 이해 대신 피상적으로 개념의 정의만 암기하게 될 수도 있다. 한 단원에서 일부 개념이 더 두드러지게 나타나고 따라서 이러한 개념에 대한 이해가 학생들에게 더 중요하다는 것을 인식하고 식별된 초기 개념 형성 활동에 집중하는 것이 중요하다. 종종 이것들은 우리가 설명한 일반화에서 직접 나온다. 이러한 이유로 우리는 단원 학습을 구성하기 위해 소수의 주도적인 개념을 결정한다.

개념적 렌즈는 단원에 집중할 수 있게 하는 반면, 주도적인 개념은 단원 학습을 구성한다. 개념적 렌즈와 주도적인 개념은 개념 기반 탐구의 구조와 범위를 제공하고 학생들에게 단원을 소개한다. 주도적인 개념은 학습 주제를 반영하기 때문에 일반적으로 교과를 나타낸다. 몇 가지 예를 살펴보자. 지역 공동체에 대한 유치원 단원에서 주도적인 개념은 공동체, 역할, 책임 및 직업이 될 수 있다. 이러한 개념은 학생들이 지역사회에 대해 학습한 결과로 이해해야 하는 중요한 개념을 설명한다. 10학년 시 단원에서는 구조, 운율, 리듬, 강조 및 의미의 개념에 집중할 수 있다.

주도적인 개념은 단원을 안내하는 데 도움이 된다. 그러나 우리는 학생들이 다양한 학습 참여를 통해 추가 개념을 발견하고 개발해 나가기를 기대한다. 즉, 주도적인 개념은 단원의 초반에 '방향'을 제공하고 초기 개념 형성 활동의 계획을 지원한다. 개념 형성 전략은 학생들이 추가 개념을 개발하는 데 도움이 되도록 한 단원에서도 여러 번 반복될 수 있다.

단원의 주도적인 개념 결정

그렇다면 단원의 주도적인 개념을 어떻게 결정해야 하는가? 일반적으로 주도적인 개념은 "이 단원이 무엇에 관한 것인가"라는 질문에 한 문장으로 간결하게 대답하는 개념이다. 어떤 단원은 "반복 덧셈과 곱셈과의 관계에 관한 것이다."라고 설명할 수 있다. 또는 "생물의 다양성과 유전적 변이에 관한 것이다."라고 할 수 있다. 현재 개발하고 싶은 단원을 고려할 때 이 질문에 대해 한 문장으로 어떻게 대답할 수 있는지 생각해 보라. 만약 대답이 '중세 유럽에 관한 것'과 같이 개념적이라기보다 주제에 대한 이름일 뿐이라면 한 걸음 물러서서 학생들이 습득하기를 원하는 전이 가능한 학습이 무엇인지 생각해 보라. 여러 개념을 떠올릴 수 있겠지만, 너무 많으면 단원의 방향을 잃을 수도 있다([그림 5-2] 참조). 단원 시작 부분에서는 개념적 렌즈를 포함하여 4~7개의 주도적인 개념에 초점을 맞추는 것이 좋다.

주제/단원 제목	주도적인 개념*
음악 작곡	리듬, 비트, 멜로디, 오스티나토(일정한 음의 반복), **영향**
수학적 패턴	패턴, 반복, 규칙, 기간, **예측**
세계적 에너지 사용	에너지, 효율성, 자원, 생산, 소비, **균형**
세포 생물학	세포, 세포기관, 세포막, 구조, 기능, **시스템**
기계체조	기계체조, 힘, 유연성, 안정성, 균형, **움직임**

[그림 5-2] **개념적 렌즈 및 주도적인 개념의 샘플**

* 개념적 렌즈는 굵게 표시한다.

개념적 사고의 수준

개념 형성은 개념에 대한 이해를 발전시키기 위해 개념의 예가 될 수 있는 것과 예가 될 수 없는 것들을 구분, 분류 및 표시하는 개념적 사고의 초기 단계이다(Gagné, 1965; Taba, 1965). 이것의 주된 목적은 학생들이 개념의 경계와 차원을 탐색하도록 하는 것이다. 예를 들어, 선과 도형을 구분하는 것은 무엇인지를 찾아내는 것과 같다. 학생들이 한 단원에서 사실적 예시들을 조사할수록 단원 개념에 대한 이해가 더욱 강화된다. 이와 관련하여 개념 형성은 단원 전체에서 발생하지만 이 단계에서는 단원의 개념적 렌즈와 주도적인 개념에 대해 학생의 생각을 집중시키는 데 시간을 할애한다. 우리는 개념 형성 전략이 추후에 학생들이 더 복잡한 사고를 형성하는 데 도움이 되는 개념적 사고의 유형을 촉진한다는 것을 인식해야 한다. 개념 형성은 학

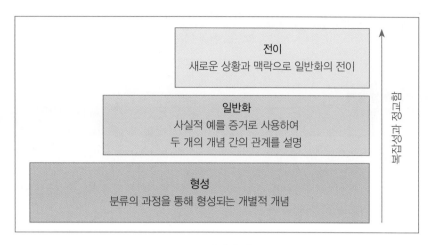

[그림 5-3] **개념적 사고 수준**

© Marschall & French, 2017.

생들이 더 복잡한 개념적 사고와 관계 맺기 전에 이루어져야 한다.

일련의 계단과 마찬가지로 개념 형성은 학생의 사고를 더 복잡하고 정교한 수준으로 옮기는 첫 번째 단계이다. 하나의 개념을 이해하는 것을 개발시켜 주는 개념 형성으로부터 시작해 학생들은 2개 또는 그 이상의 개념 간의 관계를 형성함으로써 일반화하는 단계로 넘어간다. 그런 다음 이러한 일반화를 새로운 상황과 맥락으로 전이시키기 시작할 수 있으며, 이를 위해 학생들은 종종 자신의 이해를 조정해야 한다([그림 5-3] 참조). 더 복잡한 수준의 개념적 사고에 참여하려면 학생들은 개념 간 연결성을 찾고 일반화를 만들어 냄으로써 어떠한 맥락 속에서 개념을 다루어야 한다(Gabora, Rosch, & Aerts, 2008; Jonassen, 2006; Rosch, 1999). 집중하기 단계는 더 높은 수준의 사고를 구축할 수 있는 강력한 기반을 만들고, 그 위에 학생들이 다른 유형의 개념적 사고를 더 구축할 수 있게 된다.

효과적인 개념 형성 실습

개념 형성에 대한 연구를 검토할 때, 개념 학습을 향상시키기 위해 교육 설계가 가진 의미를 추출하기 시작한다. 효과적인 방법은 〈표 5-1〉에 요약되어 있으며 이 단원에서 소개되는 전략에도 포함되어 있다.

어떤 개념도 다른 개념과 어떻게 관련되는지 검토하지 않고는 진정으로 이해할 수 없다는 점을 강조하고 싶다(Novak, 2012; Ross & Spaulding, 1994). 이것은 다양한 상황과 맥락에서 개념을 탐구하는 것을 의미한다. 아래에 설명된 효과적인 방법은 학습 단원의 일부로 개념에 대한 초기 이해를 만들어 내는 것과 관련이 있다. 단원이 진행됨에 따라 개념적 관계를 발견하고 식별할 수 있는 여러 기회가 학생들에게 제공되어야 한다. 이를 통해 학생들은 여러 사례 연구와 실제 경험을 사용하여 자신의 사고를 맥락화할 수 있다. 블랙박스에는 개념적 사고가 존재하지 않는다. 개념적 사고는 현실 세계의 현상에 대해 비판적으로 참여하게 될 때 발생한다.

블랙박스에는 개념적 사고가 존재하지 않는다. 개념적 사고는 현실 세계의 현상에 대해 비판적으로 참여하게 될 때 발생한다.

〈표 5-1〉 효과적인 개념 형성 실제

실제	사용하는 법
명확한 정의를 제공하기*	특정 개념에 대해 정의가 다양하거나 사용 불가능할 수 있지만, 사회적으로 구성된 개념은 종종 가족, 커뮤니티 등과 같이 우리가 이해할 수 있는 의미가 있다(Keil, 1992). 가능한 경우 학생들에게 사실적 사례 탐색을 지원하기 위해 명확한 정의를 제공하라. 학생들은 단원을 통해 이러한 정의를 발전시켜 나갈 수 있다.
'가장 적합한' 예부터 시작하기	학생들에게 새로운 개념을 소개할 때 가장 분명한 예를 사용하여 개념의 속성을 강조하라(Jonassen, 2006; Markman, 1991). 학생들에게 규칙에 대한 예외를 제공하는 것은 개념이 처음 형성된 후에 이루어져야 한다.
예시와 비예시 사용하기	학생들에게 불확실한 것을 포함하여 개념의 여러 예시와 비예시를 비교하도록 하라(Markle & Tiemann, 1970; Tsamir, Tirosh, & Levenson, 2008).
관련 속성을 강조하기	학생들이 분류 또는 그룹화 활동 중에 개념의 관련 속성을 볼 수 있도록 하여 관련 없는 항목에 초점을 맞추지 않도록 한다(Keil, 1992). 예를 들어, 도형의 변의 수는 삼각형의 관련 속성이지만 넓이는 그렇지 않다.
사실과 개념적 예를 사용하여 비교하고 대조하기	개념을 탐구할 때 학생들에게 사실적·개념적 수준에서 예시와 비예시를 탐색하도록 권유하라. 예를 들어, 이주는 다양한 이주 사례 연구(사실적)를 살펴보고 이주를 여행의 아이디어(개념적)와 비교하여 개발할 수 있다.
지속적인 사고 문화 격려하기	학생들이 토론에 참여할 때 기다리는 시간을 활용하여 사고가 명확해지고 추론이 제공될 때까지 학생을 격려한다(Durkin, 1993; Ingram & Elliot, 2015). 사전에 계획하여 학생들이 생각을 공유하거나 위험한 생각을 하는 것을 방해할 수 있는 '급속한' 질문을 미리 정리해야 한다.

* 연역적 개념 형성 활동을 이른다.
© Marschall & French, 2018.

개념 형성 전략: 연역적 및 귀납적 접근

이 단원에 소개된 전략에는 본질적으로 연역적이고 귀납적인 전략이 포함되어 있다. 일반화하기 단계에서는 귀납적 접근 방식을 옹호하지만 집중하기 단계 내에서는 연역적 개념 형성 전략과 귀납적 개념 형성 전략의 균형을 맞추도록 권장한다. 이것은 학생들에게 다음과 같은 기회를 제공한다.

1. 개념 정의에 노출되고 개념 정의를 사용하여 관련된 예시 및 비예시에 대해 이해할 수 있는 기회 제공(연역적 접근)
2. 예시와 비예시들을 살펴보는 활동을 통해 개념을 정의할 수 있는 기회 제공(귀납적 접근 방식)

연역적 전략과 귀납적 전략을 모두 사용하는 것이 교사에게 유익할 수 있는 이유는 무엇일까? 일부 개념은 '모호하고' 정의하기 어렵다. '사랑'이라고 하는 개념과 '단순한 기계'라는 개념을 비교해 보자. '사랑'이라는 개념은 훨씬 더 추상적이며 모순될 수 있는 많은 정의가 존재할 수 있다. 대조적으로 '단순한 기계'에는 경사면이나 레버와 같은 구체적인 예가 포함되어 있으며 정의하기가 비교적 간단하다.

개념이 명확하게 정의될 수 있고, '예/아니요' 그룹으로 쉽게 분류될 수 있는 다양한 예시와 비예시가 있는 경우 연역적 접근 방식이 가장 시간 효율적일 것이다. 연구에 따르면 개념의 정의와 예제를 결합하면 학생들의 이해력이 더 향상된다고 한다(Rawson, Thomas, & Jacoby, 2015). 귀납적 접근 방식은 학생들이 더 복잡한 개념을 집합적으로 정의하거나 귀납적 추론 기술을 개발해야 할 때 유용하다.

개념 형성 전략 선택

집중하기 단계에서는 단원의 개념적 렌즈와 주도적인 개념을 검토하는 데 충분한 시간을 할애하되 너무 많은 시간을 보내지 않도록 한다. 개념 기반 탐구에서는 이 단계를 합리적으로 빠르게 진행해서 조사하고, 일반화하고, 이해를 전이시키는 데 충분한 시간을 가질 수 있도록 해야 한다.

개념은 시간이 지남에 따라 습득된다는 것을 이해하고 단원에 전반에 걸쳐 이러한 전략을 사용하는 것이 좋다. 단원 개념이 얼마나 어려운지에 따라 단원의 첫 주 동안 이러한 전략을 다수 활용할 수 있다.

집중하기 단계의 전략은 크게 세 가지 범주로 나뉜다.

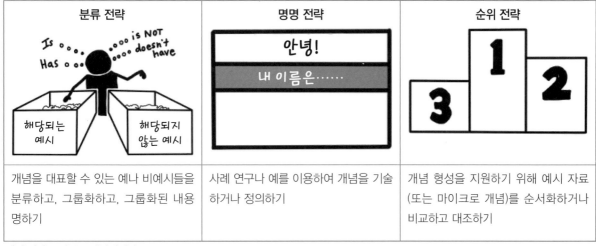

분류 전략	명명 전략	순위 전략
개념을 대표할 수 있는 예나 비예시들을 분류하고, 그룹화하고, 그룹화된 내용 명하기	사례 연구나 예를 이용하여 개념을 기술하거나 정의하기	개념 형성을 지원하기 위해 예시 자료 (또는 마이크로 개념)를 순서화하거나 비교하고 대조하기

*위의 전략은 대부분 귀납적이다.

〈표 5-2〉 **개념 형성 전략**

전략	간단한 설명	페이지
분류 전략		
프레이어 모델	학생들은 그래픽 구성 도구를 사용하여 개념의 정의, 특성, 예시 및 비예시를 차트로 표시한다.	124
개념 사분면	학생들은 개념의 세 가지 예시와 하나의 비예시를 분석하여 필수 속성을 결정한다.	128
모두, 일부, 없음	학생들은 개념이 어떻게 서로 관련되는지를 시각적으로 표현하기 위해 세트를 사용한다.	130
명명 전략		
형용사	학생들은 형용사를 사용하여 개념을 설명하고 이를 사용하여 개념의 정의를 함께 구성한다.	132
분류하기, 기술하기, 명명하기	학생들은 물건이나 아이디어를 분류하고 기술하여 각 그룹에 이름을 부여한다.	134
개념 수수께끼	학생들은 개념의 필수 속성을 사용하여 수수께끼를 만든다.	136
결합하기	학생들은 상호 협동하여 개념에 대한 정의를 만든다.	138
순위 전략		
스펙트럼 정렬	학생들은 개념의 예를 분석하고 개념적 척도에 따라 순서를 지정한다.	140
다이아몬드 랭킹	학생들은 전형성과 중요성을 고려하여 개념의 예를 다이아몬드 모양으로 순위를 매긴다.	142
개념 그래프	학생들은 2개의 개념 축을 따라 그래프를 만들고 개념의 연관성에 따라 예를 정렬한다.	144
차원의 척도	학생들은 공유된 차원을 사용하여 척도에 따라 마이크로 개념을 분류한다.	146
비유	학생들은 개념의 필수 속성을 기술하기 위해 비유를 만든다.	148

이 장의 전략을 탐색하기 전에 현재 가르치고 있거나 가르쳤던 단원의 주도적인 개념을 생각해 보라. 학생들이 주도적인 개념에 대한 초기 이해를 계발하도록 어떻게 도왔는가? 재설명되어야 할 오해의 부분은 있는가?

_____

_____

_____

_____

_____

_____

_____

_____

_____

_____

_____

_____

_____

_____

_____

_____

_____

실행 방식: 프레이어 모델은 도러시 프레이어와 위스콘신 대학교의 동료가 함께 디자인한 그림으로 학생들이 개념을 좀 더 쉽게 풀어내도록 도와준다. 모델의 전통적인 버전은 학생들에게 개념의 정의, 특성, 예시 및 비예시를 고려하도록 한다. 하지만 개념의 정의 및 특성 대신 개념의 필수 및 비필수 속성을 고려할 수 있도록 모델을 변형할 수 있다. 이 두 모델은 회원 사이트(www.connectthedotsinternational.com/members-only)에서 블랙라인 마스터로 찾을 수 있다.

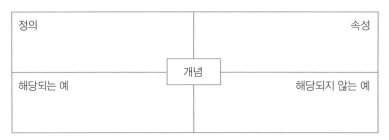

[그림 5-4] 프레이어 모델 그래픽 구성

출처: D. A. Frayer, W. C. Frederick, & H. G. Klausmeier의 "A Schema for Testing the Level of Concept Mastery"에서 발췌, 기술 보고서 No. 16. Copyright 1969 by the University of Wisconsin.

학생들이 개념에 얼마나 노출되었느냐 따라 프레이어 모델은 다른 방식으로 사용될 수 있다. 학생들이 개념을 처음 접했거나 관계 맺기 단계에서 학생들이 이 개념에 대해 잘못 알고 있다고 판단되었을 때, 교사는 개념의 정의와 특성을 제공하여 학생들에게 개념의 예시와 비예시를 다른 상자에 분류하도록 요청할 수 있다. 이것은 개념을 훨씬 더 구조적으로 살펴볼 수 있도록 한다. 학생들이 개념에 익숙한 경우, 사전을 사용하여 개념의 정의를 비교 검토하며 자체 정의를 내리거나 개념의 특성 목록을 만들 수 있다.

사전 평가: 관계 맺기 및 사전 평가 전략으로 학생들은 프레이어 모델을 사용하여 개념에 대한 공식적인 정의나 특성 목록을 사용하지 않고 초기 사고를 차트로 만들 수 있다. 이는 개념 형성 활동을 구성하는 데 사용할 수 있는 학생 오해와 관련된 귀중한 평가 데이터를 제공한다. 학생들이 이해도가 높아짐에 따라 새롭게 배운 것들은 다른 색상을 사용해 프레이어 모델에 추가 기록할 수 있다.

필수 및 비필수 속성에 대한 변형된 프레이어 모델

프레이어 모델은 개념의 정의 및 특성 대신 개념의 필수 및 비필수 속성에 대해 알아볼 수 있도록 도와준다. 개념의 필수 속성과 비필수 속성의 차이를 쉽게 생각할 수 있는 방법은 '반드시 있어야 하는 것'과 '있을 수도 있는 것'을 분류하는 것이다. 예를 들어, 정수는 0과 자연수여야 하지만(필수 속성) 음수(비필수 속성)가 될 수도 있다. 학생들은 어떤 순서로든 프레이어 모델 안에 이러한 내용들을 수정할 수 있다.

프레이어 모델 조사: 프레이어 모델은 조사하기 단계가 끝나는 시점이나 특정한 개념과 관련된 문제 해결 활동이 끝나는 시점에서 효과적인 성찰 도구로 사용될 수 있다. 개방형 탐구를 사용하여 개념에 대해 탐구한 후 학생들의 사고를 수집하기 위해 프레이어 모델을 사용해 보라. 어떻게 조사하는 활동이 개념의 이해를 지원하는가? 조사 활동을 통해 어떤 새로운 예시와 비예시를 발견했는가? 학생들의 생각을 공유하는 기회를 제공하여 학생들이 자신들의 생각을 연결하고 확장하고 도전하는 것들을 볼 수 있게 하라.	예시/비예시 : 이 전략에서 학생들은 개념의 예시와 비예시를 '이다/아니다'로 구분한다. 이 전략은 학생들로 하여금 개념의 필수 속성과 다양한 예시들을 설명할 수 있는 속성들에 대해 생각할 수 있도록 해 준다. 이 전략을 사용할 때 개념의 정의를 말로 또는 글로 명확히 한다. 정의를 확실히 한 후 가장 확실한 것에서부터 복잡한 예시/비예시를 보여 준다. 학생들은 좀 쉬운 예시부터 시작하는 것이 좋다. 학생들이 예시들을 분류하는 동안 어떤 것들이 예시/비예시로 구분하는 데 도와주는지에 대해 생각을 나눌 수 있도록 한다. 이 전략의 실행 예는 아래 제시되어 있다.
벽 프레이어 모델 : [사진 5-2]에서 보이는 것과 같이 벽크기만큼 큰 프레이어 모델을 만들고 단원이 진행되는 동안 학습 활동을 통해 배우게 되는 예시와 비예시를 기록하도록 한다. 이 벽에 걸린 모델은 단원의 초점을 기억하게 하는 시각적 표시가 되며 학생들이 아이디어를 함께 구성할 수 있는 공간이 된다. 초기 분류 활동 후 학생들은 자신의 생각을 반영하는 예시와 비예시 예를 그릴 수 있다. [사진 5-3]에서는 유치원 학생들이 동물의 특징에 대한 예시와 비예시를 그린 것을 볼 수 있다.	프레이어 모델 노트 : 프레이어 모델을 작게 그려 학생들의 공책에 붙일 수 있도록 한다. 단원학습에서 필수적이고 학생들이 자주 참고해야 할 개념들에 대한 프레이어 모델을 노트에 붙이거나 디지털 노트로 가지고 있는 것이 좋다. 학생들은 공책의 한 부분에 자신의 생각과 궁금한 점 등을 기록한다. 회원 사이트에서 프레이어 모델의 블랙라인 마스터를 다운로드 받을 수 있다.

[그림 5-5] **프레이어 모델 전략의 변형**

프레이어 모델은 일반적으로 어휘 개발에 사용되는 전략이다. 이 전략이 어떻게 학생들이 개념에 대한 이해를 구축하고 동시에 언어 능력을 강화할 수 있도록 지원할 수 있을까?

_____

_____

_____

_____

_____

_____

_____

_____

_____

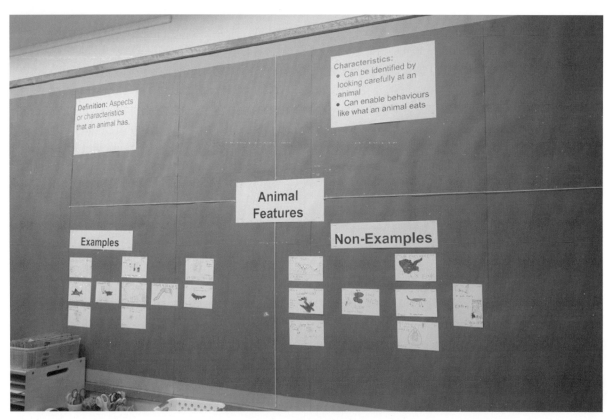

[사진 5-2] 동물 특징을 정리한 프레이어 모델

 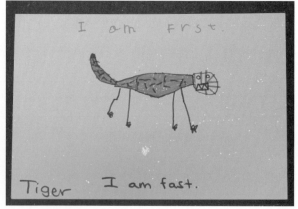

[사진 5-3a], [사진 5-3b] 학생이 만든 동물 특징의 예시 및 비예시

새로운 예시 만들기

학생들이 개념을 처음 접한 후 개념의 예시 또는 비예시를 찾는 것은 굉장히 가치 있는 일이다. 이를 통해 학생들은 개념을 그들의 사전 지식과 연결하고 사고를 통합할 수 있다. 또한 단원의 다음 학습을 계획하는 데 중요한 평가 자료가 된다.

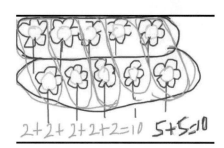

동영상: 반복 덧셈의 예시와 비예시(1학년)

예시와 비예시에 대한 전체 수업 후에, 1학년 학생들은 반복 덧셈 개념에 대한 새로운 예시 또는 비예시를 만들고 해당 범주에 적합한 이유를 설명하도록 했다. 이 동영상은 두 학생들의 대화를 통해 학생들의 생각을 보여 준다. 동영상을 보면서 다음 질문에 대해 생각해 보라.

1. 학생들이 만든 새로운 예시와 비예시는 개념에 대한 학생의 이해도를 보여 주고 있는가?
2. 학생들이 자신의 그림이 반복되는 덧셈의 예시 또는 비예시를 표시하는 이유에 대해 어떻게 설명하고 있는가?

이 동영상은 회원 사이트(www.connectthedotsinternational. com/members-only)에서 볼 수 있다.

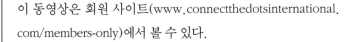

지금 가르치고 있는 단원에 대해 생각해 보라. 어떤 개념을 프레이어 모델을 사용하여 설명하는 것이 좋을 것 같은가? 학생들에게 개념의 정의를 주는 것이 좋을까, 아니면 학생들 스스로가 정의를 찾도록 하는 것이 좋을까?

실행 방식: 개념 사분면은 2×2 그리드를 사용하여 전체 학급 또는 소규모 그룹의 미니 레슨을 위한 플레이스 매트를 개발하는 다목적 그래픽 조직자이다. 그리드를 디자인할 때는 개념과 관련된 세 가지 예와 예가 될 수 없는 것을 포함한다. 그리드를 사용하여 학생들은 각 사각형 안에 제시된 예들의 유사점과 차이점을 탐색하고 개념의 필수 속성에 대한 이해를 심화한다. 집중된 미니 레슨의 경우 정교하게 구축된 여러 플레이스 매트를 디자인할 수 있으며 각각에 대해 하나의 속성을 탐색한다(동영상 예제 참조). 그러한 경우, 우리는 가장 분명한 개념의 속성을 먼저 다루는 것이 좋다. 멤버십 사이트(www. connectthedotsinternational.com/members–only)에서 개념 사분면 템플릿을 다운로드할 수 있다. 바닥에 테이프로 격자를 만들거나 4개의 구획이 있는 박스를 사용할 수도 있다. 개념 사분면을 사용하는 한 가지 방법은 다음과 같다.

1. 사분면 그래픽 조직자 소개: 먼저 학생에게 사분면 그림을 소개한다. 세 개의 상자에는 공통점이 있고 하나는 '이상한 것'이라고 말한다.
2. 개방적 탐구를 위한 시간 제공: 학생들에게 개념을 초점으로 삼지 않고 사분면을 개방적으로 탐구할 수 있도록 시간을 준다. 상자 전체에서 동일하거나 다른 점은 무엇인지 궁금한 내용을 같이 나눌 수 있는지 등에 대해 질문한다.
3. 관찰의 범위 좁히기: 학생들이 아직 개념을 파악하지 못했다면, 개념을 소개하여 관찰의 범위를 좁혀 준다. 학생들의 배경 지식의 정도에 따라 개념의 이름이 아닌 개념의 정의를 설명하거나 반대로 개념의 이름을 소개하고 정의를 설명하지 않을 수도 있다. 그런 다음 학생들은 네 상자 속의 내용의 특성에 대해 토론하며 분석한다. 학생들은 개념에 맞지 않는 상자를 결정하고 어떠한 속성이 결핍되었는지를 설명한다. 네 가지 상자 사이에 존재하는 공통점을 찾아내는 것도 잊어서는 안 된다. 예를 들어, 평행사변형의 개념에 초점을 맞춘 아래 사례에서 사다리꼴은 [사진 5-4a]와 같이 여전히 2개의 평행선과 4개의 변을 포함 한다. 이를 통해 학생들은 분별하는 기술을 개발하고 개념이 서로 어떻게 관련되는지 확인할 수 있다.
4. 결과 정리하기: 이 단계에서는 차트 용지 또는 사각형 그림을 써 놓은 메모를 참조하여 이 활동에서 발견된 개념의 속성을 정리한다.
5. 학생들을 창조 활동으로 초대: 학생들에게 개념에 대한 이해를 통합하기 위해 자신만의 플레이스 매트를 만들도록 격려한다(학생이 구성한 예는 [사진 5-4b] 참조).

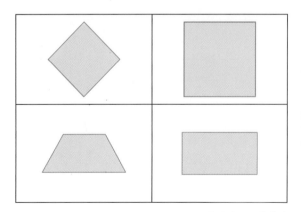

[사진 5-4a], [사진 5-4b] **개념 사분면 샘플**

동영상: 거울 대칭에 대한 개념 사분면(1학년)

이 동영상은 거울 대칭의 개념을 개발하기 위한 1학년 소그룹 미니 레슨을 보여 준다. 시청하는 동안 다음 질문에 대해 생각해 보라.

1. 어떤 교수법이 학생들이 거울 대칭의 본질적인 속성을 인식하는 데 도움이 되는가?
2. 첫 번째 플레이스 매트는 거울 대칭에 대한 학생들의 배경 지식과 어떻게 연결되는가?
3. 각 개념 사분법 플레이스 매트는 어떻게 점점 복잡해지는가?

출처: David French.

이 동영상은 당사 회원 사이트(www.connectthedotsinternational.com/members-only)에서 볼 수 있다.

개념 사분면은 예와 비예시를 시각적으로 비교하고 대조하여 학생들이 개념을 이해하도록 도와준다. 학생들의 연령과 학습 기능 수준에 맞게 이 전략을 수정하는 방법은 무엇인가?

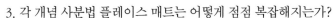

_____

_____

_____

_____

_____

_____

_____

_____

_____

_____

모두, 일부, 없음

실행 방식: 모두, 일부, 없음을 통해 학생들은 둘 이상의 개념 간의 관계를 탐색할 수 있다. 세 가지 유형의 관계가 포함되어 있지만([그림 5-6] 참조) 교사는 교차 세트 또는 벤다이어그램과 같이 하나를 자세히 들여다보기로 결정할 수 있다. 아래의 각 그림을 보면 교실에서 다루고 있는 개념의 수에 따라 2개 이상의 원을 포함하도록 수정할 수 있다. 이 전략은 정리하기 단계에서 실제 사례 연구를 통해 얻어진 정보를 분류하는 데 사용할 수도 있다.

유형	연결되지 않은 세트 '없음'	교차하는 세트 '일부'	하위 세트 '모두'
시각적 표현	(A) (B)	(A) (B)	(B(A))
예시	파충류는 포유류가 아니다.	빛과 소리는 모두 반사되고 굴절된다.	정다각형은 다각형의 하위 집합이다.

[그림 5-6] 세트 유형

모두, 일부, 없음은 다음과 같이 사용될 수 있다.

1. 개념 및 사실적 예시 제공: 원에서 비교할 개념에 대해 토론하여 학생들이 그들과 연결되는 다양한 사실적 예를 갖도록 한다. 학생들에게 탐구 중인 개념의 예(예: 믿음과 편견)를 2개의 개별 그룹으로 분류하도록 한다.
2. 특성 식별하기: 여기서는 "각 개념의 예에서 동일한 것은 무엇인가?"라는 질문을 하고 학생들의 생각을 기록한다. 이 단계가 끝나면 각 개념에 대한 특성 목록이 만들어져야 한다. 학생들이 오해를 갖고 있다면 알려 주도록 한다.
3. 관계 결정: 이 단계에서 학생들에게 "이 개념은 어떻게 관련되어 있는가?"라는 질문에 대해 생각해 볼 수 있도록 한다. 이를 위해 학생들은 이전 단계의 두 특성 목록을 비교하고 대조하여 개념 간의 유사점과 차이점을 찾아볼 수 있다.
4. 모델 보기: 확인 된 유사점과 차이점을 바탕으로 학생들에게 세 가지 유형의 세트를 보여 준다. 개념이 서로 관련되는 방식을 가장 잘 나타내는 세트는 무엇인가? 믿음과 편견이 있는 예에서 편견은 믿음의 하위 집합으로 명명된다. 즉, 모든 편견의 예는 믿음의 예이기도 하다.
5. 관계에 대해 진술하기: "(개념 1)에는 (개념 2)가 포함되어 있다 왜냐하면……" 또는 "(개념 1)과 (개념 2)는 서로 교차하고 있다 왜냐하면……" 등의 문장구조를 사용하여 학생들이 개념이 어떻게 관련되어 있는지 설명하도록 도와줄 수 있다. 학생들이 개념 사이에서 찾은 관계를 설명하기 위해 '모두', '일부' 또는 '전혀 없음' 이라는 단어를 사용하도록 권장한다.

변형-주도적인 개념 재검토

전체 단원에서 조사되는 주도적인 개념의 경우 벤다이어그램과 같은 관계를 보여 주는 그래픽 조직자를 여러 번 다시 살펴볼 수 있다. 베를린 메트로폴리탄 학교의 마크 실리토 교사의 4학년 학생들은 빛과 소리에 대한 과학적 조사 후 발견한 내용을 기록하고 수업 다이어그램에 배치하여 새롭게 배운 내용을 보여 준다. 벤다이어그램은 빛과 소리에 대해 학생들이 '최대로 사고'할 수 있는 것을 나타내고, 새로운 실험이 진행됨에 따라 단원 과정에서 학생들의 사고가 어떻게 변하고 있는지 나타낸다.

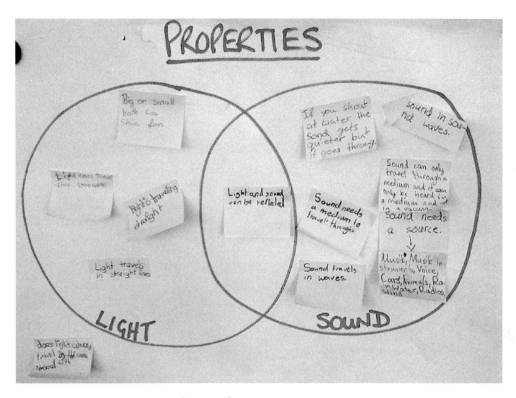

[사진 5-5] 빛과 소리의 속성 비교

실행 방식: 이 전략은 경험적 활동을 개념 형성의 기초로 사용한다. 학생들이 단원 시작 시 발생할 수 있는 모델이나 조사를 이해하는 데 특히 유용하다. 교실 수업에 적용하는 방법은 다음과 같다.

1. 형용사를 사용하여 설명: 개념과 관련된 동영상을 보거나 모델을 만들거나 조사 활동에 참여한 후 잠시 멈추어 개념이 무엇과 같은지를 형용사 목록을 사용하여 기술해 보도록 한다. 이때 학생들이 개념의 속성에 대해 생각해 보아야 한다. [사진 5-6]은 8학년의 예를 보여 준다. 낸시 페어번 교사의 수업에서 학생들은 엘런 맥아더 재단(Ellen MacArthur Foundation, 2016)의 학습 자료를 사용하여 선형 생산 공정을 나타내는 흐름도를 만들었다. 자신의 다이어그램을 구성한 후, 그것을 기술할 수 있는 형용사들, 예를 들면 '긴, 시간이 많이 소요되는, 한 방향'과 같은 단어를 적는다.

2. 형용사 목록 확인 및 분석: 일단 학생들이 형용사를 작성하면 다른 그룹이 적은 형용사는 어떤지 살펴보도록 한다. 어떤 형용사가 반복되는지, 서로 유사한 단어는 없는지, 또는 동의할 수 없는 형용사가 있는지에 대해 살펴보도록 한다. 학급 학생 모두가 모든 그룹의 목록에 나오는 단어를 도표로 만들고 그 단어들의 중요성에 대해 토론한다.

3. 추가 개념 소개: 다음으로, 형용사 목록에서 나오지 않을 수도 있지만 개념 정의에 통합될 수 있는 중요한 개념을 설명한다. 언급된 아이디어를 연결하여 학생들의 배경 지식을 바탕으로 구축한다. 선형 생산 공정을 배우고 있는 8학년 예에서 교사는 입력 및 출력에 대한 아이디어를 소개하며 학생들에게 개념 정의에 이것을 포함하도록 요청한다. 이러한 개념을 사용하여 학생이 작성한 정의는 [사진 5-7]에서 찾을 수 있다.

4. 정의 생성, 공유 및 게시: 마지막으로 학생들에게 개념에 대한 정의를 생성하고, 공유 및 게시할 수 있는 기회를 제공한다. 학생들이 개념의 정의가 서로 보완되거나 확장될 수 있는 방법에 대해 생각해 보도록 한다. 형용사와 정의를 나란히 배치하면 학생들이 개인적으로 또는 그룹으로 의미를 구성하는 과정을 식별하는 데 도움이 될 수 있다.

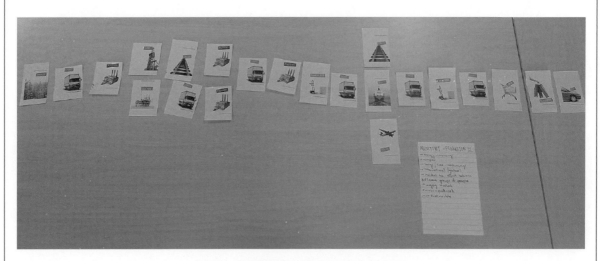

[사진 5-6] 형용사를 사용하여 선형 생산 이해

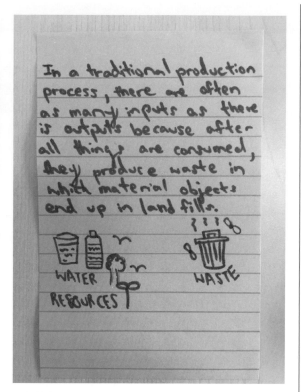

[사진 5-7a], [사진 5-7b] 선형 생산에 대한 형용사 및 학생이 구성한 정의

출처: Nancy Fairburn, 사진: David French.

실행 방식: 힐다 타바(Hilda Taba)가 개발한 분류하기, 기술하기, 명명하기의 전략은 개념에 대한 초기 경험을 제공하는 데 사용되거나 한 단원의 마지막 부분에서 학생들의 사고를 통합하는 데 사용될 수 있다. 학생들이 분류하고 그 분류된 그룹의 이름을 지정하는 데 도움이 될 수 있도록 교사는 다양한 질문을 한다 (Durkin, 1993, p. 7). 과제 시작 부분의 질문은 학생들이 사전 지식에 연결하는 데 도움이 되는 반면, 나중에 제기되는 질문은 분류 및 논증 개발과 같은 사고 과정을 촉진한다. 분류하기, 기술하기, 명명하기 전략을 사용하는 방법은 다음과 같다.

1. 분류 자료 제시: 학생들이 분류해야 할 물건 또는 이미지에 관심을 집중하도록 한다: '이 물건이나 이미지에서 무엇이 관찰되는가?'라는 질문은 이 물건들을 학생들의 사전 지식과 연결하고 다음 단계를 지원할 초기 관찰을 시작하는 데 도움이 된다.

2. 자료 분류: 학생들에게 물건 또는 이미지를 분류하도록 하라. "이 물건 또는 이미지가 함께 분류되어야 할 것처럼 보이는 것이 있는가?"라는 질문 속에서 '~처럼 보이는 것(seem)?'이라는 표현을 사용하면 여러 해석을 할 수 있는 유연성을 제공하여 학생들의 귀납적 추론을 촉진할 수 있다. 학생들이 다른 방식으로 그룹화하고 싶어 하는 것도 괜찮다. 이것은 개념의 필수 속성을 밝히는 과정의 일부이다. "힘을 생각할 때 함께 분류될 수 있는 물건들이 있는가?" 등의 후속 질문은 분류 시 좀 더 구체적인 구조를 제공할 수 있다.

3. 분류의 정당화: 다음과 같은 질문이나 대화를 통해 학생들이 자신의 논리와 추론을 설명하도록 장려한다. '어떻게(how) 이렇게 분류하기로 결정하게 되었는지 흥미로운데, 더 자세히 설명해 줄 수 있는가?' 학생들은 '왜(why)'라는 질문에 자신감을 잃을 수 있다. 다른 방식으로 정당화를 요청할 때 학생들은 교사가 '정확한' 답을 원하는 것보다 학생들의 생각을 자세히 듣기를 원한다는 것을 보게 된다.

4. 그룹 이름 지정: 학생들에게 분류를 통해 형성된 그룹의 이름을 지정하도록 한다. '이제 물건 또는 이미지들이 분류되어 그룹이 생겼는데, 이 그룹을 무엇이라고 부를 것인가?' 이 단계는 분류의 마지막 단계에서 학생들이 그룹의 특성을 반영하는 특별한 이름을 지정할 수 있도록 돕는다. 학생들은 정확한 언어를 사용하지 않고 그룹 이름을 지정할 수 있다. 교사가 적절한 용어를 개발하는 데 도움을 주는 한 괜찮다. 예를 들어, [사진 5-8]은 학생이 단순 기계(Simple Machines) 단원의 시작 부분에서 힘의 유형에 대해 생각하는 것을 보여 준다. 그룹 이름은 각 개체를 조작하는 데 사용되는 작업 유형을 설명한다. 단원의 후반부에서 그들은 이 분류 활동을 다시 방문하여 레버, 웨지 또는 기타 단순 기계가 작동을 하기 위해 밀고 당기는 힘을 모두 필요로 할 수 있는지 살펴볼 수 있다.

5. 재분류(선택 사항): 학생들이 물건이나 이미지들 안에서 다른 관계를 찾도록 지원한다. 일부 물건이나 이미지가 다른 그룹에 속할 수 있을까? 이 단계는 어떤 물건이나 이미지는 식별된 특성에 따라 여러 그룹에 속할 수 있다는 것을 깨닫게 하며, 학생들은 사고의 유연성을 구축한다.

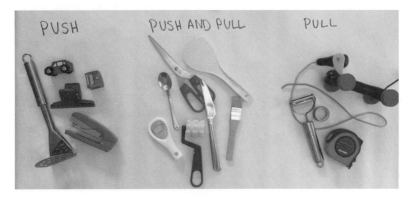

[사진 5-8] 힘의 유형을 식별하기 위한 분류하기, 기술하기, 명명하기

학생들이 이해하기에 복잡하거나 정의하기 어려운 개념을 생각해 보라. 어떤 개념이 집합적으로 설명하거나 정의하게 되면 이해가 더 쉬워질까? 이 전략은 학생들의 연령과 학습 기능 수준을 고려할 때 어떻게 달라지게 될까?

개념 수수께끼

실행 방식: 학생들이 단원의 여러 개념에 대한 초기 이해를 성립한 후 하나의 개념의 필수 속성들을 반영하는 수수께끼를 만들 수 있다. 처음에는 이것이 초등학생을 위한 전략처럼 보일 수 있지만 정교한 개념적 사고가 필요하며 중·고등학생들에게도 잘 적용될 수 있다. 이 전략은 통합 전략이며 다른 개념 형성 전략이 발생한 후에 사용해야 한다. 학생들의 연령대와 전략에 대한 친숙도에 따라 교사는 필요한 스캐폴딩을 제공할 수 있다. 다음은 학생들이 사용할 수 있는 쉬운 구조 중 하나이다.

1행: 나는 ~종류/부분의 하나이다……(테마 또는 더 넓은 개념과의 연결)
2행: 필수 속성에 대한 정보
3행: 다른 필수 속성에 대한 정보
4행: 세 번째 필수 속성에 대한 정보
5행: 나는 누구입니까?

QR 코드 수수께끼: 학생들이 수수께끼를 작성한 후, 수수께끼의 답을 보여 주는 QR 코드를 생성할 수 있다. 학생들은 QR 코드를 생성할 수 있는 웹 사이트에 가서 수수께끼의 답을 쓰고 QR 코드를 다운로드 받아서 수수께끼 아랫부분에 넣으면 된다. 학생들은 각각 태블릿을 사용하여 답을 체크해 볼 수 있다. 아래는 생태계 단원에서 생산자라는 개념에 관련된 예이다.

나는 생태계의 일부이다.
나는 스스로 에너지를 만들 수 있다.
나는 광합성 작용을 통해 에너지를
만들기 위해 햇빛을 필요로 한다.
나는 주로 푸른색을 띤다
나는 누구일까?
-루이사-

미스터리 개념: 각각의 학생들이 수수께끼를 적는 대신 이 전략은 학생들의 등에 미스터리 개념을 붙이는 모습으로 변형된 것이다. 학생들은 서로에게 개념과 관련된 중요 특성들을 사용하여 '예/아니요' 대답을 하면서 그 개념이 무엇인지를 찾아내는 것이다. 개념들의 목록이 칠판에 제시되어 학생들이 어떤 중요 특성들이 일부 개념들과 관련되어 있는지를 생각하도록 한다. 예를 들어, 경제 시스템 단원에서 학생들은 '내 경제 시스템에서 물물교환을 통해 상품을 교환하고 있는가?'라고 물을 수 있다. 학생들이 자신의 미스터리 개념을 맞히면 동료와 바꿀 수 있다. 이 전략을 사용할 때 개념을 10개 이하로 정하는 것이 좋다.

[그림 5-7] 개념 수수께끼의 전략 변형

[사진 5-9]는 유나이티드 월드 칼리지 사우스 이스트 아시아에 있는 소냐 니엔휴이스의 사회 수업에서 7학년 학생들이 이 전략을 사용하는 사례를 보여 준다. 재생 가능한 에너지 및 재생 불가능한 에너지의 개념을 배우면서 이 학생들은 만화 형태로 수수께끼를 만들어 낸다.

[사진 5-9] 재생 가능 및 재생 불가능 에너지 개념 수수께끼

개념 수수께끼 전략과 그 변형 전략에 대해 생각해 보라. 우리 수업에서 이 전략을 어떻게 사용할 수 있을까?
이 전략은 어떤 개념에 가장 적합할까? 왜 그렇게 생각하는가?

_____

_____

_____

_____

_____

_____

_____

_____

_____

_____

실행 방식: 결합하기 전략은 학생 개인이 만들어 낸 개념 정의를 토대로 학급 전체가 개념의 정의를 반복적으로 개발하는 것이다. 이 전략은 학생들에게 개념의 예를 미리 소개했을 때 가장 효과적이다. 예를 들어, 관계 맺기 탐구 단계에서 미니 사례 연구를 통해 학생들에게 개념을 미리 소개할 수 있다. 결합하기 전략은 탐험, 기업가 또는 우정과 같이 여러 가지 또는 모호한 정의가 있을 수 있는 개념에 특히 적합하다. 아래 개요에서 학생 그룹 활동 시 그룹 크기를 권장하고 있지만 상황에 맞게 조정해도 좋다. 중요한 것은 학생들이 전체 학급에 개념 정의 내용을 공유하기 전에 최소한 세 번의 '라운드'를 거쳐야 한다는 것이다. 결합하기 전략은 다음과 같이 적용된다.

1. 개별적 개념 정의 작성: 먼저 학생들에게 3~5분 동안 그동안의 수업시간에 적은 메모를 검토하고 개념에 대한 개인적인 정의를 개발하도록 한다. 개념을 정의할 때 이전에 탐색 한 모든 예를 다루어야 한다는 점을 강조한다. 예를 들어, 탐험에 대한 정의는 지리적 탐험을 넘어서야 한다. 이 단계에서 학생들에게 다음과 같은 안내 질문을 할 수 있다.
   a. 이 개념에 대해 탐색 한 모든 예제에 내 정의가 잘 적용되는가?
   b. 내 정의가 모든 예제에 적용되도록 하려면 무엇을 추가/제거해야 하는가?

2. 다른 학생의 정의와 결합: 학생이 개념에 대해 초기 정의를 개발하고 나면 한 명 또는 두 명의 다른 학생과 함께 그룹을 만들도록 한다. 다른 학생들과 함께 각자 개발한 정의를 공유하고 공통점과 차이점을 찾고 이를 종합하여 새로운 정의를 만든다. 이 소그룹은 다음 그룹과 만나기 전에 위의 제시된 안내 질문에 맞추어 약 5~7분 정도 자신들의 정의를 다시 살펴보도록 한다.

3. 소그룹으로 정의 결합: 2~3명으로 구성된 그룹은 다른 그룹을 만나 각 그룹에서 각각 개발한 정의를 공유한다. 두 그룹은 같이 두 정의 간에 명백한 유사성이 있는지 또는 새로운 아이디어를 추가해야 하는지 생각하도록 한다. 두 그룹은 정의의 중요한 특성에 대한 결정을 내리고 이를 결합하여 새로운 정의를 형성한다.

4. 대그룹으로 정의 결합: 두 소그룹 활동에서 새로운 정의를 만든 후 다른 그룹과 만나 마지막으로 정의를 개발시키도록 한다. 이 시점에서 그룹은 상당히 커진다(8~12명의 학생 그룹). 소그룹, 대그룹을 통해 정의를 개발해 나가는 것을 추적할 수 있도록 각 그룹의 진행자와 시간 기록자를 지정하도록 한다.

5. 전체 학급 정의 공유: 학생들을 전체 그룹으로 다시 모은다. 활동의 구조를 고려할 때 이제 공유하고 분석할 정의가 2~4개 정도가 된다. 학생들에게 이 2~4개의 정의에서 공통점을 읽고 찾을 수 있는 시간을 제공하라. 이 여러 가지 개념의 정의를 어떻게 하나의 정의로 결합할 수 있는지 토론하도록 한다. 학생들이 성공적인 협력을 위해 얼마나 개방적이고 증거 존중적이며 끈기 있게 참여했는지 돌아볼 수 있도록 한다.

[사진 5-10] 결합하기 전략을 이용해 학생들이 '편견'을 정의하고 있다.

출처: David French.

틱택토 어휘: 학생들이 개념에 대한 정의를 만들어내기 전에 학급이 함께 틱택토 판을 사용하여 개념 정의를 위해 사용할 수 있는 어휘들을 생각해 본다. 목표하는 개념을 틱택토 판 가운데에 쓰고 생각하는 단어들을 판 안에 적어 넣는다. 이런 변형 활동은 학생들이 단원에서 배운 지식들을 생각해 내고 정의를 쓰기 전에 지원해 주는 전략이 될 수 있다. 틱택토 어휘 전략은 회원 사이트 동영상에서 살펴볼 수 있다. 틱택토 템플릿도 회원 사이트에서 다운로드 받을 수 있다.

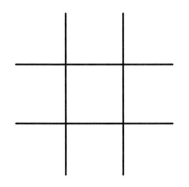

수형도(나무 그림) 사용: 학급이 함께 개념의 정의를 구성해 가는 과정을 시각적으로 보여 주기 위해 나무 그림을 사용할 수 있다. 학생들은 메모지를 사용하여 개념 정의를 적는다. 그룹마다 다른 색상의 메모지를 사용하는 것이 좋다. 활동이 끝날 때, 학생들은 메모지를 나무 그림에 붙여서 어떻게 학급의 사고가 통합되게 되었는지를 볼 수 있도록 한다. 둘이 함께 작성한 개념은 나무 그림의 아랫부분에 놓고 학급 전체가 함께 구성한 정의는 맨 위에 놓는다. 나무 그림 템플릿은 회원 사이트에서 다운로드 받을 수 있다.

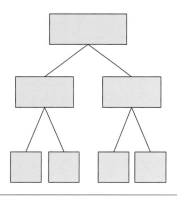

[그림 5-8] **결합하기 전략의 변형**

동영상: '혁신가'를 정의하기 위한 결합하기 전략(5학년)

이 동영상은 취리히 국제학교에 있는 캐더린 도이치 교사의 5학년 교실에서 결합하기 전략을 사용하여 혁신가 개념에 대한 집합적 정의를 형성하는 것을 보여 준다. 시청하는 동안 다음 질문에 대해 생각해 보라.

1. 교사는 정의 구성을 지원하기 위해 학생들과 함께 어휘를 어떻게 브레인스토밍했는가?
2. 예를 들어, 혼자, 소그룹 및 대그룹과 함께 정의를 만드는 여러 기회가 어떻게 학생들이 '혁신자'의 필수 속성을 고려하도록 장려하고 있는가?
3. 교사는 학생들이 혁신가에 대한 전체 학급 정의를 형성하도록 지원하기 위해 전체 수업 토론을 어떻게 이끌어 가고 있는가?

출처: Katherine Deutsch.

이 동영상은 당사 회원 사이트(www.connectthedotsinternational.com/members-only)에서 볼 수 있다.

스펙트럼 정렬

실행 방식: 스펙트럼 정렬과 같은 순위 전략은 명확한 '예/아니요' 형태의 예가 아니라 다양한 정도의 예가 있는 개념에 가장 적합하다. 이 전략에서 학생들은 최소에서 최대까지의 스펙트럼을 따라 예제를 정렬하여 개념에 대한 이해를 발전시킨다([그림 5-9]). 수학 및 과학 분야에서 스펙트럼에 예제를 배치하는 것은 정확성과 정밀도를 보장하기 위해 공식 조사와 함께 수행하는 것이 가장 좋다.

적용 방식은 다음과 같다.

[그림 5-9] 스펙트럼 정렬

1. 척도 정의: 조사 중인 개념과 관련된 형용사를 선택하여 척도를 정의한다. 예를 들어, 안전 개념의 척도는 '가장 안전도가 낮은 수준에서 가장 안전도가 높은 수준'이 될 수 있다.
2. 활동 소개: 이 전략을 처음 접하는 학생들을 위해 2~3개의 분명한 예를 설명한다. 예를 들어, 학생들이 예제를 배치할 때 비교하도록 권장한다. 예를 들어, 폭죽은 안전벨트 없이 차를 타는 것보다 덜 안전할까? 학생들이 자신의 생각을 정당화할 수 있도록 하라. 필요한 경우 이것이 스펙트럼 척도에서 어떻게 보이는지 직접 제시한다.
3. 자료 분류: 학생들에게 스펙트럼을 따라 예제를 2명 또는 소그룹으로 배치해 보도록 한다. 비예시는 세트에 맞지 않음을 보여 주기 위해 스펙트럼 밖에 배치하도록 한다. 이 스펙트럼 정렬 활동은 개념 또는 학생의 연령에 따라 단어, 그림 카드, 학생이 찍은 사진 또는 물체를 이용할 수 있다.
4. 정렬의 이유 정당화하기: 학생들이 스펙트럼 정렬에 참여할 때 배치를 정당화할 이유를 제시할 수 있도록 한다. 일부가 이미 스펙트럼 선에 배치되어 있다면, 학생들은 새로운 예시를 어디에 배치할지 어떻게 결정할 수 있을까?
5. 학급 토론: 그룹을 모아 학급 전체로 각 그룹이 발견한 내용을 토론하도록 한다. 학생들이 개념에 대한 사전 경험이 없는 경우, 어떠한 예가 스펙트럼의 양쪽 끝에 배치되어 있는지 볼 수 있도록 강조한다. 학생들이 배치하기 가장 어려웠다고 느꼈던 예, 그리고 왜 그렇게 느끼게 되었는지를 논의하도록 한다.
6. 아이디어 기록: 이 단계에서는 목표 개념에 대해 가지고 있는 학생들의 생각을 기록한다. 예를 들어, "스펙트럼 오른쪽에 위치한 예시들의 공통점은 무엇이고 왼쪽에 위치한 예시들의 공통점은 무엇인가?"에 대해 생각하게 하고 그 특성들을 기록한다. 학생들 스스로 다른 예시를 생각해 보라고 권유하고 수업 차트에 추가한다.

[사진 5-11]은 빛과 소리 단원에서 이 전략이 어떻게 실제로 실행되는지 보여 준다. 학생들은 손전등으로 재료를 테스트하고 바닥에 스펙트럼을 따라 예제를 배치했다. 학생들은 '불투명함에서 가장 투명함' 척도를 사용하여 과학적 조사를 통해 투명성에 대한 이해를 발전시켰다. 배치 작업이 끝난 후 관찰 내용을 과학 노트에 기록하여 일관되게 불투명하거나 일관되게 투명한 예시 속에 나타난 재료와 투명성이라고 하는 개념을 연결했다.

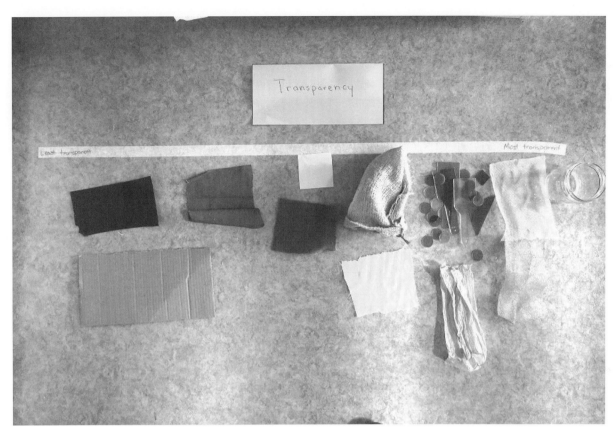

[사진 5-11] 투명성 개념에 대한 스펙트럼 정렬

변형 전략-척도 변경

개념에 따라 때로는 2개의 반대되는 개념으로 척도를 변경하는 것이 더 합리적일 수 있다. [사진 5-12]는 홍콩 국제학교에서 켈시 존스 교사의 1학년 학생들이 '필요와 욕구'의 개념을 사용하여 이 전략을 사용하는 예시를 보여 준다. 이러한 개념은 스펙트럼의 양쪽 끝에 배치되었고 학생들은 식물이나 책과 같은 물체가 스펙트럼의 어디에 정렬되어야 하는지에 대해 논쟁을 한다.

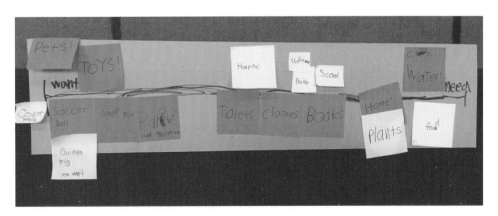

[사진 5-12] 변형된 스펙트럼 정렬-필요와 욕구

출처: Kelsey Jones.

다이아몬드 랭킹

실행 방식: 다이아몬드 랭킹은 학생들에게 각 예시가 개념을 어느 정도 반영하는지에 따라 정렬하도록 하는 것이다. 이 전략은 혁신, 진보, 권리 또는 불평등과 같은 토론과 대화를 촉발하는 개념에 가장 적합하다. 다이아몬드 랭킹은 학생들이 어떤 개념의 예가 더 분명하거나 원형(prototypical)인지 생각하도록 도와준다. 그 과정에서 학생들은 정보의 우선순위를 정하고, 생각을 명확히 하고, 결정을 합리화해야 한다. 다이아몬드 랭킹을 적용하는 방법의 예를 다음과 같이 제시하였다.

1. 사실적 지식 구축(사전 작업): 학생들을 다이아몬드 랭킹에 참여시키기 전에 개념과 관련된 사례 연구를 접하고 배울 수 있도록 해야 한다. 학생들이 이 활동에서 예시의 순위를 매길 때 자신의 선택을 정당화할 수 있는 충분한 배경 지식이 있어야 한다. 사실적 지식은 각 예시에 대한 설명 문구나 짧은 동영상과 같은 간단한 사례 연구를 통해 얻어질 수 있다.

2. 사례 연구 제시: 학생들을 3~5명 그룹으로 배치한다. 그룹이 활동에서 순위를 매길 사례 연구가 제시된 카드나 디지털 카드를 검토하도록 한다. 9장의 카드에 있는 사실적인 예에 대해 알고 있는 것을 설명하도록 격려한다. 필요한 경우 학생들은 "이 예시에서는……"과 같은 문장으로 시작해서 자신의 생각을 설명할 수 있다.

3. 공동으로 사례 연구 순위 지정: 학생들에게 개념을 잘 나타내는 사실적 예와 그렇지 않은 사실적 예를 순서대로 배치하도록 한다. [그림 5-10]에서 볼 수 있듯이, 사례 연구가 제시된 카드 한 장이 맨 위에 배치되고, 두 장의 다른 카드가 한 단계 아래에 있고 세 장, 두 장, 마지막으로 한 장이 배치된다. 같은 단계의 모든 카드는 같은 순위이다. 학생들은 카드의 순위를 매길 때 왜 그렇게 생각하는지에 대한 이유를 설명해야 한다. 그룹 구성원이 동의하지 않으면 서로 설득하거나 타협할 수 있다. 어느 쪽이든, 다이아몬드가 완성되면 전체 그룹이 다이아몬드에 동의하고 이 모양으로 배치한 논리를 설명할 수 있어야 한다.

4. 정당화 공유: 그룹이 다이아몬드를 구성하면 상위 및 하위 지점에 배열된 예시와 배치에 대한 이유를 공유하도록 한다. 각 그룹의 다이아몬드 정렬에서 어떠한 규칙이 있는가? 있다면 왜 그런 것일까? 등에 대해 생각해 보도록 한다. 다음 페이지의 [사진 5-13]은 8학년 학생들이 역사적 중요성 개념에 대한 대화에 참여하는 모습을 보여 준다. 학생들은 1700년대부터 여러 발명품에 대해 배웠고 공동으로 구성된 정의를 사용하여 역사적 중요성에 따라 발명품 순위를 매겼다. 두 그룹은 각 그룹에 배열한 다이아몬드를 비교하고 대조하며 어떤 발명품이 역사적으로 더 또는 덜 중요한 이유에 대해 토론한다.

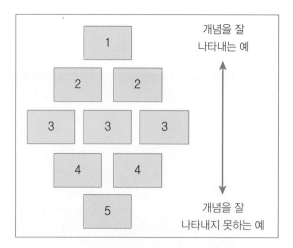

[그림 5-10] 다이아몬드 랭킹 구조의 레벨

[사진 5-13a], [사진 5-13b] 역사적 중요성에 대한 다이아몬드 랭킹

출처: Nancy Fairburn.

비교하고 설득하기: 이 변형 전략에서는 학생들이 다른 그룹에 있는 동료들에게 다이아몬드 랭킹을 변경시키도록 설득한다. 각 그룹이 다이아몬드 랭킹을 만든 후 같이 모여서 각각 만든 다이아몬드 랭킹을 비교한다. 이때 다음과 같이 간단한 프로토콜을 사용한다.

1. 두 그룹이 만든 다이아몬드의 유사점과 차이점 말하기(그룹 1과 그룹 2 함께 실행)
2. 다이아몬드 안에 있는 1~2개의 카드를 선택하고 다른 그룹에게 그 카드들의 랭킹을 바꾸도록 설득하고 이유를 적음(그룹 1과 그룹 2 각각 실행)
3. 왜 상대 그룹이 카드 랭킹을 바꾸어야 하는지 논쟁(그룹 1, 그룹 2 순서대로 실행)
4. 카드 랭킹을 바꾸거나 동의하지 않을 시 정당한 근거로 제안 제시(그룹 2, 그룹 1 순서대로 실행)

재열 및 방어하기: 이 변형 전략에서 학생들은 이미 랭킹이 정해져 있는 다이아몬드를 받게 된다. 의도는 학생들이 카드 랭킹을 재배열할 수 있는데, 재배열은 자신들의 주장을 뒷받침하는 근거가 충분하고 재배열의 이유가 충분할 때 가능하다. 예를 들어, 그룹은 카드를 다이아몬드의 2단계에서 3단계로 옮기면서 "이 예시 카드는 그렇게 중요한 것은 아니다. 왜냐하면……."이라고 설명할 수 있다. 각 그룹에서 학생들의 생각과 토론을 기록하는 기록자를 선정하도록 하여 추후 학급 토론 시 기록된 내용을 활용할 수 있도록 한다.

[그림 5-11] 다이아몬드 랭킹 전략 변형

실행 방식: 이 전략에서 학생들은 두 개념 축에 걸쳐 예제를 정렬한다. 이 전략은 약간 충돌되고 더 넓은 개념의 차원인 두 개념을 비교할 때 가장 잘 작동한다. 예를 들어, 시각 예술에서 추상화와 의미와 같은 개념이 될 수 있다. 다음 페이지에서는 효과적인 기업의 구성 요소로서 지속 가능성과 수익성 개념을 비교한다([그림 5-2]). 개념 그래프로 작업할 때 학생들은 존재하는 두 개념의 양에 따라 사실적인 예를 배치한다. 배치를 단순화하기 위해 그래프 내부에 9개의 칸을 나눈다. 학생들은 9개 칸을 모두 채울 필요는 없다.

실행 방식은 다음과 같다.

1. 미니 사례 연구 조사: 학생들을 활동에 참여시키기 전에 그래프로 표시되는 두 가지 개념과 관련된 여러 미니 사례 연구를 공부할 수 있도록 한다.
2. 그래프 소개: 학생들이 그래프의 구조를 이해할 수 있는 시간을 준다. 예를 들어, 그래프 어느 곳에 수익성이 가장 적은 예 또는 지속 가능성이 가장 적은 예가 배치될 수 있는지 살펴보도록 한다. 다음으로, 사실적인 예를 소개하고 학생들에게 제시된 예에 대해 다른 학생들과 이야기할 기회를 준다.
3. 사례 및 그래프 배치에 대해 토론: 이 단계에서 학생들은 소규모 그룹으로 사례를 읽고, 토론하고, 그래프에 배치한다. 학생들이 자신의 생각에 대한 정당성을 제공하고 의견이 다른 경우 합의에 도달하도록 한다. 지속 가능성/수익성 그래프([사진 5-14])의 예는 다음과 같다.
   • 한 할인 백화점 회사는 미국에서 트럭 효율성을 두 배로 높이기 위해 연료 효율이 3분의 2로 더 높은 트럭으로 대체한다.
   • 1년 동안 한 대기업은 에너지 효율성을 높여 22억 달러 이상을 절약하는데 이는 올해 발표된 총 이익과 동일하다.
   • 바이오 연료 작업을 하는 동안 한 농업 회사는 다양한 유형의 오염에 대해 수억 달러에 달하는 소송에 직면한다.

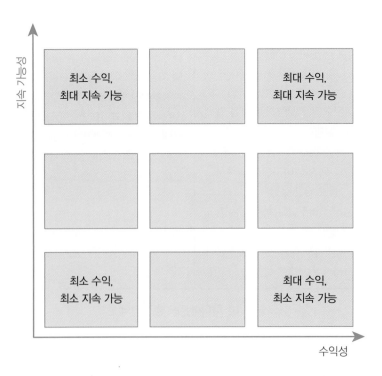

[그림 5-12] 지속 가능성 및 수익성에 대한 개념 그래프(배치)

4. 학급 토론: 그룹이 그래프에 예제를 배치하면 유사점과 차이점에 대해 토론한다. 예를 들어, 가장 지속 가능하고 가장 수익성이 높은 것에 대해 다르게 생각하는 그룹이 있는지, 다르게 생각하는 이유는 무엇인지, 두 개념을 모두 표시하는 예제에서 공통적인 것은 무엇인지에 대해 토론하도록 한다. 학생들이 개념에 대해 여전히 가지고 있을 수 있는 오해와 이 활동에서 발생하는 '빅 아이디어'를 기록한다.

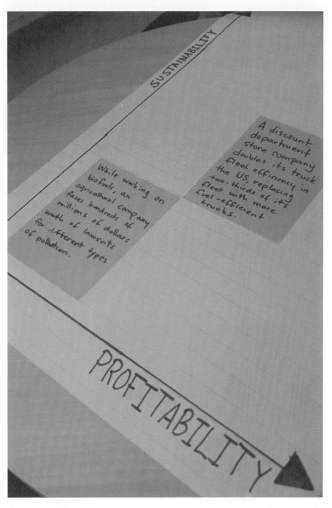

[사진 5-14] 지속 가능성 및 수익성에 대한 개념 그래프(예제 포함)

실행 방식: 차원 전략은 학생들에게 낮은 수준에서 높은 수준의 측면 또는 차원을 사용하여 마이크로 개념을 비교하고 대조하도록 하는 전략이다. 아비 카플란(Avi Kaplan, 2008, p. 480)은 "개념을 서로 대립하게 하는 경계와 달리 차원은 개념을 점차적으로 서로 변환할 수 있도록 한다."고 했다. 이 전략의 목적은 학생들이 매우 다르게 보일 수 있는 마이크로 개념 안에 얼마나 유사한 속성들이 있는지를 살펴보도록 하는 데 있다. 차원의 척도 전략은 더 넓은 개념과 관련된 다양한 마이크로 개념을 탐색하는 데 가장 적합하다. 이 전략을 실행하기 위해서는 학생들이 더 넓은 개념과 마이크로 개념에 대한 초기 이해가 있어야 한다. 차원의 척도 전략은 다음과 같이 사용될 수 있다.

1. 척도 및 개념 소개: 차원의 척도를 소개할 때 정렬에 사용될 척도를 밝히지 않고 종이나 테이블에 테이프를 사용하여 만든 저~고 척도만 학생들에게 제공한다. 학급을 4~6명의 학생 그룹으로 구성하고 각각에 대해 한 가지 개념에 대해 정렬해야 할 카드를 나누어 준다. 정렬 활동 중에 참고할 수 있도록 개념 정의를 제공하고, 3~5분 동안 개념과 정의를 검토 하도록 한다.
2. 정렬 및 기록: 정렬은 각각 다른 차원을 사용하여 여러 번 해 보도록 한다. 학생들이 개념들을 심도 있게 연결할 수 있도록 3~4번 정도 정렬해 보도록 하는 것이 좋다. 이전 정렬의 결과를 기록하고 나면 새로운 차원 척도를 제시하여 다시 정렬해 보도록 한다. 가능하면 그룹의 한 학생이 각 정렬이 끝난 후 정렬된 내용을 사진 찍도록 한다. 이 전략은 간단한 정렬에서 보다 정교한 정렬로 나아갈 수 있도록 하여 사전에 정렬된 내용을 기반으로 더 복잡한 정렬로 발전해 나갈 수 있도록 한다.

예를 들어, 9학년 경제 시스템 단원에서는 먼저 경제 시스템 유형을 이해하는 데 핵심적인 소비자 선택의 차원에 초점을 맞출 수 있다.

[그림 5-13] '소비자 선택' 차원을 사용한 개념의 정렬

두 번째로, 우리는 학생들에게 지방정부의 규제의 차원을 사용하여 정렬을 재구성하도록 한다. 서로 다른 차원을 사용하여 개념을 재구성하면 학생들이 각각의 개념에 대한 이해를 높이면서 개념 간의 관계를 구축할 수 있다.

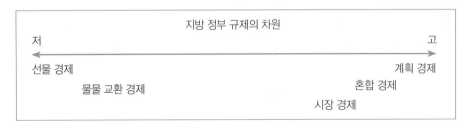

[그림 5-14] '지방정부의 규제' 차원을 사용한 개념의 정렬

3. 정렬 비교: 학생들이 서로 다른 차원을 사용하여 최소 세 번의 정렬을 수행한 후 결과를 비교하도록 한다. 흥미롭거나, 놀랍거나, 예상치 못한 것은 없는지 질문하면서 학생들이 그전에 깨닫지 못했던 개념 사이에 존재하는 관계를 식별하도록 도와준다.
4. 결론 도출: 정렬 활동이 끝나면 학생들에게 결론을 도출할 수 있는 기회를 제공한다. 개념 간의 어떤 연관성이 밝혀졌는지, 우리의 이해가 어떻게 바뀌었거나 확장되었는지, 새롭게 떠오른 질문이 있는지에 대해 물어본다. '개념이 어떻게 새롭게 연결될 수 있는지에 관해 토론'하거나 학생들이 자신의 생각을 적을 수 있는 시간을 준다.

차원의 척도 전략 실행 예

줄리아 브리그스 교사는 차원 척도 전략을 사용하여 IB 화학 고급반 학생들이 화학 결합 및 구조에 대한 단원에서 주도적인 개념에 집중하도록 돕기로 결정하고 다음과 같이 설명한다.

학생들이 이 단원의 몇 가지 주도적인 개념에 대한 이해를 강화할 수 있도록 차원 척도 전략을 사용했다. 이온 결합, 공유 결합, 금속 결합, 분자 간 힘 및 분자 내 힘이라고 하는 개념들을 제공하고 이들을 세 가지 범주(범주: 강도, 전자 공유 정도, 녹는점과 끓는점)를 사용하여 제시된 개념을 높은 것에서 낮은 것으로 정렬하도록 했다. 학생들은 아직 알지 못했던 몇 가지 트렌드 대해 알아보기 위해 조사해야 했다. 정렬이 끝나면, 정렬된 내용을 사진으로 찍고 각 사진을 온라인 교실에 게시했다. 학생들은 게시된 사진을 보고 왜 이러한 순서로 정렬되었는지에 대해 답글로 자신의 생각을 정당화하도록 했다.

--줄리아 브리그스
화학 과목 코디네이터/콜레지오 앵글로 콜롬비아노

[사진 5-15] 차원의 척도 전략의 실행: 화학 결합 및 구조

출처: Julia Briggs.

실행 방식: 비유는 학습자가 사실적인 지식을 사용하여 개념적 관계를 표현하도록 요청하는 쉬운 전략이다. 학생들은 연령에 따라 다음 문장구조 중 하나를 사용한다.

- 초등학교: a는 b와 같다. 왜냐하면
- 중 · 고등학교: a는 b와 같다. 이것은 ……을 의미한다.

또는

a와 b의 관계는 c와 d의 관계와 같다. 왜냐하면……

어린 학생들의 경우 이 문장구조를 어떻게 사용하는지 예를 보여 주거나 소그룹으로 함께 비유를 만들어 보도록 하는 것이 좋다.

이 비유 전략은 학습의 시작이나 끝에서 이해의 평가로 사용되는 것이 좋다. 비유가 개별적으로 작성되면 교사는 학생들이 작성한 비유 문장들을 통해 개념의 어떤 속성이 학생들에게 가장 기억에 남는지 확인할 수 있고, 이것은 중요한 평가 데이터를 제공한다. 아래에서는 산업화 및 산업화 이전의 개념에 대한 8학년 학생들의 이해를 비유로 보여 준다(동영상은 다음에 제시되어 있다).

Industialisation is like..
a brand new iPhone 8.

Pre-Industrialisation is like...
when there were no phones.

This implies that there is a lot of
difference between the two, and in
the efficiency, etc.

Industrialation is like travel by plane
over seas for a few hours. Pre industrialtion
is like walking for days to your
destination. This implies that it is easier
in industrialation to get places as well
a being quicker.

[사진 5-16a], [사진 5-16b] 산업화와 산업화 이전에 대한 학생들의 비유

출처: David French.

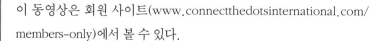

동영상: 산업화 및 산업화 이전의 비유(8학년)

이 동영상은 낸시 페어번 교사의 8학년 학생들이 베이킹 시뮬레이션 후 산업화와 산업화 이전에 대한 비유를 만드는 것을 보여 준다(제4장 '시뮬레이션' 참조). 시청하는 동안 다음 질문에 대해 생각해 보자.

1. 학생들의 비유는 산업화와 산업화 이전의 필수 속성에 대한 그들의 생각을 어떻게 반영하는가?
2. 이 전략을 수업 종료 과제로 사용하게 되면 교사는 이 평가 데이터를 어떻게 사용하여 다음 수업을 계획할 수 있을까?

이 동영상은 회원 사이트(www.connectthedotsinternational.com/members-only)에서 볼 수 있다.

출처: David French.

집중하기 단계에서의 평가

집중하기 단계에서는 개별 개념에 대한 학생들의 이해에 대한 평가 정보를 수집한다. 이것의 한 측면은 관계 맺기 단계에서 확인된 학생의 오해가 개념 형성 전략의 사용을 통해 해결되었는지 확인하는 것이다. 또한 조사하기 단계를 진행해야 하는 시기와 방법을 결정하기 위해 데이터를 면밀히 관찰하고 수집한다. 평가 정보를 수집할 때 다음과 같은 질문이 도움이 될 수 있다.

• 학생들이 개념의 새로운 예시와 비예시를 정확하게 식별하거나 새로운 예시를 만들 수 있는가?
• 학생들이 개념의 속성을 이해하고 있으며 실제 사례를 볼 때 이를 설명할 수 있는가?
• 학생들이 파충류와 양서류의 차이와 같이 개념의 유사성과 차이점을 설명할 수 있는가?

학생들이 여전히 특정 단원 개념에 대한 이해가 부족하다면 이 집중하기 단계에 시간을 좀 더 할애할 수 있다. 학생들이 단원 개념에 대한 탄탄한 초기 이해를 갖게 되면 조사하기 단계에서 사례 연구를 전략적으로 사용하여 사고를 통합하거나 확장하는 방법을 고려한다. 개념의 오해가 지속되는 경우, 또는 새로운 개념을 소개해야 하거나, 이전에 탐색한 개념에 대한 이해를 심화해야 하면 다시 집중하기 단계로 돌아올 수 있다.

집중하기 단계는 단원에 명확성을 제공한다. 이것은 학생들이 개념적 렌즈와 주도적인 개념에 대한 초기 이해를 가지고 조사하기 단계에서 사실적인 예의 탐구를 시작할 수 있도록 한다. 학생들이 개념을 분류하고, 이름을 지정하거나, 순위를 매기는 경험 후에 학생들은 사실적 지식과 리서치 학습 기능을 개발해 나갈 수 있다. 다음 장에서 설명하는 바와 같이 이는 학급 전체, 소그룹 또는 개별적으로 사례 연구를 통해 이루어질 수 있다. 이 탐구 단계 사이를 이동하면서 학생들이 실질적인 맥락에서 개념이 나타난 의미 있는 사례 연구에 참여하면서 열린 마음가짐, 증거 존중적 마음가짐 및 끈기 있는 마음가짐을 키우도록 돕는 방법도 고려해야 한다.

 잠시 멈추어 **되돌아보기**

단원에서 사용될 수 있는 개념 형성 전략을 선택할 때 다음과 같은 질문을 고려해 보자.

- 주제와 단원 일반화를 고려할 때 단원의 개념적 렌즈와 주도적인 개념은 무엇일까?
- 관계 맺기 단계의 어떤 평가 정보가 학생들을 위한 의미 있는 개념 형성 작업을 설계하는 데 도움이 될 수 있는가? 여기에서 학생 질문은 어떤 역할을 하는가?
- 학생들이 주도적인 개념에 대해 얼마나 알고 있는가?
- 개념의 예시와 비예시가 얼마나 간단하거나 복잡할 수 있을까? 학생의 생각을 스캐폴딩하기 위해 어떤 개념을 먼저 소개해야 하는가?
- 이러한 개념 정의가 학생의 사고를 지원하는가 아니면 제한하는가? 어떤 개념이 공동으로 정의할 때 더 효과가 있을까?

제6장

조사하기

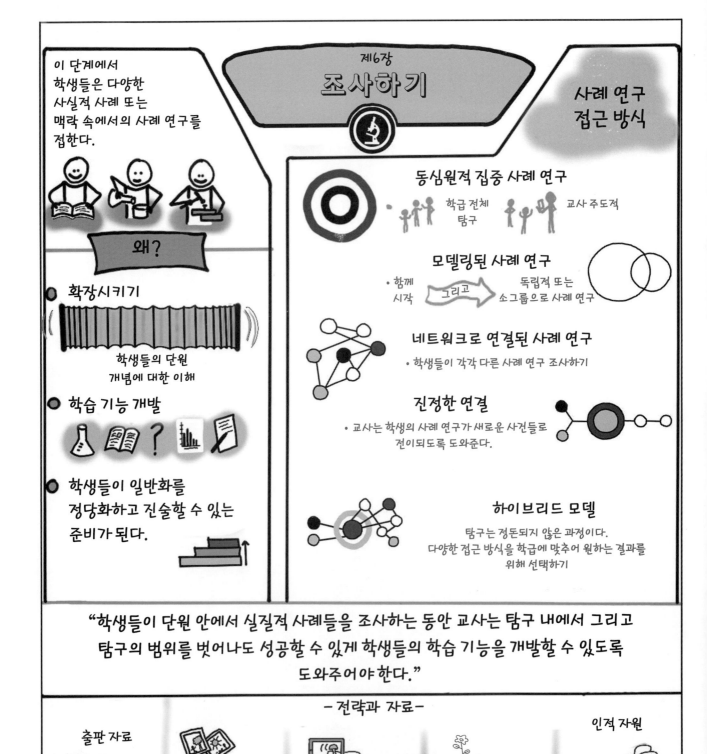

제6장
조사하기

사례 연구
접근 방식

이 단계에서 학생들은 다양한 사실적 사례 또는 맥락 속에서의 사례 연구를 접한다.

왜?

확장시키기

학생들의 단원 개념에 대한 이해

학습 기능 개발

학생들이 일반화를 정당화하고 진술할 수 있는 준비가 된다.

동심원적 집중 사례 연구

학급 전체 탐구   교사 주도적

모델링된 사례 연구

함께 시작   그리고   독립적 또는 소그룹으로 사례 연구

네트워크로 연결된 사례 연구

학생들이 각각 다른 사례 연구 조사하기

진정한 연결

교사는 학생의 사례 연구가 새로운 사건들로 전이되도록 도와준다.

하이브리드 모델

탐구는 정돈되지 않은 과정이다. 다양한 접근 방식을 학급에 맞추어 원하는 결과를 위해 선택하기

"학생들이 단원 안에서 실질적 사례들을 조사하는 동안 교사는 탐구 내에서 그리고 탐구의 범위를 벗어나도 성공할 수 있게 학생들의 학습 기능을 개발할 수 있도록 도와주어야 한다."

- 전략과 자료 -

출판 자료

영상 자료

검색

테크놀로지 활용

체험 방법

인적 자원

조사하기 탐구 단계

이 단계의 목적

- 사실적 예 또는 사례 연구를 탐색하고 이를 단원 개념에 연결하기
- 복잡성을 소개하고 추가 질문을 제기하는 사례 연구를 제시하여 단원 개념에 대한 학생의 이해 확장하기
- 탐구에 필요한 교과 및 교과 간 학습 기능 습득하기

이 단계에서 주로 사용되는 안내 질문:

- 사실적인 질문

조사하기 단계의 실행 예

브린 스토다드 교사의 11학년 학생들이 IB 지리 수업의 한 단원에서 위험 및 재난에 대해 배우고 있다. 학생들은 모델, 역사적인 뉴스 보고서, 동영상 및 기타 논픽션 텍스트를 사용하여 위험 및 재난에 대해 조사한다. 그런 다음 학생들은 구글의 지구 VR을 사용하여 전 세계에서 자연재해가 발생하기 쉬운 곳으로 현장 학습을 간다. 가상 현실은 학생들이 재난 대비 체계를 비평할 수 있도록 지형을 분석할 수 있는 독특한 기회를 제공한다.

학생들은 "왜 일부 지진은 같은 규모의 다른 지진보다 훨씬 더 많은 사망자를 발생시키는가?"라는 질문에 답하기 위해 다양한 사례 연구를 선택하여 조사를 진행한다. 학생들은 단원의 주도적인 개념인 계획, 예측 및 대응에 초점을 맞춘 결과를 비교하기 위해 소그룹을 구성한다.

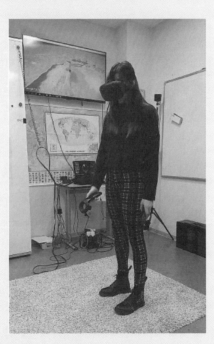

[사진 6-1] 지리 수업에서 학생이 VR 헤드셋을 착용하고 세계 여행을 떠난다.

출처: Bryne Stothard.

미술 및 미디어 연구 교사와의 협력은 다양한 방법으로 자신의 결과를 표현하고 공유할 수 있는 기회를 제공한다. 풍부한 정보 자료는 전통적인 직접 교육 모델이 결코 제시할 수 없었던 방식으로 학습에 생명을 불어넣는다.

사실적 예의 힘

조사하기 단계에서 사실적인 예들을 탐구하게 되는데, 이것은 조사하는 것 그 자체가 목적이 아니라 맥락 안에서 단원 개념의 예를 보는 방법으로 사실적인 예를 탐구한다. 다양한 사례 연구를 조사하면 광범위한 지식 기반이 개발되어 학생들이 나중에 한 단원에서 이해를 검증하고 정당화할 수 있다. 학생들이 일반화하려면 여러 예제를 접하고 공부해야 한다. 학생들이 단 하나의 사례 연구에서 얻은 지식을 사용하여 일반화하려고 시도하면 이해 진술은 종종 과도하게 일반화되고 정확성이나 타당성이 부족하게 된다.

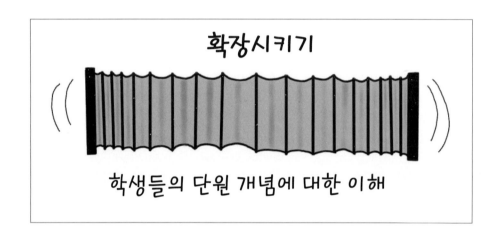

예를 들어, 한 그룹의 학생들이 개구리를 조사하여 생애주기(Life Cycle)에 대해 배운다고 가정해 보자. 학생들은 개구리가 알, 올챙이, 개구리, 성체 개구리 등 다양한 단계를 거치면서 성장해 가는 것을 관찰하게 된다. 이 경험에서 그들은 동물이 성인이 되는 과정에서 변태를 겪는다는 것을 일반화하게 된다. 그러나 우리는 이 진술이 사실이 아님을 안다. 변태를 거치지 않는 많은 동물들이 있기 때문이다.

> 사례 연구: 개념이나 일반화를 설명하기 위해 조사할 수 있는 특정 사례 또는 예를 일컫는다. 예를 들면, 사건, 사람, 기간, 문제 또는 가상 상황과 같은 것이다.

단 하나의 사례 연구를 접하고 개구리의 생애 주기가 모든 동물의 생애주기와 같을 것이라고 가정함으로써 학생들은 부정확한 개념 이해를 도출한 것이다.

개념 기반 탐구 교사로서 우리는 이 단계에서 다양한 방식으로 리서치를 계획할 수 있다. 변수 중 하나는 학생들이 사례 연구에 접근하는 방법이다. 리서치는 전체 학급, 소그룹 또는 개인적으로 진행될 수 있다. 교사는 단원 개념에 맞는 사례 연구를 고려하고, 수업 계획 과정 초기에 학생들이 리서치를 어떻게 하게 할지에 대해 미리 생각하는 것이 중요하다. [그림 6-1]에서 사례 연구에 대한 다양한 접근 방식을 명명하여 다양한 접근 방식을 시각적으로 표현하고 있다. 다음에서 각 접근 방식을 자세히 살펴보도록 하자.

동심원적 집중 사례 연구(구조화된 탐구에서 사용): 학급 전체가 각각의 사례 연구를 함께 진행한다. 단원의 주도적인 개념이 사례 연구들을 연결할 수 있는 프레임을 제공한다. 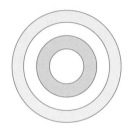	모델링된 사례 연구(구조화된 탐구, 안내된 탐구에서 사용): 학습이 함께 하나의 사례 연구를 진행하고 이어서 단원 개념과 관련 있는 추가적인 사례 연구를 개인적으로나 소그룹으로 탐구해 나간다. 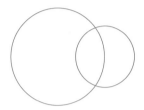
네트워크로 연결된 사례 연구(안내된 탐구, 개방형 탐구에서 사용): 개인이나 소그룹의 관심에 따라 다른 사례 연구를 진행하고 발견한 내용을 공유하며 그 내용 간의 관련성을 찾는다. 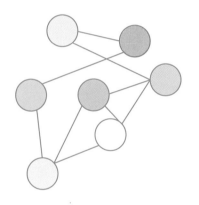	진정한 연결(모든 형태의 탐구에서 사용): 새로운 사례 연구에 학생들은 사전 지식이나 최근 사건들과 진정한 연결을 만들어 간다. 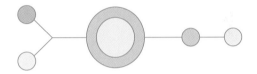

하이브리드 모델(구조화된 연구, 개방형 탐구에서 사용): 위에 설명된 접근 방식의 2개 또는 그 이상의 접근 방식을 결합하여 개념 기반 탐구에서 사용한다.

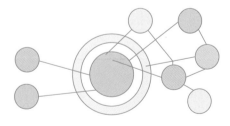

[그림 6-1] **사례 연구 접근 방식**

사례 연구 접근 방식

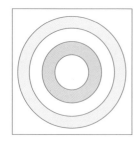

    동심원적 집중 사례 연구 방식에서는 학급 전체가 더 구조화된 방법으로 함께 같은 사례를 조사한다. 교사는 일반적으로 주도적인 개념 및 단원의 개념 이해와 최대한 일치하는 사례 연구를 선택한다. 학급 전체가 공유된 경험을 통해 교사는 학급 토론 때 개념적 이해를 위해 스캐폴딩할 수도 있고 명확한 개념적 연결을 할 수 있다. 모든 학생이 동일한 사례 연구를 조사하므로 교사는 현장 학습, 실험 등을 계획할 수 있다. 따라서 자료가 많이 필요하지는 않다. 결과적으로 이 접근법의 구조화된 특성은 학생의 선택 폭을 좁히게 된다.

동심원적 집중 사례 연구 실행의 예

홍콩에 있는 제니 반 갈른 학급의 3학년 학생들은 이주가 기회와 도전을 만들어 사람들의 삶을 변화시킨다는 것을 이해하기 위해 이주와 그 이유에 대해 공부하고 있다. 학생들이 이주 개념을 이해하도록 돕기 위해 개념 형성 전략을 채택한 후 제니는 교실에 연사를 초청하여 실제 이주 사례에 대해 소개하도록 한다. 초청 연사에는 난민, 정치적 반체제 인사, 취업 기회를 위해 홍콩으로 이주한 학교의 영국 교사와의 인터뷰가 포함된다. 그녀는 또한 문학 연구에 아이들을 참여시켜 『내 이름이 담긴 병(The Name Jar)』 및 『가정의 색상(The Color of Home)』과 같은 책을 사용하여 책 속의 이주한 주인공들의 경험을 비교하고 대조한다. 각각의 사실적인 예를 살펴보면서 제니는 사람들이 이주한 이유와 그들이 직면한 기회와 도전에 학생들이 집중할 수 있도록 한다. 이러한 아이디어는 교차 비교 차트(p. 185)에 기록되어 학생들이 사실에 입각한 예들과 개념을 연결할 수 있도록 한다. 제니는 차트의 정보를 사용하여 학생들이 일반화를 형성하도록 안내한다.

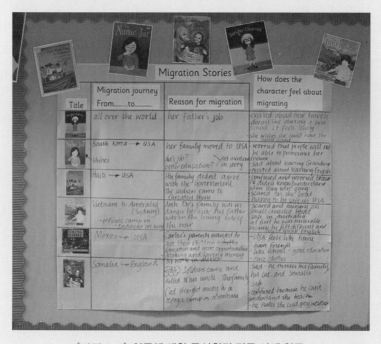

[사진 6-2] 이주에 대한 동심원적 집중 사례 연구

출처: David French.

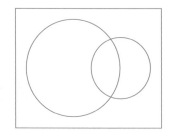

점진적으로 학생들에게 주도권을 부여하는 수업 모델을 채택하여 교사는 하나 또는 여러 개의 연구 사례를 선택하고 학급 전체가 모델링 사례를 조사하도록 한다. 단원의 진도가 나가면서 학생들이 자신이 직접 사례 연구를 선택하여 조사하는 안내된 탐구 방식으로 전환된다. 전체 학급 조사 중에 교사는 학생이 독립적 또는 소그룹으로 사례 조사를 성공적으로 수행해 나가기 위해 필요한 조사 기능뿐만 아니라 단원의 주도적인 개념을 잘 이해할 수 있도록 한다. 초기 사례 연구는 더 나은 토론을 위한 공통적인 참고점을 제공하고 비교 사례 연구를 가능하게 하는 역할을 한다. 동심원적 집중 사례 연구와 비교할 때 이 접근 방식에는 추가적인 자료가 필요하다. 학생들에게 얼마만큼의 자율성을 부여하느냐에 따라 교사는 학생들의 사례 연구가 단원의 개념적 초점에 부합하는지 확인하기 위해 학생들과 대화하며 확인해 나가야 한다.

모델링된 사례 연구의 실질적인 예
독일에서 프랑크푸르트 국제학교의 유치원 학생들은 사람들이 자신과 타인을 안전하게 보호할 책임이 있음을 이해하기 위해 안전에 대해 배우고 있다. 학생들은 소방서 현장 학습으로 조사를 시작하는데, 이를 통해 학생들은 책임의 개념적 렌즈와 전략/규칙, 장비, 역할 및 의복 등의 주도적인 개념에 초점을 맞추게 된다. 어린 학생들에게 의도적으로 더 많은 선택권을 부여하려는 노력의 일환으로 이 단원에서 학생들은 집중적인 사례 연구 접근 방식에서 모델링된 사례 연구 접근 방식으로 전환한다. 이제 학생들은 개인적으로 또는 소규모 그룹으로 자신의 사례 연구를 선택하여 조사할 수 있다. 게일 앵브란트 교사는 더 넓은 커뮤니티를 활용하여 승마, 자전거 안전 및 수영 안전과 같은 소그룹 현장 학습을 촉진한다. 각 그룹은 학교로 돌아와서 학급의 '안전에 관한 책'에 새롭게 배운 것들을 나타낸다.

동영상: 모델링된 사례 연구(유치원)

이 동영상은 프랑크푸르트 국제학교의 유치원 학생들이 다양한 맥락에서 안전을 조사하는 모습을 보여 준다. 시청하는 동안 다음의 질문에 대해 생각해 보라.

1. 교사가 집중적 사례 연구 접근 방식을 채택했다면 이 단원은 어떻게 달라졌을까?
2. 소방서 현장학습의 목적은 무엇이었는가? 이 현장학습은 소그룹으로 사례를 조사할 때 학생들에게 어떤 도움이 될 수 있었는가?

이 동영상은 회원 사이트(www.connectthedotsinternational.com/members-only)에서 시청할 수 있다.
제8장에서 학생들이 '어떻게 연결되는가?'라는 전략을 사용하여 이 단원의 한 단계로서 일반화를 형성하는 것을 볼 수 있다.

[사진 6-3] 소방서 견학

출처: Gayle Angbrandt.

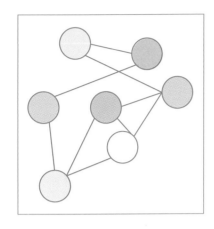

네트워크로 연결된 사례 연구는 개념 기반 탐구를 개방적이거나 차별화된 방식으로 접근한다. 단원과 학생들이 관계를 맺도록 하기 위해 공동 조사로 시작할 수 있지만, 이 접근 방식의 힘은 학생들이 다양한 사례 연구에 노출될 때 비롯된다. 교사는 학생들이 자신의 결과를 발표하고 서로 공유할 수 있는 기회를 제공하여 서로 배운 것들을 연결하고 일반화할 수 있도록 한다.

때때로 교사는 여전히 특정 사례 연구를 제공하여 학생의 준비 상태에 따라 내용을 차별화할 수 있다. 이에 대한 예는 학생의 읽기 수준에 따라 다른 사례 연구를 제공하는 것이다. 종종 학생들은 교사가 설정한 범위 내에서 사례 연구를 선택하거나 다양한 옵션 중에서 선택한다. 이렇게 좀 더 개방적인 접근 방식은 사례 연구가 단원의 주도적인 개념과 잘 일치될 수 있도록 신중하게 다루어져야 한다. 일반적으로 이 접근 방식은 독립적으로 조사해 본 경험이 많은 고학년 학생들이나 소규모 협력 그룹으로 진행되는 것이 적합하다.

네트워크로 연결된 사례 연구의 실제 예

[사진 6-4] 다른 정부의 개입 조사

출처: Andrew McCarthy.

싱가포르에 있는 유나이티드 월드 칼리지 사우스 이스트 아시아의 11학년 경제학 교과에서의 학생들은 시장에 대한 정부 개입에 대해 배우고 있다. 앤드류 매카시는 학생들이 정부가 효율성의 균형을 맞추고 형평성을 증진하거나 지속 가능성을 높이기 위해 시장에 개입할 수 있다는 것을 이해하기를 원한다. 경제 팀이 수집한 다양한 사례 연구에서 학생들은 개인적으로 관심 있는 정부 개입을 선택하기 위해 소그룹으로 활동한다. 학생들은 구글 문서를 사용하여 생각을 정리하고 연구를 공유한다. 이를 통해 학생들은 사례 연구들 속에 존재하는 규칙들을 발견하고 사례 연구들을 연결할 수 있다. 학생들이 조사한 사례 연구의 예는 네팔의 트레킹 허가, 인도네시아의 화석 연료에 대한 정부 보조금, 독일의 태양 전지판 등이다.

앤드류 교사가 이런 방식으로 사례 연구를 사용한 것은 이번이 처음이다. 그는 "정부 개입 주제를 통해 사례 연구를 체계적으로 탐색하기 위한 네트워크화된 접근 방식을 활용하는 것이 정말 흥미로웠다. 학생들은 이번 주에 교차 비교 문서를 마쳤다. 우리는 두 수업(시차)에 걸쳐 형평성, 효율성 및 지속 가능성이라는 큰 개념하에서 서로 다른 정부의 개입에 대한 일반화를 식별하는 별도의 요약 차트를 작성해 나갔다. 단원 초반에 사례 연구를 시작한 이 접근 방식을 통해 학습한 내용을 연결 통합하는 것은 정말 놀라운 경험이었다."라고 말했다.

진정한 연결 방식은 학생들이 이미 알고 있는 사례 연구를 토대로 구축하고 탐구 단원이 완료된 후 새로운 사례 연구에 대한 이해를 전이시키는 것을 도와준다. 관계 맺기 단계 동안 교사는 해당 단원의 사례 연구와 관련하여 학생들의 사전 지식과 관심사에 대해 주의 깊게 관찰한다. 학생들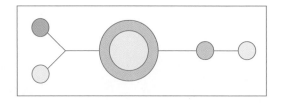

이 일반화를 구성할 때 교사는 "혹시 이 단원에서 우리가 다루지 않은 사례 중에서 이 아이디어를 지지하거나 반박할 수 있는 다른 예가 있는가?"라고 질문할 수 있다. 학생들이 알고 있거나 관심을 보인 사례 연구를 바탕으로 조사할 수 있도록 함으로써 학생 개개인의 지성을 존중할 수 있다.

진정한 연결 방식의 실행의 예

독일 프랑크푸르트에 있는 데이비드 프렌치의 5학년 수업은 기회라고 하는 개념적 렌즈를 사용하여 확률에 대한 탐구를 시작한다. 데이비드는 학생들이 직접 조사할 수 있도록 미니 사례 연구를 통해 구조화된 탐구를 계획했다.

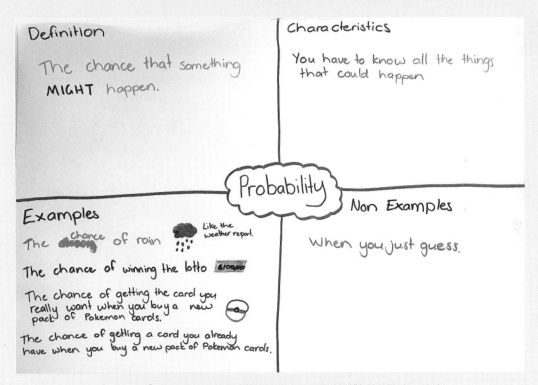

[사진 6-5] 프레이어 모델로 확률에 대해 이해를 진정한 연결하기로 설명

출처: David French.

사전 평가로서, 학생들은 소그룹으로 프레이어 모델을 완성한다(p. 124). 이를 통해 교사는 학생들이 확률에 대해 이미 알고 있는 내용을 파악 하고 관심사와 관련된 사례 연구를 결정할 수 있다. 카드 거래, 날씨 또는 가족 구성원이 아들 또는 딸을 낳을 확률 등에 대한 학생들의 예는 학생들이 벌써 다양한 이전 사례 연구에 대해 생각하고 있음을 보여 준다. 데이비드는 조사의 일부로 이러한 사례 연구 중 일부에 대한 심층 조사를 포함하도록 자신의 단원 계획을 수정한다. 이후에 학생들은 유전 상속에 대해서 배우게 되는데, 이때 학생들은 유전적 특성과 환경 조건에 대해 토론하면서 이번 수학 단원에서 배운 확률과 연결할 수 있다.

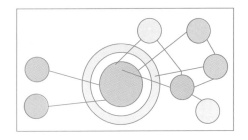

실제로 탐구라고 하는 것은 좀 정돈되지 않은 과정이다. 대부분의 단원에서 교사는 더 많은 하이브리드 접근 방식을 채택한다. 교사들이 모든 단원 내에서 최상의 결과를 얻을 수 있는 각기 다른 사례 연구 접근 방식을 찾도록 권장한다. 사례 연구 선택을 통해 교사는 학생들이 주도적인 개념에 대한 이해를 통합하고 확장하여 중요한 내용에 기초를 두도록 지원한다. 계획 단계에서 교사는 개념적 이해의 기초를 구축해 줄 수 있는 사실과 기능을 고려해야 한다.

사례 연구를 선택할 때 다음 사항을 고려한다.

- 사례 연구 내에서 개념적 관계의 명확성
- 단원의 중요한 내용, 즉 학생들이 알고, 수행하고, 이해해야 하는 사항
- 학생들이 주제에 대해 가지고 있는 사전 지식의 정도
- 학생 관심사
- 학생들의 연령과 학습 기능 수준
- 자료의 가용성 및 사례 연구가 제시되는 방식(예: 다양한 읽기 수준의 텍스트, 인터뷰를 위한 전문가 섭외 등)

학습 기능 개발에 초점

교사가 학생들이 탐구할 지식을 계획하고 구성하는 것처럼, 단원에서 학생들의 학습 기능 개발을 고려해야 한다. 탐구에서 학습 기능 개발은 설득력 있는 논증을 쓰는 것과 같이 한 교과에 해당되는 기능일 수도 있고, 또는 연구 질문을 작성하는 것과 같은 교과 간에 해당되는 기능일 수도 있다. 개념 기반 탐구 교사는 학생들이 이러한 기능을 연습하는 것 이상을 이해하도록 해야 한다. 학생들이 과정 기반 이해를 형성하도록 도와줌으로써 우리는 학생들이 이러한 학습 기능을 다음 학습 맥락으로 전이시킬 수 있도록 해야 한다.

탐구 기능과 관련하여 우리는 많은 개인과 단체가 이미 학습자를 위한 기능 목록을 개발했음을 알고 있다(Harlen & Jelly, 1997; International Baccalaureate Organization, 2009; ISTE, 2016 참조). 이러한 학습 기능은 구조화된 탐구, 안내된 탐구, 또는 개방형 탐구의 연속적인 탐구 전반에 걸쳐 사용되고 맥락화될 수 있다. 단원 계획 과정에서 이러한 학습 기능 개요를 사용하여 학생들이 학습 개발에 도움이 되는 질문을 만들고 구성할 수 있도록 일반화를 설정할 수 있다. [그림 6-2]에서는 질문을 하는 기능에 대한 예가 제시되어 있다. K-12 학습자의 학습 기능은 동일하게 유지되지만 학생이 고학년으로 올라감에 따라 일반화가 정교해질 것으로 예상된다.

단원 내에서 지식 및 과정 기반 이해에 중점을 두면서 학생들은 성공적인 학습을 위해 두 가지 모두가 어떻게 필요한지 확인할 수 있다. 클락스톤, 챔버스, 파웰과 루카스(Claxton, Chambers, Powell, & Lucas, 2011)

는 이를 '분할 화면 사고'라고 하며 학습에 참여한다는 것이 어떻게 지식과 기능, 두 가지의 목적을 가지고 있는지를 보여 준다. 예를 들어, 식물 구조가 식물 생존을 지원하는 방법에 대해 배우면서 동시에 공정하게 시험을 수행하는 방법을 배우고 있을 수 있다. 이러한 지식과 기능 관점은 탐구 마인드 개발에 필수적이다.

탐구 기능	이 기능을 개발시키기 위해 물어야 할 질문	가능한 일반화
질문 생성하기	• 질문이란 무엇인가?(사실적) • 무엇을 알기를 원하는가?(사실적) • 질문은 어떻게 탐구자가 사고를 계발하고 공유하는 데 도움을 줄 수 있는가?(개념적)	• 질문은 탐구자가 리서치에 집중하고 정리하는 데 도움을 준다(3학년). • 개인은 집중된 사전 리서치에 참여함으로써 리서치 질문을 개발할 수 있다(10학년).

[그림 6-2] **탐구 기능에 대한 일반화의 예**

전략에 대한 머리말

교과서는 종종 학생들이 아이디어를 탐구하고 연결을 찾도록 하는 대신 기억해야 할 사실로 정보를 제시한다. 개념 기반 탐구 교실에서는 다양한 정보의 자료를 활용한다. 이것은 학생들이 개념적 이해를 구축할 수 있는 풍부한 사실 기반을 제공한다. 이 장의 '전략' 부분은 다른 장과 다르다. 교과서에 대한 대안을 제공하는 잠재적 자료와 조사를 강화하기 위한 전략을 설명한다. 단원을 구성할 때 다양한 자료를 활용하여 학생들이 다양한 기능을 개발하고 유능한 연구자가 될 수 있도록 권장한다.

학생들이 현재 배우는 단원에서 지식과 기능을 어떻게 습득하는지 생각해 보라. 사례 연구가 단원 개념과 일반화를 배울 수 있도록 하는가? 학생들은 조사를 위해 어떤 정보 출처를 사용하는가? 그 과정에서 학생들은 어느 정도의 주도성을 가지고 있는가?

〈표 6-1〉 조사하기를 위한 전략 및 자료

자료	간단한 설명	페이지
출판 자료		
논픽션 책	학생들은 자신의 독해 수준에 맞는 논픽션 텍스트를 읽는다.	164
신문, 잡지, 저널 및 데이터베이스	학생들은 잡지, 저널, 신문 기사 또는 초록을 읽고 색인화된 컬렉션이 있는 데이터베이스를 조사한다.	164
문학: 그림책과 소설	그림책과 소설을 통해 학생들은 인간 행동에 대한 통찰력을 얻고 토론을 위한 내용으로 사용한다.	164
주요 출처: 편지, 일기 및 역사적 문서	학생들은 기본 자료를 사용하여 특정 기간의 사건과 관점을 탐구한다.	164
테크놀로지 활용		
인터넷 검색 엔진	학생들은 선별된 컬렉션 또는 인터넷 검색을 통해 정보에 접근한다.	165
코딩	학생들은 코드를 작성하면서 컴퓨팅 사고력과 문제 해결 능력을 개발한다.	165
가상 및 증강 현실	학생들은 가상 현실 또는 증강 현실을 사용하여 자신의 세계관을 디지털 방식으로 조작한다.	165
영상 자료		
동영상	학생들은 자신의 원하는 속도로 또는 거꾸로 교실 수업 방식으로 동영상을 본다.	166
이미지 확대 및 조작	학생들은 이미지를 확대하고 조작하여 숨겨진 세계를 발견한다.	166
이미지	학생들은 이미지를 통해 직접 경험할 수 없는 사건과 장소를 경험한다.	166
체험 방법		
실험	학생들은 실험을 통해 조사한다.	168
인공물	학생들은 특정 시대나 문화를 직접적으로 느끼기 위해 인공물들을 조사한다.	168
체험학습	지역 또는 더 넓은 지역사회의 장소를 방문하여 학생들은 단원 사례 연구와 관련된 지식과 기능을 심화시킨다.	168
동식물 돌보기	학생들은 자신의 필요에 대해 배우기 위해 동식물을 돌보는 책임을 진다.	168
봉사학습	학생들은 봉사학습을 통해 사회적 문제들을 조사한다.	168
인적 자원		
화상 회의	학생들은 전 세계의 전문가 또는 다른 학생들과 교류한다.	170
전화 통화	학생들은 정보를 수집하거나 방문을 준비하기 위해 전화를 한다.	170
인터뷰, 설문 조사 및 설문지	학생들은 자신의 설문을 위한 질문을 만들고 데이터 수집에 대한 책임을 진다.	170
자매 학급과 동료 멘토링 또는 튜터링	학생들은 다른 학년이나 다른 학교의 학생들과 연결하여 서로에게서 배운다.	170

출판 자료

논픽션 책

논픽션에 대해 애정을 가지고 이를 이해하기 위한 기능 및 전략을 개발하면 열정적인 탐구자가 만들어진다. 정보 텍스트는 문학 텍스트의 구조와 목적이 다르며 우리 주변의 세계에 대한 정보를 제공한다.
듀크의 연구(Duke, 2000)에 따르면 교실에서 사용할 수 있는 정보 텍스트는 교실 내 책의 종류 중 약 9.8%에 불과할 정도로 많이 부족하다고 지적하고 있다. 듀크의 연구는 학생들이 하루 수업에서 정보 텍스트를 접하는 데 평균 약 3.6분밖에 소요하지 않는다는 사실을 발견했다.

신문, 잡지, 저널 및 데이터베이스

경험에 비추어 볼 때, 독해력이 부족한 학생들이 종종 책보다 잡지를 더 쉽게 접할 수 있다. 교실과 학교 도서관은 연령에 맞는 소설과 논픽션 잡지 및 잡지를 구독 하는 것이 좋다.
데이터베이스는 선별되고 신뢰할 수 있는 정보를 접할 수 있도록 한다. 여기에는 색인화된 잡지, 저널, 신문 기사 및 초록 모음이 포함된다. 이제 많은 데이터베이스에 상호작용할 수 있는 기능이 포함되어 있다.

문학: 그림책과 소설

그림책과 소설은 모든 연령대의 학생들이 타인의 경험과 관점을 접하고 고려할 수 있도록 도와준다. 문학은 등장인물의 행동 맥락 내에서 사람의 감정, 가치 또는 동기에 대한 '안전한' 토론의 가능성을 만들어 준다. 함께 공부할 문학작품을 선택할 때 문학작품이 다루는 주제를 넘어 단원의 개념과 개념적 이해에 초점을 맞추도록 한다.
문학에는 실수로 오해를 강화하는 잘못된 표현이나 삽화가 포함될 수 있음을 인식하는 것이 중요하다. 그리고 이러한 잘못된 표현이나 삽화를 좋은 교육 자료로 사용할 수도 있기 때문에 완전히 배제할 필요는 없다(Sackes, Trundle, & Flevares, 2009).

주요 출처: 편지, 일기 및 역사적 문서

편지, 일기 발췌 또는 역사 신문과 같은 주요 출처는 역사를 생생하게 경험할 수 있게 한다. 우리는 학생들이 주요 출처를 사용하여 특정 기간의 사건과 관점을 탐구하도록 도울 수 있다. 일부 학생들은 탐구에 따라 공유하고자 하는 가족의 중요한 문서를 살펴볼 수 있다.
많은 국립 기록 보관소는 전시회, 프레젠테이션 및 유익한 실습 프로그램을 통해 학생들이 방문할 수 있도록 하고 있다. 국가 기록 보관소를 온라인으로 접속하면 쉽게 검색하여 풍부한 자료를 살펴볼 수 있다. 일부 국가에서는 자료들을 특정 연령 수준을 고려해 주제별로 이미 구성해 두기도 한다.

테크놀로지 활용

인터넷 검색

개인적인 조사 연구를 위해 검색 엔진을 사용하는 것은 3학년 이상이 적당하다. 즉, 교사는 미리 선택된 웹 사이트로 안내하여 어린 학생들이 조사 연구할 관련 동영상, 이미지 또는 텍스트를 선택, 제공할 수 있다.

인터넷에서 사용할 수 있는 정보의 다양성과 규모는 수업을 진행할 때 있어서 강력한 도구로 사용될 수 있지만 동시에 문제가 될 수도 있다. 인터넷을 효과적인 사용하기 위해서는 학생들이 효과적인 검색 전략, 디지털 세계 속에서의 윤리적 행동, 편견 개념을 포함한 비평 정보와 관련된 개념적 이해를 계발해야 한다.

코딩

코딩은 응용 수학, 과학 실험 및 컴퓨팅 사고의 기회를 제공한다. 이를 통해 학생들은 실용적인 응용으로 개념을 경험하고 시각화할 수 있다.

코딩을 통해 학생들은 디자인 솔루션을 찾고 코드의 효율성을 탐색하기 위해 여러 테스트를 실행할 때 끈기 있는 마음을 계발한다. 비-보츠(Bee-Bots), 큐베토(Cubetto), 대시 앤 도트(Dash & Dot), 스페로(Sphero), 마이크로 비트(micro-bit), 라즈베리 파이(Raspberry Pi) 및 아두이노(Arduino)를 포함하여 사용 가능한 코딩 장치의 수가 증가하고 있다.

가상 및 증강 현실

가상 및 증강 현실을 통해 학생들은 자신의 세계관을 디지털 방식으로 조작할 수 있다. 학생들을 이집트 기자의 대 피라미드로 데려가거나 인체의 4D 모델을 만들거나 인간의 뇌에 들어갈 수 있다고 상상해 보자. 드루라(Mark DeLoura, 2013)가 말했듯이, "책과 영화가 정보를 제공하고 교육하고 오락에 사용될 수 있는 것처럼 게임도 마찬가지이다. 전통적인 출판 매체나 영상 매체를 통해 이해하기 어려울 수 있는 주제는 상호적인 방식으로 접할 때 더 쉽게 이해할 수 있다"

증강 현실 게임을 통해 학생들은 각자의 수준에 맞게 공부하고 조사할 수 있다. 외부적 책임에서 자유로운 실패는 게임에서 허용되는 부분이다.

이 동영상은 바이런 스토하드와 수 콜레트가 가상 현실을 사용하여 9학년 학생들이 정착지와 도시 지역에 대해 어떻게 배웠는지 보여 준다.

YouTube 링크는 바이런 스토하드의 허가하에 공유되었다.
https://www.youtube.com/watch?v=bWMh2pcLvRY&t=3s

영상 자료

동영상

동영상 시청은 시청의 목적이 뚜렷할 때 효과적인 학습 활동 자료가 될 수 있다.

- 학생들은 특정 관점에 대해 메모한다.
- 단원에서 제시된 사실적, 개념적 및 또는 호기심을 촉발하는 질문에 답한다.
- 시각적 메모 작성(p. 199)을 사용하여 주요 아이디어를 요약한다.
- 교차 비교 차트(p. 185)와 같은 그래픽 조직자를 작성한다.

연구에 따르면 동영상 자료 사용은 학습 결과를 향상시킨다고 한다(Schwan & Riempp, 2004; Merkt, Weigand, Heier, & Schwan, 2011). 전체 학급이 동시에 같은 동영상을 보는 대신 학생들이 자기주도형으로 동영상 자료를 사용하는 것도 좋다. 각자 원하는 속도로 시청하면서 학생들이 일시 중지, 반복, 건너뛰기, 또는 다시 보기 등의 기능을 사용할 수 있고, 나중에 검토할 수도 있다. 이렇게 학생들은 스스로 정보를 처리하는 방법을 배우게 된다.
고학년 학생들의 경우 집에서 동영상을 보고 학급에서 토론한 내용을 준비하거나 배운 것을 발표할 수 있는 거꾸로 교실 모델을 고려할 수 있다.

이미지 확대 및 조작

물속의 작은 유기체, 곤충의 날개, 소금 속의 결정을 확대해 보는 활동은 이러한 것들을 사진을 보는 것만으로는 재현할 수 없을 정도의 학생들의 높은 관심과 참여를 불러일으킨다.
디지털 현미경을 태블릿 또는 화면에 연결하여 소그룹으로 협업하고 토론할 수 있도록 한다. 디지털 현미경을 통해 학생들은 확대 사진을 찍거나 동영상을 찍고 학습 일지에 이미지를 기록할 수 있다.
학생들이 항상 현미경에 접근할 수 있도록 하여 열린 탐구를 장려하도록 하라.

이미지—
사진, 그림, 다이어그램, 지도 및 기타 시각적 이미지

시각적 이미지는 학생들이 직접 경험할 수 없는 장소, 사람 및 사건에 대해 알아볼 수 있는 기회를 제공한다. 이러한 이미지들은 학생들 자신의 삶과 경험과 대조를 이룰 수 있다(Murdoch, 1998). 이미지를 사용하면 학생들이 이미 알고 있는 정보를 떠올리게 한다. 시각은 강력한 감각이기 때문에 학생들이 귀로 들은 정보에 대해 3일 후에는 약 10%만 기억한다고 하는데, 만약 시각적 자료를 추가하면 약 65%를 기억한다고 한다(Medina, 2014).

제4장에서 살펴본 것처럼 언제 경험적 전략을 사용하는가에 따라 단원에서 전략의 목적을 변경한다. 연구 및 조사를 위해서 어떤 학습경험을 계획할 수 있을까? 학생들이 이러한 학습경험에 얼마나 자주 참여하는가?

_____

_____

_____

_____

_____

_____

_____

_____

_____

_____

_____

_____

_____

_____

_____

_____

_____

_____

_____

_____

실험

실험은 질문을 하고, 조사를 수행하고, 데이터를 수집하고, 결론을 도출할 수 있는 기회를 제공한다. 학생들은 문제에 대한 해결책을 찾기 위한 초기 시도에서 실패할 수 있지만 이는 배움의 과정에서 매주 중요하다.

우리는 종종 실험이라고 하면 과학 과목에서 행해지는 실험을 생각하지만 커리큘럼 전반에 걸쳐 실험 기회가 있다는 것을 잊어서는 안 된다. 예를 들어, 체육에서 학생들은 공을 차거나 치는 가장 효율적인 전략을 찾기 위해 실험을 할 수 있다.

인공물

인공물은 특정 기간이나 문화를 실질적으로 접하게 도와줌으로써 학생들이 시간과 장소의 개념을 탐구할 수 있도록 한다. 교사는 학생에게 인공물을 학교에 가지고 와서 다른 학생들이 보고 만질 수 있도록 함으로써 이런 전략을 사용할 수 있다. 인공물은 학생들이 그것을 만지고 사용할 수 있을 때 학습 효과를 높일 수 있다. 예를 들어, 학생들은 낡은 전화기에서 회전 다이얼을 돌리거나 젓가락 사용법을 배울 수 있다. 인공물은 학생들이 조사 중인 내용에 대해 더 깊이 이해하도록 도와준다.

체험학습

공연장이나 지역 농장과 같은 현장 학습은 주제에 대한 학생들의 지식을 쌓는 데 중요하다. 이웃 산책과 같은 비공식 현장 학습도 호기심을 자극할 수 있다.

현장 체험학습을 계획할 때 우리는 주도적인 개념을 고려하고 학생들이 현장 체험학습을 통해 배운 것들과 주도적인 개념을 연결할 수 있도록 명확히 계획한다. 의도적으로 현장 체험학습 시 개념적 초점을 명확히 함으로 경험이 더욱 목적이 있고 의도적 학습이 될 수 있도록 한다. 학생들에게 방문할 장소의 지도나 웹 사이트를 보고 현장 체험학습 장소를 제안하도록 할 수 있다. 학생들이 제안하는 장소를 살펴 학생들의 관심사 및 사전 지식에 대해 알아볼 수 있다.

동식물 돌보기

교실에 식물이나 동물이 있으면 관찰하고, 데이터를 수집하며, 생명체를 돌보는 책임에 대해 경험하고 배울 수 있다. 이 중에서 미국 과학 교사 협회(National Science Teachers Association, 2008)는 "학생과 유기체와의 상호작용은 국가 과학교육 표준에 명시된 성취 기준을 달성하는 가장 효과적인 방법 중 하나이다."(p. 1)라고 했다.

식물을 재배하든 동물을 돌보든 이 전체적인 과정에 참여하는 경험은 학생들의 개념적 이해에 대한 깊이를 더욱 깊게 해 준다. 가능하면 학생들이 서식지를 설계하고, 직접 꾸미고, 잘 유지하게 하며 또한 동물에게 먹이를 주고 청소하는 일에 대해서도 책임을 다하게 한다. 어떤 동물을 학급 반려동물로 결정하기 위해서, 과학 교실에서 살아 있는 동물의 책임 있는 사용 및 해부에 관한 NSTA 입장 성명(2008)을 검토하는 것이 좋다.

봉사학습

우리는 종종 봉사학습을 단원의 마지막 활동으로 생각하지만 새로운 것을 배우기 위한 방법으로 활용하면 굉장히 효과적일 수 있다. 봉사학습을 통해 학생들은 학습 기능과 전략을 개발하고 다양한 관점에 대한 인식을 얻는다.

봉사학습 프로젝트는 단원의 주제에 깊이 몰입할 수 있는 기회를 제공한다. 지원이 필요한 사람들과 협력함으로써 학생들은 그 사람들이 겪고 있는 어려움에 대한 이해를 발전시키고 자신의 삶과 연결시킬 수 있다. 봉사학습 경험은 상호 관계에 초점을 맞추고(양 당사자가 동등하게 간주됨) 지속 가능한 변화를 추구한다. 이러한 이유로 일회성 봉사 활동이 아닌 지속될 수 있는 지역 조직과의 파트너십을 구축하는 것이 좋다.

[사진 6-6] 실험
암스테르담 국제학교 멜라니 스미스의 2학년 학생들은 사람의 소화 시스템에 대해 더 알아보기 위해 실험을 하고 있다.
출처: Melanie Smith.

다음은 조사 중에 인적 자원을 활용하는 방법을 살펴본다. 학생들이 이전 단원에서 전문가, 커뮤니티 구성원 또는 기업과 만날 수 있는 기회가 있었는가? 있었다면, 어떤 점이 좋았는지, 어떤 점을 더 주의 깊게 계획을 했어야 했는지 생각해 보라.

_____

_____

_____

_____

_____

_____

_____

_____

_____

인적 자원

학부모, 다른 교사, 커뮤니티 구성원, 전문가 및 학생은 모두 학습 주제에 대한 '전문가' 역할을 할 수 있다.

화상 회의

화상 회의를 통해 학생들은 전 세계 사람들과 만날 수 있다. 작가, 우주 비행사 및 예술가 등을 만날 수 있는 인적 자원은 무한하다. 다른 나라의 학급과 연결하면 다른 나라의 지리와 문화에 대해 보다 흥미롭게 배울 수 있다.

전 세계의 '전문가'와 연결하는 방법에는 여러 가지가 있다. 교사가 이미 알고 있는 학부모, 다른 교사 또는 소셜미디어 네트워크를 활용하는 것이 좋다. 마이크로소프트는 이제 게스트 스피커 찾기 및 미스터리 스카이프 서비스와 함께 '교실 내 스카이프'를 제공한다.

[사진 6-7] 작가와의 화상 만남

홍콩 국제학교 켈시 존스의 1학년 학생들은 뉴질랜드의 작가 질 에글톤과 화상으로 만나고 있다.

출처: Kelsey Jones.

전화 통화

전화 통화는 학생들이 인터뷰를 진행하거나 정보를 요청하거나 방문을 계획할 수 있는 효율적인 방법이다. 학생이 직접 전화 통화를 할 수 있도록 하면 자신감이 높아진다. 학생들은 현장학습을 계획하거나 초청 연사를 초청하는 것을 직접 해 볼 수 있다. 전화 통화를 하면서 이에 맞는 전화 예절도 배울 수 있다.

교사가 직접 모델로 보여 주거나 학생 역할극을 사용하여 학생들이 전화 통화를 준비하는 데 도움을 줄 수 있다.

학생이 전화 통화로 방문을 계획하거나 다시 전화를 해야 하게 된다면 이러한 것들을 수업 일정이나 개인 수첩에 기록하도록 하라.

인터뷰, 설문 조사 및 설문지

진정한 조사의 힘은 인터뷰, 설문지, 설문 조사에 진정한 목적을 부여한다는 것이다. 학생들은 목표를 염두에 두고 질문을 공식화하고 의미 있는 데이터를 해석하는 방법을 배운다.

수치화된 데이터를 수집해야 하는 탐구를 도와주기 위해서는 이와 관련된 수학 수업을 같이 병행해서 실시하는 계획을 세우는 것도 좋다.

자매 학급과 동료 멘토링

학생들이 조사하는 동안 서로 다른 학급과 연결하여 전문 지식을 공유하거나 서로 배우는 것을 도울 수 있다. 여기에는 동료, 다른 연령대의 학생 또는 다른 학교의 학급이 같이 협력하는 것을 포함한다. 나이가 많은 학생은 아직 글을 읽을 수 없는 어린 학생들이 책을 통해 배울 수 있도록 도와주거나 협력하여 정교한 움직임이나 사고가 필요한 실험을 수행하거나 어떤 모델을 만들어 줄 수 있다. 모든 학생들은 자신의 학습을 공유할 수용적인 청중을 갖게 되면 많은 혜택이 있게 된다.

학생들은 다른 학생들의 전문가가 될 수도 있다. 로스앤젤레스의 10학년 학생들이 이주에 대해 더 많이 알고 싶었을 때, 그들은 모든 학생이 이주민으로 구성된 다른 학교의 학급을 섭외하여 이주 경험이 있는 학생들을 인터뷰하고 이주 이야기를 들었다. 단원의 초점은 영어 과목에서 위인전에 대한 것이었지만, 이주민 이야기를 공유하고 기록하는 것은 두 학급 학생들 모두에게 의미 있는 학습경험이 되었다.

동영상: 국제적 연결(유치원 및 1학년)

홍콩 국제학교에서 켈시 존스의 1학년 학생들은 다른 나라의 생활에 대해 배우고 있었다. 학생들은 이에 관한 질문을 만들고 스카이프를 사용하여 전 세계 6개의 다른 학급을 인터뷰했다. 시차 때문에 독일의 게일 앵브란트 유치원 학생들과 인터뷰하는 것이 불가능해서 학생들은 이메일로 질문을 보내고 독일의 학급은 전자책을 통해 이에 대한 답변을 보내 주었다.

[사진 6-8] 독일에서 만든 전자책, 홍콩 자매 학급에 보내기
출처: Gayle Angbrandt.

전자책에서 발췌한 이 부분을 보면서 다음 질문에 대해 생각해 보라.

1. 켈시의 학급은 질문을 만들어 보냈고 게일의 학급은 전자책을 만들었는데 이 과정을 통해 학생들이 어떤 학습 기능을 개발할 수 있다고 생각되는가?
2. 이 예에서 학생들은 전자책을 통해 답변을 보내왔는데, 학생들이 멀리 있는 사람들과 정보를 공유할 수 있는 다른 방법은 무엇인가?

이 동영상은 회원 사이트(www.connectthedotsinternational.com/members-only)에서 볼 수 있다.

전자책은 북 크리에이터(Book Creator) 앱을 사용하여 만들어졌다.

지역, 국가 또는 국제적으로 의미 있는 방식으로 '전문가' 또는 자매 학급과 연결될 수 있는 몇 가지 방법을 생각해 보자. 학생들이 그들과 연결되기 위해 취해야 할 첫 번째 단계는 무엇이며 여기에 관련된 탐구 기능은 무엇일까?

_____

_____

_____

_____

_____

_____

_____

조사하기 단계의 평가

조사 단계에서는 학생들이 사실과 기능에 대한 강력한 기반을 가지고 있는지 확인하여 정리하기 단계와 일반화 단계에서 사례 연구 사이의 규칙을 찾을 수 있는지 평가한다. 이를 위해서는 형성 평가와 피드백이 중요하다. 단순 지식 암기를 평가하는 시험은 더 이상 필요하지 않다. 교사는 의도적으로 학생들과 대화하고 이해 정도를 체크한다. 평가에 사용할 수 있는 전략과 도구 중 일부는 [그림 6-3]에 나타나 있다.

평가 전략	평가 도구
• 관찰 • 토론 • 상의(conferring) • 출구 카드 • 학생 질문 • 학생 작품 샘플	• 체크리스트 • 루브릭 • 일화 메모 • 자기 평가 • 동료 평가

[그림 6-3] 개념 기반 탐구 교실의 평가 전략 및 도구

형성 평가는 학생들에게 피드백을 제공하는 데 목적이 있다. 이 단계에서 의미 있는 피드백을 제공하려면 학생들이 개념적 이해를 위한 기본적으로 필요한 지식과 기능이 무엇인지 명확히 알아야 한다. 단원의 중심적인 내용을 조정할 시간이 아직 남아 있을 때 단원 초반에 학생들에게 피드백을 제공하는 것이 중요하다. 학생들이 조사를 수행하기 위해 필요한 교과 내 또는 교과 간 학습 기능이 없다고 인식되면 즉각적인 피드백을 제공하고 소그룹으로 또는 전체 학생에게 이러한 학습 기능을 가르쳐야 한다.

학생들에게 피드백을 제공할 때 학생들이 현재 이해 정도에 대한 것과 앞으로 더 이해해야 할 것이 무엇인지에 집중해야 한다(Hattie, 2010). 해이티와 팀펄리(Hattie & Timperley, 2007)는 네 가지 유형의 피드백에 대해 설명하고 있다.

- 주어진 학습 활동이 올바른지 잘못된지에 대한 활동 피드백
- 학생들이 조사에 사용하는 기능 및 전략의 적용을 포함한 과정 피드백
- 탐구 전반에 걸쳐 촉진되는 지속적인 성찰과 연계된 자체 규제 피드백(제10장 참조)
- 학생 '자신'에 대한 개인적인 피드백. 예를 들어, 학생들의 태도에 대해 "그건 사려 깊은 반응이었다."라고 말할 수 있다.

이 네 가지 피드백 범주는 계층적이지 않다. '가장 좋은' 피드백 유형이라는 것은 없다. 교사는 학생을 잘 관찰하면서 이 네 가지 유형의 피드백을 염두에 두고 학생들의 다음 단계로 나아갈 수 있도록 탐구 과정 전

반에 걸쳐 피드백을 제공한다. 조사하기 단계에서 의미 있는 피드백을 제공하면 학생들이 중요한 내용과 핵심 기능을 어떻게 습득했는지 인식할 수 있다. 맞춤형 피드백은 학생들이 다음 단계의 탐구로 넘어갈 준비가 되었음을 보여 주면서 자신감을 키워 준다.

●다른 탐구 단계와의 연결●

학생들이 조사하기 단계에서 정보를 수집함에 따라 교사는 이미 해당 정보를 어떻게 정리할 수 있을지 미리 생각한다. 따라서 조사할 때 학생에게 조사 내용을 정리할 수 있는 형식들을 제공하여 학생들이 더 집중해서 조사에 관심을 집중하고 조사하는 정보들을 연결할 수 있도록 한다. 다음 장에서는 개념 기반 탐구에서 정리하는 형식이 왜 중요한지, 그리고 일반화 준비 과정에서 학생들이 정보들 간의 규칙을 볼 수 있도록 돕는 방법은 어떤 것들이 있는지에 대해 알아본다.

 잠시 멈추어 **되돌아보기**

단원에서 다양한 조사 기회를 계획할 때 다음과 같은 질문에 대해 생각해 보자.

- 단원의 주도적인 개념을 가장 잘 보여 주는 사례 연구는 무엇인가?
- 학생들의 연령과 능력을 고려할 때 사례 연구에 대해 어떤 접근 방식을 취할 수 있나? 학생 주도 학습이 일어날 수 있도록 할 수 있는 방법은 있을까?
- 단원에서 학생들이 다른 자료를 사용하여 탐구할 수 있는 기회가 있는가?
- 단원에서 학생들에게 필요한 교과 내 또는 교과 간 과정, 전략 및 기능은 무엇인가? 어떤 과정 기반 일반화가 이러한 것을 개발할 수 있도록 도와주는가?
- 학생들이 조사할 때 어떠한 형성 평가를 제공할 수 있는가? 학생들에게 의미 있는 피드백을 어떻게 제공할 수 있는가?

•

제7장

조직 및 정리하기

제7장
조직 및 정리하기

학생들은 발견한 내용들을 이해하고 이 단계에서 얻게 된 이해를 표현한다.

왜 정리하는가?

- 학생들이 아이디어들 간의 관계를 성립하고 연결할 수 있도록 지원

- 일반화할 때 필요한 정보 추출 준비

검색 → 사실 / 사실

- 인지 부하를 줄이는 기회 제공

인지적 부하

나의 뇌는 한번에 너무 많은 양을 처리할 수 없어요!

왜 표상하는가?

- 학생들은 추상적인 개념을 이해하기 위해 상징적 표상을 만든다.

개념

- 자신의 학습을 정리하기 위해 질문한다.

이해에 도움 주기

- 발견한 내용을 공유한다.

조직 및 표상 전략

비교 조직자

과정 조직자

요약 조직자

표상 전략

조직 및 정리하기 탐구 단계

이 단계의 목적:

- 사실적 수준과 개념적 수준에서 사고를 조직한다.
- 다양한 자료, 미디어 및 또는 교과 영역을 사용하여 개념과 아이디어를 표현한다.
- 맥락 속에서 학습 기능을 인식하고 분석한다.

이 단계에서 주로 사용되는 안내 질문

- 사실적인 질문
- 개념적 질문

조직 및 정리하기 단계의 실행 예

레이철 프렌치는 4학년 학생들과 측정하는 조사를 하고 있다. 먼저 레이철은 각 그룹에 다른 플라스틱 용기를 제공하고 가능한 많은 속성을 측정하도록 했다. 자신의 조사 내용을 기록하기 위해 학생들은 교차 비교 차트를 사용하여 생각이 드러나도록 한다. 차트에 나타난 처음 세 가지 질문은 사실적 질문이며 컨테이너의 특징 측정에 중점을 둔다. 마지막 질문은 학생들이 일반화하는 데 사용되는 개념적 질문이다.

[사진 7-1] 측정 조사 및 사고 정리

무엇을 측정하는가?	어떤 측정 단위를 선택했는가?	측정된 수치는 무엇인가?	가장 적절한 측정 단위를 어떻게 결정하는가?
변의 길이	센티미터(cm)	18cm	
무게	그램(g)	96g	
용량	밀리미터(ml)	1,210ml	

[그림 7-1] 수학적 조사 구성

학생들의 반응은 다양했지만 이해의 깊이는 분명히 나타난다.

학생들은 다음과 같은 것을 이해하게 된다.

- 물체의 크기와 형태에 따라 가장 적합한 측정 단위가 결정된다.
- 개인이 필요로 하는 정보의 유형과 필요한 정밀도에 따라 가장 적절한 측정 단위가 결정된다.

사용 가능한 지식은 단절된 사실과 근본적으로 다르다. 브랜스포드(Bransford, 2000)가 설명했듯이 "전문가의 지식은 중요한 개념을 중심으로 연결되고 구성된다"(p. 9). 조직 및 정리하기 단계에서는 사고를 조직화하기 위한 도구와 전략을 공유하고 사실과 기능의 관련성을 보여 줌으로써 학생들이 정보를 이해할 수 있도록 지원한다.

교육자로서 우리는 학생들이 어떠한 주제에 대해 정보는 습득했지만 이해를 종합하는 데 어떤 정보가 중요한지 잘 모르는 것을 목격하고 있다. 상어가 날카로운 이빨을 가지고 있고 예리한 후각을 가지고 있다는 것을 아는 것만으로는 특징, 행동 및 필요와 같은 개념적 범주를 사용하여 사실을 재구성하지 않는 한 전이 가능한 이해를 개발하기란 어렵다. 조사를 통해 발견한 것들을 정리함으로써 학생들은 다음의 일반화 단계에서 이해를 형성하기 위해 적절한 정보를 추출할 수 있다. 우리가 개발하려는 일반화에서 백워드 설계를 하면서 학생들의 인지 부하를 줄여 주는 그래픽 조직자를 설계하여 보다 쉽게 일반화할 수 있도록 도와줄 수 있다.

> **조직자:** 개념, 이전 경험 또는 사전 지식(사례 연구)에서 의미를 도출하는 데 학생들을 도와주는 도구 또는 정신 모델이다.

조직자를 사용하여 의미 만들기

개념 기반 탐구 교실에서 새로 배우게 된 내용들을 정리하기 위해서는 사실 정보의 요약 내용보다 학생들이 더 중요하다. 조직 및 정리하기는 개념 이해의 전조로서 학생들이 아이디어 간의 관계를 구축할 수 있도록 한다. 다양하고 흥미로운 사례 연구와 함께 단원 개념과 안내 질문을 사용하여, 학생들이 사실적 수준에서 개념적 사고 수준으로 옮겨 갈 수 있도록 도울 수 있다. 조직 및 정리하기는 관계를 지나치게 단순화하는 것이 아니다. 대신 학생들이 복잡성을 인식하고 이해하도록 돕는 것이다. 학생들이 정보를 조직할 수 있도록 도와줌으로써 정보들 사이의 규칙성을 깨닫고 정보들을 서로 연결하는 데 필요한 스캐폴딩을 제공한다.

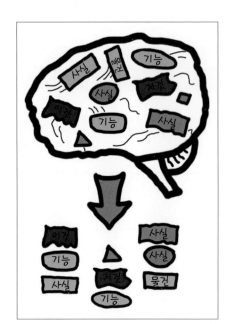

1960년대 탐구 교육의 초기 지지자인 J. 리처드 슈먼(J. Richard Suchman)은 이해를 구축하는 과정을 나타내는 '의미(만들기) 모델'(1966)을 개발했다. 이 모델은 우리가 순간적으로 깨닫는 것들을 어떻게 더 오래 지속되고 전이 가능한 학습으로 변환하게 하는지 보여 준다. 핵심은 조직이다. 정보를 조직하는 것은 정보들 사이의 규칙을 인식하고, 정보들을 연결할 수 있도록 도와줌으로써 개념적 이해의 발전을 촉진할 수 있다. 슈먼(Suchman)은 엄격한 일반화를 형성하기 위해 조직자의 양과 질을 증가시킨다고 주장하고 있는데, 이에 대해서는 동의할 것이다. 지식(사실)과 기능들을 접하는 기회를 늘림으로써 우리는 학생들이 개념적 이해를 강화하는 데 사용할 수 있

[그림 7-2] **의미 만들기 모델**

출처: Suchman (1966)에서 변형.

는 많은 경험을 쌓을 수 있도록 도와준다. 유니픽스 큐브, 실제 수학 문제 및 수학 기호에 노출된 학생은 덧셈에 대한 수학적 사고를 구성하기 위한 여러 '진입점'을 가지고 있다. 조직자를 소개함으로써 학생들이 사실적 수준과 개념적 수준 모두에서 규칙을 찾을 수 있는 수단을 제공한다. 예를 들어, 학생들에게 자릿수 도표를 소개하게 되면 유니픽스 큐브를 덧셈을 보여 줄 수 있는 십 자릿수나 일 자릿수로 변환할 수 있게 된다. 조직 및 정리하기 단계에서는 이러한 시너지적 사고와 의미 만들기를 촉진할 수 있는 조직자를 전략적으로 소개한다.

인지 부하 이론과 조직 및 정리하기의 중요성

인지심리학은 뇌가 정보를 처리하고 이해하는 방법에 대한 많은 통찰력을 제공한다. 작업기억에 대한 이해가 깊어짐에 따라 수업(교안)계획에 대한 의미가 더 명확해진다. 작업기억은 유한한 능력을 가지고 있고 극히 제한된 시간 동안 적은 수의 정보를 보유하기 때문에, 작업의 인지적 요구가 처리 능력을 능가하면 뇌가 쉽게 과부하될 수 있다(Baddeley & Hitch, 1974). 정보를 어떻게 소개할지를 고려함으로써 우리는 작업 인지 부하를 줄이고 고차원적 사고를 촉진할 수 있다.

인지 부하 이론은 교육심리학자인 존 스엘러(John Sweller), 제로인 반 메리언보어(Jeroen Van Merriënboer), 프레드 파스(Fred Paas)의 연구를 통해 두드러지게 되었다. 인지 부하 이론은 유한한 작업기억의 용량을 극대화하는 전략을 강조하여 학습경험을 설계하는 방법을 제시한다. 인지 부하 또는 어떠한 일에서 작업기억에 필요한 정신적 노력의 양은 세 가지 유형으로 나뉘어 있고 이것을 개념 기반 탐구와 관련하여 설명했다.

인지 부하				
내용적 부하	+	수업상의 부하	+	정신적 부하
학생의 사전 지식과 경험과 관련된 주제나 사례 연구의 복잡성		학습 자료가 제시되는 방식. 즉 수업상의 의사결정		정보를 처리하고 개념을 형성하고 개념적 이해를 개발하는 데 요구되는 정신적 노력

[그림 7-3] **인지 부하 유형**

개념 및 개념적 이해를 개발하려면 정신적 부하와 결합된 내용 부하가 필요하지만 수업상의 부하는 그렇지 않다. 수업상의 부하를 완전히 제거할 수는 없지만 교육적 접근 방식을 잘 선택하여 수업상의 부하의 정도를 변경할 수 있다. 정보의 구성과 표현을 스캐폴딩함으로써 우리는 수업상의 부하를 줄여 학생들이 개념적 사고에 더 많은 정신 에너지를 집중할 수 있도록 한다.

정보의 구성과 표현을 스캐폴딩함으로써 우리는 수업상의 부하를 줄여 학생들이 개념적 사고에 더 많은 정신 에너지를 집중할 수 있도록 한다.

인지 부하는 가법적이다. 작업기억이 인지 부하를 나타내는 색상의 구슬로 가득 찬 장난감 보트와 같다고 생각해 보자. 그 구슬이 빨간색, 파란색 또는 녹색인지에 관계없이 보트에 특정 숫자만큼의 구슬을 넣으면 보트가 가라앉는다. 보트를 떠 있게 유지하려면 구슬의 수를 임계량 미만으로 유지해야 한다. 구슬의 색상은 중요하지 않다. 학습 상황에서 내용이 특히 어려울 경우, 개념학습을 지원하기 위해 교육 방식을 변경할 수 있다.

그렇다면 어떻게 인지 부하를 줄이고 학생들이 정보를 정리하도록 도울 수 있을까?

정보를 이해할 때

- 학생들이 정보를 구조화하고 표현할 수 있도록 그래픽 조직자를 소개한다.
- 단순히 여러 유형의 시각 정보, 즉 서면 텍스트를 이미지와 혼합하는 대신 시각 및 청각 구성 요소를 결합한다.
- 학생의 절차적 작업 없이 과제를 수행하거나 문제를 해결하는 방법을 보여 주는 모델과 예시를 만든다.

일반화할 때

- 학생들에게 문장 시작 문구나 문장구조를 사용하여 학습에 집중하고 교육 부하를 줄이도록 한다.

- 학생들에게 공책 및 수업 검색 차트를 다시 보고 단원 초반의 예제들을 돌아보고 검토할 수 있도록 한다.

아이디어를 전달하고 논쟁을 할 때
- 교육 부하를 줄이고 사고력을 확장할 수 있도록 대화를 시작할 수 있는 문장을 제시한다.
- 나중에 검토할 수 있도록 학급에 의해 형성된 일반화를 기록해 둔다.

표상과 개념적 이해

이해하는 데 도움을 주기 위해 우리는 개념에 대한 생각을 구성하는 상징적 언어로 다양한 매체와 학문 분야를 사용할 수 있다. 학생들이 자신의 이해를 다양한 방식으로 표현할 때, 개념의 필수 속성에 대한 이해를 통합하게 된다. 학생들이 자신의 아이디어를 표현할 때 교사는 사실적·개념적 질문을 사용하여 학생들의 사고를 확장시키거나 도전한다. 정부 시스템에 관한 단원의 예를 살펴보자. 학생들에게 곰 모양 사탕을 주고 이를 이용해 다양한 형태의 정부를 표상하도록 해 보자. 민주주의와 독재의 개념을 보여 주는 두 가지 표상이 [사진 7-2a]와 [사진 7-2b]에 나타나 있다. [그림 7-4]에는 학생들이 표상하는 방법에 대해 더 깊은 이해를 가지고 생각할 수 있도록 지원해 주는 질문들을 모아놓았다. 학생들이 시너지적 사고자가 됨에 따라 이러한 유형의 질문을 내재화하기 시작하여 창의성과 정교함으로 아이디어를 표상하는 능력을 강화한다.

민주주의 정부

독재 정부

[사진 7-2a], [사진 7-2b] 곰 인형 사탕을 사용하여 표현한 민주주의 정부와 독재 정부

출처: 브리타니 버밍햄 교사 블로그(http://theartoflearning-bermingham.blogspot.de/2014/10/gummy-bear-government.html)에서 영감을 얻었다.

사진: David French.

질문	학생들이 사고하게 되는 것
(민주주의란) 정확히 무엇인가?	과제 안에서 뚜렷해야 하는 개념의 필수적 속성들은 무엇인가?
이 매체 또는 교과 영역을 사용하여 아이디어를 어떻게 보여줄 수 있는가?	특정한 매체나 교과 영역을 사용할 때 필수 속성들이 어떻게 나타나는가?
A(민주주의)와 B(독재정부)의 차이는 무엇인가?	어떻게 한 개념을 다른 개념과 대조 비교할 수 있는가?
공간, 규격, 색상 그리고 재료들을 사용하여 어떻게 (민주주의)를 최상으로 표상할 수 있는가?	어떻게 재료들을 물리적으로 배열하여 필수 속성들과 개념적 관계를 강조할 수 있는가?

[그림 7-4] 표상의 과정 중에 활용할 수 있는 질문

탐구자 공동체로서 결과를 공유하기

학급의 학생들이 다양한 사례 연구를 공부했다면 결과를 표현하고 연관성을 탐색할 수 있는 기회를 제공하는 것이 훨씬 더 중요하다. 전통적으로 네트워크로 연결된 사례 연구 접근법을 사용하는 탐구 교실(제6장 참조)에서 학생들은 자신이 배운 것을 다른 학생들에게 '가르칠' 수 있도록 결과를 요약하도록 권장한다. 이 모델은 다른 학생들이 주의를 기울이고 있다고 가정하더라도, 다른 학생이 수동적으로 정보를 받아들이도록 하는 것밖에 못한다. 많은 탐구

교실에서 표상과 공유는 탐구의 마지막 단계가 된다. 개념 기반 탐구 교실에서 표상은 의미가 있으며 학생들은 사례 연구들이 어떻게 연결되는지를 탐색하기 위해 공유하고 협력한다. 아이디어를 정리하고 표상하는 것은 그 자체로 끝이 아니다. 이 두 과정은 학생들이 다음 단계에서 일반화할 수 있도록 준비시킨다.

전략에 대한 머리말

교사마다 자주 즐겨 사용하는 학습 전략이 있는 것은 일반적이다. 아이디어를 조직하고 표상하는 것과 관련해서 캐럴 다이어그램(Carroll Diagrams) 또는 티 차트(T-Charts)와 같이 익숙한 많은 전략들은 제시된 목록에 포함되지 않았는데, 그렇다고 해서 이러한 전략들이 개념적 이해를 발전시키는 데 사용될 수 없다는 것을 의미하지는 않는다. 이러한 전략들도 물론 개념적 이해를 발전시키는 데 사용될 수 있다. 학생들이 아이디어를 잘 조직하고 자신의 생각을 잘 표상할 수 있도록 돕기 위해서 여기에 제시된 전략뿐 아니라 다양한 전략들을 사용하도록 권한다.

현재 수업 전략들을 생각해 보라. 학생들이 정보를 조직화하고 표상할 수 있도록 어떻게 도와주고 있는가?
현재 사용하고 있는 학습 전략들을 어떻게 강화 또는 심화시킬 수 있을까?

〈표 7-1〉 **조직 및 표상 전략**

전략	간단한 설명	페이지
조직 전략		
비교 조직자		
교차 비교 차트	학생들은 조사 중에 교차 비교 차트를 작성하여 정보들을 연결하고 정보들 사이에 존재하는 규칙을 볼 수 있다.	185
교환 카드	학생들은 사례 연구에 대한 정보를 설명하고 구성하기 위해 교환 카드를 만든다.	187
밀기, 당기기, 잡기	학생들은 다양한 관점을 탐구하여 인간의 동기를 고려한다.	189
과정 조직자		
누락된 조각	학생들은 그래픽 조직자를 사용하여 시스템 또는 과정에서 다른 부분의 역할을 이해한다.	191
네트워크	학생들은 다양한 네트워크 모델을 사용하여 개념 간의 관계를 파악한다.	195
흐름 다이어그램	학생들은 순서, 과정 또는 시스템 내에 존재하는 선형적이고 복잡한 관계를 탐구한다.	197
요약 조직자		
시각적 메모 작성	학생들은 텍스트, 이미지 및 구조를 사용하여 뇌의 일부를 통합하고 의미 만들기를 향상시키는 시각적 메모를 만든다.	199
주석 달기	학생들은 텍스트나 이미지의 특정한 특징을 강조하고 주석을 단다.	201
표상 전략		
사회극 놀이	학생들은 개념을 표현하기 위해 연극 놀이 상황에 참여한다.	203
언어적 표상	학생들은 개념을 말과 글로 표상한다.	205
모델링	학생들은 개념을 표현하기 위해 2차원 및 3차원 모델을 만든다.	209

실행 방식: 교차 비교 차트는 학생들이 개념과 탐구한 사례 연구를 연결하는 데 도움이 되는 그래픽 조직자이다. 교차 비교 차트는 단원의 주도적인 개념을 사용하여 정보 기록에 집중함으로써 인지 부하를 줄인다. 학생들이 조사하기 단계에서 수집한 정보를 정리할 수 있는 명확한 구조를 제공한다.

교차 비교 차트는 표식을 사용하여 다음 중 하나를 비교한다.

1. 개념과 개념 비교
2. 개념과 사실적 예 비교
3. 사실적 또는 개념적 질문과 사례 연구 비교

개념 기반 탐구 교사는 단원의 개념적 이해 중 하나 이상을 '풀어' 교차 비교 차트를 설계한다. 차트의 내용은 종종 단원의 주도적인 개념, 사실적 질문 또는 개념적 질문으로 이루어진다.

교차 비교 차트는 학생, 그룹 또는 전체 학급 토론의 일부로 교사가 작성할 수 있다. 차트는 조사 중에 점진적으로 채워지거나 결론에서 결과를 요약하는 데 사용할 수 있다.

시아 허버드(Shea Hubbard)의 2학년 수업은 교차 비교 차트를 사용하여 문제와 결과를 탐구하고, 다른 이야기 속의 교훈을 사용하여 글쓴이가 도덕적 교훈을 알려 주기 위해 이야기 속에 문제와 해결책을 구성한다는 것을 이해한다([사진 7-3]).

[사진 7-3] 영어 이야기 교차 비교 차트

출처: Shea Hubbard.

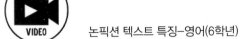
동영상: 교차 비교 차트

논픽션 텍스트 특징–영어(6학년)

　　이언 팀스의 6학년 영어 수업의 학생들은 영어 교과와 사회 교과를 통합한 간학문적인 '개발'이라고 하는 단원 논픽션 텍스트를 조사하고 있다. 더 구체적으로 학생들은 캡션, 이미지, 표 및 차트와 같은 텍스트 특징 및 그 역할과 이러한 텍스트 특징이 독자가 텍스트를 이해하는 데 어떻게 도움이 되는지 탐구해 왔다. 학생들이 정보를 구성하는 것을 지원하기 위해 교사는 사례 연구를 접하고 분석할 때 사용할 수 있는 그래픽 조직자를 만든다.

[사진 7-4] 이언 팀스의 6학년 영어 수업

출처: David French.

〈표 7-2〉 논픽션 텍스트 특징 그래픽 조직자

텍스트 특징	메시지: 무엇을 나타내는가?	목적: 글쓴이가 이 특징을 사용한 이유는 무엇인가?	독자: 텍스트 특징은 독자가 텍스트를 더 깊이 이해하는 데 어떤 도움을 주는가?
캡션			
이미지			
서식표/차트			

이 동영상을 보면서 다음 질문에 대해 생각해 보자.

1. 이언은 학생들에게 "어떤 것이 복잡하게 보일 때 이를 부분으로 나누는 것이 도움이 된다."라고 학생들에게 말한다. 교차 비교 차트는 어떻게 학습을 분류하고 인지 부하를 줄여 주는가?

2. 교차 비교 차트는 학생들이 특정 텍스트에 제한되지 않고, "글쓴이는 자신의 생각을 효과적으로 전달하기 위해 텍스트 특징과 텍스트를 어떻게 사용하는지를 고려한다"라고 하는 일반화에 도달하도록 어떻게 돕고 있는가?

이 동영상은 회원 사이트(www.connectthedotsinternational.com/members-only)에서 볼 수 있다.

실행 방식: 교환 카드는 사례 연구에 대한 정보를 기록하고 표현하는 쉬운 방법이다. 단원의 일반화를 사용하여 교환 카드 템플릿을 디자인할 수 있다. 반 페이지 또는 큰 색인 카드 형식을 사용하는 것이 좋다. 카드의 앞면은 학생들이 자신의 사례 연구를 시각적으로 표현할 수 있도록 하고 카드 뒷면은 다른 개념적 제목 또는 제시어를 사용하여 정보를 구성한다. [그림 7-5]는 서식지를 연구하는 리아 쿤의 1학년 학급의 교환 카드를 보여 준다. 열대우림과 맹그로브 서식지를 조사하는 동안 학생들은 자신이 선택한 동물에 대한 교환 카드를 만들었다. 서식지, 필요, 생존 및 상호 의존의 개념을 연결하기 위해 1학년 교사는 한 동물에 대해 이 정보를 기록하는 카드 템플릿을 디자인했다. 단원 후반에 학생들은 여러 동물들을 연결하여 동일한 서식지에서 어떻게 공존하는지 확인했다.

[그림 7-5] 녹색볏 도마뱀(우림지)의 교환 카드

확장: 카드 연결

학생들이 교환 카드에 대한 정보를 조사하고 수집한 후에는 각 사례 연구를 연결할 수 있다. 이 과정을 시작하고 학생들이 일반화할 수 있도록 준비하기 위해 소그룹의 학생들에게 카드를 들고 원이나 테이블 주위에 앉아 카드에 작성된 내용들이 어떻게 서로 연결되는지를 찾아보도록 한다([그림 7-6] 참조) 학생들은 다음과 같은 문구를 사용하여 생각을 나눌 수 있다.

- 내 사례 연구에서 보면……
- 너의 사례 연구에서 보면……
- 우리의 사례 연구가 서로 연결될 수 있다고 생각한다. 왜냐하면……

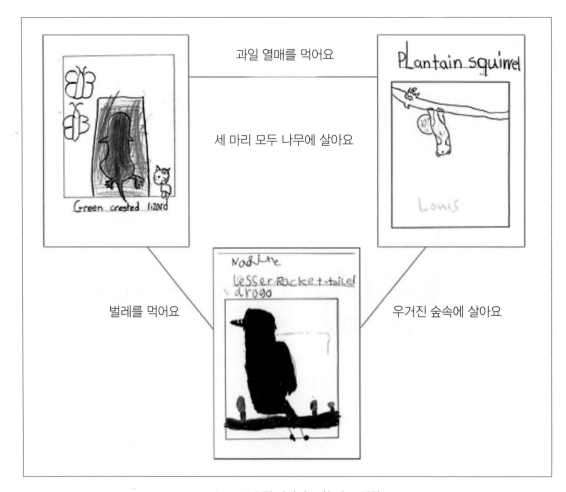

[그림 7-6] 우림 서식지 교환 카드 연결

이 전략은 학생들이 자신의 행동을 더 잘 이해하고 일반화하기 위해 인간(또는 동물)의 동기(motivation)를 고려하도록 장려한다([사진 7-5] 참조). 이 전략의 블랙라인 마스터는 회원 사이트(www.connectthedotsinternational.com/members-only)에서 확인할 수 있다. 실행 방식은 다음과 같다.

1. 사례 연구 검토: 학생들을 이 전략에 참여시키기 전에 여러 사례 연구를 조사하고 각각의 주요 아이디어를 검토했는지 확인한다.
2. 밀기, 당기기, 잡기 어휘 소개: 사례 연구를 분석하기 전에 전략에 사용된 주요 어휘를 소개한다. 다음은 학년 수준에 따라 차별화할 수 있는 세 가지 주요 아이디어에 대한 어휘의 정의이다.
   • '밀기'는 조치를 취하지 않거나 변경하지 않을 때 나타나는 부정적인 결과로 생각하면 된다.
   • '당기기'는 행동을 취하거나 변화를 가져 오는 긍정적인 결과라고 생각하면 된다.
   • '잡기'는 사람이 변화를 일으키거나 다른 방식으로 행동하는 것을 막거나 방해하는 긍정적이거나 부정적인 사실이라고 생각하면 된다.
3. 동기 탐색: 다양한 사례 연구로부터 배운 것들을 적은 내용을 다음 세 가지 개념적 질문을 사용하여 다양한 인간의 동기를 고려하고 분류하도록 한다.
   • 밀기: 사람들이 안 하면 어디로 밀려가는가……?
   • 당기기: 사람들이 그 일을 할 수 있도록 끌어들이고, 격려하는 것은……?
   • 잡기: 무엇이 사람들로 계속 그 일을 할 수 있도록 또는 하지 않도록 하는지……?
4. 일반화: 학생들에게 결과를 바탕으로 일반화하도록 한다. 학생들은 "우리는 ~을 이해한다……"라는 문장구조를 사용하여 자신의 생각을 나타낼 수 있다.

식단에 초점을 맞춘 개인 건강에 관한 단원의 예를 살펴보자.

〈표 7-3〉 밀기, 당기기, 잡기 예: 건강한 신체

질문	사람들이 건강한 음식을 먹지 않으면 어디로 밀려 가게 되는가?	사람들이 건강한 음식을 먹도록 '당기는 것'은 무엇인가?	사람들을 붙잡고 식단을 개선하는 것을 방해하는 것은 무엇인가?
가능한 응답	• 사람들은 잘 먹지 않으면 피곤하고 짜증을 내게 된다. • 사람들은 당뇨병 및 비만과 같은 질병을 갖게 된다.	• 사람들은 기분이 좋아지고 더 많은 에너지가 생긴다. • 사람들은 더 건강해지고 싶어 한다. • 일부 건강식품은 인기가 있다.	• 건강한 유기농 식품은 비싸다. • 사람들은 건강한 식사를 준비할 시간이 부족할 수 있다. • 사람들은 건강에 대한 교육이 부족할 수 있다.

이 전략은 윤리적 차원의 주제에 특히 효과적이며 다음과 같은 예가 있다.

• 사회 문제: 인간 이주, 혁명, 행동주의
• 건강 문제: 약물 중독, 섭식장애, 건강한 선택
• 환경 문제: 삼림 벌채, 남획, 재활용

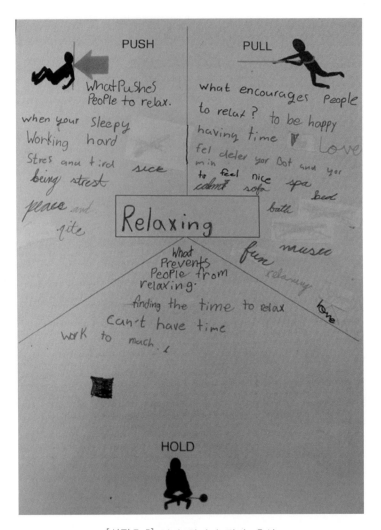

[사진 7-5] 밀기, 당기기, 잡기-휴식

멜라니 스미스의 2학년 수업에서는 밀기, 당기기, 잡기 전략을 사용하여 사람들이 다이어트, 휴식, 운동 및 위생에 대한 선택을 더 잘 이해하도록 한다.

출처: Melanie Smith.

위의 전략은 모든 유형의 비교 조직자였다. 학생들이 정보를 비교하고 대조하는 것을 돕기 위해 교실에서 어떤 다른 조직자를 사용하는가? 이러한 조직자는 개념적 이해를 계발하는 데 어떻게 사용될 수 있는가?

누락된 조각

실행 방식: 누락된 조각은 스워츠와 파크스(Swartz & Parks, 1994)가 시스템 또는 과정의 이해를 돕기 위해 만든 조직자이다([그림 7-7] 참조). 회원 사이트 (www.connectthedotsinternational.com/members-only)에서 이 표를 다운로드할 수 있다. 이 조직자는 학생들이 시스템(또는 과정)의 구성 요소와 전체의 기능을 모두 고려하도록 도와준다. 시스템(또는 과정)의 역할과 더 넓은 범위의 시스템에 있어서 이것들의 중요성을 탐구함으로써 학생들은 각 구성 요소들의 상호 의존성을 이해하게 된다. 이 조직자를 사용하기 전에 학생들이 탐구하고 있는 시스템 또는 과정을 조사했는지 확인해야 한다. 전체에 대한 각 부분의 중요성을 논의하려면 깊이 있는 지식이 필요하다.

누락된 조각은 특정 사례 연구에 대한 사실적인 정보를 요약하는 데 사용할 수 있다. 그러나 학생들이 개념적 수준으로 이동하려면 생태계, 인체 시스템, 도시 시스템 또는 정부 시스템과 같은 전이 가능한 개념의 관점에서 전체를 생각해야 한다.

참고: 시스템이 단원의 주도적인 개념 중 하나라면 시스템, 기능, 부분이라고 하는 개념을 이해할 수 있도록 도와주는 개념 형성 활동을 할 수 있도록 하는 것이 적절하다. 누락된 조각을 소개하기 전에 학생들이 이러한 개념을 이해했는지 확인해야 한다.

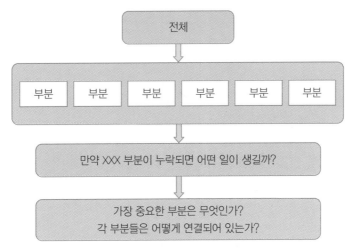

[그림 7-7] **누락된 조각의 그래픽 조직자**

출처: Swartz & Parks (1994).

실행 방식은 다음과 같다.

1. 시스템 이름 지정: 학급이 함께 전체 시스템(예: 시장 경제)을 식별하고 이름을 지정한다.
2. 구성 요소 식별: 그래픽 조직자가 제공하는 구조를 사용하여 학생들에게 개별적으로 또는 그룹으로 작업하여 시스템의 구성 요소를 식별하고 각 요소들을 명명하도록 한다.
3. 안내 질문에 대해 토론: 학생이 그래픽 조직자를 완료하면 다음 두 가지 질문에 대해 생각해 보도록 한다.
   • "구성 요소 중 하나가 누락되면 어떻게 되는가?"
   • "전체에 대한 각 구성 요소의 중요성은 무엇인가?"
4. 일반화: 각 구성 요소의 기능과 요소들 사이에 존재하는 연결성에 대해 토론한 후 학생들이 문장을 사용하여 일반화하도록 권장한다.

다음은 인체 시스템의 단원에서 실제로 이 전략이 어떻게 사용되었는지 보여 준다([사진 7-6a]~[사진 7-6c]). 순환계, 호흡계, 골격계와 같은 다른 인체 시스템을 연구한 후, 멜라니 스미스의 2학년 학생들은 이러한 시스템 중 하나가 없거나 제대로 작동하지 않을 경우 어떤 일이 발생할지에 대해 생각해 보았다. 화살표는 학생의 사고에 대한 설명과 정당성을 보여 준다.

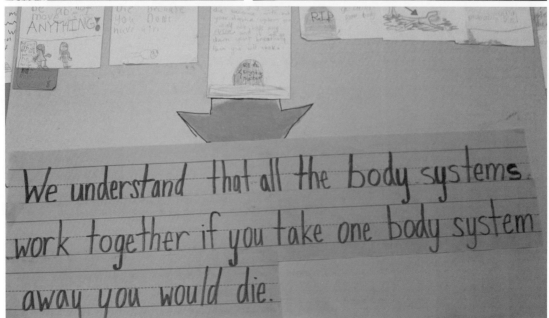

[사진 7-6a],[사진 7-6b], [사진 7-6c] 인체 시스템의 누락된 부분

출처: Melanie Smith.

과정에 집중: 이 전략은 과정, 예를 들면 음식 생산 과정, 글쓰기 과정, 예술 과정과 같은 것을 이해하기 위해 쉽게 변형될 수 있다. 흐름 다이어그램을 그린 후 한 단계를 삭제하거나 각 단계의 순서를 바꾸어 보고 만약 한 단계를 거치지 않으면 어떤 일이 생길지에 대해 학생들에게 물어보라. 그 단계의 중요성은 무엇인지 각 단계가 필요한 이유와 순서대로 진행되어야 하는 이유가 무엇인지 질문해 보라.	그림으로 그리기: 이 전략은 사진이나 실물에서 보이는 시각적 자료를 사용하여 누락된 부분을 표상하므로 저학년 초등학생이나 영어를 배우는 학생들에게 효과적이다. 조직자에 나타난 질문에 대해 서로 토론한 다음 학생들은 과정 중 한 요소가 빠지게 되면 어떤 일이 일어나는지 그림으로 나타낼 수 있다.
질문에 집중: 누락된 부분 전략에서의 질문들은 그래픽 조직자 없이도 토론의 구조로 사용될 수 있다. 차트를 사용하는 대신 교사는 대화를 촉진하기 위해 각 단계의 조직자를 사용하여 토론을 이끌어 간다. 이것은 가정법 질문 전략과 유사하며 학생들이 이해를 전이시키는 데 도움이 된다.	

[그림 7-8] **누락된 부분 전략의 변형된 예**

동영상: 누락된 조각(7학년)

이 동영상은 미국 플로리다에 있는 IDS 코벳 프렙 학교의 마리아 카르도나 교사의 7학년 과학 수업을 보여 준다. 마리아는 다음과 같은 질문을 한다.

"사람이 탄수화물을 먹을 수 없다면 어떻게 될까?"
"우리의 세포에 어떤 일이 생길까?"
"유기체는 어떻게 될까?"

마리아 카르도나의 7학년 과학 수업
출처: David French.

1. 시스템의 한 부분이 없다는 생각은 학생들이 그 기능의 중요성을 인식하는 데 어떻게 도움이 되는가?
2. 교사가 제기한 질문에 효과적으로 답하기 위해 학생들이 집중하기 및 조사하기 단계에서 어떤 개념 형성과 지식 개발이 요구되는가?

이 동영상은 회원 사이트(www.connectthedotsinternational.com/members-only)에서 볼 수 있다.

이 섹션에서의 전략은 학생들이 과정 또는 시스템을 이해하도록 지원한다. 이 목적을 위해 현재 교실에서 어떤 조직자를 사용하고 있는가? 학생들은 그 조직자를 어떻게 사용하고 있는가?

_____

_____

_____

_____

_____

_____

_____

_____

_____

_____

_____

_____

_____

_____

_____

_____

_____

네트워크		

 실행 방식: 네트워크는 시스템에서 에이전트 간의 관계를 설명한다. 각 점 또는 교점은 분석 수준에 따라 개별, 그룹 또는 개념적 범주, 예를 들면 포유류 또는 식물을 나타낼 수 있다. 이 전략에서 우리는 〈표 7-4〉의 것과 같은 다양한 네트워크의 모델을 탐색하여 시스템 내의 관계와 가능한 행동의 유형을 발견한다.

〈표 7-4〉 샘플 네트워크 유형

유형	트리 구조 네트워크	스타 구조 네트워크	역동적 네트워크
시각 모델			
특성	교점은 하향식 계층 구조로 정렬된다.	중앙 교점은 네트워크의 모든 기능을 관리하고 제어한다.	교점은 복잡하게 연결되고 동적이다.
예	12세기 유럽의 봉건제도는 사회적 관계와 왕, 가신, 농노 사이의 권력 역학을 지배했다.	정부는 모든 정보를 중앙에서 규제하도록 하여 인터넷 트래픽을 제어한다.	옐로스톤 국립공원은 늑대를 재도입하여 살쾡이의 개체수 및 식물 증가와 같은 생태학적 변화를 가져온다.
가능한 일반화	조직의 계층적 시스템은 권력 역학을 확립하고 사회적 관계를 지배한다.	정부는 여론을 검열하거나 통제하려는 시도에 개입할 수 있다.	생태계 내에서 종의 도입 또는 박멸은 전체 시스템을 예측 가능하거나 예측 불가능한 방식으로 변경한다.

네트워크 사용

전략: 관계 탐구

실행 방식: 개별 사례 연구에서 관계는 어떤 모습이며 네트워크 모델로 어떻게 표현 될 수 있는가? 학생들이 이 질문을 탐구하게 하는 한 가지 방법은 다음과 같다.

1. 네트워크 모델 공유: 학생들은 사례 연구에 가장 적합한 네트워크 모델을 조사하고 선택한다. 예를 들어, 뭄바이, 보스턴, 카이로 및 모스크바의 도시 시스템에 대해 배우는 학생들은 각 도시를 나타내는 역동적 네트워크를 선택할 수 있다.

2. 모델 만들기: 학생들이 사례 연구와 관련하여 각 교점의 이름을 지정하여 자신의 모델(예: 그림)을 만들도록 권유한다. 예를 들어, 도시 시스템 내의 보건 시스템, 전력 시스템, 교육 시스템 및 교통 시스템 등이 있을 수 있다. 학생들이 단원에서 다른 사실적인 예를 공부했다면, 이것들을 표현할 수 있다. 그런 다음 학생들은 네트워크 구조가 상황에 따라 어떻게 다른지 탐구할 수 있다.

3. 모델 비교 및 대조: 모델이 구성되면 학생들에게 다른 사례 연구를 나타내는 다른 모델과 비교하고 대조하도록 한다. 유사한 점은 무엇이고 차이점은 무엇인가? 이것은 시스템 내의 관계에 대해 무엇을 말해 주는가?

전략: 가능성 사고

실행 방식: 시스템이 다른 네트워크 모델로 구성된 경우 시스템이 어떻게 보일까? 이 전략에서는 학생들에게 시스템의 구조와 주요 기능이 결과적으로 어떻게 변경되는지 고려하여 여러 네트워크 모델을 시스템에 적용하도록 권유한다.

1. 네트워크 모델 공유: 학생들에게 모델에 대한 초기 관찰을 하도록 한다(〈표 7-4〉 참조). 무엇을 발견했는가? 학생들은 이 네트워크가 어떻게 작동할 것이라고 생각하는가? 이 네트워크의 장점과 단점은 무엇인가?

2. 시스템을 모델에 적용: 각 네트워크 모델에 시스템을 적용하고 작동 방식을 논의하고 기록한다. 예를 들어, 뇌를 맨 위에 위치하게 하는 인체 시스템을 나무 그림 네트워크로 구성했다고 생각해 보자. 시스템은 어떻게 작동하는가? 이제 뇌를 스타 네트워크에서 중심 교점에 위치하게 하라. 이렇게 되면 인체가 어떻게 다르게 움직일까? 마지막으로, 뇌가 인체 시스템의 동적 네트워크 내에서 단 하나의 교점이라면 어떨까?

3. 구성 및 기록: 시스템의 복잡성을 탐색할 목적으로 교차 비교 차트와 같은 조직자를 사용하여 이러한 질문에 대한 답변을 기록한다. 초등학생들은 시스템의 일부 역할을 맡아 원형으로 앉아서 줄을 사용하여 시스템의 다양한 부분을 연결할 수 있다.

4. 최적화 '식별': 마지막으로 학생들에게 시스템이 실제 생활에서 어떻게 작동하는지 가장 잘 나타내는 모델을 결정하도록 한다. 학생들이 자신의 시스템을 보다 정확하게 나타내는 새로운 네트워크 모델을 그리기를 원할 수도 있다. 이것은 정말 격려할 일이다. 이전 학습에서 얻은 증거를 제공하여 학생들이 자신의 생각을 정당화하도록 격려한다.

실행 방식: 흐름 다이어그램은 일반적으로 과정의 선형 표현이다. 과정의 두 단계 사이에 있는 화살표는 인과관계와 변화를 보여 주기 위해 한 방향을 가리킨다. 몰린(Moline, 2012)은 흐름도가 변화, 성장, 발전, 원인과 결과를 보여 주는 데 유용하다고 주장한다. 흐름 다이어그램이 이러한 개념을 절대적으로 강조할 수 있지만 특정 유형의 흐름도는 특정 아이디어를 발견하는 데 더 효과적이다.

〈표 7-5〉 흐름 다이어그램 유형

유형	선형 과정 다이어그램	순환 다이어그램	인과관계 다이어그램
탐구에 적합한 개념	• 프로세스(과정) • 순서 • 인과관계	• 순환 • 인과관계	• 시스템 • 인과관계
예	• 이야기 순서 • 생산 과정 • 입법 과정	• 생애주기 • 탄소 순환 • 암석 사이클	• 개인적인 관계 • 도시 시스템 • 인체 시스템

활용 시 주의 사항

이러한 다이어그램을 소개할 때 학생들에게 잘 알려진 콘텐츠로 모델링해야 한다. 이를 통해 학생들은 조직하는 내용에 대해 걱정하지 않고 조직자가 작동하는 방식에 집중할 수 있다. 어린 학생들에게 페이지를 구성하고 과정, 주기 또는 시스템에 대한 정보를 전달하는 방법을 명시적으로 배워 생각하는 것을 보여 주는(p. 302) 좋은 기회를 제공해야 한다.

선형 과정 다이어그램

• 학생들이 한 방향으로 움직이는 화살표를 사용하여 변화로 이어지는 일련의 사건을 보여 주도록 한다.

• 학생들이 과정의 각 단계를 설명하는 데 사용하는 텍스트와 이를 설명하기 위해 만든 아이콘 또는 그림을 의미 있게 되돌아보도록 한다.

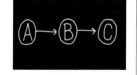

• 학생들은 또한 단계 사이의 화살표에 단어를 써서 변형 과정을 설명할 수 있다. 예: 계란 부화하고 나온다 → 병아리. 이 전략은 개념 매핑(p. 236)과 같은 보다 복잡한 유형의 조직자를 준비하는 데 유용하다.

순환 다이어그램

• 주기에는 뚜렷한 시작이나 끝점이 없기 때문에 학생들이 페이지에 있는 정보의 공간적 구성을 반영하도록 권장한다. 이것은 이 다이어그램을 읽는 학생들에게 출발점을 추천하는 데 도움이 된다.

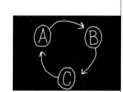

• 순환 다이어그램의 명확성은 '그러고 나서' 및 '다음에'와 같은 순서를 나타내는 단어를 사용하여 증대할 수 있다.

• 순환 다이어그램을 사용하여 학생의 이해도를 평가한 다음 "만약 ∼한다면 어떤 일이 일어날까?" 등의 질문을 통해 개념적 이해를 향상시키도록 한다(p. 27). 예: 물 순환에서 바닷물이 매우 오염되면 어떻게 될까? 학생들이 직접 "만약 ∼한다면 어떤 일이 일어날까?"라고 하는 질문을 직접 만들어 낼 수 있다.

인과관계 다이어그램

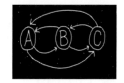

- 인과관계 다이어그램의 일부는 [그림 7-9]에서와 같이 사례 연구의 구성 요소(사실 수준) 또는 개념(개념 수준)으로 명사로 작성되어야 한다.
- 두 명사와 플러스 또는 마이너스 기호 사이의 화살표 방향은 다른 부분에 비해 증가 또는 감소를 나타낸다([그림 7-9] 참조).
- 인과관계 다이어그램에는 시스템의 두 구성 요소 사이에 2개의 화살표가 있는 피드백 화살표가 포함될 수 있다.
- 분석되는 문제에 대한 적절한 시간 범위를 결정함으로써 학생들은 시스템에서 발생하는 의도된 결과와 의도하지 않은 결과를 볼 수 있다. 예를 들어, 우리는 항생제를 세균에 오랜 시간 사용했을 때, 세균 돌연변이를 모델링할 수 있다.
- 학생들은 다이어그램을 작성하여 구성 요소 간에 설정된 관계 유형을 정당화할 수 있다.

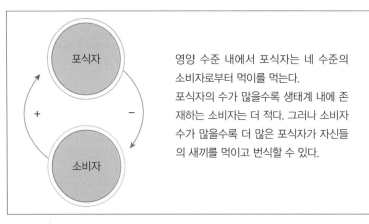

영양 수준 내에서 포식자는 네 수준의 소비자로부터 먹이를 먹는다.
포식자의 수가 많을수록 생태계 내에 존재하는 소비자는 더 적다. 그러나 소비자 수가 많을수록 더 많은 포식자가 자신들의 새끼를 먹이고 번식할 수 있다.

[그림 7-9] **피드백 화살표가 있는 학생 인과 다이어그램(영양 수준)**

출처: Loopy(http://ncase.me/loopy/)를 사용하여 생성.

시각적 메모 작성

 실행 방식: 시각적 메모 작성은 새로운 현상은 아니다. 그것은 수 세기 전에 최초의 동굴 그림이 만들어진 이후 존재해 왔다. 구어를 배우기 전에 우리는 개념과 관련된 그림이나 이미지를 시각화해 왔다.

학생들은 자신의 생각을 기록하기 위해 공식적인 서면 언어가 필요하지 않다. 개념을 표현하는 이미지의 힘을 활용하여 학생들에게 아이디어를 전달하는 또 다른 수단을 제공할 수 있다. 마굴리스와 발렌자(Margulies & Valenza, 2005)가 말했듯 "학생들이 과정을 종이에서 볼 수 있을 때 사물을 생각할 수 있는 능력이 향상된다"(p. 10).

시각적 메모 작성은 교사와 학생 모두 다양한 목적으로 사용할 수 있다.

- 앵커 차트 설명
- 동영상, 기사 또는 기타 매체에서 얻은 지식 요약
- 학생 공책에 중요한 아이디어 기록
- 강의, 인터뷰 또는 기타 경험 중 의미 있는 '낙서'
- 일련의 탐구 끝에 상징적으로 아이디어 종합

시각적 메모 작성의 이러한 사용은 시각적 및 언어적 단서를 제공함으로써 학생들이 집중을 유지하고 정보를 보다 쉽게 기억할 수 있도록 도와준다.
시각적 메모 작성에 학생들을 참여시킬 때 학생들에게 다음과 같은 도움을 제공하라.

텍스트
- 시각적 메모에 대한 키워드 또는 주요 아이디어를 선택할 때 신중하도록 하라.
- 다른 것보다 더 중요할 수 있는 아이디어를 고려하고 우선순위를 정하라.
- 시각적 메모에서 중요한 텍스트는 크게 세부 사항과 설명을 시각적으로 작게 만든다.
- 글쓰기가 어려운 어린 학생들은 짧은 단어와 단어의 초성을 사용하여 메모를 할 수 있다.

이미지
- 시각적 연상 기호를 사용하고 시각적으로 단어를 표현한다. 예를 들어, '사랑'이라는 단어는 하트를 그려 표현한다.
- 긴 텍스트 부분을 대체할 이미지를 그린다.

구조
- 노트를 구성하여 연결된 아이디어 간의 흐름을 만든다.
- 의미를 확장하기 위해 적절한 경우 차트, 표, 그래프 또는 지도와 같은 그래픽 구성 도구를 통합한다.

시각적 메모 작성 실행 예

프랑크푸르트 국제학교의 안드레아 모스텔라 교사의 4학년 학생들은 에너지 단원의 일부로 몰리 뱅이 쓴 『나의 빛』이라는 책을 읽었다. 순서도 형식의 시각적 메모를 사용하여 에너지가 태양에서부터 사람들의 집으로 어떻게 이동하고 변형되는지에 대한 정보를 기록했다([그림 7-10]). 학생들은 계속해서 시각적 메모를 사용하여 단원 전체의 실험과 프로젝트를 기록했다.

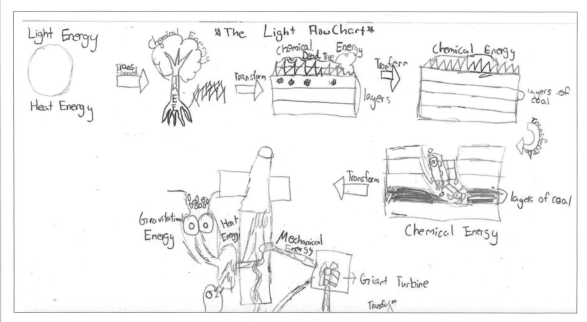

[그림 7-10] 에너지 이동 및 변환에 대한 시각적 메모 작성

출처: David French.

주석 달기

텍스트에 주석을 추가하는 것은 학생들이 적극적인 읽기를 통해 텍스트에 집중하고 참여를 심화시킬 수 있는 강력한 전략이다(Porter-O'Donnell, 2004). 자이위카와 고메즈(Zywica & Gomez, 2008)가 제안하듯, 이 전략은(p. 156) 학생들이 정보를 전달하는 데 사용되는 구조와 패턴을 보면서 텍스트를 분석적으로 접근할 수 있도록 돕는다. 이러한 이유로 중심 생각, 관련 근거, 대화 또는 전환과 같은 과정 기반 개념의 이해를 개발하는 데 효과적으로 사용할 수 있다. 학생들은 주석을 사용하여 특정 사실 정보를 자세히 들여다봄으로써 지식 기반 개념 이해의 계발을 지원할 수 있다.

주석은 텍스트를 표시하는 구조를 제공하여 학생들이 패턴을 보고 연결할 수 있도록 도와준다. 실행 방식은 다음과 같다.

1. 사전 읽기: 하나 또는 그 이상의 주도적인 개념의 적절한 예가 포함된 텍스트를 선택한다. 학생들은 동일한 개념에 집중하지만 동일하거나 다른 텍스트를 읽을 수 있다. 학생들에게 텍스트나 발췌문을 읽도록 요청하거나 학생들에게 텍스트를 읽어 줄 수 있다. 다른 전략과 마찬가지로 교사가 주석을 안내하는 개념적 이해를 명확하게 해 주는 것이 중요하다.

2. 주석 달기: 주도적인 개념에 근거하여 학생들에게 특정 개념 또는 개념과 관련된 텍스트를 찾아보도록 한다. 예를 들어, "중심 생각과 이를 뒷받침하는 증거를 찾아보라."라고 하거나 또는 "어떻게 지진 활동이 지형을 변화시킬 수 있는지를 알려 주는 정보를 찾아보라."라고 할 수 있다. 학생들이 자신이 관찰한 내용을 텍스트 옆에 처음 이해한 내용으로 기록하도록 권장한다. 예를 들면,
   • 글쓴이는 이 주장을 뒷받침하기 위해 통계적 증거를 사용한다.
   • 전문가의 주장을 인용하면 기사의 신뢰성을 증대시킬 수 있다.
   • 이 예는 주장을 뒷받침하는 세부 정보를 제공한다.

3. 후속 조치: 학생들이 텍스트에 주석을 달면 한 반으로 모여 결과를 요약하고 이해를 공유한다. 일반화를 구성하는 학생들을 지원하기 위해 문장구조(p. 232) 및 개념적 질문(p. 224)을 사용할 수 있다.

주석 달기의 실행 예

독일 튀링겐 국제학교의 트루디 맥밀린의 5학년 학생들은 모든 대화와 행동을 강조하여 텍스트에 주석을 달아 텍스트에서의 등장인물들의 대화와 행동이 등장인물의 성격적 특성을 드러낸다는 것을 이해한다.

[사진 7-8] 5학년 학생들이 텍스트에 주석을 달고 있다.

출처: Trudy McMillin.

이전 섹션에서의 전략들은 학생들이 정보를 요약하는 데 도움이 된다. 중심 생각 및 요점을 찾는 것이 학생들이 다음 탐구 단계에서 일반화하는 데 어떻게 도움이 될 수 있을까?

실행 방식: 사회극 놀이는 시뮬레이션의 한 유형이다(p. 96). 중·고등학생에게
도 강력한 전략이 될 수 있다. 개념적 연극은 학생들이 자신의 상상력을 사용하
여 발견한 내용을 정리하고 표현하도록 한다. 비고츠키(Vygotsky, 2004)가 설명
했듯 "[상상력]은 자신이 보지 못한 것을 상상할 수 있기 때문에 사람의 경험을
넓히는 수단이 되고, 자신이 직접 경험한 적이 없는 것에 대한 다른 사람의 내레

이션과 설명에서 무언가를 개념화할 수 있다"(p. 17). 교실에서 우리는 즉흥적이거나 대본이 있는 몰입형 사회극 놀이 경험
을 통해 상상력을 발휘한다. 역할극을 통해 학생들은 사회의 규칙을 탐구하거나 테스트할 수 있다(Elkonin, 2005).

개념 놀이에서 교사의 역할은 환경을 구축하고 학생들이 사고를 표현하도록 유도하는 데 매우 중요하다. 우리는 학생들이
지식과 기술을 통합하는 데 도움이 되도록 단원의 사실적·개념적·호기심을 촉발하는 질문을 사용한다. 개념적 놀이에서
우리는 관찰자 또는 참여자 역할을 맡는다.

개념 기반 학습 실행자로서 교사는 학생들이 놀이 상황에서 중심 생각을 추출할 수 있도록 하는데 중요한 역할을 수행한다.
교사는 조직 및 정리하기 및 일반화하기 전략을 전략적으로 사용하여 이를 수행할 수 있다. 많은 중학생들이 사회에 규칙이
없다면 일어날 일을 모델링한 〈사막섬〉 역할극 이후 낸시 페어번 교사는 인과관계를 강조하기 위해 학생들이 토론에 참여하
도록 했다([그림 7-11]). 검색 차트에서 볼 수 있듯이 학생들은 다음과 같은 초기 아이디어를 명확히 했다.

- 규칙의 부족은 사회 내에서 권력의 불균형을 초래할 수 있다.
- 리더는 사람들이 그들의 필요를 충족시키는 데 도움이 되는 자질을 구현한다.

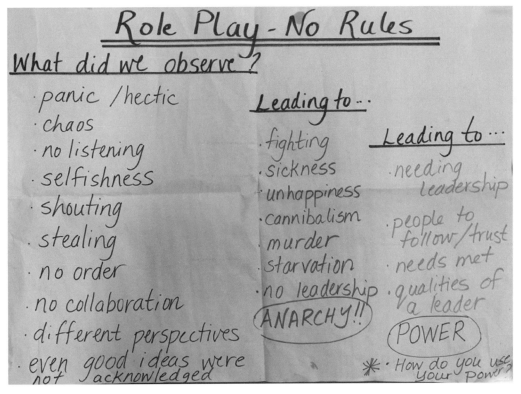

[그림 7-11] 〈사막섬〉 역할극 되돌아보기

사회극 놀이의 실행 예

1학년 역사 단원의 일환으로 프랑크푸르트 국제학교의 피오나 맥아더-웨버는 100년 전 교사의 '역할'을 맡았다. 학생들은 전통적인 교육이 어떤 모습과 느낌을 가질지 경험하고 시간이 지남에 따라 학생의 역할이 어떻게 변화했는지 생각한다. 단원 후반에 이 사회극 놀이를 진행하기로 함으로써 학생들은 자신의 학습을 표현하고 연극에 의미 있게 참여할 수 있는 기회를 얻었다. 이 예제는 조직 및 정리하기 단계에서 사고를 표현하기 위해 관계 맺기 단계의 일부 전략을 어떻게 사용하는지를 보여 준다.

[사진 7-9] 사회극 놀이-100년 전 학교

출처: Fiona McArthur-Weber.

참고: 사회극 놀이는 많은 이점을 가지고 있다. 하지만 모든 사회극 놀이를 사실적 정보의 표상과 개념적 이해의 발전에 초점을 맞추게 하는 것은 적절하거나 바람직하지 않을 수 있다.

동영상: 사회극 놀이-로마 시장(2학년)

이 동영상은 룩셈부르크 국제학교의 2학년 학생들이 로마 시장에서 다른 역할을 맡는 모습을 보여 준다. 교사인 안나 스캔넬은 시간 여행가의 역할을 맡아 학생들이 상품과 서비스의 가격에 대해 생각하는 데 집중하도록 했다.

[사진 7-10] 사회극 놀이-로마 시장

출처: David French.

1. 사회극 놀이 중 질문은 대부분 사실적이었는가? 아니면 개념적이었는가? 왜 그렇게 생각하는가?
2. 교사의 적극적 참여가 없었다면 사회극 놀이의 초점이 어떻게 달라졌을까?
3. 학생들은 상품과 서비스의 가격을 어떻게 연결시키고 있는가?
4. 사회극 놀이 후 교사는 학생들이 문장구조 전략(p. 232)을 사용하여 일반화하도록 도와준다. 일반화는 학생들이 연극 경험에서 의미를 추출하는 데 어떻게 도움이 되었는가?

이 동영상은 회원 사이트(www.connectthedotsinternational.com/members-only)에서 볼 수 있다.

실행 방식: 언어적 표상은 다양한 구두 및 서면 양식을 포함한다. 구두 형식의 몇 가지 예는 토론, 노래 및 구두 발표이다. 서면 양식의 예에는 에세이, 시, 신문 기사 및 메뉴가 포함된다. 여기서 우리는 세 가지 형태의 언어 표현과 개념 기반 탐구와의 연관성을 강조하고 있다.

학급책(초등학교)

학급책 만들기를 통해 소그룹 또는 학급 조사에서 얻어진 정보를 수집하고 기록할 수 있다. 사진이나 학생 삽화는 아이디어를 촉발시켜 학생들에게 조사하기 단계에서 일어난 학습을 상기시켜 준다.

학급책을 만들 준비를 할 때, 단원의 일반화를 가장 먼저 생각하라. 이것은 책의 구성 방식을 결정하는 데 영향을 미칠 수 있다. 프랑크푸르트 국제학교에 있는 게일 앵브란트의 교실에서 교사는 학생들이 나중에 단원에서 일반화하는 데 도움이 되도록 다른 색상들을 사용하여 학생 응답을 표시했다(연관성은 무엇인가?, p. 238 참조).

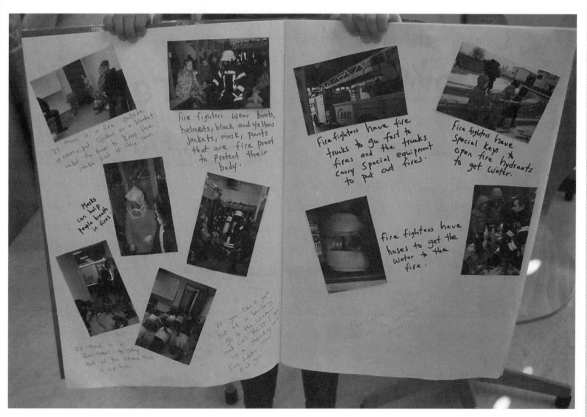

[사진 7-11] 학급책(유치원)

출처: Gayle Angbrandt.

만화(모든 연령)

많은 학생들이 교실 밖에서 만화와 그래픽 소설을 읽지만 교실에서 학습할 때 그것들을 만들 기회는 거의 없다. 매력적인 시각적 외형을 가진 만화는 패널, 물결 선, 대화 풍선과 같은 다양한 구조와 장치를 활용하여 텍스트와 이미지의 균형을 맞춘다. 학생들에게 자신만의 만화를 만들 수 있는 기회를 주면 창의력, 고차원적 사고능력 및 독립적 사고가 촉진된다. [사진 7-12]는 소냐 니엔휴이스 선생님의 수업에서 재생 가능 및 재생 불가능 에너지에 대한 7학년 단원의 만화를 보여 준다. 학생이 청중 앞에서 일어나는 토론을 어떻게 표현하는지 주목하라. 이것은 오늘날 세계에서 이러한 문제를 둘러싼 많은 현재 토론(및 논란)을 반영한다. 학생들에게 교실에서 만화를 만들 수 있는 기회를 제공할 때 다양한 샘플을 제공하고 학생들에게 효과적인 만화의 기준을 공동 구성하도록 요청하는 것이 좋다(p. 300 참조). 어떤 개념이나 아이디어를 전달해야 하는지 반드시 포함하도록 하라. 만화 제작에 대한 기준을 공동으로 구성함으로써 학생들이 초안을 개선하고 사고를 개선하도록 유도할 수 있다.

[사진 7-12] 재생 가능 및 재생 불가능 에너지를 나타내는 만화

출처: Sonya Nienhuis.

편지(모든 연령)

학생들이 가진 개인적인 성향으로 인해 학생들은 편지 쓰기를 통해 다른 관점을 취하고 원인을 옹호하거나 변화를 주장할 수 있다. 관점 파악은 이해에 필수적이다. 학생들은 통찰력 있는 관점을 식별하고 관점을 반영하며 자신과 다른 의견의 논리를 고려할 기회가 필요하다(Wiggins & McTighe, 2008). 편지는 이러한 유형의 사고에 참여할 수 있도록 하는 훌륭한 방법 중 하나이다. [사진 7-13]은 8학년 사회 교실에서 실제로 이 전략이 어떻게 사용되는지 보여 준다. 산업화 이전 또는 산업화 시대의 특징에 대해 학습한 후 학생들은 '시간 여행'을 하고 1700년대에 살고 있는 개인으로 편지를 쓰도록 했다. 이 편지에서 그들은 자신의 책임, 작업을 완료하는 데 들어가는 힘, 테크놀로지 활용, 상품에 대한 접근 및 사회 활동에 대해 논의해야 했다. 이러한 삶의 측면에 대해 글을 쓰는 것은 학생들이 산업화의 결과로 많은 사람들의 삶의 질이 어떻게 변화하는지(긍정적이든 부정적이든 모두) 이해하는 데 도움이 되었다.

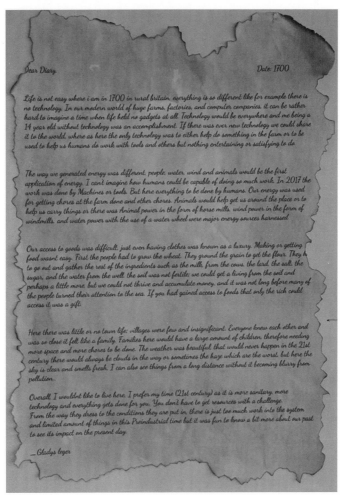

[사진 7-13] 산업화 이전 관점에서 본 역사적 편지

이 장에서는 몇 가지 형태의 표상 방법만 공유하지만 이미 익숙하고 학생들이 사용할 수 있는 방법이 많이 있다. 학생들의 연령과 능력을 고려할 때, 어떻게 학생들이 자신의 생각을 표상하도록 할 수 있을까? 여기에서 학생의 선택과 의견은 어떤 역할을 할까?

모델링

실행 방식: 모델링을 통해 학생들은 아이디어를 만들고 시각화하고 상징적으로 표현할 수 있다. 이 과정에서 학생들은 개념의 구조 또는 속성과 관련된 내부 관계를 발견한다. 이 때문에 모델링은 일반화를 선행적으로 돕는 역할을 할 수 있다. 학생들에게 자신의 생각을 모델화하도록 요청할 때 구체적, 화보적 · 추상적이 세 가지 유형 중에서 선택할 수 있다(〈표 7-6〉 참조).

학생들이 자신의 사고를 추상적으로 모델링할 수 있는 것이 중요하지만, 상징적 표상 방식이 반드시 '우월'한 것은 아니다 (Bruner, 1966). 학생들이 문제나 과제에 따라 가장 적합한 모델을 선택할 수 있도록 해야 한다.

〈표 7-6〉 모델 유형

모델 유형	정의	예
구체적	구체적인 모델은 물리적 또는 디지털 객체를 사용하는 직접적인 '일대일' 표현이다. 구체적 모델은 종종 쉽게 조작하거나 변경할 수 있다.	• 유니픽스 큐브를 사용하여 수학 문제에서 개체 표현 • 블록으로 다리와 터널 만들기 • 마인크레프트에서 지속 가능한 커뮤니티를 대표하는 세계 구축
화보적	화보적 모델에는 드로잉 및 다른 그래픽 표현이 포함된다. 아이디어가 사례 연구, 개념 또는 문제의 측면을 통해 나타나게 된다.	• 계산 표시를 사용하여 교실에 있는 사람들을 나타냄 • 지역의 습지 지도 그리기 • 시간 경과에 따른 세계 인구 변화를 보여 주는 그래프 만들기
추상적	추상적 모델은 기호를 사용하여 아이디어를 나타낸다. 아이디어는 인지적 '속기'의 형태를 통해 효율적으로 전달되지만 기호에 대한 완전한 이해가 필요하다.	• 수학 방정식을 표현하기 위해 숫자 및 연산 기호 조작 • 컴퓨터 명령을 나타내는 코드 작성 • 화합물을 나타내는 화학 공식 사용

이러한 모델은 실제로 어떻게 표현되는가?

구체적 모델링: 3차원 도형 단원에서 학생들은 막대기와 점토를 사용하여 3차원 도형을 '만들고' 모양의 측면과 꼭짓점이 함께 작동하는 방식에 대해 생각한다([사진 7-14]). 3차원 도형을 구체적으로 표현함으로써 학생들은 측면이나 꼭짓점이 제거되거나 없어졌을 때 어떤 일이 발생하는지 볼 수 있다. 구체적 모형을 만들고 모양을 만들기 위해 막대기와 점토가 어떻게 존재하는지 확인한 후, 그들은 측면과 꼭짓점이 3차원 형태를 제공한다고 결론을 내린다.

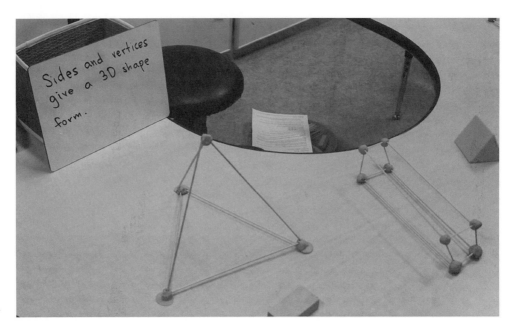

[사진 7-14] 수학에서의 구체적 모델링

화보적 모델링: 중학교 학생들이 지속 가능한 커뮤니티에 대해 배우고 있다. 현장 학습에서 그들은 관찰 도면을 이용하여 도시 지도를 만든다([그림 7-16]). 이 화보적 모델에는 자연 공간과 같은 도시의 주요 특징이 포함된다. 지도를 분석하고 지속 가능한 커뮤니티에 대한 사례 연구를 읽은 후 지속 가능한 커뮤니티는 종종 개인 및 공동체의 복지를 고려하여 자연 및 건축 공간을 개발한다는 것을 일반화한다.

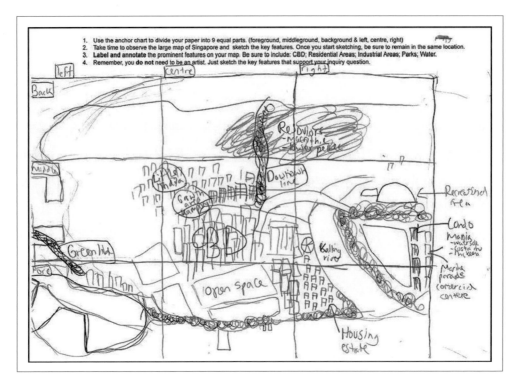

[그림 7-16] 사회학에서의 화보적 모델링

조직 및 정리하기 단계의 평가

조직 및 정리하기 단계에서 조직하고 표상하는 전략은 풍부한 평가 정보를 제공한다. 학생들이 조직자를 가지고 작업하는 것을 보며 학생들이 생각을 요약하는 데 필요한 사실적 지식이 부족하다는 것을 알 수 있을 수도 있다. 마찬가지로, 학생들이 자신의 아이디어를 더 효과적으로 조직하고 표상하기 위해 필요한 학습 기능을 더 지도해야 한다는 것을 알게 될 수도 있다. 이 단계에서 학생들이 활동에 참여할 때 다음과 같은 질문을 던질 수 있다.

- 학생들이 주제에 대한 충분한 지식 기반을 가지고 있는가? 그렇지 않은 경우 조사할 추가 기회가 제공될 수 있는가?
- 학생들이 조직하고 표상하는 전략에 효과적으로 참여하려면 어떤 기능이 필요한가?
- 이 단계에서 학생들의 활동을 통해 주도적인 개념에 대한 이해의 정도를 알 수 있는가? 개념을 통합하기 위해 추가 개념 형성 전략이 필요한가?

총괄 평가가 항상 큰 과제일 필요는 없음을 기억하라. 이 단계에서 제시된 전략은 학습자가 관리할 수 있고 '분할된' 방식으로 총괄 평가에 기여할 수 있다. 예를 들어, 폐기물에 관한 단원에서 2학년 교사는 선형 과정 흐름도를 사용하여 학생들이 폐기물이 재사용 또는 재활용을 위해 과정을 거친다는 것을 이해한다는 증거를 수집하기로 결정할 수 있다.

●다른 탐구 단계와의 연결●

이 장의 전략은 학생의 사고를 스캐폴딩하도록 특별히 설계되어 학습자가 시너지적 사고를 할 수 있도록 한다. 일반화 단계의 전략은 종종 이 단계에서 개발된 조직자를 사용하여 학생의 이해를 명확히 한다. 이 장의 많은 동영상 예제는 학생들이 조직 및 정리하기 전략을 일반화를 위한 발판으로 사용하는 방법을 보여 준다. 이와 관련하여, 우리는 조직 및 정리하기 단계와 일반화하기 단계를 절대 분리할 수 없는 연결 단계로 볼 수 있다. 학생들이 자신의 생각을 체계화하지 않으면 개념적 이해를 표현하는 데 어려움을 겪는다. 마찬가지로 학생들이 자신의 생각을 체계화하지만 개념적 수준에서 발견한 내용을 언급하지 않으면 결국 시간, 장소 및 상황에 갇힌 정보의 사실적 합성을 생성하게 된다. 다음 장에서는 학생의 일반화를 지원하는 전략을 탐구해 보자.

정보를 조직하고 표상하기 위한 전략을 고려할 때 구조화된 탐구, 안내된 탐구 및 개방형 탐구(제2장에서 소개)와 같은 탐구 유형을 염두에 두기 바란다.

단원을 계획할 때 스스로에게 다음과 같은 질문을 던져 보라.

- 어떻게 주도적인 개념을 중심으로 조직자를 구성하고 학생들이 일반화할 수 있도록 안내 질문을 구성할까?
- 모든 학생들이 같은 방식으로 자신의 생각을 조직 및 또는 표상하는 구조화된 접근 방식을 채택하는 것이 최선일까?
- 특정 범위 내에서 학생들에게 선택권을 부여하는 안내된 탐구 방식을 채택할까?
- 학생들은 개방적인 접근 방식에 필요한 기능과 경험을 가지고 있고, 자신이 발견한 내용을 조직하고 표상하는 방법을 스스로 결정할 수 있는가?
- 정보를 조직하고 표상하는 데 일반적으로 사용하는 접근 방식은 무엇인가? 왜 그런가?

Concept–Based Inquiry in Action

·

제8장

일반화하기

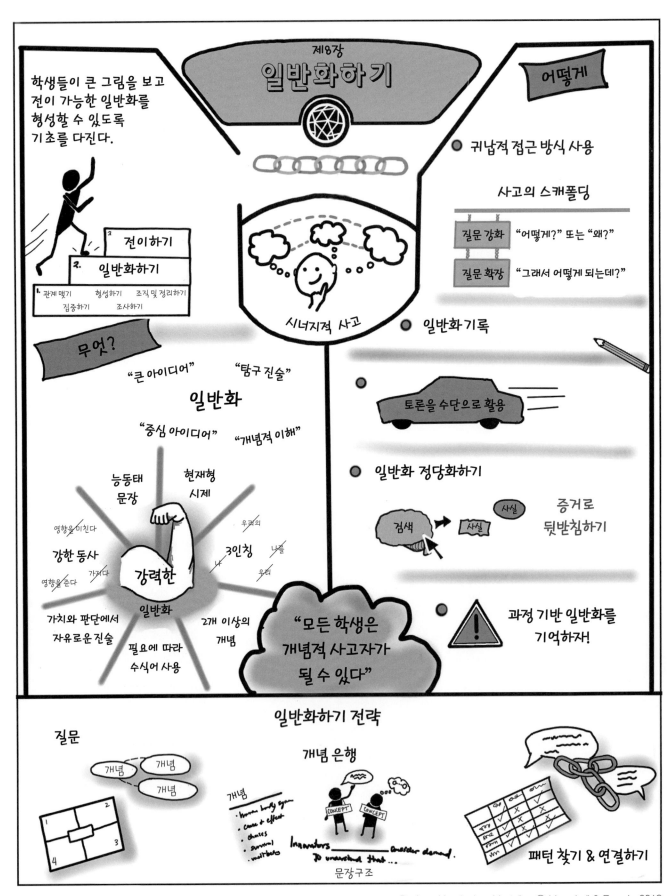

제8장
일반화하기

학생들이 큰 그림을 보고 전이 가능한 일반화를 형성할 수 있도록 기초를 다진다.

3. 전이하기
2. 일반화하기
1. 관계 맺기   형성하기   조직 및 정리하기
   집중하기   조사하기

시너지적 사고

무엇?

"큰 아이디어"   "탐구 진술"

일반화

"중심 아이디어"   "개념적 이해"

능동태 문장   현재형 시제

영향을 미친다   우려의

강한 동사   3인칭   나를
가지다   나   우리
영향을 준다

강력한 일반화

가치와 판단에서 자유로운 진술   2개 이상의 개념

필요에 따라 수식어 사용

"모든 학생은 개념적 사고자가 될 수 있다"

어떻게

● 귀납적 접근 방식 사용

사고의 스캐폴딩

| 질문 강화 | "어떻게?" 또는 "왜?" |
| 질문 확장 | "그래서 어떻게 되는데?" |

● 일반화 기록

○ 토론을 수단으로 활용

● 일반화 정당화하기

검색 ▶ 사실   사실

증거로 뒷받침하기

○ 과정 기반 일반화를 기억하자!

일반화하기 전략

질문

개념 개념
개념

1 2
   3
4

개념 은행
• Human body syr
• Cause + effect
• Chances
• Survival
• multibets

Innovators _____ Consider demand.
to understand that ...
문장구조

패턴 찾기 & 연결하기

일반화하기 단계의 실행 예

앤디 바실리는 개념 기반 탐구에 열정적인 교사이다. 그는 학생들이 체육 기능 개발에 대해 깊이 생각하도록 질문을 신중하게 만든다. 난징 국제학교에서 4학년 학생들은 앤디의 체육 수업에서 네트 게임(탁구, 배드민턴, 테니스와 같은)을 연습하고 있다. 이 단원에서 앤디는 귀납적 접근 방식을 시도하기로 결정했다. 많은 학생들이 탁구, 배드민턴, 테니스를 한 경험이 거의 없다. (신체동작의) 조정 능력이라는 개념적 렌즈를 통해 학생들은 동영상을 보고, 사진을 검토하고, 무엇보다도 실제 실험해 보고 연습하면서 성찰해 보도록 했다. 앤디는 발 위치, 그립 및 눈 움직임에 세심한 주의를 기울이도록 도와준다. 그는 학생들이 준비가 되었다고 느끼면 "선수들이 경기에서 조정 능력을 향상시키는 방법은 무엇인가?"라는 질문을 던지며 "유능한 운동선수는 _____로 조정 능력을 향상시킨다."라는 문장구조를 이용해 자신들의 생각을 나눌 수 있도록 한다. 학생의 반응은 다양하지만 앤디가 단원의 주도적인 개념에 초점을 맞춤으로써 학생들은 자신들의 게임 성과를 향상시키는 데 도움이 될 몇 가지 큰 아이디어를 떠올릴 수 있다.

- 효과적인 운동선수는 공의 움직임을 잘 관찰하고 공의 궤적을 시각화하여 정확도를 향상시킨다.
- 효과적인 운동선수는 일관성을 향상시키기 위해 라켓을 잘 잡는 것에 집중한다.
- 효과적인 운동선수는 손, 눈, 발의 움직임을 조정한다.

일반화는 학생들이 탐구의 결과로 이해하게 되는 중요하고 전이 가능한 개념적 아이디어이다(Erickson, Lanning, & French, 2017). 일반화는 개념적 이해, 큰 아이디어, 중심 아이디어 또는 탐구 진술 이라고도 할 수 있다. 이 모든 용어는 둘 이상의 개념 간의 관계를 설명하는 데 사용된다. 일반화는 시간, 장소, 상황이 국한되어 있는 사실과는 달리 전이될 수 있다. 개념 기반 탐구에서 사실(지식)과 기능은 이해의 기초를 제공한다.

제2장에서 설명했듯이, 우리는 학생들이 사실(지식)과 기능을 바탕으로 일반화를 형성하는 귀납적 접근 방식을 옹호한다. 이 장에서는

© Marschall & French, 2018.

명확하고 강력한 일반화를 개발하기 위한 기준을 설명하고 있다. 이 장에서는 교사가 학생들이 학습 내용 간의 연결점을 찾고, 생각을 명확히 하며, 아이디어를 정당화하는 데 사용할 수 있는 다양한 전략을 공유하고

있다. 이 단계에서 일반화가 구성되는 방법을 설명하는 '지식 및 과정의 구조'라는 제목의 제1장 뒷부분을 다시 읽어 보는 것도 유용할 것이다.

교사는 종종 일부 학습자는 선천적으로 강한 개념적 사고자인 경우가 있는 것을 목격한다. 이 학생들은 학습 내용을 연결하고, 통찰력 있는 의견을 공유하고, 교사의 특별한 지원 없이도 한 연구에서 다른 연구로 이해를 전이하곤 한다. 그들은 종종 '똑똑한 학생' 또는 '영재'로 분류된다. 그러한 학생들에 대한 우리의 경험은 어떤 학생들은 개념적으로 생각할 수 있고 어떤 학생들은 단순히 개념적 생각을 할 수 없다고 믿게 만들 수 있다. 하지만 이것은 사실이 아니다. 모든 학생은 개념적 사고자가 될 수 있다. 중요한 것은 일반화가 명시적인 교육이 필요한 고차원적 사고능력이라는 것이다. 학생이 조용하거나 학업적으로 어려움을 겪거나 자연스럽게 연결을 만드는 데 강한지 여부는 중요하지 않다. 교사는 모든 학생에게 생각을 종합하고 일반화하는 방법을 적극적으로 교육하여 개념적 사고 수준에 도달하도록 도와야 한다.

교사는 모든 학생에게 생각을 종합하고 일반화하는 방법을 적극적으로 교육하여 개념적 사고 수준에 도달하도록 도와야 한다.

학생들이 일반화하기를 원한다면 학생들이 이해하기를 원하는 것을 분명히 표현해야 한다. 단원의 계획 단계에서 우리는 일반화를 만들고 단원을 이끌어 갈 지식과 기능을 요약하여 구조화되거나 안내된 개념 기반 탐구의 의도된 학습을 결정한다(제3장 참조).

교사들이 학습의 범위와 학년 수준에 따라 한 단원에 대해 5~9개의 일반화를 개발하도록 권장한다. 이들 중 한두 개의 일반화는 개념적 렌즈와 관련된 중요한 이해여야 한다(제5장 참조). 나머지 일반화는 단원에 따라 한 교과 내 또는 교과 간의 지식과 기능에서 도출될 수 있다.

때때로 일반화를 '학생들의' 언어로 작성해야 하는지에 묻는 경우가 있다. 지나치게 단순화된 언어로 일반화를 만드는 것을 권유하지는 않는다. 왜냐하면 개념적 이해를 위해 새로운 어휘를 배워야 할 필요도 있기 때문이다. 개념 형성 단계는 학생들이 개념적 렌즈와 단원의 주도적인 개념을 이해하도록 돕는 것이다. 그러나 학생들의 연령에 적합한 개념과 동사를 모두 선택하여 일반화를 개발하는 것이 중요하다. 이것은 고등학생에게도 의미가 있다. 학생들이 성장해 감에 따라 엄격한 커리큘럼을 유지하기 위해 개념의 복잡성과 특수성을 높여야 한다.

일반화하기에 대한 귀납적 접근 방식

계획 단계에서 단원의 일반화를 명확히 하는 것이 필수적이지만, 이를 학생들과 공유하지는 않는다. 개념 기반 탐구의 핵심 구성 요소는 학생들이 자신의 일반화를 만들고 분석하도록 지원하는 것이다. 학교에서는 종종 참여하고 있는 탐구들에 대한 내용을 벽에 표기해 놓고, 풍부한 개념적 이해를 개발할 기회를 놓치는 다음과 같은 사례가 많이 발생한다.

1. 학습 시간의 부족으로 단원은 정리하기 단계에서 단원에서 배운 사실적 내용들을 표현하며 마무리하는 경우가 있다.

2. 결론 도출의 중요성에 대한 이해를 바탕으로 교사는 학생들이 배운 것들을 요약하도록 안내하지만 사실을 넘어서 학생들의 생각을 어떻게 스캐폴딩하는지에 대해서는 확신이 없다. 학생들이 배운 내용을 요약하는 것이 시간, 장소 또는 상황에 고정되어 있는 경우가 많다. 이렇게 되면 전이 가능한 개념적 이해 수준에 오르기가 어렵게 된다.

3. 교사는 연역적 교육에 의지하고 학생들에게 개념적 이해를 알려 주고 탐구된 사실적 사례 연구를 개념적 이해와 연결시키도록 요청한다.

(Erickson et al., 2017)

일반화를 형성하기 위해 학생들은 구체적인 학습 내용이 있어야 한다. 그들은 조사하기 단계에서 탐구한 사례 연구나 사전 지식을 사용하여 학습 내용들을 연결하고 생각을 정당화한다. 시너지적 사고, 사실적 수준과 개념적 수준을 넘나들지 않으면 학생들은 한 사례에서 지나치게 일반화하거나 실제 상황을 반영하지 않는 부정확한 이해를 만들어 낼 수 있다. 교육자로서 우리는 학습 내용을 암기하기보다 내용을 종합할 수 있는 경험을 설계하여 시너지적 사고의 기회를 만들어야 한다.

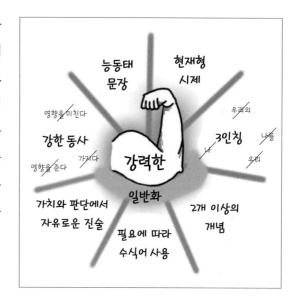

강력한 일반화 개발

개념 기반 탐구를 실행하는 교사는 강력한 일반화를 만드는 요소는 무엇인지, 그리고 그러한 요소들을 어떻게 구성하여 학생 학습을 지원할 수 있는지를 이해하는 것이 중요하다. 그렇다면 강력한 일반화의 특성은 무엇인가? 우리 모두는 정확하고 명확한 일반화를 구성하기를 원한다. 일반화는 실제 상황을 반영하는 개념적 관계를 설명한다. 일반화를 생성하기 위해 에릭슨과 래닝이 개발한 〈표 8-1〉(Erickson et al., 2017, p. 204)에 설명된 기준과 조언을 활용해야 한다.

강력한 일반화를 위해 활용해야 할 것들	강력한 일반화를 위해 피해야 할 것들	학생 사고를 스캐폴딩하기 위해 할 것들
개념적 관계를 정확한 방식으로 설명하는 강력한 동사를 사용한다(예: 제어, 유도, 증가).	'~가 되다, ~이다, ~영향을 미친다'와 같은 서술어는 약한 개념적 관계를 만들기 때문에 사용을 피하도록 한다.	'어떻게?', '왜?' 및 '그래서?'라는 질문을 사용한다. 예를 들어, "너무 좋은 생각인데 그 생각을 더 명확하게 할 수 있을 것 같은데, '어떻게'라는 부분을 더 설명해 볼 수 있을까"라는 질문을 사용할 수 있다.
일반적 3인칭 대명사(그들, 그들의)를 사용함으로써 이해를 전이 가능하도록 한다.	1인칭 대명사(나, 우리) 또는 구체적인 3인칭 대명사(그녀, 그 남자)의 사용을 피한다.	대명사의 특이성에 대해 문제 제기를 하라. 예를 들어, '우리'라고 할 때 이것이 우리만을 의미하는지, 아니면 모든 수학자에 대해 그렇게 말할 수 있는지에 대해 생각해 보도록 한다.
진술이 사실로 유지되고 전이 가능한지 확인하는 데 필요한 수식 어구(예: 할 수 있음, 가능성 있음 또는 종종 등)를 사용한다.	개념이 연결되는 방식과 시기를 지나치게 일반화하는 것을 피한다. 예를 들어, "개인적인 갈등은 개인의 정체성을 변화시킨다."라는 진술은 항상 사실이 아닐 수도 있다.	"이것은 모든 상황에서 항상 사실인가?" 또는 "중요한 아이디어이지만 사례 연구에서 사실로 밝혀졌는가? 사실적 진술이 되기 위해 아이디어를 어떻게 바꾸어야 하는가?"와 같은 질문을 던진다.
개념 간의 관계를 보다 명확하게 하는 능동형 문장을 사용한다. '이주는 문화 확산을 증가시킨다'는 문장이 하나의 예가 될 수 있다.	수동태 문장의 사용을 피한다. 이것은 종종 문장의 순서를 정하기 때문에 가장 중요한 개념이 문장의 마지막 부분에 위치할 수 있고, 이는 일반화를 덜 명확하게 만든다. "문화적 확산이 이주로 인해 증가된다."가 하나의 예가 될 수 있다.	"문장의 마지막 부분에 중요한 아이디어가 있는데 문장 속 단어의 위치를 변경해 보고 아이디어가 더 명확하게 되는지 확인해 보자."라는 제안으로 학생을 돕는다.
개념적 관계를 표현하는 2개 이상의 개념을 사용한다.	일반화에서 단 하나의 개념만을 사용하는 것을 피해야 한다. 하나의 개념만 사용하게 되면 개념 간 관계를 표현할 수 없다.	"그 아이디어에서 하나의 개념만 사용하고 있는데 다른 개념을 추가함으로써 보다 명확한 아이디어를 만들 수 있는지 확인해 보자"라고 제안하여 학생을 돕는다.
전이가 가능할 수 있는 시제를 사용한다.	과거 또는 미래 시제 동사의 사용을 피한다. 이러한 시제는 아이디어의 전이를 막는다.	"지금도 그 아이디어가 사실이며 앞으로도 그렇게 될 것이라고 생각하는가?" 또는 "이 아이디어를 시대에 국한되지 않도록 하기 위해 동사의 시제를 어떻게 바꾸어야 할까?"라는 질문을 통해 학생들을 돕는다.
판단이나 가치에서 자유로운 진술을 사용한다.	'꼭 ~해야 한다(must) 또는 ~해야 한다(should)'와 같이 가치가 포함된 진술을 피한다.	"우리는 이렇게 생각하는데, 다른 장소, 시간 또는 상황에 있는 사람들도 우리의 생각에 동의할까? 의견을 나타내지 않는 진술을 생각해 낼 수 있을까?"라는 질문을 통해 학생들을 돕는다.

* 유아원이나 유치원 학생들은 대명사 나, 또는 우리를 사용하는 것이 적절할 수 있다.

사고의 스캐폴딩

학생들이 작성하는 일반화가 명확하지 않은 경우가 종종 있다. 일반화가 불명확한 큰 이유 중 하나는 일반화 문장에서 '~이다, ~에 영향을 준다'와 같은 동사의 남용 때문이다. 에릭슨과 동료들(Erickson et al., 2017)은 이러한 동사를 개념적 특이성과 힘이 부족한 레벨 1 동사로 설명한다. 학생들의 사고력을 강화하기 위해 교사는 학생들이 강력한 일반화를 만들 수 있도록 지원하는 방법을 알아야 한다.

이를 위해 '사고의 스캐폴딩'(2007)이라는 린 에릭슨(Lynn Erickson)의 전략을 사용할 수 있다. 이 전략에서 우리는 '왜, 또는 어떻게'라는 구체적인 질문을 함으로써 학생들이 더 강한 동사 또는 더 구체적인 개념으로 일반화를 개발하도록 돕는다. 이러한 질문은 학생들이 자신의 생각을 설명하도록 요구하며, 이를 통해 더 큰 개념적 특이성을 가져 온다. 학생들의 생각을 더 확장하기 위해 "그래서 어떻다는 것인데?"라는 질문을 할 수 있다. 다음은 데이터 처리에 관한 3학년 수학 단원에서 일반화 과정을 어떻게 스캐폴딩하고 있는지를 보여 주는 예이다.

1단계에서 학생의 초기 생각: 그래프는 우리가 정보를 보는 방법에 영향을 미친다.

학생의 사고 스캐폴딩을 위해 교사가 질문한다: 그래프는 정보를 보는 방식에 어떤 영향을 미치는가?

학생이 자신의 아이디어를 명확히 한다(2단계): 그래프는 사람들이 정보를 구성하고 데이터의 패턴을 보는 데 도움이 된다.

교사는 질문을 통해 학생의 사고를 확장한다: 데이터에서 패턴을 보는 것의 중요성은 무엇인가?

학생은 3단계 아이디어를 구성한다: 규칙을 식별하는 것은 사람들이 데이터를 이해하고 정보에 입각한 결정을 내리는 데 도움이 된다.

참고: 개념 기반 탐구의 목표는 학생들과 함께 2단계 일반화를 개발하는 것이다. 때때로 우리는 학생들의 사고를 3단계로 확장하고자 한다. 그렇게 함으로써 학생들은 2단계 일반화에서 비롯된 추가 아이디어를 개발한다. 학생이 3단계 일반화를 제안한다면, 이것은 하나 이상의 새로운 개념을 가져 오는 새로운 아이디어여야 한다. 3단계 아이디어는 2단계 아이디어를 반복하거나 비슷

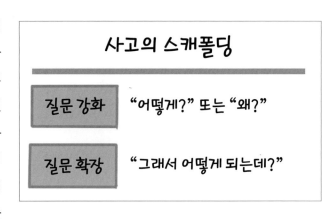

하게 표현한 것이 아니고, 2단계 아이디어를 대체하는 것도 아니다. 모든 아이디어를 3단계 아이디어로 확장하는 것이 꼭 필요하거나 바람직한 것은 아니다.

다음은 고등학교 생물학 단원의 또 다른 사고의 스캐폴딩 예이다.

1단계에서 학생의 초기 사고: 생명은 탄수화물, 지질, 단백질, 핵산을 포함한 탄소 화합물에 기초한다.

학생의 사고 스캐폴딩을 위해 교사가 질문한다: 생명체는 왜 탄소 화합물에 기반을 두고 있는가?

학생이 자신의 아이디어를 명확히 한다(2단계): 탄수화물, 지질, 단백질 및 핵산을 포함한 탄소 화합물은 세포의 구조와 기능에 기여한다.

교사는 질문을 통해 학생의 사고를 확장한다: 탄소 화합물의 중요성은 무엇인가?

학생은 3단계 아이디어를 구성한다: 탄소는 공유 결합을 통해 복잡한 분자를 형성할 수 있는 능력으로 인해 유기 생명체의 기초를 구성한다.

일반화 기록의 가치

개념 기반 탐구에서는 탐구자가 함께 일반화를 기록한다. 이것은 우리에게 서로의 생각을 공유하고, 검토하고, 배울 수 있는 기회를 제공한다. 학급이 함께 일반화를 기록하면 다음과 같은 것들이 가능해진다.

[사진 8-1] 켈시 존스의 1학년 학생들은 일반화를 기록했다.

출처: Kelsey Jones.

• 쉽게 일반화할 수 있도록 도와서 인지 부하를 감소시킨다.
• 새로운 사례 연구에 대해 배우면서 기존에 만들었던 일반화를 다시 살펴보게 된다.
• 학생들에게 생각할 수 있는 시간을 가질 수 있도록 한다.
• 일반화를 개선할 수 있는 방법을 식별할 수 있도록 한다.
• 학습이 전이될 수 있도록 돕는다.
• 수행 평가 및 형성 평가를 위한 정보를 수집할 수 있도록 돕는다.

교사로서 우리는 학생들의 이해를 확인하기 위해 사용하는 시스템을 살펴보아야 한다. 수업이 끝날 때 일반화를 수집하는 방법으로 출구 티켓을 사용할 것인가? 학급 토론이 어떻게 학생들의 생각을 공유하고, 문서화하며 분석할 수 있도록 돕고 있는가? 학생들은 손쉽게 이전 단원에서 개발한 이해를 살펴볼 수 있는가? 이러한 질문에 대해 숙고하면 시간이 지남에 따라 학생들의 생각을 모으기 위한 방법과 절차를 개발하는 데 도움이 될 수 있다. [사진 8-2]는 미니 화이트보드를 사용하여 학생들이 일반화를 기록하는 간단한 방법을 보여 준다. 학생들이 일반화하는 내용을 확인할 수 있는 다른 전략은 다음과 같다.

- 학급책 만들기(p. 205)
- 학생들이 일반화를 노트 또는 저널에 기록하기
- 단원 일반화 차트 개발하기([사진 8-1] 참조)
- 연중 내내 일반화를 게시할 수 있도록 교실벽에 타임라인 설정하기
- 각 단원에 대한 일반화를 문서화하기 위해 디지털 슬라이드 설계하기

[사진 8-2] 미니 화이트보드를 사용한 학생의 일반화 기록

토론의 중요성

개념 기반 탐구 교사로서 우리는 개념적 사고를 개발하는 수단으로 토론을 사용한다. 소그룹 및 학급 토론에서 우리는 학생들이 자신의 생각을 단원 개념과 연결시킬 수 있는 시간을 제공한다. "이러한 개념이 어떻게 연결되어 있다고 생각하는가? 이러한 연결성을 뒷받침하는 증거를 사례 연구에서 찾을 수 있는가? 아직 잘 모르는 부분은 무엇인가?" 등의 질문을 통해 토론을 이끌 수 있다.

학생들에게 일반화하도록 요청할 때, 교사는 교사가 단원을 계획할 때 개발한 이해의 내용을 학생들이 앵무새처럼 되풀이하기를 원하지 않는다. 대신 교사는 학생들이 독창적인 아이디어를 개발하는 것을 격려한다. 개념적 질문을 사용하여 가능한 한 다양한 답변을 권장한다. 다음은 유나이티드 월드 칼리지 사우스 아시아에 있는 스튜어트 맥알파인의 12학년 지식 이론 수업(Theory of Knowledge-IB DP 프로그램의 한 교과 과정)의 일반화 예이다. 패러다임에 관한 단원에서 스튜어트는 학생들에게 "패러다임이 인식에 어떤 영향을 미치는가?"라는 개념적 질문을 던졌다. 아래 세 가지 이해는 매우 유사하지만 학생들의 목소리와 각자의 독특한 표현 방식이 나타나고 있다.

- 패러다임은 기억과 경험에 의해 형성된 세상을 보는 지배적인 방법을 만든다.
- 패러다임은 삶의 경험과 신념에 의해 형성된 무언가를 인식하는 방법을 제공한다.
- 패러다임은 사람들이 자신의 가치와 신념을 바탕으로 세상을 인식하는 방법의 토대를 마련한다.

시너지적 사고

학생들은 종종 교사보다 더 쉽게 개념적 이해에 대한 설명을 찾는다. 처음에 우리는 학생들의 깊은 사고에 놀라게 되는데, 이 깊은 사고가 가능할 수 있던 이유는 학생들이 한 단원의 사실(지식)과 기능에 집중하고 일반화의 기초를 이 사실(지식)과 기능에 두기 때문이라는 사실을 깨닫게 된다. 교사로서 우리의 역할은 시너지적 사고를 장려하는 탐구 질문을 하는 것이다. "예를 들어 줄 수 있는가? 그 아이디어를 어디에서 보았는가? 이 두 아이디어의 유사점과 차이점은 무엇인가?" 등이 탐구 질문의 예가 될 수 있다. 학생들은 곧 합리적인 주장으로 자신의 이해를 설명하고, 증거 존중적인 마음을 개발하는 데 익숙해진다.

전략에 대한 머리말

이 단계의 전략은 학생들의 사고를 스캐폴딩하고 전이 가능한 이해를 명확하게 표현하는 데 도움이 되도록 설계되었다. 교실 예제와 동영상에서 볼 수 있듯이 교사들은 종종 다양한 전략들을 결합한다. 예를 들어, 교사는 개념적 질문을 사용하여 수업을 구성하고 개념 은행을 사용하여 사고를 더 스캐폴딩할 수 있다. 학생들이 더 경험이 풍부한 개념적 사고자가 되면 많은 지원을 제공하지 않아도 된다. 이 장의 전략은 학생들이 자신의 생각을 명확히 하는 데 매우 효과적일 수 있지만 꼭 필요한 것은 아니다. 때때로 교사가 일반화를 위해 문장구조를 제공하는 경우가 있는데 학생들이 그것을 사용하지 않는 것을 발견하게 된다. 이것은 어떤 면에서는 좋은 일이다. 학생들이 주어진 문장구조에 의지하지 않고 독립적으로 강력한 일반화를 내놓을 수 있다면 그것은 정말 축하할 일이다. 이러한 전략은 학생들이 교사들의 수업 계획 과정에서 사용한 일반화의 정확한 표현을 사용하도록 설계된 것은 아니라는 점을 기억해야 한다.

일반화를 형성할 때 학생들의 연령과 경험에 따라 〈표 8-1〉 '강력한 일반화를 개발하기 위한 팁'에서 나타난 '활용해야 할 것' 및 '피해야 할 것'에 제시된 정보를 제공하고 검토하도록 하는 것도 좋다.

일반화 전략

〈표 8-2〉 **일반화 전략**

전략	간단한 설명	페이지
사고 스캐폴딩을 위한 질문		
개념적 질문	학생들은 질문에 대해 숙고하고 자신의 생각을 사실적 수준에서 개념적 수준으로 발전시킨다.	224
스피드 연결	학생들은 특정한 사례를 사실적 질문에서 개념적 질문으로 이동하는 다른 사례 연구와 연결시킨다.	227
연결 4	학생들은 조직자를 사용하여 사례 연구 간의 유사점과 차이점을 발견한다.	228
사고 스캐폴딩을 위한 개념 은행		
개념 은행	학생들은 일반화를 형성하는 데 사용할 수 있는 단원과 관련된 개념 목록을 고려한다.	230
문장구조(프레임)	학생들은 문장의 시작 또는 끝부분을 완성하여 일반화를 형성한다.	232
개념 역할	학생들은 특정 개념의 역할을 맡고 다른 개념과의 관계를 탐구한다.	234
사고 스캐폴딩을 위한 패턴 및 연관성 탐색		
개념 매핑	학생들은 개념적 계층 구조를 탐색하고 그 안의 관계를 설명하기 위해 개념 매핑을 한다.	236
연관성은 무엇인가?	학생들은 토론에서 가져 온 색상으로 구분된 정보를 사용하여 연관성을 찾고 일반화한다.	238
패턴 찾기	학생들은 조직자에 있는 규칙을 사용하여 개념 간의 관계를 찾는다.	240
마이크로 일반화	학생들은 보다 광범위한 이해로 전이가 제한된 매우 특정한 마이크로 일반화에서 일반화를 구성한다.	242

개념적 질문

실행 방법: 사실적 질문에서 개념적 질문으로 이동하는 것은 개념 기반 탐구의 본질적 의미를 규정하는 기능이자 귀납적 학습에서 사용하는 필수 전략이다. 교사는 사례 연구와 관련되거나 단원의 핵심 용어를 정의하는 데 유용한 사실적 질문을 제시하는 것으로 수업을 시작한다. 탄탄한 기반이 확보되면 개념적 질문으로 이동한다. 사실적 질문은 특정 시간, 장소 또는 상황에 고정되어 있지만 개념적 질문은 시간, 장소, 상황을 넘어 전이 가능하다.

다음은 사실적 질문이 개념적 질문으로 전개되어 가는 몇 가지 예이다.

화학

- 물은 어떻게 얼음으로 변하는가?(사실)
- 물이 끓으면 어떻게 되는가?(사실)
- 상태 변화가 발생하기 위해 입자가 어떻게 재배열되는가?(개념적)

역사

- 아랍의 봄(2010년 12월 이래 중동과 북아프리카에서 일어난 반정부 시위를 일컫는 말)의 원인은 무엇인가?(사실)
- 1789년에 프랑스가 혁명을 일으킨 이유는 무엇인가?(사실)
- 미국 독립전쟁의 원인은 무엇인가?(사실)
- 사람들이 혁명을 일으키는 이유는 무엇인가?(개념적)
- 억압받는 사람들 중 일부는 혁명을 일으키지 않는데, 왜 어떤 일부는 혁명을 일으키는가?(개념적)

수학

- 이 삼각형의 면적은 얼마인가?(사실)
- 사인, 코사인 및 접선은 무엇인가?(사실)
- 수학자는 어떻게 삼각비를 사용하여 정삼각형의 변이나 각도를 계산하는가?(개념적)

[사진 8-3] 디자인 및 기술공학 과목의 교사 칼 와프가 개념적 질문으로 수업을 진행하고 있다.
출처: David French.

일반화를 지원하기 위해 교실에서 개념적 질문을 어떻게 효과적으로 사용할 수 있는지에 대해 많이 궁금해한다. 다음은 개념적 질문이 사고를 스캐폴딩할 수 있는 몇 가지 방법을 제안하고 있다.

〈표 8-3〉 개념적 질문을 위한 팁

개념적 질문 사용 목적	사용하는 방법
구체적인 질문을 구성하기	수업 수준에서 사용할 수 있는 보다 구체적인 개념적 질문을 개발한다. "상품과 서비스는 요구 사항과 욕구를 어떻게 충족하는가?"라는 개념적 질문을 "상품 및 서비스는 어떻게 개인의 건강을 도와주는가?"라고 하는 구체적 질문으로 재구성할 수 있다.
수업 구성하기	수업의 시작과 끝에서 개념적 질문을 검토한다.
학습 의도 구축하기	학생들에게 '이 수업이 끝나면 ~질문에 답할 수 있도록 한다'라고 제시하면서 학습의 의도를 구축한다.
그래픽 조직자에 표시하기	개념적 질문을 조직자 맨 위에 표시하여 집중된 사고를 할 수 있도록 한다.
학생 생각 공유 구성	예를 들어, 일련의 조사 중에 시간에 따른 개념적 질문과 관련된 학생의 생각을 수집 기록한다.
출구 티켓 생성	수업이 끝날 때 학생들에게 개념적 질문에 대한 답을 쓰도록 한다.
평가 설계	개념적 질문을 사용하여 수행 및 형성 평가를 설계한다.

© Marschall & French, 2018.

동영상: 개념적 질문-역 연산(8학년)

이 동영상에서 미국 플로리다에 있는 IDS 코베트 프렙 학교의 교사 텔마 라젠트는 학생들에게 "수학자들이 대수학에서 역 연산을 사용하는 이유는 무엇인가?"라고 질문한다.

학생 응답은 다음과 같이 다양하다.

- 대수학에서 수학자들은 미지수를 찾기 위해 역 연산을 사용한다.
- 대수학에서 수학자들은 역 연산을 사용하여 빠른 증명을 만들고 답을 확인한다.
- 대수학에서 수학자들은 역 연산을 사용하여 문제를 단순화하고 빠르게 문제를 풀고 답을 확인한다.

이 동영상을 시청하면서 다음 질문에 대해 생각해 보라.

1. 학생의 사고를 스캐폴딩하기 위해 개념적 질문 이전에 어떤 사실적 질문이 제기되는가?
2. 텔마는 학생들에게 과도하게 일반화되었을 수 있다는 사실을 알리고 다음 수업에서 이를 다시 살펴볼 계획이다. 이 일반화를 다시 검토하고 확인하려는 다음 수업에서 교사는 어떤 질문을 던질 수 있을까?

회원 사이트(wwww.connectthedotsinternational.com/members-only)에서 이 동영상을 시청할 수 있다.

[사진 8-4] 텔마 라젠트의 8학년 대수학 수업

출처: David French.

실행 방식: 스피드 데이트의 구조에서 영감을 받은 이 전략은 학생들이 사례 연구를 연결하고 관련 마이크로 개념을 도출하여 일반화를 지원할 수 있는 개념 은행을 형성하는 데 도움이 된다. 학생들이 서로 다른 사례 연구를 조사하는 네트워크 사례 연구 접근 방식과 함께 사용하는 것이 가장 좋다. 실행 방법은 다음과 같다.

1. 사례 연구 선택: 학생들이 각자 조사하고 있는 사례 연구의 역할을 맡도록 한다. 사례 연구의 인물의 의상을 입거나 사례 연구의 제목이 적힌 이름표를 착용하도록 할 수도 있는데, 이것이 필수는 아니다.

2. 파트너 찾기: 학생들이 교실에서 자유롭게 돌아다니다 멈추어 파트너를 찾도록 한다.

3. 질문에 답하기: 개념적 렌즈 또는 단원의 주도적인 개념 중 하나에 초점을 맞춘 대화의 주제를 제시한다. 탐험에 대한 단원에서 교사는 학생들에게 "탐험의 동기는 무엇이었나?"라는 질문에 대해 토론하도록 하고 학생들은 각각 2~3분 동안 탐험의 동기를 요약할 수 있도록 한다.

4. 연결하기: 학생들은 파트너와 연결될 수 있는 부분을 찾아야 한다. 학생들이 토론 질문을 사용하여 서로의 연결점을 찾았다면 이를 카드에 한두 단어로 설명한다. 그런 다음 파트너와 팔짱을 끼고 함께 방을 돌아다닌다. 연결점이 없는 파트너와는 헤어져서 각자 돌아다닌다.

5. 다른 학생들과 반복: 동일한 토론 질문을 반복하여 이번에는 학생들이 새로운 파트너와 만나 질문에 대해 토론하도록 한다. 파트너가 만들어진 학생들을 파트너와 함께 다니며 이 활동을 한다.

6. 연결 유지 또는 끊기: 학생들이 만약 현 파트너보다 다른 파트너와 밀접한 연결점을 찾으면 원래 연결을 끊을 수 있다고 말한다. 그런 다음 연결점이 무엇인지 이름을 지정하고 새로운 파트너십을 형성한다.

7. 더 큰 그룹 형성: 3~5회의 토론 후 학생들은 연결 또는 관계를 설명하는 하나의 개념으로 더 큰 그룹을 형성하기 시작한다. 탐험 예제로 돌아가서 학생들은 다음과 같은 그룹을 구성할 수 있다.

    • 권력과 자원의 통제―바스쿠 다가마, 캡틴 쿡, 마르코 폴로, 칭기즈칸
    • 모험―에드먼드 힐러리 경, 닐 암스트롱, 이븐 바투타
    • 과학적 발견―찰스 다윈, 페르디난드 마젤란
    • 종교적 신념 확산―로티 문, 칼리드 이븐 알 왈리드

8. 마이크로 개념 목록: 각 그룹이 나타내는 마이크로 개념 목록을 만든다.

9. 개념적 질문 제기: "탐험하도록 동기를 부여하는 것은 무엇인가?"와 같은 개념적 질문을 제기한다. 학생들은 활동에서 배우게 된 마이크로 개념을 사용하여 이 질문에 답할 수 있는 일반화를 만든다.

[사진 8-5] 제임스 쿡 선장은 다른 학생들과 연결점을 찾으려 하고 있다.

출처: David French.

실행 방식: 낸시 페어번과 칼라 마샬이 공동 개발한 연결 4는 사실적 사례 연구들 사이에서 규칙을 찾는 전략이다. 이 전략은 일반화하기 위해 학생이 정보를 종합하도록 해 준다. 그래픽 조직자는 5개의 부분으로 구성되어 있다. 조사한 사례 연구와 관련된 정보를 기록하기 위한 4부분이 있고, 각 부분은 학생들이 관련 정보에 집중할 수 있도록 제목이 쓰여져 있다. 그래픽 조직자 가운데 있는 부분

에는 학생들이 발견한 내용을 바탕으로 일반화하도록 요청하는 개념적 질문 또는 문장구조가 포함되어 있다. 전략을 사용한 후 학생이 답할 수 있어야 하는 개념적 질문이 그래픽 조직자 맨 위에 표시되어 있다.

개념적 질문: 무엇이 지도자들을 어려움에도 불구하고 사회를 변화시키도록 영감을 주는가?

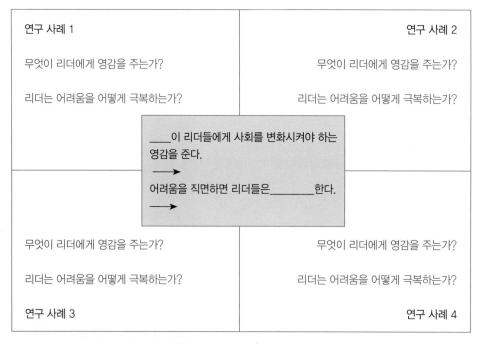

[그림 8-1] 연결 4의 조직자 예

다음은 학생들이 연결 4를 사용하도록 소개하고 지원하는 방법을 소개하고 있다.

1. 개념적 질문 소개: "무엇이 지도자들을 어려움에도 불구하고 사회를 변화시키도록 영감을 주는가?"와 같은 개념적 질문을 중심으로 수업을 계획한다. 그래픽 조직자를 소개하기 전에 이 질문을 먼저 제시한다.
2. 그래픽 조직자 사용에 대한 설명: ① 각 그룹의 네 사람은 각각 다른 사례를 연구해야 하며, ② 기록된 정보는 그래픽 조직자의 각 부분의 제목과 관련되어야 하는 것을 이해하도록 한다. 지도자에 대한 질문의 경우 '무엇이 지도자들에게 영감을 주는지' 및 '어떻게 어려움을 극복하는지'일 수 있다. 샘플 사례 연구를 통해 그래픽 조직자가 어떻게 구성되어야 하는지를 보여 주면 학생들이 더 적극적으로 사고할 수 있다.
3. 규칙 찾기: 학생들이 조직자의 개별 부분을 채우고 나서 대화에 참여하게 되는데, 대화의 목적은 각 사례 연구 간의 유사점과 차이점을 식별하는 것이다. 대화를 보다 쉽게 이끌어 갈 수 있도록 '_____와 _____이 ~점에서 유사하다는 것을 알았다' 또는 '4개의 모든 사례 연구에서 ~한 유사점과 ~한 차이점을 발견했다'라는 문장구조를 제시할 수 있다. 이러한 대화는 학생들이 다음 단계에서 일반화할 수 있도록 준비시켜 주며, 일반화는 같은 수업 중에 일어날 수도 있고 아닐 수도 있다.

4. 일반화 만들기: 조직자의 가운데 부분에 학생들은 식별한 규칙을 반영하는 일반화를 구성한다. 이 부분에 '_____는 지도자가 사회를 변화시킬 수 있도록 감화시킨다' 또는 '어려움을 경험할 때 지도자는 ~한다'와 같은 문장구조를 제시해 놓을 수도 있다. 일반화 만들기는 소그룹으로 진행된다.

5. 아이디어 수집 및 종합: 모든 그룹이 일반화를 만든 후 전체 학급 토론을 하도록 한다. 일반화 간에 어떤 공통점이 존재하는지, 만들어진 일반화가 어떤 식으로든 서로 결합될 수 있는지 생각해 보도록 한다. 이 과정을 통해 소그룹을 통해 개발된 이해는 더 발전된 사고를 반영할 수 있는 학급 전체의 일반화로 전환될 수 있다. 소그룹 일반화에서 오해가 발생한 경우 학생들에게 질문을 통해 올바른 이해가 이루어질 수 있도록 한다. 예를 들어, "모든 상황에서 그것이 사실인가?" 또는 "그 진술을 반박하는 사례 연구가 있는 그룹이 있는가?"와 같은 질문을 제시할 수 있다. 이러한 질문과 대화는 우리가 열린 마음, 증거 존중적인 마음, 끈기 있는 마음의 세 가지 틀을 구축할 수 있도록 돕는다.

동영상: 연결 4-혁신가(Grade 5)

이 동영상에서 취리히 국제학교의 캐더린 도이치 교사의 5학년 학생들은 연결 4 그래픽 조직자를 사용하여 혁신가에 대해 일반화한다. 이 동영상을 보면서 다음 질문에 대해 생각해 보라.

1. 그래픽 조직자는 학생들이 사실적 규칙을 찾는 데 어떻게 도움이 되는가?
2. 다양한 사례 연구가 학생이 일반화를 강화시키는 데 어떻게 기여하는가?
3. 학급 일반화를 개발할 때 교사가 학생들 간의 대화와 토론을 어떻게 효과적으로 이끌고 있는가?

회원 사이트(www.connectthedotsinternational.com/members-only)에서 이 동영상과 연결 4 그래픽 조직자를 찾아볼 수 있다.

[사진 8-6] 연결 4 그래픽 조직자 사용

출처: Katherine Deutsch.

개념 은행

실행 방식: 개념 은행은 학생들이 일반화할 때 사용할 수 있는 단원의 개념 목록을 제공한다. 개념 은행은 교사가 직접 만들거나 탐구를 통해 학생들과 함께 만들 수 있다. 개념 은행에는 일반적으로 개념적 렌즈, 단원의 주도적인 개념, 학급에서 탐구한 여러 매크로 및 마이크로 개념이 포함된다. 개념 은행을 눈에 띄게 전시해 놓으면 학생들이 개념을 기억하고 리뷰함으로써 개념 형성을 더욱 지원할 수 있다. 실행 방식은 다음과 같다.

1. 개념 은행 구축: 단원 과정 동안 학생들과 협력하여 개념 은행을 공동으로 만든다([사진 8-7] 참조). 여기에는 개념적 렌즈, 주도적인 개념 및 사례 연구에서 도출된 기타 개념이 포함된다. 일부 교사는 각 개념에 대한 정의를 포함시키기도 하지만 이것이 필수적인 것은 아니다.

2. 개념 은행 검토: 개념 은행을 검토할 때 학생들이 모든 개념의 의미를 알고 있고 적절한 예와 비예시를 제공하여 설명할 수 있는지 확인한다. 필요한 경우 개념 형성 전략으로 되돌아간다.

3. 일반화: 학생들에게 개념 은행에 있는 개념들 중 2개 이상의 개념을 선택하고 그 사이의 관계를 설명하여 일반화를 구성하도록 한다. 이것은 학생들이 필요로 하는 지원 정도에 따라 학급 전체 또는 소그룹으로 진행할 수 있다. 개념 은행에 있는 개념을 한꺼번에 많이 사용하지 않도록 한다. 일반화를 위해서는 2~3개의 개념이면 충분하다. 어린 학습자의 경우 단어를 다른 색깔들로 구분하거나 그룹화시켜 일반화하는 데 도움이 되도록 한다.

4. 비교 사례 연구: 인지 부하를 줄이려면 학생들이 자신의 공책에 적은 내용이나 수업시간에 같이 작성한 조직자를 검토하도록 권장한다. "이러한 개념은 어떤 맥락에서 찾을 수 있었는가?", "어떤 예들이 개념을 잘 설명하고 있는가?" 등의 질문도 도움이 된다.

5. 정당화: 학생들이 일반화를 구성하면 사실적 예를 사용하여 자신의 생각을 정당화하도록 유도한다. 이것은 증거 존중적인 개발을 지원한다.

[사진 8-7] 실행 중인 개념 은행
암스테르담 국제학교에서 멜라니 스미스의 2학년 수업에서 개념 은행을 검토하고 있다.

출처: Melanie Smith.

깔때기와 피라미드: 이 변형된 전략에서 교사는 학생들에게 관련된 개념을 가장 넓은 범위 (매크로)의 개념에서 가장 구체적인 (마이크로) 개념으로 분류하도록 한다. 깔때기나 피라미드 모양의 템플릿 모양을 사용하여 개념의 크기에 따라 순위를 정할 수 있도록 도와줄 수 있다. 아래 그림은 5학년 학생들이 표시된 도형들을 깔때기 모양을 사용하여 분류한 것을 보여 주고 있다.

개념 그룹화하기: 개념 은행에서의 단어를 사용하여 학생들이 카드 세트를 만들도록 한다. 각 카드에는 한 단어가 쓰여 있고 이 카드를 분류하고 그룹화한다. 예를 들어, 학생들은 유사한 특성을 지닌 개념을 함께 그룹화 하고 그 그룹을 한 개념으로 표시한다. 분류하고 그룹화하는 활동을 통해 학생들은 새로운 개념적 관계를 찾고 유연한 사고력을 계발한다.

[사진 8-8] 도형을 위한 개념 깔때기

출처: Katherine Deutsch.

[그림 8-2] **개념 은행의 변형**

동영상: 개념 은행-텍스트 안에 나타난 거리와 의견(11학년)

이 동영상에서 데이브 화이트의 IB 영어 및 문학 수업의 11학년 학생들은 이전에 개발된 교차 비교 차트를 분석하여 중요한 개념을 식별한다. 학생들이 소그룹으로 토론하고 있을 때 데이브는 어떤 아이디어에 가장 공감하는지 학생들에게 묻고 차트에 기록한다. 학생들은 텍스트에서 거리와 의견의 관계에 대해 일반화할 때 이 개념 은행을 참조한다.

동영상을 시청하는 동안 다음 질문에 대해 생각해 보라.

[사진 8-9] 데이브 화이트의 IB 영어 및 문학 수업

출처: David French.

1. 교사는 개념적 질문을 어떻게 사용하여 학생의 학습을 구성하고 집중하게 하는가?
2. 교사는 강력한 일반화가 가진 특성을 어떻게 소개하는가?
3. 개념 은행은 학생들이 논의한 가장 중요한 개념을 어떻게 설명하는가?

회원 사이트(www.connectthedotsinternational.com/members-only)에서 이 동영상을 시청할 수 있다. 학생들이 어떻게 아이디어의 전이 가능성을 테스트하는지를 살펴보기 위해 제9장에서 이 동영상을 다시 살펴본다(p. 257 참조).

실행 방식: 문장구조를 제공하는 것은 학생의 사고를 스캐폴딩하고 일반화를 지원하는 가장 간단하고 빠른 방법 중 하나이다. 이 전략은 아이디어의 일부를 제공하여 인지 부하를 줄여 준다. 학생들은 이전 단계에서 수집하고 정리한 정보를 바탕으로 자신의 생각으로 빈칸을 채워 문장을 완성한다. 교사는 학생들의 사고를 안내하기 위해 문장의 일부를 제공할 수 있다.

일반화를 처음 접하는 학생들은 추가 스캐폴딩이 필요할 수 있다. 교사는 필요한 경우 이 전략과 개념 은행 전략을 함께 사용할 수 있다. 문장구조를 제공한다고 해서 학생들이 사실(지식)과 기능을 조사할 필요가 없다는 것이 아니라는 것을 기억해야 한다.
다음은 가능한 문장구조의 몇 가지 예이다.

자신이나 다른 사람을 다스리기 위해_____ 한다.
가능한 일반화: 자신과 다른 사람을 다스리기 위해 사람들은 시스템을 만든다.
(프랑크푸르트 국제학교 안드레아 모스텔라가 개발한 문장구조)

루트와 제곱근은 _____ 한다.
가능한 일반화: 루트와 제곱근은 역 관계를 유지하여 수학자가 역 연산을 할 수 있도록 한다.
(IDS 코베트 프렙 학교 텔마 라젠트가 개발한 문장구조)

과장, 은유, 직유 및 의인화는 _____ 할 수 있다.
가능한 일반화: 과장, 은유, 직유 및 의인화는 극적인 효과를 생성하고 강한 이미지를 불러일으킬 수 있다.

동영상: 문장구조-역동적 인물(7학년)

미국 플로리다에 있는 IDS 코베트 프렙 학교의 제니퍼 자그드만의 7학년 학생들은 역동적인 인물과 중대한 사건에 대해 배우고 있다. 제니퍼는 타임라인을 사용하여 학생들이 수 박(Sue Park)이 쓴 소설 『우물로 가는 긴 길(A Long Walk to Water)』에서 중요한 사건을 식별하도록 한다. 그리고 개념 형성을 확인한 후 '_____는 인물의 역동적인 성격을 보여 준다'라는 문장구조를 소개한다. 이 동영상을 시청하면서 다음 질문에 대해 생각해 보라.

1. 문장구조는 학생의 사고 집중하는 데 어떻게 도움이 되는가?
2. 학생들이 같은 문장구조를 사용하는 데도 일반화의 내용이 얼마나 다양한가?
3. 문장구조를 사용하기 전에 제니퍼는 "살바는 왜 역동적인 인물로 분류될 수 있는가?"라는 사실적인 질문을 던진다. 이 질문이 학생의 사고를 스캐폴딩하는 데 어떻게 도움이 되는가?

회원 사이트(www.connectthedotsinternational.com/members-only)에서 이 동영상을 시청할 수 있다.

[사진 8-10] 제니퍼 자그드만의 7학년 영어 수업

출처: David French.

개념 역할

실행 방식: 개념 역할에서는 학생들이 특정 개념의 역할을 맡고 다른 개념 사이에 존재하는 관계를 정의한다. 교실에서 이 전략을 사용할 때, 우리는 보다 구조화된 규약을 설명한 다음 학생들이 개념을 교차 연결하도록 한다. 개념적 관계를 명명할 때 그에 해당하는 증거 제공의 중요성을 강조한다. 실행 방식은 다음과 같다.

1. 개념 및 일반화 식별: 활동 전에 일반화에서 연결 가능한 3~5개의 개념을 식별한다. 카드에 각 개념을 적고 학생들을 위해 개념 카드 묶음을 만든다.

2. 소규모 그룹 만들기: 연결될 개념의 수에 따라 학생들을 3~5명으로 구성된 그룹으로 만든다. 학생들에게 원을 만들어 앉도록 한다.

3. 역할 할당: 각 그룹에 개념 카드 묶음을 제공하고 학생들에게 각각 하나의 카드를 선택하도록 한다. 학생들에게 자신이 담당한 개념이 무엇을 의미하는지 생각하고 단원에서 공부했던 사례에 대해 생각할 시간을 준다.

4. 시계 방향으로 연결하기: 각 학생이 자신이 담당하는 개념을 들고 있거나 착용한 상태에서([사진 8-11] 참조) 시계 방향(오른쪽)에 있는 다른 개념과 연결하도록 한다. 한 사람이 문장구조를 사용하여 다음과 같이 개념 연결을 시작한다. 예를 들어, '내 개념은 _____이다. 이것은 _____ 이유 때문에 _____개념과 연결될 수 있다.' 라는 문장구조를 활용할 수 있다. 이렇게 원형으로 둘러앉은 모든 학생들이 자신의 개념을 오른쪽에 앉은 사람의 개념과 연결할 때까지 같은 과정을 반복한다. 개념 역할이 잘 진행될 수 있도록 진행 방식을 명확하게 하게 되면 모든 학생들이 참여하게 되고 더 명확한 연결점을 찾기 위해 위의 절차를 다시 반복할 필요가 없게 된다. 학생들은 개념간의 관계를 식별하기 위해 학급 검색 차트 또는 공책을 사용한다.

5. 교차 연결 만들기: 모든 학생들이 한 번씩 개념 연결 활동에 참여하고 나면 교차 연결을 할 수 있도록 한다. 학생들은 명확한 증거를 제시할 수 있는 한 원하는 다른 개념과 연결할 수 있다.

6. 일반화 형성: 이 단계에서 각 그룹의 학생들에게 이해의 내용을 문장으로 작성하도록 한다. 그룹에 제시된 몇 가지 개념을 사용하여 일반화할 수 있는가? 아니면 그룹에 제시된 모든 개념을 사용하여 일반화할 수 있는가? 이해의 내용을 문장으로 작성할 수 있도록 도와주기 위해 '우리는 _____가 _____하게 되는 것을 이해한다.' 등의 문장구조를 제공할 수 있다.

다음은 일반화를 형성하기 위해 학생들에게 주어질 수 있는 개념의 몇 가지 예이다.

덧셈 단원: 덧셈, 수량, 합계
"덧셈은 합계를 만들기 위해 적어도 2개의 수량을 결합한다."를 이해한다.

생태계 단원: 생태계, 소비자, 생산자, 균형
"생태계를 유지하려면 생산자와 소비자 사이의 균형이 필요하다."를 이해한다.

문학 분석 단원: 주인공, 적대자, 이야기 구성, 반대, 변화
"주인공이 이야기의 구성을 주도하는 동안 적대자는 극적인 변화에 저항하여 반대 세력을 나타낸다."를 이해한다.

[사진 8-11]에서 프랑크푸르트 국제학교 5학년 학생들은 유전적 특성, 행동, 성격, 환경이라는 개념의 역할에 참여하여 다음과 같은 것을 이해하고자 한다.

• 환경 조건과 유전적 특성은 사람의 성격과 주어진 상황에서 사람이 행동하는 방식을 형성한다.

[사진 8-11] 학생들이 유전적 특성에 대한 개념 역할 활동 중 개념 역할을 맡아서 활동에 참여하고 있다.
출처: David French.

실행 방식: 조지프 노백과 코넬 대학교팀이 개발한 개념 매핑은 개념을 시각적으로 구성하고 표현하여 개념 간의 관계를 찾는 방법이다. 개념 매핑에서 노백(Novak, 2012)은 "개념 매핑은 개념의 단순한 정의를 보여 주는 것이 아니라 개념의 의미가 다른 개념과 어떻게 관련되어 있는지 보여 주는 통합된 명제 집합을 보여 준다."(p. 45)라고 말한다. 개념 매핑은 초기에 학생들에게 개념적 계층을 식별하도록 하여 마이크로 개념이 매크로 개념 아래에 자리 잡을 수 있도록 한다. 이 전략은 조직화 및 통합 기술이 아직 없는 학생들을 돕는 데 특히 유용하다(Hattie, 2010). 실행 방식은 다음과 같다.

1. 개념 식별: 학생들이 초반에 몇 개의 개념으로 매핑할지 결정한다. 이러한 개념에는 개념적 렌즈 및 주도적인 개념이 포함되어야 하지만 단원에서 공부한 마이크로 개념도 포함하도록 한다. 약 15~20개의 개념으로 시작하는 것이 좋다 (어린 학생들은 더 적은 수의 개념으로 시작해도 좋다.). 학생들에게 누락되었다고 생각되는 다른 개념을 추가해 보라고 한다. 종이에 개념 매핑을 할 경우 각 개념을 별도의 스티커에 표시하도록 한다. 개념이 이미 적힌 종이를 나누어 주어서 학생들이 스티커에 개념을 적는 데 소요되는 시간을 줄일 수 있다.

2. 개념 및 자료 발표: 이 활동을 3~4명의 소그룹으로 할 수 있도록 하면 더욱 효과적이다. 학생들이 매핑할 모든 개념을 잘 알고 있는지 확인하고 구성할 수 있는 큰 차트 용지를 제공한다.

3. 광범위한 개념에서 특정 개념으로 순위 지정: 그룹에게 가장 광범위하고 포괄적인 개념에서 가장 구체적인 개념으로 매핑하도록 한다. 학생들이 가장 광범위한 개념을 식별하도록 돕고 이런 개념들을 지도 상단에 배치하도록 한다. 일반적으로 개념 지도 상단에는 1~3개의 개념만 배치한다.

4. 하위 개념 배치: 그룹의 학생들에게 2~4개의 하위 개념을 선택하여 지도 상단에 있는 각 개념의 하위에 배치하도록 한다. 이 단계에서 지도를 구조화하고 해당 영역을 정의하기 시작한다. 가장 광범위한 개념부터 가장 구체적인 개념까지 모든 개념이 지도에 배치될 때까지 하위 그룹을 계속 만든다.

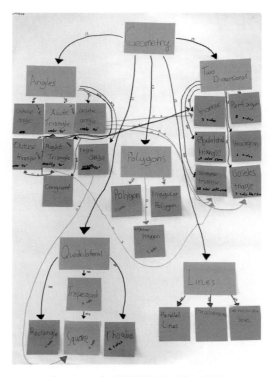

[사진 8-12] 기하학에서의 개념 매핑

출처: Katherine Deutsch.

5. 선 추가 및 연결 단어: 지도의 구조가 완성되면 학생들에게 선을 그려 개념을 연결하도록 한다. 그런 다음 학생들은 연결 단어로 각 연결된 선을 설명하도록 한다. 때로는 이 과정을 두 수업으로 나누는 것이 합리적이다. 이 단계가 두 번째 수업의 시작이 될 수 있다. 이를 통해 학생들은 지도에서 벗어나 지도를 재구성해야 하는지 생각해 볼 수 있다. 연결 단어의 예는 [그림 8-3]에서 찾아 볼 수 있다.

만들다	포함한다	~로 구성되다	창조하다	~로 이끈다
요구하다	결정한다	구성하다	만들다	~을 초래하다
(관계를) 수립하다	구성한다	형성하다	필요하다	생산하다
원인이 되다	~일 수 있다	~할 수 있다	~와 같은	예를 들면

[그림 8-3] **연결 단어 예**

6. 일반화하기: 학생들에게 개념 매핑에서 발견된 몇 가지 중요한 아이디어를 명확하게 표현하도록 한다. 생각을 명확하게 표현할 수 있도록 어떻게 문장을 시작하는지를 제시할 수 있다. 또는 지도에서 가장 포괄적인 개념과 구체적인 개념 간의 연결성을 직접 보면서 중요한 아이디어를 표현할 수 있다(예: 기하학은 평행선 및 수직선과 같이 다각형에서 발견되는 직선 유형을 조사한다.).
7. 필요에 따른 스캐폴딩: 일반화 문장에 효율적이지 못한 동사들이 사용되었다면 "어떻게, 왜, 무엇이 중요한가" 등의 안내 질문을 통해 학생들이 이해를 강화하도록 도와주어야 한다.

연관성은 무엇인가?

실행 방식: '연관성은 무엇인가?'는 색상 코딩을 사용하여 학생들이 사례 연구에서 규칙을 구성하고 찾는 데 도움이 되는 전략이다. 때로는 어린 학생들이 자신이 배운 것을 학급 책이나 포스터로 표현할 때 한 사례 연구가 다른 사례 연구와 어떤 관련이 있는지 확인하는 것이 어려울 수 있다. '연관성은 무엇인가?' 전략이 그 과정을 스캐폴딩한다. 교사는 유사한 사실적 예를 보여 주면서 학생들에게 "이 아이디어 사이의 연관성은 무엇인가?"라고 질문한다. 실행 방식은 다음과 같다.

1. 사례 연구 조사: 이 전략은 학생들이 여러 사례 연구에서 일반화를 구성하는 데 도움이 되므로 강력한 사실이 기반되어야 한다. 주도적인 개념을 반영하는 사례 연구를 선택해 주거나 학생들이 직접 선택할 수 있도록 안내한다.
2. 배운 내용 공유: 학생들이 각 사례 연구에서 배운 내용을 공유 할 때 그 내용들이 단원의 개념적 렌즈 및 주도적인 개념과의 연관성이 있는지 들어 보라. 예를 들어, [사진 8-14a]와 [사진 8-14b]는 조직이라고 하는 단원에서 교사가 역할, 책임, 일, 자료, 장소와 같은 개념과의 연결성을 어떻게 기록하는지를 보여 준다.
3. 색상 코드 사용: 학생들의 아이디어를 적고 단원의 주도적인 개념과 관련된 사실적인 예를 색상 코딩한다. 예를 들어, 조직 단원에서 역할 및 책임과 관련된 내용은 모두 녹색 종이에 적는다. 처음에는 학생들이 색상 코딩에 집중하지 않도록 하는 것이 좋다. 그러나 개념 형성을 지원하기 위해 아이디어를 기록할 때 개념의 이름을 지정하는 것이 도움이 될 수 있다.
4. 규칙 및 연결 찾기: 학생들이 일반화할 준비가 되면 한 가지 색상의 모든 예를 선택하고 학생들에게 "이 아이디어는 어떻게 서로 연결되어 있는가?"라고 질문한다. 학생들이 하나 이상의 개념을 명명하여 대답하는지 살펴본다. 예를 들어, 학생들은 "이 모든 아이디어는 우리가 물건을 치우는 장소와 관련되어 있다."라고 대답할 수 있다.
5. 일반화: 학생들이 연관성을 확인한 후 해당 개념과 더 많은 단원의 매크로 개념 간의 관계를 설명하도록 한다. 예를 들어, "역할과 책임이 조직에 어떻게 연결되는가?"라고 물을 수 있다.

어린 학생들에게 '연관성은 무엇인가?' 전략을 사용할 때, 교사는 연결 개념을 중심으로 개념 형성 활동을 시작하거나 다음 페이지에 제시된 [사진 8-14]의 차트를 이용해, 학생들이 개념을 연결하는 활동을 도울 수 있다.

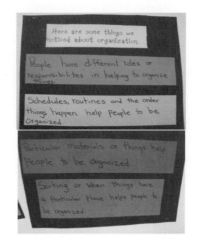

[사진 8-13a], [사진 8-13b] 조직 단원에서 '연관성은 무엇인가?' 전략 사용의 예

출처: Gayle Angbrandt.

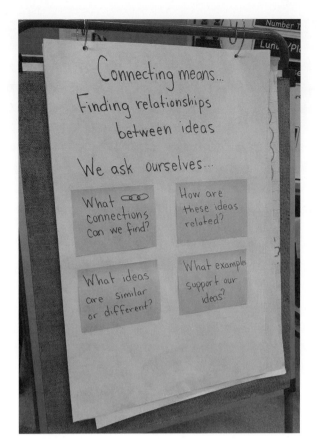

[사진 8-14] '연관성은 무엇인가?' 앵커 차트

동영상: 연관성은 무엇인가?(유치원)

이 동영상은 우리가 안전하게 지낼 수 있는 다양한 방법에 대해 일반화를 만들기 위해 '연관성은 무엇인가?' 전략을 사용하는 유치원 수업을 보여 준다.
동영상을 보면서 다음 질문에 대해 생각해 보라.

1. 학생들의 개념적 사고를 돕기 위해 사례 연구는 어떤 역할을 하는가?
2. 학생들은 모두 이 단원에서 시범적으로 사례 연구법을 보여 주는 접근 방식을 통해 서로 다른 경험을 했다. 이 접근 방식의 장단점은 무엇인가?

[사진 8-15] 사례 연구를 연결하는 게일 앵브란트의 학생들

출처: Gayle Angbrandt.

회원 사이트(www.connectthedotsinternational.com/members-only)에서 이 동영상을 시청할 수 있다.

패턴 찾기

실행 방식: 이 전략은 어린 학습자가 조직자로 구성된 사실 또는 기능 기반 내용을 연결할 수 있도록 하는 데 도움이 된다. 이 전략에서 학생들은 조직자에 나타난 내용들 속의 패턴을 찾을 수 있도록 조직자를 살펴보게 된다. 조직자를 크고 잘 볼 수 있도록 만들면 학생들이 조직자 속에 기록된 내용들 사이의 패턴을 보다 쉽게 찾을 수 있도록 돕는다. 학생들은 활동을 통해 "모든 축하 행사에는 특별한 색이 있다"와 같은 간단한 문장을 처음 만들어 낼 수 있는데 이 과정을 통해 교사는 학생들의 일반화 능력을 개발하고 있는 것이며 학생들의 일반화 개발능력은 연습을 통해 점차 강해진다. 이 활동의 목표는 개념적 이해의 진술이 얼마나 간단하거나 복잡한지에 관계없이 학생들이 진술을 작성할 때 근거가 되는 내용을 가리키고 참조하는 것이다. 실행 방식은 다음과 같다.

1. 조직자 검토: 단원 중간 또는 마지막에 "어떤 패턴을 볼 수 있는가, 또는 어떤 연관성이 있는가?"라는 교사 질문을 사용하여 조직자를 검토하게 한다.
2. 문장구조 소개: 이해를 진술할 수 있는 문장구조를 사용해 진술하는 방법의 예를 보여 줄 수도 있고, '아마, 어쩌면, 종종'과 같은 단어를 사용하여 조직자 내용을 관찰하며 생각하는 것의 예를 보여 줄 수도 있다.
3. 옆 사람과 대화하기: 처음에는 학생들에게 옆 사람 또는 세 사람이 함께 자신이 관찰한 내용에 대해 이야기하도록 한다.
4. 규칙 명명: 학생들이 패턴의 이름을 정할 때 조직자에 나타난 근거가 되는 내용을 가리키도록 권한다. 예를 들어, "설날, 핼러윈, 크리스마스 등 세 가지 축하 행사에는 모두 특별한 조명이 있다." 같은 패턴을 발견할 수 있다.
5. 아이디어 기록: 이러한 진술을 일반화로 기록한다. 필요에 따라 "어떻게?", "왜?" 또는 "그래서?"와 같은 질문을 던져서 아이디어가 더 명확해지도록 돕는다.

다음 쪽의 [그림 8-4]는 입체도형의 1학년 단원에서 전략이 실제로 사용되는 예를 보여 준다. 도형이 밀기, 쌓기, 굴리기가 가능한지 확인하기 위해 여러 모양으로 실험에 참여한 후 학생들은 조직자에서 패턴을 찾았다.

다음과 같은 내용을 이해한다.

평평한 면을 가진 입체도형은 미끄러질 수 있고 쌓을 수 있다. 그러나 구를 수는 없다.

평평한 면과 둥근 표면을 가진 입체도형은 기둥 미끄러질 수 있고, 쌓을 수 있고 구를 수 있다.

입체도형이 어떻게 움직이는지를 알면 도형을 쌓을 때 도움이 된다.

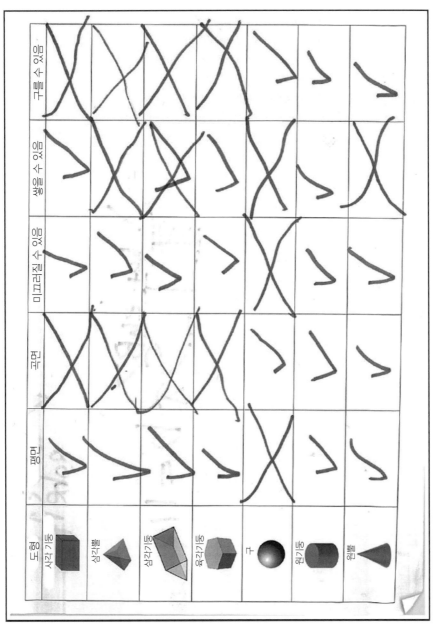

[그림 8-4] 패턴 찾기 전략을 위한 수학 조직자

출처: Carla Marschall.

마이크로 일반화

실행 방식: 학생들이 사실(지식)과 기능을 바탕으로 공부할 때 전이가 제한된 특정 마이크로 일반화로 시작하고 이후에 더 넓은 일반화로 이동하는 것이 더 쉬울 수 있다. 이것은 마이크로 일반화가 더 구체적인 개념을 명명하고 따라서 더 구체적으로 느껴지기 때문이다. 이 전략의 실행 방식은 다음과 같다.

1. 유사한 예의 집합: 그림 카드, 단어 또는 예를 사용하여 학생들에게 특정 마이크로 개념별로 예시를 그룹화하도록 한다. 예를 들면, "발톱이 날카로운 동물을 모두 한 그룹에 넣을 수 있을지 궁금하다."라고 말하면서 그룹화를 진행할 수 있도록 한다. [사진 8-16]은 학생들이 동물들을 각 특징의 이미지를 사용하여 분류하는 것을 보여 준다. 학생들은 동물원으로 체험학습을 가서 동물의 특징을 주의 깊게 관찰했다. 날카로운 발톱, 날개 및 긴 꼬리와 같은 특징을 사용하여 다양한 동물을 분류했다. 그룹의 기초를 형성하는 마이크로 개념을 정의하는 것을 포함하여 필요에 따라 필요한 스캐폴딩을 제공한다.

2. 아이디어 기록: 학생들에게 마이크로 개념의 중요성을 생각하고 마이크로 일반화를 기록하도록 한다. 예를 들어, "날카로운 발톱은 먹이를 잡는 데 도움을 준다." 또는 "날카로운 발톱은 동물이 나무 위로 올라 포식자로부터 자신을 보호하는 데 도움을 준다."라고 하는 마이크로 일반화를 개발할 수 있다.

3. 마이크로 개념 나열: 학생들이 마이크로 일반화를 개발하면 각 문장에서 나타나는 마이크로 개념을 추출한다. 학생들에게 더 넓은 개념을 생각해 보도록 한다. 표시된 예에서 날카로운 발톱, 날개 및 긴 꼬리를 분류하고 "이 모든 예의 공통점은 무엇인가?"라는 질문을 할 수 있다. 학생들은 그 모든 예의 공통점이 동물의 특징이라고 설명할 수 있다.

4. 개념적 질문하기: 개념적 질문을 사용하여 학생들의 아이디어를 넓히는 데 도움을 준다. "왜 동물은 특정 기능을 필요로 할까?"라는 질문을 던지고 학생들은 동물들이 물려받은 특정 기능이 그 환경에서 생존할 수 있도록 도와준다고 답할 수 있다.

집중하기 단계에서의 사전학습은 이 전략의 성공의 열쇠이다. 학생들이 더 넓은 개념을 설명할 수 있는 이해나 어휘를 가지고 있지 않으면 마이크로 일반화를 보다 일반적인 진술로 바꿀 수 없다.

[사진 8-16a], [사진 8-16b] 동물의 특징에 대해 마이크로 일반화하기

일반화하기 단계에서의 평가

교사가 단원을 계획할 때 학생들이 이해하기를 원하는 것을 명확하게 하기 위해 단원 일반화를 명확히 한다. 그런 다음 귀납적 접근 방식을 사용하여 학생들이 이러한 아이디어를 스스로 생각해 내도록 돕는다. 교사는 학생들이 교사의 계획을 알아차리는 능력을 평가하는 것도 아니고, 학생들이 교사가 만들어 낸 일반화를 앵무새처럼 따라 하는 것을 원치 않는다.

그 대신에 교사는 학생들이 예를 사용하여 개념적으로 사고하고 사고를 정당화하는 능력을 평가한다. 이 탐구 단계에서 학생들을 평가하기 위해 다음과 같은 질문을 우리 스스로에게 던질 수 있다.

- 일반화를 형성하기 위해 학생들은 어느 정도의 지원이 필요한가?
- 학생이 생각에 대한 어떤 근거를 제시하는가? 이 근거들은 얼마나 얕거나 깊은가?
- 학생들이 자신의 아이디어의 명확성을 위해 특정한 단어를 사용하는가?
- 토론하는 동안 학생들은 어느 정도까지 서로의 아이디어를 받아들이고 종합하는가?
- 학생들은 이 탐구 단계에서 열린 마음가짐, 증거 존중적 마음가짐, 끈기 있는 마음가짐을 어떻게 보여 주는가?

● 다른 탐구 단계와의 연결 ●

교사가 학생들을 참여시키고, 개념 형성에 집중하도록 하고, 풍부하고 다양한 사례 연구를 조사하고, 인지 부하를 줄이기 위한 아이디어를 구성할 때, 우리는 큰 그림을 보고 전이 가능한 일반화를 형성하는 데 필요한 토대를 제공한다. 학생들이 자신의 일반화를 개발하는 귀납적 접근 방식을 채택하면 학생의 지성을 존중하고 학습에 더 큰 선택 의지를 제공한다.

개념 기반 탐구학습의 목적은 학생들이 패턴을 보고 새로운 맥락으로 학습을 전이하도록 도와줌으로써 성공할 수 있도록 하는 것이다. 제9장에서는 이해를 전이하기 위한 네 가지 목적을 탐구하며, 어떠한 실질적인 전략들이 전이를 도와주는지 알아본다.

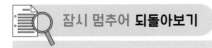

단원의 일반화를 지원하는 전략을 선택할 때 다음과 질문에 대해 생각해 보라.

- 선택한 전략이 어떻게 학생들의 사고를 넓히거나 제한할 수 있는가?
- 단원 과정에서 다양한 일반화 전략을 어떻게 사용할 수 있을까?
- 학생들에게 자신의 독창적인 표현으로 단원의 범위를 넘어서 아이디어를 표현할 수 있는 기회를 제공하려면 어떻게 해야 하는가?
- 학생들이 모두 함께 어떻게 다양한 생각을 할 수 있도록 도와주고 다양한 생각에 대해 서로 칭찬할 수 있을까?

Concept-Based Inquiry in Action

•

제9장

전이하기

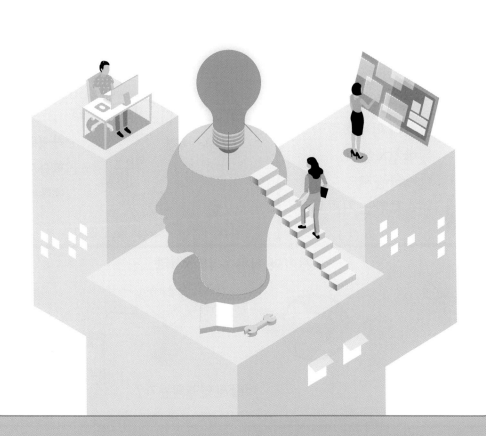

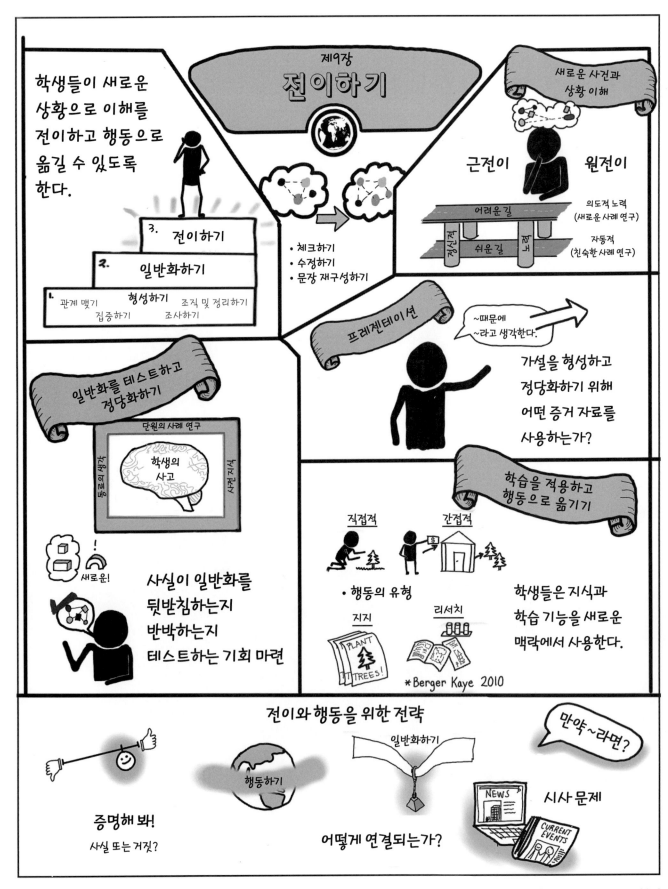

전이하기 탐구 단계

이 단계의 의도

- 일반화의 유효성을 테스트하고 정당화한다.
- 새로운 사건 및 상황에 일반화를 적용한다.
- 경험과 이해를 사용하여 예측과 가설을 형성한다.
- 학습에 관한 의미 있는 행동을 취한다.

이 단계에서 주로 사용되는 안내 질문

- 사실적인 질문
- 개념적 질문
- 호기심을 촉발하는 질문

전이하기 단계의 실행 예

에이미 라이트의 유치원 학생들은 "글쓴이가 다른 사람들의 의견을 바꾸거나 행동을 취하도록 설득할 수 있다"라는 것을 이해하고 수많은 편지, 청원 및 목록을 빠르게 만들었다. 일부 청원은 결과를 얻었고 요청이 승인되었다. 한번은 학생들이 목공예 시간을 더 갖도록 해달라고 에이미 선생님에게 요청했는데 충분한 설득력 있는 근거가 부족해서 요청이 승인되지 않았다. 그러나 이 경험은 학생들에게 "글쓴이는 이유와 예를 통해 자신의 아이디어를 뒷받침함으로써 설득력 있는 주장을 한다."라는 새로운 개념적 이해의 토대를 마련해 주었다. 이 새로운 이해로 학생들은 계속해서 선생님에게 설득하는 편지를 보냈다. 여기에는 목공예의 이점과 목공예가 진행될 수 있는 가장 좋은 시간 등이 포함되었다. 이로써 학생들은 선생님을 설득할 수 있었다. 선생님은 다음 주에 많은 목공예 재료를 학생들을 위해 준비했다.

[사진 9-1] 설득력 있는 글쓰기가 의미 있게 되기

전이하기 단계에서, 우리는 학생들이 일반화를 단원의 범위 안팎의 새로운 맥락과 상황으로 전이시켜 생각을 확장하도록 도와준다. 이것은 학습자가 자신이 표현한 개념적 이해를 사용하여 현상을 설명할 수 있는 기회를 제공한다.

전통적인 교실에서는 정보를 기억하고 결과를 요약하는 데 중점을 두는 반면, 개념 기반 탐구 교실에서는 학생들이 지식, 기능 및 이해를 의미 있는 방식으로 적용하는 이해의 전이를 적극적으로 장려한다. 전이를 촉진하는 학습 참여를 통해 학생들은 생각을 종합한다. 이를 통해 정보를 더 쉽게 기억하고 이해를 깊게 할 수 있다. 개념 기반 학습을 통해 학생들은 자신의 정신 스키마를 구축하고 재구성할 수 있기 때문에 단순한 사실 수준에서 벗어나 이해를 가지고 학습하는 학생들은 자신의 이해를 더 잘 전이시킬 수 있다(Bransford, 2000).

즉, 전이를 위해서는 튼튼한 기초와 충분한 독창적인 학습이 모두 필요하다. 실제로 브랜스포드와 스와르츠(Bransford & Schwartz, 1999)는 초기 학습 기회의 부족으로 '전이 실패'가 발생한다고 주장한다. 개념 기반 탐구 모델의 각 단계는 전이에 필요한 지식과 기능 기반을 구축하도록 특별히 설계되어 있다. 학생들이 탐구 단계를 통해 여러 사례 연구를 조사하고 배운 내용을 정리하여 전이 가능한 개념적 이해를 명확히 함으로써 이 전이하기 단계를 성공적으로 잘 마칠 수 있다.

이해를 심화시키는 전이

개념 기반 탐구에서 전이 활동은 학생들의 개념 이해를 발전시키고 심화시킨다. 습득한 학습 기능을 자동적으로 전이할 수 있는 것은 탐구학습자가 되는 데 매우 중요하다. 예를 들면, 문자를 읽을 수 있는 기능을 다양한 종류의 텍스트를 읽을 수 있는 데 전이하는 것이다. 즉, 우리는 학생들이 시너지적으로 생각하고 개념적 이해를 의도적으로 적용할 수 있기를 바란다. '확실한 전이'라고도 불리는 이러한 전이 형식은 학생들이 익숙하지 않은 상황에 직면하고 의식적으로 이미 배운 학습과의 연결을 찾을 때 발생한다(Salomon & Perkins, 1989).

확실한 전이를 지원하기 위해 개념 기반 탐구를 하는 교사는 학습자가 일반화 단계의 이해를 사용하여 새로운 상황을 설명하거나 대응할 수 있는 기회를 제공한다. 이러한 기회는 시사 뉴스 또는 새로운 사례 연구를 소개하거나 수행 과제에 참여하도록 함으로써 제공할 수 있다. 확실한 전이가 일어나는 환경을 조성하기 위해 우리는 적극적으로 토론을 촉진하고 '가르칠 수 있는 순간'이 발생했을 때 이전의 탐구 단계에서 개발한 일반화를 재검토한다.

교사는 학생들에게 초기 사례 연구 또는 경험과 너무 동떨어진 맥락까지 생각하도록 한다면 전이를 어렵게 만들 수 있다는 점에 유의해야 한다. 이러한 이유로 우리는 적절하게 도전적인 전이 활동을 설계하기 위해 학생들의 사전학습을 검토할 필요가 있다. 교실에서 권장하는 전이 유형은 〈표 9-1〉에 나타나 있다 . 이들 각각은 이 장의 나머지 부분에서 더 자세히 설명된다.

전이 유형	설명	예
일반화 테스트 및 정당화	새로운 사례 연구 또는 호기심 촉발 진술을 사용하여 현재의 개념 이해를 정당화한다.	학생들이 모든 미디어가 편향된 관점을 제시한다고 지나치게 일반화할 때, 교사는 다양한 관점을 제시하는 뉴스 기사를 학생들에 소개함으로써 학생들이 개발한 일반화를 테스트하고 정당화할 수 있도록 한다.
새로운 사건 및 상황 이해	개념적 이해를 사용하여 현실 세계에서 발생하는 실질적이고 복잡한 사건과 상황을 이해한다.	다양한 사례 연구에서 정부 개입을 연구한 학생들은 태국 쌀 시장의 보조금에 대한 기사를 이해하게 된다.
예측 및 가설	경험과 개념적 이해를 사용하여 세계 현상에 대한 예측과 가설을 형성한다.	확률과 유전학에 대한 이해를 바탕으로 학생들은 주어진 유전자의 유전에 대해 예측한다.
학습 적용 및 실행	개념 이해를 사용하여 제품 생산하거나 프로젝트를 수행 또는 실행한다.	학생들은 '소설에서 등장인물들의 특별한 성격 그리고 독자들이 경험하지 못한 사건과 장소를 경험하는 데 자세한 묘사적 표현이 도움을 준다'는 이해를 바탕으로 직접 생동감 있고 묘사적인 소설을 창작한다.

일반화 테스트 및 정당화

개념 기반 탐구에서 전이를 지원하는 한 가지 방법은 학생들에게 일반화를 테스트하고 정당화하도록 하는 것이다. 학생들이 개발한 일반화에 도전하는 새로운 상황과 맥락을 소개함으로써 학생들이 일반화를 지나치게 단순화했다는 것을 깨닫도록 도울 수 있다. 예를 들어, 지역 건물에 대한 단원에서 2학년 학생들은 건물의 사용 목적이 건물의 디자인 기능을 결정한다고 결론지었다. 여기에 나타난 학생들의 오해를 인식한 교사는 학생들이 여러 나라의 주택을 살펴보면서 학생들이 개발한 일반화를 테스트해 볼 수 있도록 지원할 수 있다. 학생들은 모든 주택의 사용 목적은 주거, 보안, 그리고 휴식 장소를 제공하는 것임을 이해하고 있다. 그러나 전 세계의 주택은 그 목적은 같지만 디자인 기능이 다르다. 학생들에게 자신의 건물에 대한 이해를 주택이라고 하는 새로운 맥락과 비교하게 함으로써, 자신의 이해에 수정이 필요하다는 것을 인식하기 시작한다. 실제 상황을 통해 일반화의 타당성을 탐구하면 학생들이 생각을 명확하게 다듬을 수 있다.

여기에서 중요한 것은 학생의 생각이 '옳은지' 또는 '틀렸는지'에 있지 않다는 점을 강조하고 싶다. 학생의 일반화는 사전 지식, 사례 연구 조사 및 다른 학생들의 아이디어와 같은 일련의 조건에 따라 구성되고 형성된다. 연령에 맞는 맥락을 제시함으로써 학생들이 자신의 생각을 보다 객관적으로 바라보며 일반화의 질을 높이도록 도울 수 있다.

새로운 사건 및 상황 이해

개념 기반 탐구에서 우리는 학생들이 실제 이슈에 대해 고심하고, 단원 학습을 통해 개발한 이해가 세상을 이해하는 데 어떻게 적용될 수 있는지 인식하기를 바란다. 이해의 전이 활동에 참여할 때, 학생들은 원래 학습한 내용과 유사하거나 동떨어진 상황을 접하게 된다(Perkins & Salomon, 1992). 학생들이 한 단원 내에서 마이크로 일반화와 매크로 일반화를 모두 형성하도록 지원하면 학생들이 앞의 두 가지 유형의 상황에도 이해의 전이가

전이의 유형	일반화	전이 사례
유사한 맥락으로의 전이(근전이)	불규칙한 모양의 도형 넓이를 계산하기 위해 수학자들은 불규칙한 모양의 도형을 규칙적인 모양의 도형으로 나눈다.	오각형 도형을 삼각형 도형으로 나누어 총 넓이를 계산한다.
다른 맥락으로의 전이(원전이)	문제를 부분으로 분리하면 해결책을 찾을 수 있다.	복잡한 코딩 문제를 단계로 구분해 본다.

[그림 9-1] 유사하거나 다른 맥락으로 전이

이루어질 수 있도록 도울 수 있다. 마이크로 일반화와 매크로 일반화는 학습의 폭과 깊이를 넓혀 준다. [그림 9-1]은 여러 수학 수업을 통해 개발된 두 가지 일반화를 보여 준다. 더 광범위한 일반화가 수학 영역을 벗어난 다른 맥락에 어떻게 더 쉽게 적용되는지 주목해 보라.

이러한 유형의 전이에서 실제 사건의 복잡성을 강조하면서 학생들이 교과 간 사고를 적용하도록 권장한다. UN의 지속 가능한 개발 목표(2015) 중 하나인 해양, 바다 및 해양 자원의 보존 및 지속 가능한 사용을 촉진하는 '해저생물'을 예로 들어 보자. 이 목표와 가능한 해결책을 깊이 이해하기 위해 학생들은 다음과 같은 교과에서 이전에 확립한 일반화를 활용할 수 있다.

> 사회과 또는 인문학: 지역사회는 지속 가능한 폐기물 수집을 위한 시스템을 만들어 환경 피해를 줄일 수 있다.
> 경제 과목: 새로운 리더십은 정부 개입의 정치적 초점을 바꾸거나 환경 문제에 대한 산업을 촉진하기 위한 국제 협약을 거부할 수 있다.
> 과학: 박테리아는 분해를 통해 다른 유기체에 영양분을 제공한다.

교사는 다음과 같은 방법으로 이 과정을 스캐폴딩할 수 있다.

1. 일반화 재검토: 제8장에서 일반화 기록의 중요성에 대해 논의했다. 일반화를 재점검함으로써 학생들이 가능한 연결점을 찾도록 돕는다.
2. 연결 탐색: 때때로 우리는 아이디어 간의 연결이 존재한다는 사실을 좀 더 명확히 해야 할 수도 있다. 이 경우 학생들에게 아이디어가 서로 어떻게 관련되어 있는지 확인하기 위해 토론에 참여하도록 초대한다. 살로몬과 퍼킨스(Salomon & Perkins, 1998)는 학생들이 다른 맥락으로까지 전이할 수 있도록 지원하기 위해 유추나 시각적 표현을 사용할 것을 권장하고 있다.
3. 학생 질문 장려: 학생들이 새로운 사건이나 상황에 직면할 때 제시하는 질문에 주의를 기울임으로써 우리는 학생들의 생각과 그 생각들을 어떻게 연결해 가고 있는지에 대한 통찰력을 얻을 수 있다.
4. 협력 문화 구축: 교사가 학생들이 다른 과목에서 무엇을 배우고 있는지 알게 되면 학생들이 교과 간 연결을 할 수 있도록 더 잘 준비할 수 있다. 이를 위해서는 교육 팀 내부와 팀 간의 협력이 필요하다.

예측 및 가설

데이터에서 패턴을 찾고 예측을 형성하는 능력은 중요한 삶의 기능이다. 예측과 가설을 세우는 것은 학습자가 결과를 알 수 없을 때 자신의 세계를 이해하는 데 도움이 된다. 이러한 예측은 학생들의 사전학습과 일반화를 형성할 때 설정하는 연결에 의해 형성된다.

예를 들어, 소상공인의 예를 들어 보자. 이 소상공인은 가격이 높을수록 개별 판매당 더 많은 수익이 발생

한다는 것과 수요와 공급의 원칙을 이해하고 있다. 가격이 떨어지면 수요는 일반적으로 증가한다. 이러한 개념적 이해를 염두에 두고 소상공인은 실질적으로 판매하면서, 회사가 품목당 가격을 낮추게 되면 각 품목당 수익은 적어지지만 수요가 증가함으로써 총 수익이 올라갈 것이라고 예측한다. 소상공인은 직접 판매의 경험을 통해 이러한 이해를 확인해 간다.

교실에서는 학생들이 예측한 것과 자신들이 성립한 연결을 어떻게 정당화하는지가 얼마나 정확한 예측 및 연결을 하는지 보다 더 중요하다. 교사는 이렇게 정당화를 제시하는 과정에 가치를 부여하여 시너지적 사고를 촉진할 수 있다. 결과를 논리적으로 예측하는 이러한 능력은 보다 비판적이고 분별력 있는 시민을 만드는 데 도움이 된다.

학습에 적용하기

적용은 우리의 이해를 우리가 만든 제품이나 창작물과 연결시키도록 하는 전이의 한 형태이다. 여기에는 글쓰기, 수행, 문제 제기 또는 실천과 같은 활동이 포함된다. '하는 것'은 만드는 행위를 내재하고 있지만, '아는 것' 또한 적용하는 작업에서 콘텐츠를 개발할 때 필요하다. 학생들이 프로젝트 또는 성과 평가와 같은 이해의 결과물을 만들어 낼 때 지식과 과정 모두에서 파생된 이해를 적용해야 한다 (Erickson, 2007).

즉, 지식 및 과정 기반 이해는 한 학년의 수업 과정에서 다르게 적용될 수 있다. 일부 지식 기반 이해는 특수성에 따라 범위가 더 제한될 수 있다. 예를 들어, '미네랄이 형성될 때 나타나는 조건이 그 구조와 화학적 구성을 결정한다'는 것을 이해해 보자. 중학교 과학 수업에서 암석 형성과 분류는 하나의 단원에서만 탐구할 수 있다. 학생들이 화학적 구성의 개념과 화학 학습을 후에 연결할 수 있지만 이 일반화를 재검토할 기회는 적다.

과정 기반 이해는 종종 더 광범위하며 다른 단원들로 확장될 수 있다. 예를 들어, 학년 초 중학교 과학 단원에서 '과학자들이 자신의 관찰 결과를 정밀하고 정확하게 기록하여 다른 사람들이 자신의 연구를 모방할 수 있도록 한다'는 이해를 개발한다. 이러한 이해는 어떠한 분야의 과학에도 적용될 수 있기 때문에 학생들은 1년의 과학 수업 과정 동안 이 이해를 다시 검토하고 이용할 수 있는 많은 기회를 가질 수 있다.

행동하기(행동으로 옮기기)

행동은 추가 논의가 필요한 중요한 적용의 형식이다. 생태적 · 경제적 · 사회적 문제로 가득 찬 세상에서 우리는 한 단원에서 시간적 여유가 있어야만 행동으로 옮기는 조치를 취하게 하는 한가로운 입장에 있을 수는 없다. 각 과목의 성취 기준을 가르치는 것 외에도 행동은 지식, 기능 및 이해를 새로운 맥락에 적용하는 강력한 방법임을 기억해야 한다.

사려 깊은 행동이란 한 단원에서 개발된 개념적 이해와 사고능력을 활용할 수 있도록 계획되고 의도적인 것이다. 의미 있는 행동은 목적이 있다: 학생들은 긍정적인 변화를 만들기 위해 전략을 선택한다. 우리는 학생들에게 의도된 행동을 분석하기 위한 프레임 워크를 제공함으로써 이 과정을 촉진시킬 수 있다. 여기에는 다양한 작업 유형에 대한 이해와 필요로부터 시작되는 백워드 설계 개념이 포함된다. 버거 케이(Berger Kaye, 2010)는 '서비스 학습'이라고 부르는 네 가지 유형의 행동을 정의한다(그림 9-2).

주제와 단원 이해에 따라 학생들은 직접 행동에 참여하지 못할 수도 있다. 예를 들어, 학생들이 야자유 생산이 인도네시아 생태계에 미치는 영향을 탐구한다면 오랑우탄 서식지의 추가 파괴를 방지하기 위한 간접적인 행동이나 지지가 가장 적절한 행동 전략이 될 수 있다. 학생들은 열대우림을 '베고 태우는' 농장에서 야자유를 사용하는 회사를 보이콧하도록 개인의 소셜 미디어에 게시하기로 결정할 수 있다. 이를 통해 학생은 상황에 따라 행동 유형의 장단점이 어떻게 다른지에 대해 인식할 수 있게 된다.

버거 케이(2010)가 설명하는 서비스 학습 유형

직접적 행동	간접적 행동	지지 및 옹호	리서치
문제 또는 환경에 직접 관여하여 봉사하는 행동	지원 단체와 같은 중간 매개체를 통해 행동에 참여	지원이나 행동의 변화를 통해 특별한 이슈에 대해 경각심을 일으키기	자신이 직접 리서치를 주도하여 정보를 처리하고 표현하기
예시			
• 지방 해변가 청소하기 • 보육원에서 자원봉사하기 • 해외 이주자 정착을 위해 돕기	• 자선 모금 행사 • 음식 배분 행사 • 피난민을 위해 장난감 모으기 행사	• 홍보 포스터 및 탄원서 제작 • 편지쓰기 • 이슈와 관련된 예술 행사 기획	• 추가 인터뷰 진행 • 지방 수자원의 샘플 분석

[그림 9-2] 행동 유형 및 예시

학생들이 행동할 수 있는 방법이 하나만 있는 것이 아니라는 것을 인식하도록 해서 여러 대안을 고려하도록 장려한다. 버거 케이(Berger Kaye, 2010)는 "만약 학생들이 늘 간접적 행동만을 취한다면, 이것은 이슈나 문제들을 우리와는 거리가 먼 것 또는 그 정도 적당한 거리를 두어야 하는 것으로 인식할 수 있게 하는 미묘한 메시지를 전달할 수 있다"라고 경고한다(p. 11). 다양한 행동 경험에 참여하는 것은 학생들이 개인적인 가치를 개발하는 데 지속적인 영향을 미친다.

〈표 9-2〉 전이하기 전략

전략	간단한 설명	페이지
일반화 테스트 및 정당화		
일반화 테스트 강조	학생들은 동료 또는 교사가 제공한 새로운 사례 연구를 사용하여 이해를 테스트한다.	256
위태로운 일반화 테스트	학생이나 교사는 토론과 논쟁을 장려하기 위해 호기심을 촉발하는 일반화를 만든다.	258
증명해 봐!	학생들은 교사가 제공한 일반화 진술을 분석하여 그것이 참인지 거짓인지를 결정하고 정당성을 제공한다.	260
새로운 사건 및 상황 이해		
어떻게 연결되는가?	학생들은 사실적 사례 연구가 일반화와 어떻게 연결되는지에 대한 질문에 답한다.	262
시사 문제	학생들은 미디어 보고서를 탐색하여 이해를 실제 사건으로 전이한다.	264
예측 및 가설		
'만약에 ~라면?'의 가정적 질문	교사는 학생들이 탐구에서 얻은 지식, 기능 및 이해를 사용하여 응답할 수 있도록 가정적 질문(만약 ~한다면)을 제기한다.	268
검증 가능한 가설	학생들은 가설을 만들고 가설을 테스트하기 위한 실험을 구상한다.	270
적용 및 행동		
수행 평가	학생들은 제품을 만들거나 수행을 통해 이해를 입증한다.	272
창조해 봐!	학생들은 자신의 작품을 만들 때 이전에 확립된 일반화를 사용한다.	275
학생 주도 행동	학생들은 필요성 또는 문제를 파악하고 자발적으로 행동을 취한다.	276

이 장에 소개된 전략을 탐색하기 전에 네 가지 유형의 전이에 대해 생각해 보라. (일반화 테스트 및 정당화, 새로운 사건 및 상황 이해, 예측 및 가설 만들기, 학습 적용 및 행동) 현재 수업과 이러한 전이 유형과 연결할 수 있는 부분이 있는가? 더 알아보고 개발해 보기를 원하는 부분은 무엇인가?

실행 방식: 이 전략에서 학생들은 자신의 이해를 새로운 사례 연구로 전이하여 자신의 생각이 새로운 맥락에 얼마나 잘 맞는지 확인한다. 아이디어가 논의되고 수정되기 위해 개방적이고 증거 존중적이며 끈기 있는 교실 문화가 필요하다.

학생들이 일반화할 때 하나 이상의 사례 연구를 사용하여 이해했다는 증거를 제공해야 한다. 새로운 사실적 예는 학생들이 자신들의 생각을 수정해 볼 수 있도록 해 준다. 학생들이 시간, 장소 또는 상황에 한정된 일반화를 구성한다고 가정해 보자. 새로운 사례 연구를 소개함으로써 학생들은 자신의 이해를 어떻게 전이할 수 있는지에 관해 생각해 볼 수 있다. 일반화 테스트를 강조하는 것은 일반화 형성 직후 또는 후속 수업에서 발생할 수 있다. 교사는 다음의 세 가지 전략을 사용하여 학생들에게 이 전략을 활용할 수 있도록 한다.

1. 토론 초대: 사고를 정당화하기 위해 알려진 사례 연구를 사용하여 학생들이 일반화를 지지하거나 반박해 보도록 한다. 일반화는 개인, 소그룹 또는 전체 학급이 함께 형성한 일반화일 수 있다. 학생들이 시간을 내어 동료가 이해한 내용을 보고 토론하며 다양한 질문을 한다. 이 일반화는 항상 사실인가? 아이디어에 맞지 않는 사례 연구를 생각할 수 있는가? 우리가 조사한 모든 사례 연구를 다 아우르기 위해 우리의 이해를 어떻게 변경해야 하는가? 토론이 끝나면 일반화 진술을 수정하여 학생들의 집단적 사고를 더 잘 반영한다. 학생들이 일반화를 다시 쓰고 단어 선택에 대해 설명하도록 한다.
2. 사례 비교: 조사한 사례 연구가 서로 도전이 될 수 있는 학생들을 그룹으로 짝을 이루게 한다. 학생들이 사례 연구를 통해 도출된 아이디어를 결합하여 새로운 개념적 이해를 형성할 수 있는가? 이 전략은 모델링 또는 네트워크 사례 연구 접근 방식을 사용할 때 특히 효과적이다. 예를 들어, 학생들이 퀴리 부인, 갈릴레오, 버즈 올드린 및 마르코 폴로와 같은 탐험 단원에서 다양한 개인에 대해 연구한다고 생각해 보자. 우리는 과학적 탐험을 조사한 학생과 지리적 탐험을 조사한 학생들을 그룹으로 짝지어 서로의 생각을 발전시켜 나갈 수 있도록 할 수 있다.
3. 새로운 사례 연구 소개: 학생들이 자신의 아이디어를 재고하도록 장려할 새로운 사례 연구를 의도적으로 선택하여 소개한다. 예를 들어, 이주를 연구하는 학생 그룹이 '이주자들이 새로운 기회와 더 나은 생활 조건을 추구한다'라고 일반화했다고 가정해 보자. 이 경우 학생에게 노예 제도 및 기타 강제 이주 사례를 소개시킬 수 있다. 그런 다음 학생들에게 탐구한 모든 사례 연구에 맞게 일반화를 조정하도록 요청한다. 어떤 경우에는 일반화 진술에 '자주 또는 가끔' 과 같은 한정사(qualifier)를 추가하여 간단히 조정할 수 있다.

실행 중인 일반화 테스트 강조 사례

레이철 프렌치는 4학년과 함께 리더십 단원을 공부했다. 그룹 중 하나는 마틴 루서 킹, 로자 파크스, 넬슨 만델라의 세 지도자의 사례 연구를 비교했다. 처음에 학생들은 '어떤 사람들은 흑인이 다른 사람들과 같은 권리를 가져서는 안 된다고 믿는다'라는 이해를 발전시켰다. 탈리반 통치하에 소녀들의 교육권을 위해 싸운 말랄라 유사프자이의 사례 연구를 소개하자 학생들은 자신들의 생각을 보다 확장시켜야 한다는 것을 깨달았다. 이후 학생들은 일반화를 '일부 사람들은 소수 집단이 자신과 동등한 권리를 가져서는 안 된다고 믿는다'라고 변경하게 되었다.

아이디어를 테스트하도록 강조함으로써 학생들이 잘 구성된 일반화의 힘과 관련성을 확인할 수 있다. 이렇게 학생들은 자신들이 개발한 이해가 탐구 단원을 넘어서 연결되고 적용될 수 있음을 보게 된다. 학생들이 자신의 아이디어가 다양한 맥락에서 검증될 수 있는 것을 보게 될 때, 학습이 더 강력해질 수 있다.

동영상: 일반화 테스트 강조(11학년)

이 동영상에서는 데이브 화이트의 11학년 IB 영어 및 문학 수업을 다시 살펴본다(제8장의 개념 은행, p. 230 참조). 학생들이 텍스트에서 거리와 의견의 역할에 대한 여러 일반화를 만든 후 데이브는 학생들이 이해한 내용의 적용 가능성에 대해 토론하게 한다. 소설에 가장 적합한 이해는 무엇인가? 그들이 탐구해 온 세 가지 텍스트 유형인 소설, 연극, 시에 맞는 이해는 무엇인가? 시청하는 동안 다음 질문에 대해 생각해 보라.

1. 일반화를 기록하고 표시하는 것이 학생들의 이해를 전달하는 데 어떻게 도움이 되는가?
2. 교사는 어떤 방법으로 학생들이 자신의 사고에 대한 정당한 이유를 설명하도록 할 수 있는가?

이 동영상은 회원 사이트(www.connectthedotsinternational.com/members-only)에서 시청할 수 있다.

[사진 9-2] 학생들은 읽은 다른 텍스트와 관련하여 일반화 테스트를 강조한다.

출처: David French.

실행 방식: 위태로운 일반화 테스트 전략은 학생들에게 일반화를 정당화하고 다시 진술할 수 있도록 가르친다. 이 전략에서 학생들에게 약한 일반화 진술의 예를 보여 주고 사전학습에 비추어서 그 일반화 진술에 동의하는지 그렇지 않은지에 대해 물어본다. 위태로운 일반화 테스트는 학생들이 사실적인 증거로 자신의 의견을 뒷받침하도록 함으로써 시너지적 사고를 촉진한다. 교사가 약한 일반화를 공유하고 비판 분석해 보도록 하면 학생들이 보다 편안한 마음으로 초기 일반화에 수정이 필요할 수 있음을 인식할 수 있게 된다. 실행 방식은 다음과 같다.

1. 일반화 생성: 4~6개의 일반화를 개발한다. 잘 만들어진 일반화와 약한 일반화가 적절히 섞이도록 한다. 약한 일반화란 부정확하거나 지나치게 단순화된 아이디어이다. '혁명은 항상 사람들이 억압감을 느낄 때 발생한다'와 같은 일반화가 하나의 예가 될 수 있다. 약한 일반화를 만들기 위해서는 항상, 보통, 자주, 가끔, 드물게, 절대와 같은 한정사를 부적절하게 사용할 수 있다.
2. 한정사 소개: 학생들에게 일반화를 보여 주기 전에 한정사에 대해 설명한다. "항상과 자주의 의미는 어떻게 다른가?" 등의 질문을 사용하는 것도 좋은 방법이다. 처음에 한정사에 집중함으로써 학생들 스스로가 자신 있게 진술을 변경하는 방법을 제안할 수 있다.
3. 진술문 제시: 학생들에게 일반화를 보여 주고 그 일반화에 동의하는지 동의하지 않는지 생각해 보도록 한다. 학생들에게 단원에서 배운 것을 증거로 자신의 의견을 뒷받침할 수 있는 한 동의하거나 동의하지 않는 응답 모두가 수용 가능하다고 말한다.
4. 생각할 시간 제공: 학생의 연령과 학습 기능 수준에 따라 개인, 동료 또는 소그룹으로 생각할 수 있는 시간을 제공한다. 학생들은 공책 또는 교실 검색 차트를 검토하면서 아이디어를 토론할 수 있다. 마지막으로 학생들은 답변을 생각하고 설명을 한다. 다음과 같은 문장구조를 사용할 수 있도록 한다.
   • 저(희)는 ~이유로 ~일반화에 동의합니다.
   • 저(희)는 ~이유로 ~일반화에 동의하지 않습니다.
   • ~사례 연구에서 보듯이~
5. 쓰기 및 걸기: 학생들에게 사례 연구의 증거를 인용하여 스티커 메모나 색인 카드에 자신의 입장을 정당화하도록 권유한다. 동료 또는 소그룹은 동의 또는 반대 의견을 설명하는 내용을 줄에 걸어 놓는다.
6. 토론: 자신의 입장을 옹호하기 위해 선택한 증거 유형과 의견에 대한 학급 토론을 할 수 있도록 한다. 의견 차이가 있는가?
7. 진술문 변경: 학생들의 의견을 감안할 때 어떤 이해가 약하거나 사실이 아니라고 생각하는가? 진술을 어떻게 수정하여 진실로 만들 수 있을까?

[사진 9-3] 홍콩 퀘리베이 학교에 있는 제니 반 갈른 교사와 3학년 학생들이 이주 단원에서 실행한 위태로운 일반화 테스트 전략
출처: David French.

일반화 향상시키기: 학생들에게 단순히 한정사만 바꾸는 것이 아니라 전반적으로 일반화를 다시 써 보도록 한다. 예를 들어 '사람들은 절대로 천연자원을 공평하게 공유하지 않는다.'라는 일반화가 있다고 하자. 학생들은 단원에서 배운 내용들을 근거로 하여 '정부의 개입은 천연자원의 공평한 사용을 이끈다'라고 하는 일반화로 수정할 수 있다. 새로운 개념을 포함시킴으로써 복잡성을 추가할 수 있다. 이것은 '어떻게, 왜, 그리고 중요한 것이 무엇인지?'라는 질문을 통해 스캐폴딩될 수 있다.	이야기해 보기: 생각할 수 있는 시간이나 글로 생각을 나타나게 하는 것도 중요한 가치가 있으나 이 전략은 학생들이 실제로 줄을 서서 자신의 생각을 말로 정당화하도록 하는 것이다. 학생들이 입장을 취하고 타당한 근거로 생각을 정당화하도록 한다.

[그림 9-3] **위태로운 일반화 테스트 전략의 변형**

가르치고 있는 단원 하나를 생각해 보라. 학생들이 개념적 이해를 테스트하고 정당화하도록 하기 위해 어떤 '약한' 일반화를 제공할 수 있는가? 이 경우 이해를 정당화하게 해 주는 타당한 근거는 무엇일까?

실행 방식: '증명해 봐!' 전략은 학생들에게 개념적 이해와 의사소통 기술을 사용하여 교사가 제공한 진실 또는 거짓 진술을 증명하도록 요청한다. 모든 과목에서 사용할 수 있지만 특히 수학적 증명에 잘 적용될 수 있는 전략이다[이 전략에 대한 자세한 내용은 마크스 크르판(Marks Krpan, 2017 참조)]. 증명하기 전략의 목적은 학생들이 자신의 생각을 정당화하면서 시너지적 사고를 할 수 있도록 촉진하는 것이다. 실행 방식은 다음과 같다.

1. 증명이 무엇인지에 대한 탐색: 무언가를 증명한다는 것이 무엇을 의미하는지 토론하고 학생들에게 자신의 삶에서 무언가를 증명했던 예와 경험들을 나누도록 한다.
2. 사실적 또는 개념적 진술 공유: 사실적 또는 개념적 진술을 공유하고 그 진술이 참인지 거짓인지 학생들에게 질문한다. 아래 몇 가지 예를 살펴보자.

수학	.25는 .52보다 크다.
과학	타조는 포유류이다.
경제학	공급 과잉은 상품과 서비스의 가격을 상승시킬 것이다.

참고: 이 진술은 단원에서 학습하기 전에 분명히 제시되어야 한다. 목표는 학생들이 추론 및 의사소통 기술을 사용하여 이해를 표현하는 방법을 보는 것이다.

3. 생각하는 시간 제공: 학생들에게 진술에 대해 생각하고 그것을 어떻게 증명하거나 반증할 수 있는지에 대해 생각할 시간을 준다. 예를 들어, 학생들은 짝과 이야기하거나 학급 전체에 몇 가지 아이디어를 공유할 수 있다.
4. 아이디어 소통: 컴퓨터 또는 큰 종이를 사용하여 그림, 기호, 다이어그램, 모델 또는 단어를 통해 자신의 생각을 나타내는 논쟁을 만들도록 권장한다. 논쟁은 사전학습의 증거를 사용하여 정당화되어야 한다.
5. 정당화 구성: 학생들이 정당화를 구성할 때 다음과 같은 것들을 활용하는지 살펴보라.
   • 원래 진술을 지지하거나 반박하는 예 및 반례
   • 정의 및 속성을 포함한 개념
   • 개념 간의 관계
   • 학급 전체가 같이 공부하면서 이전에 확립한 일반화 참조

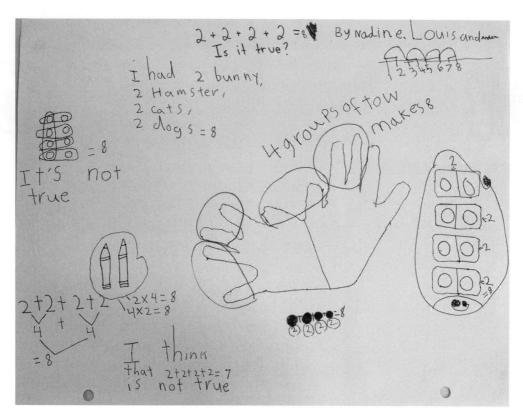

[사진 9-4] 반복 덧셈에 대한 수학적 증명 2 + 2 + 2 + 2 = 7 사실인가? 증명해 봐!

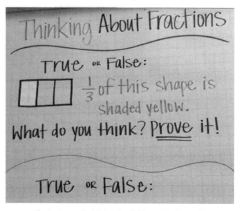

실행 방식: 이 전략은 새로운 사례 연구를 이해할 수 있는 기회를 제공하는 동시에 그동안 개발한 일반화를 되돌아보게 한다. 실행 방식은 다음과 같다.

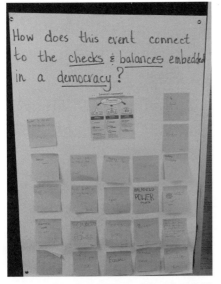

[사진 9-6] '어떻게 연결되는가?' 전략 실제 예

1. 새로운 사례 연구 소개: 이전에 개발된 일반화와 관련된 새로운 사례 연구를 학생들에게 소개한다. 이것은 뉴스 기사, 동영상, 개인적인 일화 또는 시사 사건일 수 있다.
2. 연결하기: 학생에게 새로운 사례 연구를 이전 사례 연구와 비교하도록 질문을 제기한다. '이 사례들이 어떻게 연결될 수 있을까?' 이 질문은 학생들이 개념 또는 개념 이해를 사용하여 두 가지 사례 연구를 연결하도록 초대한다([사진 9-6] 참조). 평가할 개념이나 일반화를 직접 참조하여 보다 열린 질문을 하거나 더 구체적인 답을 요구하는 질문을 할 수 있다.
3. 학생들의 답변: 학생들은 그림이나 다이어그램, 소그룹 또는 전체 학급 토론을 통해, 미술이나 드라마를 사용하거나 짧은 서면 진술이나 에세이 등 다양한 방식으로 사고를 공유할 수 있다. 학생들의 답변의 형태는 스티커에 문장을 작성하거나 짝과 생각을 나누는 것처럼 간단할 수 있다.
4. 시너지적 사고 촉진: 학생들이 사실적 사고 수준과 개념적 사고 수준 사이를 오가는 시너지적 사고를 하는지 그 증거를 찾아보라. 학생들은 자신의 생각에 대해 어떤 증거를 제공하는가?

즉흥적인 토론: 경험이 많은 개념 기반 탐구 교사와 학생들은 새로운 정보, 전에 공부한 사례 연구, 그리고 일반화를 서로 연결할 수 있다. 이러한 기회에 관심을 기울이고, 토론을 촉진시키며 학생들이 명확한 연결을 이루어 나갈 수 있도록 격려해야 한다. "어떻게 연결될 수 있을까? 왜 그렇게 생각하지?" 등의 질문은 대화를 위한 프로토콜을 제공한다.

기록하기: 학생들이 학습 일지에 일반화를 기록하거나 학급 게시물 차트에 기록하게 할 때, 새로운 근거가 될 수 있는 예시들을 추가로 계속해서 추가할 수 있는 공간을 마련해 두도록 하는 것이 좋다. 이러한 방법으로 기록하게 되면 연결을 보다 명확하게 할 수 있다.

기능과 전략에 집중하기: 때때로 학생들에게 기능과 전략과 관련해서 이전에 개발했던 개념적 이해를 적용하도록 해야 할 때가 있다. "지난 단원에서 배웠던 일반화—독자들은 저자의 유추된 메시지에 대해 추론을 하기 위해 그들의 사전 지식과 경험을 사용한다—를 살펴보도록 하자."라고 말하면서 이전에 개발했던 개념적 이해를 상기시킨다. 이 일반화를 기록했던 학습 일지나 학급 게시물 차트를 살펴보도록 함으로써 인지적 부하를 감소시킬 수 있다.

[그림 9-4] '어떻게 연결되는가?' 전략의 변형

이 장의 전략은 학생들에게 개념적 이해를 사용하여 새로운 사건과 상황을 이해하도록 한다. 가르치는 단원을 생각해 보라. 학생들이 이해를 전이시킬 수 있도록 어떤 사건이나 상황을 소개할 수 있는가? 어떻게 할 수 있는지 구체적으로 생각해 보라.

시사 문제

실행 방식: 뉴스 보고서는 학생들이 이해를 새로운 사례 연구로 전환할 수 있는 자연스러운 기회를 제공한다. 시사 문제를 통해 학생들은 배우고 있는 내용과 현실적인 상황과의 관련성을 확인할 수 있다. 뉴스를 매일 또는 매주 일상의 일부로 만드는 것은 학생들이 교실 안팎에서 학습을 연결하는 데 도움이 된다.

학생의 이해를 현실적인 시사 문제로 전이하는 것을 최대화하기 위해 다음과 같은 것들을 할 수 있다.

1. 정기적인 기회 제공: 학교에서 학생들이 개별적으로 또는 학급 전체로 뉴스를 읽을 수 있는 기회를 마련하라. 내용이 학생 연령에 적합하고 필수 어휘가 수업 중에 다루어지는지 확인한다. 학생들이 신뢰할 수 있는 뉴스를 읽거나 보도록 권장하는 숙제를 제공한다. 예를 들어, 이러한 활동을 학습 일지의 일부로 만든다. 학생들이 접할 수 있는 미디어 컬렉션을 선별하여 내용과 사진 자료가 단원 학습과 관련이 되도록 한다.
2. 비판적 토론 장려: 뉴스 보도에 대한 토론에 참여할 때 학생들에게 편견, 관점, 정확성 및 신뢰성을 평가하도록 요청하는 다음과 같은 질문을 제기하라.
    - 이 뉴스는 누구의 관점에서 보도되는가?
    - 이 뉴스 보도의 정보가 정확한가? 그것을 어떻게 알 수 있을까?
    - 이 뉴스 보고서의 데이터 표현이 오해의 소지가 있는가? 그 이유는 무엇인가?
3. 사전학습과 연결: 시사 문제들은 학생들이 사전에 배웠던 내용으로 돌아가 이해를 심화시킬 수 있는 '교사와 같은' 역할을 할 수 있다. 학생들이 사전학습을 활성화할 수 있도록 다음과 같은 질문을 한다.
    - 이것은 우리가 _____에 대해 배운 것과 어떤 관련이 있는가?
    - 탐구 단원 _____에서 우리는 _____을 이해했다. 이 사건이 그 이해에 연결되거나 도전이 되는가? 왜 그렇게 생각하는가?

〈표 9-3〉 시사 문제 출처

출처	간단한 설명	적정 연령
CNN 10 https://edition.cnn.com/cnn10	전 세계의 새로운 이야기를 요약하여 제공하기 위해 고안된 매일 10분의 새로운 방송. 뉴스는 월요일부터 금요일까지 제작되며 무료로 제공된다.	중 · 고등학생
비하인드 뉴스(Behind the News) http://www.abc.net.au/btn/	학생들이 시사 문제와 사건에 대해 알아볼 수 있도록 매력적인 방식으로 제작된 호주 뉴스이다. 단원과 관련된 이야기를 기록 보관소에서 검색할 수 있다.	초등 3학년에서 중 · 고등학생
Time for Kids	디지털 및 인쇄판 구독을 할 수 있는 Time for Kids는 미국 교육 커리큘럼에 부합하다. Time for Kids는 학생 리포터 프로그램도 제공한다.	K-1, 2, 3-4 및 5-6학년에 맞게 다양한 디지털 에디션을 사용하여 초등학생에게 적합
BBC Newsrounds http://www.bbc.co.uk/newsround	짧은 동영상과 서면 보고서로 하루에 세 번 업데이트되는 영국 뉴스이다. 이 사이트는 주제별로 검색할 수도 있다.	초등학생(K-5학년)

The Day http://theday.co.uk/ The Day Explorer http://thedayexplorer.co.uk/	다른 관점을 제공하는 기사로 매일 업데이트 되는 영국 구독 뉴스이다.	The Day: 중 · 고등학생 The Day Explorer: 초등학생, 영어 학습자 또는 특수교육 학생

시사 문제 전략 사용의 실행 예

2010년에 포르토 프랭스 시에서 멀지 않은 아이티에서 치명적인 지진이 발생했다. 당시 칼라 마샬은 베를린 메트로폴리탄 학교에서 3학년 학생들을 가르치고 있었다. 그들은 몇 달 전에 도시 시스템에 대해 배웠다. 많은 학생들이 지진에 대해 이야기하고 있었다. 학생들은 도시가 파괴된 사진을 보았고 국가에 물품과 서비스를 보내는 구호 단체의 이야기를 들었다. 이 사건은 도시 시스템에 대해 다시 살펴보고 많은 아이티 사람들의 현 생활 상황을 살펴볼 수 있는 최적의 순간이었다. 칼라는 단원에서 조사한 모든 도시 시스템[물, 위생, 전력(전기), 건강, 교육 및 엔터테인먼트]을 차트 용지에 기록했다. 도시의 사진을 보면서 학생들은 포르토프랭스에서 작동할 수도 있고 작동하지 않을 수도 있다고 느꼈던 시스템에 대해 논의했다.

학생 주도의 행동을 지원하기 위해 칼라는 마지막 질문을 던졌다. "만약 포르토프랭스의 모든 도시 시스템이 작동하지 않는 경우 먼저 어떤 것이 가장 도움이 될 것이라고 생각하는가?" 이 호기심을 촉발하는 질문은 강력한 의견을 불러일으켰지만 주장과 증거를 사용하여 아이디어를 근거로 삼는 개념을 모델링할 기회를 제공했다. 많은 학생들이 공유된 아이디어를 사용하여 가장 필요하다고 생각하는 것이 무엇인지 판단하여 학습에 대한 행동을 취했다.

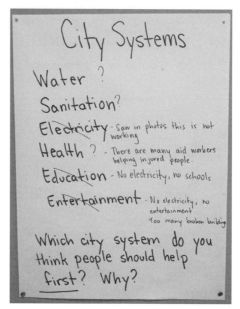

[사진 9-7] **포르토 프랭스의 도시 시스템 분석**

중 · 고등학교 학생들은 서로 다른 미디어 소스를 독립적으로 읽고 이를 살펴보고 생각할 수 있다. [그림 9-5]는 유나이티드 월드 칼리지 사우스 이스트 아시아 8학년 학생 학습 저널에서 발췌한 내용이다. 인문학 교사인 낸시 페어번은 연중 시사 문제에 대한 비판적 독서를 장려하기 위해 적극적으로 노력하고 있다.

시사 문제

학생들이 학습에 대해 생각할 수 있도록 하는 질문들
이번 학년에 학생들은 다음과 같은 두 가지 중요한 목표를 설정했다.

- 뉴스를 읽고 보는 습관 개발하기
- 뉴스를 비판적으로 읽을 수 있는 독자 되기

> 이번 학년에 뉴스를 읽는 습관이 변화되었는가? 변화되었다면 어떻게 변화되었는가?
>
> 이번 학년에 뉴스를 읽는 나의 습관이 많이 변화되었다. 지난 학년에는 내 주변의 세상에서 일어나고 있는 시사 문제에 대한 의식이 전혀 없었다. 가끔 챙겨 보는 뉴스는 매우 중대한 사건이나 스포츠 정도였다. 이번 학년에는 뉴스를 자주 읽어 볼 수 있을 만큼의 지식과 흥미를 갖게 되었다. 지금은 적어도 이틀에 한 번 정도는 뉴스를 읽고 있다. 아직은 비판적인 독자라고 볼 수는 없지만 무심코 뉴스를 읽을 때에도 다른 출처와 기사 사이의 다른 의견과 사실을 비교할 수 있게 되었다.

[그림 9-5] **시사 문제에 대한 인문학 학습 저널 엔트리에서 발췌**

숙제: 숙제는 학생들이 학교 밖에서 미디어를 접하고 시사 문제들을 학습에 적용하도록 한다. 8학년 사회 과목에서 배운 단원 개념과 연결된 숙제의 예를 살펴보자.

노트에 추가하기: 학생들이 학습 일지나 공책에 단원에서 배운 일반화를 기록했다면, 그곳에 그 일반화의 근거를 제시해 줄 수 있는 기사나 시사 문제를 추가하도록 한다. 이것은 링크를 사용해서 쉽게 추가할 수 있다.	어린 학습자를 위한 시사 문제: 어린 학습자들도 시사 문제들과 관계를 맺을 수 있다. 단순히 날씨를 살펴보거나 신문에 나온 사진을 볼 수도 있다. 지방신문은 종종 지역사회 도우미, 교통, 농사 그리고 상품과 서비스 등 어린 학습자들이 공부하고 있는 탐구 단원과 직접 연결되는 이야기들을 많이 담고 있다. 따라서 이러한 뉴스들을 배우고 있는 단원과 연결시키도록 한다.

시사 문제 전략 사용의 실행 예

사라 클락의 10학년 수업은 '시장 내 정부 규제가 일부 기업의 이익을 훼손하고 다른 기업의 이익을 증가시킬 수 있음'을 이해하기 위해 시장에 대한 정부 개입의 다양한 사례 연구를 탐구했다. 사라는 학생들에게 "프랑스, 노르웨이, 독일, 네덜란드가 향후 20~30년 동안 휘발유 및 디젤 자동차 판매를 금지할 계획을 세울 경우 유럽의 자동차 회사에 어떤 일이 일어날 것인가?"라는 질문을 통해 유사한 맥락으로 전이할 수 있는 연구 사례를 소개했다. 이 일반화 및 호기심을 촉발하는 질문으로 학생들의 일부 답변은 개념적 이해를 뒷받침하고 다른 답변들은 추가 탐구에 영감을 주었다.

[그림 9-6] **시사 문제 전략의 변형**

몇 가지 신문이나 정기 간행물을 살펴보라. 시사 문제와 연결시킬 수 있는 단원이 있는가?

'만약에 ~라면?'의 가정적 질문

실행 방식: 전이 단계에서 우리는 학생들이 실제 또는 가정적인 상황에 대한 이해를 적용하도록 유도하는 호기심을 촉발하는 질문을 사용할 수 있다. 우리가 한 단원에서 물을 수 있는 호기심을 촉발하는 질문의 한 유형은 '만약 ~이라면?'의 형태의 가정적 질문이 있다. 다음은 전이를 촉진하기 위해 이러한 질문을 사용하는 방법 중 하나이다.

1. 새로운 사례 연구 소개 또는 이전 지식과 연결: 가정적 질문을 제시하기 전에, 학생들이 이전에 확립된 일반화와 연결될 수 있는 새로운 예에 대한 충분한 사실적 지식을 가지고 있는지 확인한다. 충분한 배경 정보를 제공하기 위해 학생들에게 기사 또는 기타 자료를 제공해야 할 수 있다.

2. 호기심 촉발 질문 제기: '만약 _____이라면 어떤 일이 생길까' 또는 '_____일 때, 어떤 일이 일어날 가능성이 있는가?'와 같은 호기심 촉발 질문을 구성한다. 예를 들어, 생태계 단원에서 "죽은 유기체가 썩지 않으면 어떻게 될까?"라고 물을 수 있다.

3. 연결하기: 학급 내에 학생들의 기능 수준은 다양하지만, 모든 학생이 단원 일반화에 연결할 수 있도록 유도한다. 예를 들어, 벽면 차트, 디지털 프레젠테이션 등을 사용하여 시각적으로 표시하는 것이 좋다.

4. 생각하는 시간 제공: 학생들이 질문에 대한 응답을 고려하고 동료들과 아이디어를 토론할 수 있도록 한다. 필요한 경우 학생들이 답변할 때 사용할 수 있는 문장구조를 제공한다. 예를 들어, 다음과 같은 문장구조를 제시할 수 있다.

~때문에(이유와 원인)	나는 ~라고 생각한다(가설)

5. 답변 공유: 학생들이 토론, 서면 답변, 토론, 모델 또는 역할극 등 다양한 형식으로 답변을 공유할 수 있는 시간을 제공한다. 학습 내용, 맥락 및 학습 기간을 고려할 때 가장 적합한 형식을 선택하라. 또는 옵션을 열어두고 학생들에게 자신의 답변을 표현할 형식을 선택하도록 한다.

6. 답변의 정당화: 학생들이 생각을 공유할 때 자신의 답변을 정당화할 수 있는 기회를 준다. 학생들에게 생각을 정당화할 수 있도록 하기 위해 "왜 그렇게 생각하는가, 조금 더 자세히 설명해 줄 수 있는가?"라고 질문할 수 있다. 학생들이 사실적 예와 개념적 이해를 연결하는 시너지적 사고를 주의해서 관찰한다.

역사 재구성하기: 역사를 재구성하게 되면 학생들이 특별한 사건에 집중하고 다양한 요인들의 중요성을 생각할 수 있는 기회를 갖게 된다. 이 전략은 학생들로 하여금 어떻게 같은 요소가 역사적 사건에 영향을 미치고 변화시키게 하는지를 살펴보도록 하게 한다. 예를 들어, 학생들이 이집트 혁명 동안 휴대전화 통신 장애가 발생하는 예상치 못한 심각성에 대해 공부한다고 가정해 보자. 이러한 가정적 상황은 학생들로 하여금 '통치 권력은 권위의 전복을 피하기 위해 의사소통을 검열하거나 제한할 방법을 찾는다.'라고 하는 일반화를 도출하게 한다. 그러면 학생들은 프랑스혁명에 휴대전화가 미친 영향에 대해 생각해 볼 수 있다.	학생들의 가정법 질문: 개념 기반 탐구는 생각하는 학생을 격려해 준다. 학생 주체성을 발전시키기 위해 학생들이 가정적 질문을 만들어 내도록 격려한다. 학생들의 생각에 귀를 기울이고 커리큘럼에 이러한 활동이 가능할 수 있도록 계획한다. 학생들의 질문을 잘 살펴서 질문의 의도와 이 질문이 단원에서 어떻게 잘 활용될 수 있을지에 세심한 관심을 기울인다. 예측, 토론, 논쟁을 위해 학생들의 질문이 편견을 형성하도록 허락한다.

[그림 9-7] '만약 ～라면'의 가정적 질문 전략의 변형

가정적 질문의 예

과학
인간이 갑자기 지구에서 사라진다면 어떻게 될까?
태양이 사라지면 어떻게 될까?
고통을 느낄 수 없다면 어떻게 될까?

사회학
중국이 영국이나 미국보다 먼저 산업화되었다면 어떻게 되었을까?
모든 국가가 의회 민주주의에 의해 통치된다면 어떻게 될까?
자동차, 보트, 비행기가 발명되지 않았다면 지금의 세상은 어떤 모습일까?

경제학
글로벌 통화가 채택되면 어떻게 될까?
연료비 상승이 세계 무역의 이점을 능가한다면 어떻게 될까?
시간당 $8의 글로벌 최저임금이 있다면 어떻게 될까?

음악
일반적인 형식의 악보가 없다면 작곡은 어떤 모습이 되었을까?
음악적 아이디어를 전승하는 구전 전통만 있다면 오늘의 음악은 어떤 모습일까?
텔레비전과 라디오가 발명되지 않았다면 대중음악은 어떤 모습이 되었을까?

실행 방식: 개념 기반 탐구 교실에서 학생들에게 자신의 이해를 증명하기 위해 가설을 만들고 정당화하도록 요청할 수 있다. 학생들이 가설을 개발한 후 "왜 이렇게 가설을 만들게 되었는가?"라고 질문함으로써, 단지 예측만 하는 수준에 머물지 않도록 한다. 다음은 학생들이 개념적 이해를 통해 가설을 만드는 데 도움을 줄 수 있는 내용이다.

1. 연구 질문 제기: 교사 또는 학생이 연구 질문을 제기한다. 예를 들어, "물 순도는 표면 장력을 어떻게 바꾸는가?"
2. 배경 지식 수집: 사전 지식에 따라 학생들은 이전에 확립된 일반화와 연결하기 전에 추가 연구를 수행해야 할 수 있다. 이슈에 대해 더 많은 지식이 필요한 경우 조사할 시간을 주도록 한다.
3. 가설 구성: 학생들에게 예상되는 조사 결과를 설명하는 자신의 가설을 구성하게 하라. 예를 들어, 한 학생이 "물이 순수할수록 표면 장력이 높아진다."라고 제안할 수 있다.
4. 가설의 정당화: 학생들에게 "그렇게 말하는 이유는 무엇인가?"라고 질문해 본다. 학생들이 가설을 정당화하기 위해 이전에 확립된 일반화와 연구에서 얻은 사실적 예를 모두 사용하도록 권장한다. 학생들은 다음과 같이 가설을 정당화할 수 있다. "우리가 이해한 것 중 하나는 액체 분자 간의 응집력이 표면 장력을 유발한다는 것이다. 물은 양성(+)의 수소 끝과 음성(−)의 산소 끝을 가지고 있어 분자가 서로 달라붙게 하므로 표면 장력이 다른 액체보다 높을 것이라고 생각한다."
5. 가설 검증: 학생들에게 자신의 아이디어를 검증하기 위해 과학적 방법을 따르도록 한다. 학생들이 아직 과학적 과정을 거치지 않았다면 이에 대해 가르치는 것이 필요하다.
6. 재검증: 연구원은 문제를 해결하기 전에 여러 가설을 시험해 보고 가설을 폐기하는 경우가 많다. 가능하면 학생들에게 다시 검증하고 가설을 연마하고 시간을 가지고 사고를 반복할 수 있는 기회를 제공하라.

특정 교과가 학생들이 정기적으로 예측하고 가설을 검증하기에 더 적절하다고 생각하지만 이러한 전략은 여러 교과에서 사용할 수 있다. 이 전략은 현재 가르치는 학년 및 또는 교과 영역에서 어떻게 사용될 수 있을까?

실행 방식: 수행 평가에서는 학생들이 제품 또는 성과를 만들어 이해를 입증해야 한다. 수행의 성과 평가는 다양한 형태로 제공된다. 학생들은 디자인 실험, 에세이 쓰기, 모델 구축 또는 구두 발표를 할 수 있다. 우리는 가능한 한 가장 진정한 수행 성과 평가를 원한다. 이것은 학생들이 가능하다면 가장 현실적인 환경에서 학습을 적용할 수 있도록 과제, 맥락 및 평가 기준을 고려하는 것을

의미한다(Wiggins, 1990). 우리는 별개의 사실(지식)이나 기능의 분리된 적용이 아닌 맥락 속에서 나타나는 진정한 성과를 목표로 한다.

수행의(성과) 평가에는 예상되는 학생의 행동 및/또는 특성을 나타내는 잘 정의된 평가 기준이 포함되어야 한다. 이는 가능한 한 객관적으로 제품이나 성과를 평가할 수 있도록 하는 루브릭 또는 체크리스트와 같은 채점 시스템의 형태로 제공되는 경우가 많다. 개념 기반 성과 평가를 어떻게 개발할까?

1. 일반화 목록: 과제를 완료한 결과 학생들이 입증해야 하는 이해를 나열한다. 이것의 구성 요소는 평가되는 개념적 이해와 연결되는 지식과 학습 기능의 이름을 지정하는 것이다. 이는 세 번째 단계에서 평가 기준을 개발하는 데 도움이 될 것이다.
2. 수행 과제 설계: 다음으로 학생들에게 자신의 이해도를 명시적으로 입증하도록 요청하는 과제를 만든다. 실제 실행하는 것보다 쉽게 들릴 수 있지만 다음은 개념 기반 수행 평가 개발을 지원하는 몇 가지 조언이다.
   a. 일반화 언어 사용: 평가 과제에서 일반화 언어를 사용하여 중요한 개념을 다룰 수 있다(Erickson, Lanning, & French, 2017). 일반화와 평가 사이의 일치를 이루기 위해 평가 과제를 설명할 때 중요한 개념을 강조한다.
   b. 소규모 과제: 수행 과제가 거대할 필요는 없다. 짧은 시간에 완료할 수 있는 과제를 만들면 학생들이 동기를 부여하고 관심을 갖게 하면서 사고의 질을 볼 수 있다. 각 일반화에 대해 하나의 짧은 시간에 완료할 수 있는 과제를 만들거나 2개 정도를 함께 묶는 것도 좋다. 모든 일반화에 대해 평가 과제를 다 만들 필요는 없다.
   c. 정당화: 수행 과제에 학생들이 매우 몰입할 수 있다. 제품이나 성능을 개발하는 동안 학생들이 자신의 이해를 반영하도록 지원하려면 과제에서 자신의 생각이나 선택에 대한 정당성을 제공하도록 요청해야 한다. 이것은 학생들이 과제에 참여하면서 사례 연구와 이전에 확립된 이해를 다시 참조하는 것을 의미한다.
3. 평가 기준 개발: 학생들을 안내할 평가 기준을 개발한다. 기준은 교사와 학생이 지식, 기능 및 이해를 습득한 정도를 측정하는 데 도움이 된다. 자신의 생각을 설명하고 자신의 선택을 정당화하는 것의 중요성을 기준에 명시하는 것이 좋다.

동영상: 수행 평가(5학년)

이 동영상에서 크리스티나 매켈러는 물체 단원에 대한 종합 평가 과제를 설명한다. 이 과제는 다음과 같은 과정 기반 일반화를 평가하도록 설계되었다.

실험할 때 과학자들은 데이터를 수집하고 분석하는 과정을 따라 가설을 지지하거나 반박한다. 과학자들은 실험을 수행할 때 정확한 측정을 기록하려고 한다.

동영상을 보면서 다음 질문에 대해 생각해 보라.

1. 이 과제는 학생들이 단원 일반화에 대한 이해를 입증할 수 있는 어떤 기회를 제공하는가?
2. 단원의 지식, 기능 및 이해를 평가하기 위해 교사는 루브릭에 무엇을 포함해야 하는가?

[사진 9-8] 크리스티나 매켈러가 과학의 수행 평가 과제를 발표한다.

이 동영상은 회원 사이트(www.connectthedotsinternational.com/members-only)에서 시청할 수 있다.

일반화를 소규모 수행 과제와 일치시키기: 다음에 [그림 9-8]은 평면도형에 대한 5학년 단원을 위해 취리히 국제학교의 제이미 라스킨이 설계한 두 가지 수행 평가를 보여 준다. 학생들이 하나의 큰 프로젝트로 완료했지만 그 안의 소규모의 각 과제가 다른 일반화와 어떻게 일치하는지 확인해 보라. 여러 일반화에 연결되는 여러 개의 소규모 과제를 만들면 개념 기반 수행 평가 설계 과정을 단순화할 수 있다.

일반화	수행 과제
수학자들은 평면도형의 속성을 명확히 묘사하기 위해 정확한 수학 용어를 사용한다.	건축 챌린지: 세상에서 가장 유명한 기하학자 미스터 불규칙 씨는 건물을 디자인하기 위해 세계건축챌린지를 개최했다. 전 세계에서 참가 신청을 할 수 있는데 이 신청서는 개인적으로 작성해야 하며 명확하고 정확한 설계 도면도 제출해야 한다. 각 건물 건축 도면은 다수의 기하학적 특성들을 포함해야 한다. 이 챌린지에서 건물 건축 도면을 만들기 위해 평면도형들이 어떻게 구성되고 분해되어야 하는지를 포함한 평면도형의 속성에 대한 이해를 사용한다.
수학자들은 평면도형 사이의 관계를 알아내기 위해 평면도형을 분류하고 나눈다. 평면도형들은 분류하는 방법에 따라 하나 또는 그 이상의 카테고리에 부합할 수 있다.	지오위즈 퍼즐: 콘테스트에 참가하려면 각각 성공적으로 기하학적 계층도를 완성해야 하며, 이 이미지에서 도형을 왜 이렇게 위치시켰는지에 대한 논리를 설명해야 한다.

[그림 9-8] 일반화를 수행 과제에 맞추어 일치시키기

출처: Jamie Raskin.

실행 방식: 다른 사람의 작업을 읽거나 보면서 학생들은 개념적 이해를 맥락에서 보고 이를 자신의 작업에 적용할 수 있다. 여기에서 학생들은 과정 기반 일반화를 적용하기 위해 만드는 행위에 참여한다. 이 전략은 제10장의 '기준 공동 구성하기' 및 '과정 성찰'을 반영하는 전략과 함께 사용될 수 있다(p. 300 및 p. 312).

1. 일반화 다시 보기: 우리는 일반화 기록의 중요성을 반복해서 강조했다. 학생들이 자신의 작업에 이해를 적용하기를 원하면 연결과 기대치를 명시적으로 만들어 이 과정을 스캐폴딩할 수 있다. 예를 들어, "설득력 있는 에세이를 작성할 때 이러한 일반화가 더 강력한 글을 작성하는 데 어떻게 도움이 될 수 있는가?"와 같은 질문으로 학급 토론을 시작할 수 있다.
2. 성공 기준을 공동으로 구성하기: 학생들이 학습을 적용하기 전에 루브릭 또는 성공 기준을 공동 구성하기 위한 기초로 일반화를 사용한다. 학생들에게 일반화가 작업에 적용되었는지 어떻게 알 수 있는지 물어보라. 예를 들어, "이 일반화를 에세이에 적용하면 무엇을 볼 수 있는가?" 또는 모범적 예시를 보여 주고 학생들에게 이해한 내용을 사용하여 평가하고 순위를 매기도록 요청한다.
3. 성찰을 위한 일반화 사용: 학생들에게 단원 일반화에 명시적으로 연결시켜 자신의 작업에 대해 성찰할 수 있도록 권유한다. 이를 통해 학생들은 자신의 과제를 스스로 평가할 수 있다.

'창조해 봐!' 전략 실행의 예

키프로스에 있는 아메리칸 국제학교에서 키카 콜스의 11학년 및 12학년 시각 예술 수업에 참여한 학생들은 예술가들이 작품의 균형을 위해 음과 양의 공간을 대조시킨다는 것을 이해하기 위해 아티스트가 양적인 공간과 음적인 공간을 어떻게 사용하는지를 탐구했다. 그런 다음 학생들은 이 기능에 집중하면서 예술작품의 매체와 주제를 자유롭게 선택할 수 있었다. 12학년 학생인 세밀리는 사진과 조각을 만들고 이에 대한 자신의 생각을 "나는 지저귐에서 공백으로의 전환을 더 매끄럽게 만들고 조각되지 않은 공간을 더 많이 남겨 양적인 것과 음적인 것 사이에 더 큰 대비가 있도록 작업하고 싶다."라고 기록했다.

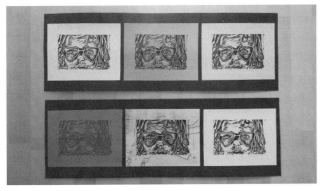

[사진 9-9a], [사진 9-9b] 과정 기반 일반화를 적용하기 위한 예술 작품 만들기

출처: Semeli Hadjiloizou & Kika Coles.

실행 방식: 우리는 학생들을 어떻게 보는가? 변화를 일으킬 수 있는 강력한 주체성이 있는 인격으로 바라보는가? 학생들이 세상을 바꿀 수 있다고 믿는가? 학생들이 책임감 있는 세계 시민이 되기를 원한다면 그들의 행동에 대한 요구를 이해하고 그들에게 권한을 부여해야 한다.

IB 프로그램, 인터내셔널 어워드(International Award) 및 스카우트 운동과 같은 일부 프로그램은 학생의 관심 주제에 대한 열린 탐구를 요구하는 봉사 구성 요소와 행동 프로젝트가 포함한다. 다음은 학생 주도의 행동을 촉진하기 위한 몇 가지 제안이다.

1. 학생의 목소리에 귀를 기울이라: 때로는 모든 학생이 자신의 아이디어를 확인하는 것이 필요하다. 학생들이 학습한 내용을 교실 밖에서도 적용할 수 있는 기회를 주의 깊게 살펴보고 학생들을 격려한다.

2. 질문하기: 학생들의 생각을 명확히 하고 통합하는 데 도움이 되는 질문을 한다. 학생들의 생각을 진지하게 받아들이고 있음을 보여 주라. 학생들이 돈을 모금하는 것과 같은 간접적인 행동에 참여하고 싶다면, 이것만이 필요를 해결하는 가장 좋은 방법인지 생각해 보도록 요구한다.
   • 어떻게 더 구체적인 행동을 할 계획인지 설명해 줄 수 있는가?
   • 여기서 어떤 문제들이 해결되어야 하는가?
   • 이 행동의 의도된(그리고 의도하지 않은) 결과는 무엇일까?

3. 관련 연락처 제공: 학생들이 더 넓은 커뮤니티의 사람 및 리소스와 연결되도록 도와준다. 이로 인해 어떤 이슈에 대해 대면, 전화 또는 영상 대화를 진행할 수도 있다.

4. 계획 수립: 학생들이 행동 계획을 세우도록 지원한다. 학생들이 문제 해결, 의사소통 또는 대인관계 기능과 같은 가치 있는 기능을 어떻게 개발할 수 있을지 생각해 보라. 학생들과 경험해야 할 단계에 대해 생각하고 필요한 자원이 무엇인지 생각해 보도록 하라. 우리는 이 과정을 다음과 같은 질문을 통해 촉진시킬 수 있다.
   • 이 작업에서 취해야 할 단계는 무엇인가?
   • 첫 번째 단계는 무엇인가? 왜 그렇게 생각하는가?
   • 누가 참여할 수 있는가?
   • 그룹 간에 작업을 어떻게 위임하거나 공유하는가?
   • 이 행동이 성공하려면 어떤 리소스가 필요한가?

5. 행동하기: 행동할 때가 되면 학생들이 주도권을 갖도록 하라. 허가를 받아야 한다면 편지를 쓰도록 하라. 공연이 관련되어 있으면 이벤트를 소개하도록 하라. 교사와 다른 성인은 필요한 경우에만 돕고 학생 스스로가 성취해 가는 것을 축하해 주어야 한다.

6. 성찰: 학생들이 성공적으로 행동한 것에 대해 성찰하고 개선할 수 있는 영역을 식별하도록 권장하는 것이 중요하다. 학생들에게 다음과 같은 질문을 할 수 있다.
   • 잘 진행된 것은 무엇인가?
   • 미처 생각하지 못한 것이 무엇인가?
   • 어떻게 하면 더 잘했었을까? 왜 그렇게 생각하는가?
   • 이 행동을 경험함으로써 개인 또는 학습자로서 자신이 어떻게 변화되었는가?

PYP 5학년 학생인 플로리안 글랜즈는 유럽 난민 위기에 대해 공부했다. 단원 초반에 이 학생은 지역에 거주하는 난민들을 위해 자원을 모으기 위해 장난감이나 옷을 모으는 운동을 할 계획이었다. 탐구 조사의 일환으로 사회복지사 인터뷰를 통해 이 학생은 난민들이 종종 새로운 지역사회에서 사회적 고립을 경험한다는 사실을 알게 되었다. 이 새로운 이해를 반영하여 학생은 지역 난민 캠프의 어린이들을 축구 게임에 초대하기로 결정했다. 그는 자신의 돈으로 모든 선수들을 위해 참가 메달을 구입했고, 부모님은 피자 값을 지불하기로 하여 아이들이 함께 식사를 즐길 수 있도록 했다.

동영상: 학생 주도형 행동(12학년)

이 동영상은 로스앤젤레스 인리치센터의 12학년 학생인 매켄지 스타를 보여 준다. 여기에서 이 학생은 지역사회에서 젊은 여성들에게 자신감을 불어넣기 위해 조직한 행사인 '자신감을 가져라(Dare to be Confident)'를 소개한다. 자신의 개인적인 경험과 다른 사람들과의 토론을 통해 매켄지는 많은 젊은 여성들이 자신감 부족으로 고통받고 있음을 이해하게 되었다. 이 행동에 참여하면서 매켄지는 '지역사회 내에서 적극적으로 행동을 취함으로써 사람들은 긍정적인 방식으로 주변 환경을 바꿀 수 있다'는 것을 깨닫게 되었다.

동영상을 보면서 다음 질문에 대해 생각해 보라.

[사진 9-10] 매켄지 스타의 행동

1. 매켄지는 지역사회의 젊은이들에게 이벤트를 제공하는 행동을 취했다. 이 경험에서 매켄지는 개인적으로 무엇을 배우게 되었는가?
2. 이를 위해 매켄지는 다른 성인들에게 어떤 지원을 요구했는가?
3. 매켄지가 이러한 규모의 이벤트를 조직하는 데 어떤 기능과 전략이 필요했는가?

이 동영상은 YouTube(https://www.youtube.com/) 및 회원 사이트(www.connectthedotsinternational.com/members-only)를 통해 시청할 수 있다.

이 동영상 링크는 매켄지의 허락을 받고 공유되었다.

학생들이 자신만의 '자신감을 가져라(Dare to Be Confident)' 이벤트를 만들기로 결정했다면 매켄지에게 알려 주어서 그가 다른 사람들에게 어떻게 영감을 주고 있는지 알 수 있도록 하라.

action@connectthedotsinternational.com

전이하기 단계에서의 평가

전이하기 단계에서 우리는 학생들이 단원의 지식, 기능 및 이해를 새로운 상황과 맥락에 적용할 수 있는 정도를 평가한다. 이를 위해 새로운 사례 연구를 바탕으로 평가 과제를 만들거나 학생들이 제품을 만들도록 초대한다. 교사로서 우리는 학생들이 전이 활동에 어떻게 접근하고 수행하는지를 확인하여 평가 정보를 수집한다. 학생들은 어떤 사고 과정을 거치는가? 그들의 사고가 전이 활동에서 특정 행동이나 선택으로 이어지는 방법은 무엇인가? 학생들은 어느 정도까지 그들의 생각을 새로운 맥락으로 추론할 수 있는가? 이러한 질문에 답하기 위해 우리는 다음과 같은 증거를 수집한다.

- 학생들이 새로운 사례 연구 또는 맥락에 대해 묻는 질문 유형(Bransford & Schwartz, 1999)
- 학생들이 자신의 이해를 얼마나 유사한 맥락 또는 상이한 맥락에 적용할 수 있는지에 대한 증거
- 학생들이 학습하는 기능을 의도적으로 그리고 신중하게 새로운 맥락에 적용하는 방법
- 학생들이 이전에 확립된 일반화 또는 연구된 사례 연구를 참조하여 자신의 생각을 얼마나 잘 정당화하는지에 대한 증거
- 강한 교과 간 사고에 대한 증거

이 단계에서 우리는 학생들의 이해 전이 능력에 대한 충분한 피드백을 학생들에게 제공하고자 한다. 이것은 개념 기반 탐구 교사에게 중요하지만 도전적인 과제이다. 학생들이 위험을 감수하고, 새로운 아이디어를 탐색하고 실패도 감수할 수 있는 학습 환경을 지원해야 한다. 학생들에게 자신의 과제를 스스로 평가하는 데 사용할 수 있는 성공 기준과 루브릭을 제공함으로써 학생들의 전이 활동에 구조를 제공한다. 성공 기준에는 일반화 및 사례 연구를 증거로 참조하는 것이 포함된다. 이것은 학생들에게 우리의 기대치를 분명하게 한다. 전이는 단순히 제품을 만들거나 작업을 수행하는 것이 아니다. 그것은 자신의 생각을 표현함으로써 작업에서 취해진 과정을 정당화하는 것이다. 그렇게 함으로써 우리는 열린 마음, 증거 존중적이고 끈기 있는 마음을 구현하는 학생들을 기르게 된다.

전이하기 탐구 단계는 학생들이 개념적 사고를 강화하고 심화시킬 수 있는 기회를 제공한다. 학생들이 전이에 참여할 때 사전 지식을 반영하고 학습을 새로운 상황에 적용하는 방법을 인식해야 한다. 이를 위해서는 학생이 '자기 대화'에 참여하는 메타인지적 사고가 필요하다. 다음 장에서는 개념 기반 탐구의 이러한 성찰하기 측면을 더 자세히 살펴볼 것이다. 우리는 학생들이 탐구를 통해 어떻게 그들의 학습을 계획, 모니터링, 평가함으로써 힘을 얻게 되는지를 보여 줄 것이다.

 잠시 멈추어 되돌아보기

단원을 계획할 때 스스로에게 다음과 같은 질문을 해 보라.

- 학생이 이해를 전이할 수 있도록 지원하기 위해 어떤 추가 사례 연구를 사용할 수 있는가?
- 학생들이 새로운 사례 연구에 대한 충분한 정보를 확보하여 연관성을 확장할 수 있도록 하려면 어떻게 해야 하는가?
- 학생들이 지역 및 세계적으로 중요한 시사 문제를 정기적으로 접할 수 있는 시스템을 어떻게 구축할 수 있는가?
- 이 단원에서 학습한 결과로 적용하고 행동으로 옮길 수 있는 것들은 무엇인가?
- 전이가 일어날 수 있는 과제를 개발하는 데 학생 질문을 어떻게 사용하는가?
- 학생들이 학습을 새로운 상황에 적용할 때 이해의 전이를 어떻게 평가할 수 있을까?

제10장

성찰하기

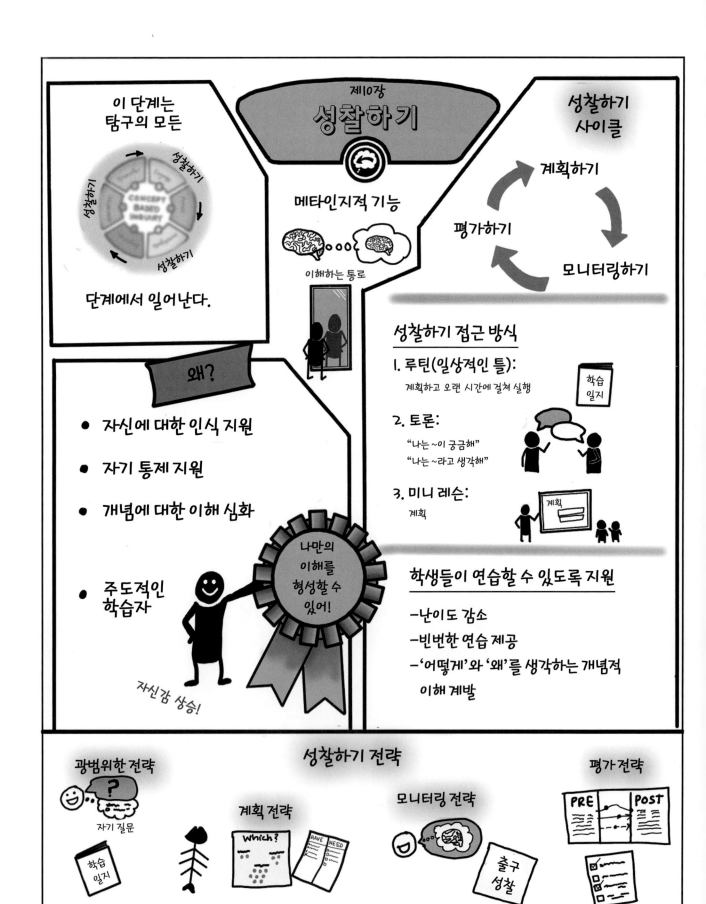

이 단계는
탐구의 모든

제10장
성찰하기

성찰하기
사이클

단계에서 일어난다.

메타인지적 기능

이해하는 통로

계획하기
평가하기
모니터링하기

왜?

- 자신에 대한 인식 지원
- 자기 통제 지원
- 개념에 대한 이해 심화
- 주도적인 학습자

나만의 이해를 형성할 수 있어!

자신감 상승!

성찰하기 접근 방식

1. 루틴(일상적인 틀):
   계획하고 오랜 시간에 걸쳐 실행

2. 토론:
   "나는 ~이 궁금해"
   "나는 ~라고 생각해"

3. 미니 레슨:
   계획

학습
일지

계획

학생들이 연습할 수 있도록 지원

- 난이도 감소
- 빈번한 연습 제공
- '어떻게'와 '왜'를 생각하는 개념적
  이해 계발

성찰하기 전략

광범위한 전략

? 자기 질문

학습
일지

계획 전략

Which?
HAVE NEED

모니터링 전략

출구
성찰

평가 전략

PRE POST

탐구 단계 전반에 걸쳐 성찰하기

목적

- 학생들의 개인적인 주도적 의지 계발
- 학생들이 학습 과정을 계획하고 모니터링할 수 있도록 하기 위해
- 탐구 과정 및 끝에서 학습 진행 상황을 개별적 또는 그룹으로 함께 평가하기 위해

이 단계에서 주로 사용되는 안내 질문

- 사실적인 질문
- 개념적 질문

성찰하기 단계의 실행 예

줄리아 브리그스는 콜롬비아 보고타에 있는 콜레지오 앵글로 콜로비아노에서 IB 고등학교 화학을 가르치고 있다. 줄리아는 학생들이 자신의 단원이 진행되는 동안 잠시 멈추고 성찰할 기회를 제공한다. 이러한 경험에서 학생들은 학습을 계획하고, 모니터링하며 평가한다. 그녀의 12학년 학급이 화학 결합 및 구조에 대한 새로운 단원을 시작할 때 학생들을 참여시키기 위해 질문 확장(question stretches, p. 102) 전략을 선택하고 단원의 주도적인 개념에 대해 생각을 집중하기 위해 차원의 척도(dimention, p. 146) 전략을 선택했다. 이 두 가지 학습경험에 이어 줄리아는 학생들이 학습을 요약하는 데 도움이 되는 개념적 질문을 사용했다. "이온은 어떤 물질이 결합하는 방식과 어떤 관련이 있는가?" 그리고 학생들이 학습 과정에 대해 생각하고 모니터링하도록 초청하는 질문 은행(p. 293)을 제공했다.

- 흥미로운 것은 무엇인가?
- 놀라운 것은 무엇인가?
- 예상치 못한 것은 무엇인가?

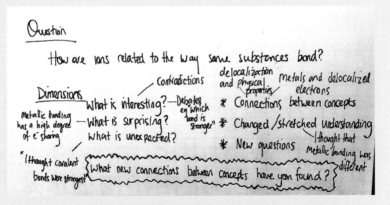

[사진 10-1] 학습 모니터링을 위해 학급이 함께 참여한 성찰하기 활동

출처: Julia Briggs.

줄리아는 "인터넷에 얼마나 많은 모순적인 정보가 있는지에 대한 공통적인 생각이 있었으며 우리는 학생들이 앞으로 신뢰하고 사용할 수 있는 출처를 확인했다."라고 말했다.

정보 상충으로 인한 혼란을 인정하고 신뢰할 수 있는 출처를 파악함으로써 학생들은 향후 학습 계획을 세울 수 있었다.

성찰하기의 힘

성찰하기는 학생들이 효과적인 학습자가 되도록 지원하는 강력한 도구이다. 탐구 과정에서 우리는 어떻게 배우고, 무엇을 알고 있으며, 다양한 메타인지 기술과 전략을 사용하여 학습을 더 발전시킬 수 있는 방법들이 있는지 생각해 본다. 성찰하는 방식은 단원마다 다르며 탐구의 진행 정도에 따라 다르다. 한 단원 동안 우리는 이해를 계획, 모니터링 및 확장하기 위해 성찰하기 전략을 사용한다. 이를 통해 "지금까지 무엇을 이해했는가?" 또는 "우리의 이해를 어떻게 명확히 할 수 있는가?"와 같은 질문에 답할 수 있다. 단원이 끝나면 학습 진행 상황을 평가하고 단원의 범위를 벗어난 현실 상황에 적용할 수 있는 가능성을 살펴본다. 우리는 학생들에게 "지금 우리의 이해가 단원 초반의 이해와 어떻게 비교되는가?" 또는 "이 학습이 우리 일상생활에 어떤 의미가 있는가?"라고 물을 수 있다.

교실에서 제시되는 성찰적 질문은 깊이 있는 개념적인 사고를 할 수 있는 학생들을 길러내는 것과 직접적으로 연결되어 있다. 연구에 따르면 학습 평가에 적극적으로 참여하는 학생들은 한 단원에서 의도한 개념을 더 깊이 이해하고 있음을 보여 준다(Wang & Lin, 2008). 마찬가지로, 학습이 발생했는지 또는 개념을 이해하기 위해 더 많은 작업이 수행되어야 하는지 결정하려면 메타인지적 사고에 능숙해야 한다(Flavell, Miller, & Miller, 2002). 이해의 격차를 찾는 것은 정확한 개념적 관계를 수립하기 위한 중요한 전조이다. 개념 기반 탐구에서 성찰하기는 개념적 이해의 발달, 학생 주체성 및 자기 인식을 장려하는 데 중요하다.

성찰하기 사이클

개념 기반 탐구학습에서는 개념 이해의 발전을 지원하기 위해 계획하기, 모니터링하기 및 평가하기라는 세 가지 전략이 상호작용하는 사이클의 일부로 성찰하기 단계가 발생한다([그림 10-1] 참조).

시나리오를 사용하여 더 자세히 생각해 보자. 7학년 학생은 자신의 영어 수업에서 설득력 있는 에세이를 작성해야 한다. 학생은 자신의 강점, 제시간에 에세이를 완료할 수 있게 접근 가능한 정보를 생각해 보면서 과제를 시작한다. 이 계획 단계는 학생이 앞으로의 학습을 준비하도록 한다.

다음으로, 학생은 자신이 만든 계획을 실행하면서 초안을 작성하기 시작한다. 모두가 아는 것처럼 과제에 참여한다는 것은 혼자 생각하기 또는 '혼자 이야기하기'를 하면서 주어진 목표에 따라 선택하는 것을 포함한다. 이 모니터링 단계를 통해 우리는 학습 전략을 신중하게 실행하고 적용할 수 있다.

마지막으로 학생은 에세이의 최종 초안을 완성한다. 학생은 자신의 진행 상황을 평가하여 향후 개선할 수 있는 특정 학습 영역을 식별한다. 이 평가 단계에서는 이전의 학습 또는 앞으로 진행될 학습 모두를 살핀다. 학습자는 다음 단계를 결정하면서 자신이 수행한 과제와 새로운 개념적 이해를 평가한다.

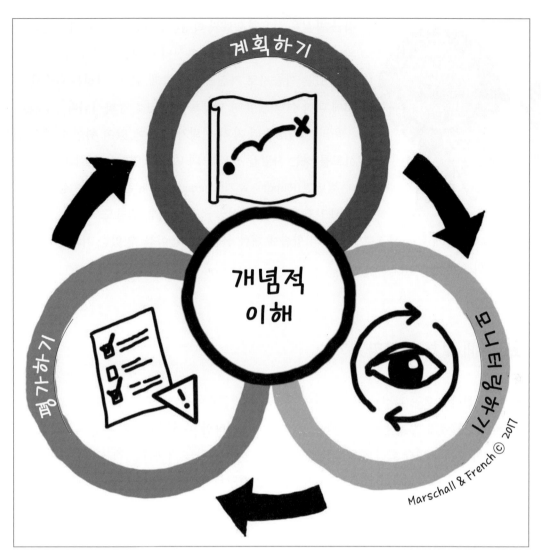

[그림 10-1] 성찰하기 사이클

이 세 가지 전략은 함께 작동하여 학생들이 학습과 수행능력을 조절할 수 있도록 한다. 각 전략은 자신과 타인에 대한 지식, 과제 유형에 따른 인지적 요구에 대한 지식, 학습 향상을 위한 전략에 대한 지식을 구축한다. 이 세 가지 전략의 의도적인 사용을 뒷받침하는 것은 개념적 이해이다. 학습자가 메타인지 기술 및 전략에 대한 자신의 일반화를 만들 때 이를 새로운 학습 상황으로 옮길 수 있다. 이러한 개념적 이해를 명료화하면 학생들을 효과적인 학습자로 기르는 데 도움이 된다.

학습 주체성 구축하기

메타인지 전략만으로는 독립적인 학습자가 되기에 충분하지 않다. 개념 기반 탐구에서 우리는 학생들의 자아 감각을 양심적으로 구축하여 학습에 대한 주인의식을 보여 주는 주체적인 학습자를 양성한다. 귀납적

접근 방식을 사용함으로써 학생들은 교사의 생각에 의존하거나 교사의 생각을 따라 하지 않고도 자신의 이해를 스스로 형성할 수 있는 능력이 있는 학습자로 자신을 바라보게 된다. 이것은 학습에서 중요한 것에 대한 선택을 할 때 학생들의 의견을 강화시킨다.

우리는 학생들의 자기 신뢰가 학습에 있어 위험을 감수하는 열린 사고를 하는 사람을 만드는 데 미치는 영향을 인식해야 한다. 람데스와 짐머만(Ramdass & Zimmerman, 2008)은 "학습은 성공을 위한 지식을 배양할 뿐 아니라 성공할 수 있다는 믿음도 키워야 한다."(p. 37)라고 주장한다. 학생들에게 학습 과정뿐만 아니라 학습에 대한 신념을 되돌아볼 수 있는 기회를 제공하는 것은 모든 탐구 단원의 필수 요소이다.

탐구 전반에 걸쳐 성찰하기

성찰하기는 과정이며 모든 과정과 마찬가지로 우리가 커리큘럼에서 의도적으로 계획한 전략과 기능으로 나눌 수 있다. 학생들에게 성찰할 시간을 주는 것이 반드시 메타인지 기능 개발로 이어지지는 않는다. 마찬가지로, 학생들이 신중한 연습 없이 강하고 성찰적인 사고자가 되기를 기대하는 것은 비현실적이다. 메타인지적 사고는 다른 유형의 사고와 마찬가지로 인지 능력을 요구한다(Lan, Repman, & Chyung, 1998). 학생들이 학습 과정의 자연스러운 부분이 될 수 있을 만큼 메타인지 전략을 자주 연습하지 않으면 수행 측면에서 거의 또는 전혀 이점을 얻지 못한다(Bjorklund, Miller, Coyle, & Slawinski, 1997).

이를 방지하기 위해 교실에서 세 가지 접근 방식을 취한다.

1. 난이도 감소: 학생들의 인지 부하를 줄이기 위해 메타인지 전략을 습득하거나 연습할 때 과제의 난이도를 줄인다. 여기에는 메타인지적 사고를 모델로 하는 지원을 제공하는 것이 포함된다.
2. 빈번한 연습 제공: 학생들에게 신중한 연습 기회를 제공함으로써 메타인지 기술 및 전략을 자유롭게 사용할 수 있도록 한다.
3. 개념적 이해 계발: 성찰하기의 방법과 이유에 대한 개념적 이해를 형성하여 학생들이 그 목적을 이해하고 의도적으로 기능과 전략을 사용할 수 있도록 한다([그림 10-1] 참조).

교사는 탐구 과정의 모든 단계에 성찰하기 활동을 포함하여 메타인지적 사고가 한 단원에서 비판적·창의적·개념적 사고와 함께 발전하도록 한다. 그럼 성찰하기 활동이란 무엇일까? 개념 기반 탐구 내에서 우리는 성찰하기를 지원하기 위해 다양한 접근 방식을 사용한다.

루틴(일상적인 틀): 루틴(일상적인 틀)을 통해 학생들은 메타인지 기술과 전략을 재검토하고 연습할 수 있다. 학습 일지나 성찰적 블로그와 같은 도구를 정기적으로 사용하면 학생들이 자신의 생각을 표현하는 자신감과 능력을 키울 수 있다. 루틴(일상적 틀)을 통해 학생들은 학습 과정에 대한 자신의 태도가 특정 학습 영역에서 시간이 지남에 따라 어떻게 발전하고 변화하는지 조사할 수 있다.

토론: 토론은 학생들에게 동료의 성찰적 사고를 들을 수 있는 기회를 제공하여 학습자와 상황에 따라 기능이나 전략이 어떻게 다르게 적용될 수 있는지 보여 준다. 학생들에게 대화 유도 전략 또는 질문 은행과 같은 스캐폴딩을 제시하면 학생들이 생각을 공유하는 데 집중할 수 있다. 토론에서 교사는 연습을 통해 시간이 지남에 따라 연습과 노력으로 점진적으로 지능을 향상시킬 수 있는 성장적 사고방식의 중요성을 보여 줄 수 있다(Dweck, 2012).

미니 레슨: 미니 레슨을 통해 교사는 시나리오의 난이도를 설정하고 독립적인 연습을 위한 조건을 만들 수 있다. 학생들의 계획, 모니터링 또는 평가를 안내할 수 있는 특정 메타인지 기술을 소개하기 위해 미니 레슨을 한다. 직접적 교육 맥락에서 미니 레슨은 기능 사용 및 적용을 위한 모델 역할을 한다. '소리 내어 생각하기—마음속으로 생각하고 있는 것을 말로 표현하는 것'은 학습 상황에서 메타인지 전략과 개인적인 태도가 어떻게 함께 작동하는지 보여 주는 미니 레슨의 한 형태이다.

학습 기능은 과정 구조 내의 전략과 과정에서 파생되기 때문에 세 가지 메타인지 전략을 보다 구체적인 기능으로 분류하여 잠재적인 성찰 과제를 설계할 수 있다. 〈표 10-1〉은 이러한 전략을 기능 및 이에 수반되는 일반화로 세분화하는 방법을 보여 준다.

전략	기능의 예	일반화 예
계획	과제의 구성 요소 식별	학습자는 과제를 여러 부분으로 나누어 더 쉽고 어려운 측면을 식별한다.
모니터링	과제를 완료하는 동안 노력 여부 조절	학습자는 과제를 완료하는 동안 스스로의 과제를 확인하면서 추가 노력이 필요한지 살핀다.
평가	과제의 결과로 새로운 학습 목표 결정	학습자는 과제에 대한 자신의 수행 정도를 평가한 후 새로운 학습 목표를 식별하고 설정한다.

이 장의 전략은 다음 범주를 사용하여 구성된다.

광범위한 전략	계획 전략	모니터링 전략	평가 전략
성찰하기 사이클 모든 단계에서 메타인지적 사고를 지원하고 학년 수준과 교과에 걸쳐 고도로 전이할 수 있는 전략.	학생들이 자신의 현재 이해도, 과제의 난이도, 과제에 접근하는 방법 또는 과제가 끝날 때의 성공 여부를 평가할 수 있는 전략.	학생들에게 자신의 이해도, 학습에 대한 태도 또는 성과를 모니터링하도록 요청하는 전략.	학생들이 개인 또는 공동 기준을 사용하여 스스로를 평가할 수 있는 전략. 특히 시간 경과에 따른 진행 상황을 자체 평가하는 전략.

전략을 탐색하기 전에 이 장의 앞부분에 있는 성찰하기 사이클을 생각해 보고 가르치고 있는 수업에 대해 생각해 보라. 학생들이 학습을 계획하고, 자신의 학습을 모니터링하며 평가할 수 있도록 어떻게 돕고 있는가?

〈표 10-2〉 **성찰하기 전략**

전략	간단한 설명	페이지
광범위한 전략		
성찰하기에 대한 일반화	학생들은 성찰하기 사이클과 학습을 위한 태도의 역할에 대한 귀납적 이해를 형성한다.	291
대화 유도	학생들은 성찰하기 활동에서 메타인지적 대화에 참여하기 위해 다양한 유도 문장을 사용한다.	292
질문 은행	학생들은 다양한 질문을 사용하여 성찰하기 활동 중에 자기 스스로에게 질문한다.	293
학습 일지 및 성찰 블로그	학생들은 자신의 학습을 계획하고, 모니터링하고 평가하기 위해 성찰적 그림, 쓰기 및 또는 스크린 캐스팅을 사용한다.	294
계획 전략		
과제 분석	학생들은 과제를 분석하여 구성 요소와 개인 지식/기능 수준을 반영한다.	298
기준 공동 구성하기	학생들은 평가 과제에 대한 성공 기준을 공동 구성한다.	300
모니터링 전략		
소리 내어 생각하기	학생들은 학습에서 자기 대화의 역할을 반영하기 위해 모델링된 활동에 참여한다.	302
성찰하며 수업 마무리하기	학생들은 수업 또는 학습 활동이 끝날 때 짧은 성찰을 완료한다.	304
전략 평가		
사전/사후 성찰하기	학생들은 한 단원의 두 지점을 돌아보며 결과를 비교하고 대조한다.	306
체크리스트와 루브릭	학생들은 체크리스트 또는 루브릭을 사용하여 학습한 결과물을 성찰한다.	310
과정 성찰	학생들은 과정 기반 일반화의 적용에 대해 성찰한다.	312

실행 방식: 학생들은 종종 과제를 성공적으로 완성하기 위해 한 일들은 설명할 수 있지만 기능 또는 전략을 학습 상황에 더 광범위하게 적용할 수 있는 방법을 설명하는 데 어려움을 겪는다. 이 전략에서 우리는 학생들이 메타인지 기능과 전략에 대해 일반화하도록 지원하기 위해 질문 프로토콜을 사용한다. 첫 번째 질문은 학생들이 사실 수준에서 학습에 대해 이야기하도록 요청한다. 그런 다음 학생들이 이해를 명확하게 하기 위해 개념적 수준에서 사고를 표현하도록 돕는다.

개념적 질문을 하기 전에 학생들에게 사실적인 수준에서 자신의 생각을 토론할 충분한 시간을 주는 것이 중요하다. 이 프로토콜은 개별 회의, 소그룹 활동 또는 전체 수업 토론에서 교사가 사용할 수 있다. 강력한 일반화를 만드는 방법에 대해서는 제8장을 다시 살펴보도록 한다.

질문	목적
1a. 이 과제에서 중심을 두고 있는 것은 무엇인가? 1b. 어떤 전략과 기능을 사용하였는가?	학습의 맥락을 명명한다. 적용한 전략과 기능을 설명한다.
2. 적용한 전략과 기능이 학습자로서 자신에게 어떤 도움이 되었는가?	전략과 기능의 적용과 학습 과정을 연결시킨다.
3. 왜, 언제 학습자들이 기능과 전략을 사용하는가?	학생들은 일반화를 만들어 내기 위해 기능과 전략에 관한 모든 학습자의 경험을 고려한다.
4. 이를 통해 무엇을 이해하게 되었는가? (나는 ____을 이해한다.)	학생들이 일반화함으로써 자신의 생각을 구성한다. 예를 들면, '과제 중 가장 어려운 부분을 결정하는 것은 학생들이 계획을 효과적으로 하도록 도와준다.'
5. "왜?", "어떻게?", "그래서?"와 같은 질문으로 생각을 스캐폴딩한다.	학생들이 일반화를 더 명확하고 정확하게 다듬는다. 제8장에서 질문을 사용하여 2단계, 3단계 일반화로 스캐폴딩하는 과정을 살펴보라.

[그림 10-2] **성찰적 사고를 스캐폴딩하기 위한 질문 프로토콜**

실행 방식: 모든 학생들은 동료들과 지속적이고 의미 있는 상호작용에 참여할 수 있는 능력이 있지만 때로는 성찰적인 대화가 어떤 대화인지를 아는 데 어려움을 겪는다. 대화를 통해 학습자가 함께 생각하고 추론하도록 장려하면 학생들의 생각을 확실하게 하여 지식 구축에 도움이 된다(Larkin, 2014). 대화 유도는 토론을 촉진하는 한 가지 방법이다. 이를 통해 학생들은 인지 부하를 줄이면서 사고할 수 있다. 중학생 또는 고등학생의 경우 교사는 하나 또는 두 개의 대화 유도 문장을 예로 제공할 수 있다. 어린 학생의 경우 교사가 예를 들어 수업 토론이나 짝 토론에서 대화 유도 문장을 명시적으로 모델링할 수 있다.

대화 유도의 문구는 종종 특정 성찰하기 전략을 강조한다. "이것 때문에 ＿＿＿ 생각나는데"라는 문구는 학생들이 자신의 생각을 모니터링하도록 지원하는 반면, "내가 배운 가장 중요한 것은"이라는 문구는 학생들에게 평가적인 자세를 취하도록 요청한다. 학생들이 성찰적인 대화 유도 문구를 모델화하고, 참조하고, 자주 사용하는 것이 중요하다. 신중히 연습에 참여하면 학생들이 시간이 지남에 따라 성찰적인 언어를 내면화하는 데 도움이 된다.

이 전략은 교실에서 발견되는 주요 언어를 중심으로 문장구조를 구축할 수 있기 때문에 모국어 지원에도 적합하다([사진 10-2]) 이렇게 하면 비슷한 언어적 배경을 가진 학생들이 모국어 중 하나로 성찰적인 대화에 참여할 수 있다. 이것은 학생들의 다국어 배경을 재확인하는 동시에 메타인지 기능의 사용을 촉진한다.

[사진 10-2] 영어/스페인어 대화 유도 문장 앵커 차트

질문 은행

실행 방식: 학생들이 교실에서 예측 가능한 일련의 질문에 노출될 때, 그들은 성찰적인 대화에 필요한 어휘를 습득하고 내재화한다. 질문 은행의 역할은 효과적인 학습자로서 우리가 스스로에게 묻는 질문 유형을 시각적으로 상기시키는 것이다. 교실의 다른 일상과 마찬가지로 학생들은 질문 은행을 사용하여 연습하고 그것이 학습에 어떻게 의미 있게 활용할 수 있는지 이해해야 한다. 성찰적인 질문 목록을 벽에 걸어 두었다고 해서 학생들의 메타인지 능력이 향상되는 것은 아니다. 우리는 적극적으로 성찰적 대화를 스캐폴딩하기 위해 질문을 사용해야한다.

대화 유도와 유사하게 질문 은행은 교실에서 다양한 방법으로 사용할 수 있다. 교사는 학생들에게 특정 질문을 '자세히 들여다보도록' 요청하거나 다양한 질문을 사용하여 서로 인터뷰하도록 할 수 있다. 계획 및 모니터링을 위한 샘플 질문 은행은 [사진 10-3a] 및 [사진 10-3b]에서 찾을 수 있다. 이러한 질문 포스터는 회원 사이트(www.connectthedotsinternational.com/members-only)에서 다운로드할 수 있다.

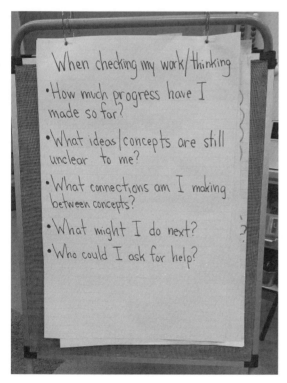

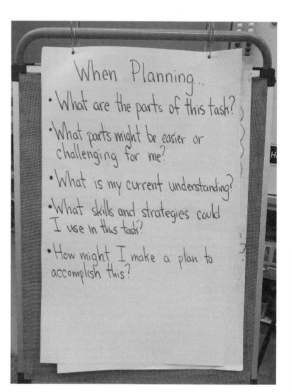

[사진 10-3a], [사진 10-3b] 질문 은행의 샘플(계획 및 모니터링)

학습 일지 및 성찰 블로그

실행 방식: 학습 일지는 학습 진행 상황에 대한 증거를 수집하는 저장소이다. 최고의 작품만을 보여 주는 성과 포트폴리오와는 다르다. 학습 일지는 평가 전 데이터, 진행 상황에 대한 성찰 및 요약 평가 데이터를 포함하여 초기 사고를 보여 줄 수 있다. 여기에는 학생의 자기 평가 또는 목표 설정이 포함된다. 초등학교 저학년 학생들은 교사와 공동으로 구성된 학습 일지에 참여할 수 있지만 스크린 캐스팅 또는 드로잉 앱을 사용하여 자신의 생각을 독립적으로 기록할 수도 있다. 고학년 학생들은 자신의 블로그를 가지고 있거나 교과에 따라 여러 개의 학습 일지를 가질 수 있다.

학습 일지는 아날로그 또는 디지털 형식을 사용할 수 있다. 120명 이상의 학생을 가르치는 중·고등학교 교사의 경우 학습 일지는 구글 문서 또는 쉽게 공유되는 워드 문서처럼 간단한 형식일 수 있다.

성찰적 블로그: 성찰적 블로그는 학습 일지와 유사하지만 개별적인 것이 아니라 집단적인 것이다. 이를 통해 학급은 학습 진행 상황을 함께 성찰하고 서로의 이해를 통해 배움을 확장한다. 학급 블로그에 학생들을 참여시킬 때 서로의 게시물에 대한 답글 지침을 논의하여 학생들이 자신의 의견과 아이디어를 안전하게 공유할 수 있도록 한다. 학생들은 숙제 과제로 집에서 성찰 블로그에 자신의 생각을 추가하거나 수업이 끝날 때 블로그의 질문에 집단적으로 응답할 수 있다.

학습 일지 사용의 예

너새니얼 하이스타인은 키프로스에 있는 아메리칸 국제학교의 수학 부장이다. 그의 10학년 학생들은 수학 문제를 풀 수 있는 공책을 가지고 있지만 학습 기록 역할을 하는 수학 일지도 가지고 있다. 너새니얼의 학생들에게 이 일지는 학습을 재검토할 때 참고할 수 있는 유용한 자료이다. 사실적 질문과 개념적 질문을 모두 사용하여 학습 일지는 시너지적 사고를 포착하도록 구성된다.

선형 함수 단원의 결론으로 너새니얼은 학생들에게 세 가지 다른 전략을 사용하여 주어진 문제를 풀도록 요청한다. 이것은 지식과 기능을 평가할 수 있는 기회를 제공한다. 개념적 사고와 성찰적 사고를 모두 장려하는 너새니얼은 학생들이 선택할 전략에 대해 성찰하도록 권장한다. 그의 먼저 사실적 질문을 제기한다. "이 특정 문제에 가장 적합한 전략은 무엇인가?" 그다음에는 학생들을 개념적 수준으로 이동시키기 위해 고안된 문장구조가 이어진다. '문제를 해결하기 위해 선택한 전략은 _____에 따라 다르다' 자신의 학습에 대해 성찰하고 다른 사람들이 문제를 해결하는 방법을 들음으로써 수학적 문제를 해결하는 방법을 평가할 수 있다.

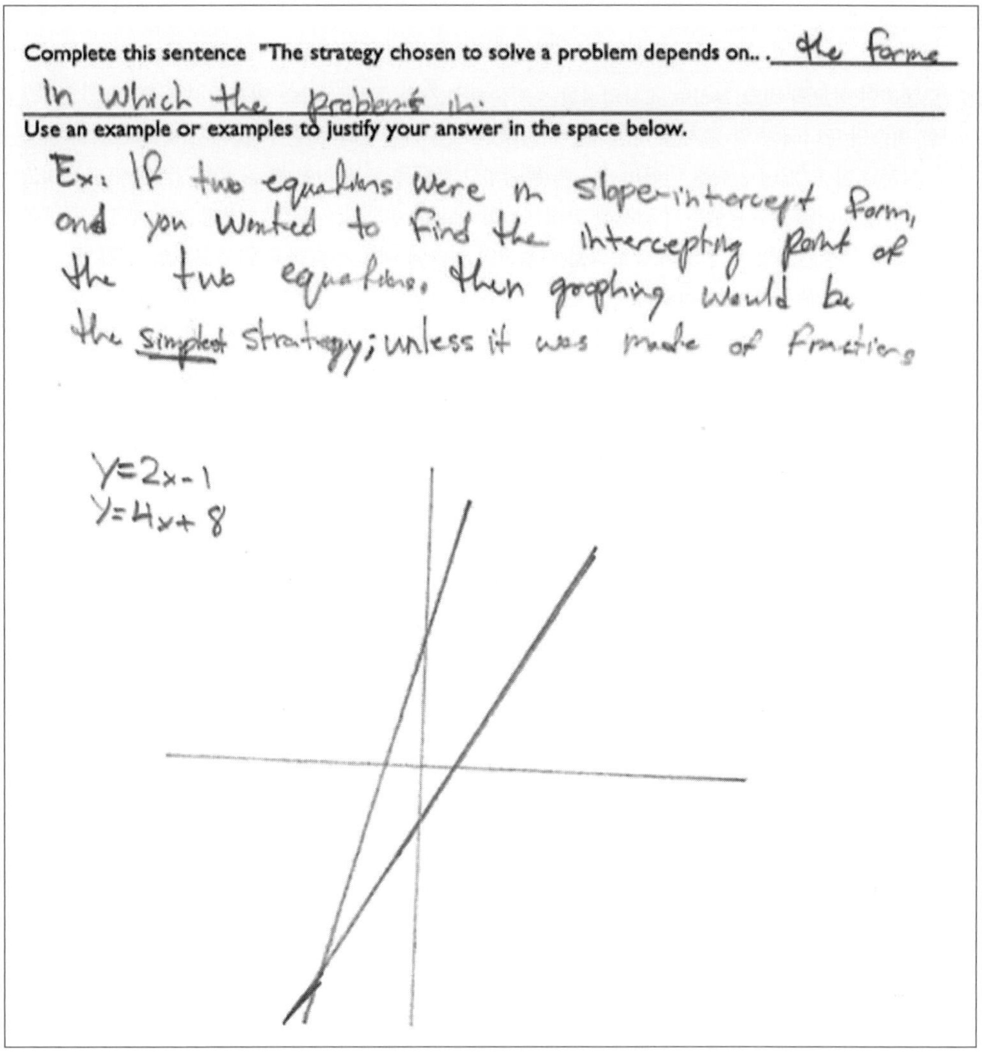

Complete this sentence "The strategy chosen to solve a problem depends on... . _the forms_

In which the problems in.

Use an example or examples to justify your answer in the space below.

Ex: If two equations were in slope-intercept form, and you wanted to find the intercepting point of the two equations, then graphing would be the <u>simplest</u> strategy; unless it was made of fractions

$y = 2x - 1$
$y = 4x + 8$

[그림 10-3] **수학 학습 일지 예**

탐구 전반에 걸쳐 성찰하기 | 295

성찰 블로그 사용 예

베를린 메트로폴리탄 학교의 마크 실리토 교사의 4학년 학생들은 강한 주체적 학습 의지를 가지고 있다. 한 학년 동안 그들은 탐구자로 학습의 모니터링 및 평가를 지원하는 학급 블로그를 개발했다. 최근 수업에서 빛과 소리의 속성을 조사했다. 여러 번의 실험을 한 후 개념 만화를 만들어 생각을 통합하고 토론을 위해 이를 블로그에 업로드하였다. 마크는 학생들이 서로의 생각에 대해 어떻게 논평했는지 강조하고 학생들이 새로운 이해를 기록하는 방법으로 블로그 플랫폼을 사용하도록 제안한다. 그의 열정은 많은 학생들이 블로그를 사용하여 학습에 대해 성찰하고 연구 결과를 공유하고 이를 통해 어떻게 생각을 바뀌었는지 공유하도록 자극했다.

빛과 소리에 관한 단원에서 많은 학생들이 집에서 과학 실험에 참여했다. 학생들은 "왜 하늘은 푸른색이고 태양은 노란색인가?"와 같은 질문에 대답하고, 다른 사람들이 볼 수 있도록 사진을 업로드했다. 학생들은 동료의 블로그 게시물에 응답하여 추가 조사를 유도하는 피드백을 제공하고, 교사는 마크는 학급 토론에서 이러한 개인적인 질문을 언급하며 교실 안팎에서 학습을 더 발전시키기 위해 성찰하기의 중요성을 강조했다.

학생 학습 일지나 학급 블로그를 사용하고 있다면 다음 두 질문에 대해 답해 보라.

1. 학습 일지나 블로그는 학습 계획, 모니터링 및 평가 기회를 어느 정도 제공하는가?

2. 학생들이 사실적 사고와 개념적 사고 사이를 이동할 때 시너지적 사고의 증거가 어떻게 나타나는가?

현재 학생 학습 일지나 학급 블로그를 사용하고 있지 않다면 성찰적 사고를 지원하기 위해 이 중 하나를 도입하는 것의 이점과 어려움을 모두 고려해 보라.

_____

_____

_____

_____

_____

_____

_____

_____

_____

실행 방식: 이 전략에서 학생들은 과제를 수행하기 전에 개인적으로나 그룹으로 계획을 세우기 위해 과제를 자세히 분석한다. 학습 과제는 교사가 제공하거나 학생들이 개별 또는 소그룹 탐구에 참여하면서 만들 수 있다. 과제 분석은 공식적으로 학습 과제 또는 프로젝트에 참여하기 전에 발생하는 여러 기능에 대한 광범위한 범주이다. 여기에는 다음이 포함된다.

- 과제의 부분 또는 구성 요소 분석
- 과제의 쉽고 어려운 측면 결정
- 과제 수행에 필요한 개별 기능 또는 지식 식별
- 책 및 디지털 자료 등과 같은 개인적으로 사용 가능한 자료 고려
- 성공 기준을 만드는 것과 같이 과제의 성공 여부 설정
- 과제에 관련된 개인의 동기 및 또는 불안 수준 측정

일부 교과의 과제는 다른 교과보다 학생들이 분석하기 더 쉬울 수 있다. 예를 들어, 수학에서 학생들은 문제를 보다 효과적으로 조사하고 답을 풀 수 있는 자신의 능력을 평가한 다음 문제를 풀 수 있다(Klassen, 2002). 이러한 이유로 핵심 기능은 동일하지만 과제 분석은 교과에 따라 다르게 보일 수 있다. [그림 10-4]는 교실에서 과제 분석을 위한 두 가지 간단한 전략을 보여 준다.

과제 구성 요소를 나타낸 피시본 다이어그램

피시본 다이어그램을 사용하여 과제를 분해한다. 과제의 각 부분 또는 구성 요소를 다이어그램에서 가시로 추가한다. 예를 들어, '도시 면적을 축척한 지도 만들기' 과제는 도시의 면적 측정, 적절한 축척, 격자 만들기 부분으로 구성할 수 있다. 학생들이 소그룹으로 다이어그램을 완성하도록 하고, 어려워하는 부분을 도와준다. 피시본 다이어그램을 완성하고, 다이어그램에 적은 과제의 부분들 개별적으로 살펴보며 어려운 부분과 쉬운 부분을 다른 색상으로 표기하게 한다. 이 다이어그램은 회원 사이트에서 다운로드할 수 있다.

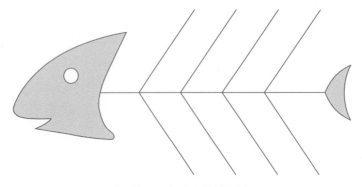

[그림 10-4] **과제 분석 전략**

합의 다이어그램

이 간단한 설문 조사 기능을 통해 학생들은 단원 주제 또는 개념과 관련하여 자신의 태도, 의견 또는 지식을 평가할 수 있다. 교사는 학생들에게 질문을 하고, 점 스티커나 그림을 사용하여 수업 차트에 자신의 생각을 기록하도록 요청한다. 각 점은 한 학생을 표시한다. 모든 학생들이 합의 다이어그램에 표시를 한 후, 수업의 결과와 다음 학습의 단계에 대한 의미를 종합적으로 분석한다. 이 전략은 개인 선호도와 같은 주제의 측면에 대한 학생의 인식을 빠르게 수집하는 데 특히 유용하다. 자체 평가 활동으로도 사용할 수 있다. 학생들이 점에 자신의 이름이나 기호를 추가하면 단원이 진행되면서 자신의 응답을 수정해 나갈 수 있다. 학생들은 사고의 변화를 보여 주기 위해 다른 색깔의 점을 사용할 수도 있다.

[사진 10-4] 쓰기 단원에 대한 합의 다이어그램

실행 방식: 현재 성과와 예상 성과 사이의 격차를 해소하기 위해 학생들은 "나의 학습이 어떤 방향으로 가고 있는가?", "나의 학습은 현재 어떠한가?", "다음은 어떻게 하는가?"라는 질문에 자신 있게 답할 수 있어야 한다(Hattie, 2010). 공동으로 구성된 기준 또는 성공적인 학습 목표 달성에 대한 설명은 학생들이 이러한 질문에 대한 답을 명확하게 표현하는 데 도움이 된다. 이를 통해 학생들은 종종 다양한 수준에서 한 단원에서 성공적인 학습이 어떻게 보여지는지 탐구하고 학습 목표를 '온전히 이해'할 수 있는 기회를 제공한다. 기준을 공동으로 구성하는 방법은 다음과 같다.

1. 학습 목표 확인: 학습 목표는 커리큘럼에서 직접 가져 온다. 개발할 지식, 기능 또는 이해를 명명한다. 이 전략을 위해 단원에서 하나 또는 여러 학습 목표를 식별한다. 평가 과제를 결정하기 전에 학습 맥락을 제외하여 목표를 보다 전이 가능하게 만든다. 예를 들어, '피카소 〈게르니카〉의 중요성 비평 및 분석'은 '작품의 중요성 비평 및 분석'으로 쓴다. '이해하다' 또는 '배우다'와 같은 '모호한' 동사를 피하고 '쓰다' 또는 '검증하다'와 같은 구체적인 동사를 사용하도록 한다.

2. 평가 과제 결정: 학생들이 학습 목표를 달성했음을 입증할 기회가 필요하다. 선택한 학습 목표에 따라 적합한 평가 과제를 결정한다. 위의 예에서 학생들에게 '작품의 중요성을 해석하고 판단하는 미술 평론 작성하기'라는 과제가 주어질 수 있다.

3. 브레인스토밍: 학생들이 학습 목표와 평가 과제를 소개 받으면 성공적인 과제 수행이 어떤 것인지 브레인스토밍할 수 있다. 가능할 때마다 학생들에게 예시를 제공하여 맥락 속에서 지식, 기능 또는 이해를 볼 수 있도록 한다. 강력한 예술 비평을 이해하기 위해 소그룹은 분석하고 순위를 매길 수 있는 4개의 짧은 문단이 주어질 수 있다. 예제의 순위를 지정하도록 하는 스펙트럼 정렬(p. 140) 또는 다이아몬드 랭킹(p. 142)과 같은 전략을 사용할 수 있다. 학생들에게 스티커에 기준을 작성하고 학급과 공유할 목록을 작성하도록 권유한다.

4. 정리하기: 이 단계에서는 각 그룹의 성공 기준을 쉽게 공유하고 학급 전체에서 발견된 공통점을 기록한다. 학생들은 포함할 내용을 집합적으로 협상하고 성공 기준 목록을 마무리한다. 간결하면서도 의미 있게 정리하도록 한다.

5. 앵커 차트 만들기: 학생들이 함께 성공 기준을 결정했으면 학생 참조용 앵커 차트를 만든다. [사진 10-5]는 증거로 어떻게 주장을 정당화하고 있는지를 보여 준다. 앵커 차트는 탐구 전반에 걸쳐 학생들이 수정하거나 확장할 수 있다.

증거가 있는 주장 만들기

주장을 구체화하고
입장을 명확히 한다.

텍스트에서 사례를
제시한다.
"예를 들면……"

주장에 대한
이유를 제시한다.
"사람들은 ~해야 한다
왜냐하면~"

증거들을 개인적 지식,
경험과 연결시킨다.
"내 경험에 의하면……"

반박 의견을
재반박한다.

전문가의 말을
인용한다.
"~에 의하면……"

[사진 10-5] 증거가 있는 주장을 하기 위한 앵커 차트

소리 내어 생각하기

실행 방식: 소리 내어 생각하기 전략은 학생들이 학습 기능과 전략이 맥락에서 어떻게 사용되는지 들을 수 있도록 모델화된 사고의 한 형태이다. 많은 초등학교 교실에서 특히 읽기 쓰기 교육을 위해 소리 내어 생각하기 전략을 사용한다. 중·고등학생들에게도 이 전략이 효과가 있는데, 연구에 따르면 이 기법은 중등 교실에서 종종 간과되는 것으로 나타났다(Shelley & Thomas, 1996).

교사는 보통 학생들이 특정 기능이나 전략을 연습하기 전에 미니 레슨으로 소리 내어 생각하기 전략을 이끈다. 우리는 학생들이 한 단원에서 필요할 수 있는 읽기 이해와 같은 학습 기능뿐 아니라 탐구 능력 개발을 지원하기 위해 소리 내어 생각하기 전략을 사용한다. 소리 내어 생각하기 전략을 계획할 때 학교 커리큘럼과 함께 탐구 기능을 참조하라. 실행 방식은 다음과 같다.

1. **개발할 기능/전략 선택:** 학생의 필요 사항을 고려하여 소리 내어 생각하기에서 모델링할 몇 가지 기능 및/또는 전략을 결정한다. 전략을 능동적으로 연습할 때 학생들이 연습에 집중할 수 있게 1~2개 정도의 기능 및 전략만 자세히 살펴보도록 하는 것이 좋다.

2. **소리 내어 생각하기 계획:** 하나 또는 여러 자료를 사용하여 일련의 멈추는 지점을 설계하여 소리 내어 생각하기를 계획한다. 각각의 멈추는 지점은 자기 대화와 같은 탐구 기능 또는 학습 기능의 모델을 보여 주어야 한다. 멈추는 지점은 책의 페이지와 같이 텍스트에서 순차적으로 오거나 학습의 초점의 방향을 바꾸는 지점이 될 수 있다. 예를 들어, 〈표 10-3〉의 소리 내어 생각하기는 먼저 보드에 있는 질문에 초점을 맞춘 다음 관련된 자료 세트를 살펴보는 것이 될 수 있다. 이 정보를 수업 계획 양식에 기록한다(Ness & Kenny, 2015에서 수정). 소리 내어 생각하기 계획 양식은 회원 사이트(www.connectthedotsinternational.com/members-only)에서 다운로드할 수 있다.

3. **교사 사고 대본:** 다음으로, 1인칭을 사용하여 말할 내용을 작성하고 상황에 맞는 중심 기능/전략 및 자체 모니터링 기능을 적용한다. 스스로 어려워하고 인내하는 자기 대화를 포함해야 한다. 교실에서 사용하기 위해 스티커 메모에 키워드 또는 짧은 문구를 쓴다. 멈추는 지점당 하나의 스티커 메모를 사용하는 것이 좋으므로 어떤 부분도 건너뛰지 않도록 한다.

4. **소리 내어 생각하기 실행:** 마지막으로 소리 내어 생각하기를 실행한다. 최대 5~7분으로 유지하는 것이 좋다. 아이디어는 사고 과정의 일부를 모델링하여 학생들이 독립적으로 기능을 연습할 수 있도록 하는 것이다. 대화에 참여하거나 참여할 기회가 있더라도 학생들은 이 시간 동안 대부분 경청한다.

5. **적극적인 연습을 위한 기회 제공:** 마지막으로, 학생들이 기능/전략의 사용을 연마할 수 있는 적극적인 연습 기회를 갖도록 한다. 교사가 소리 내어 생각하는 것을 보여 주고 학생들이 바로 연습할 수 있는 것은 아니다. 그러나 가능한 한 빨리 학생들이 이 전략을 연습할 수 있도록 계획한다.

초점 (멈추는 지점)	교사 생각(1인칭 스크립트)	기능 또는 전략 모델링
보드에 적힌 질문	며칠 전, 나는 음식이 어떻게 만들어지는지에 대해 알고 싶은 것들을 썼다. 대부분 대답하기가 조금 까다롭지만, '우유는 어떻게 치즈와 요구르트와 같은 다른 제품으로 변할까?'에 대해 가장 알아보고 싶었다. 조사하기 전에 이 질문이 어떤 정보를 요구하는지 파악해야 한다고 생각했다. 그래서 생각해 보았는데, 우유 자체와 우유가 어떻게 변하는지 구체적으로 살펴보아야 한다는 생각이 들었다. 또 다른 것도 생각해 보아야 하지 않을까? 일련의 변화 단계를 찾아야 할까? 어떤 과정을 통해 우유가 변화하는지도 알아보아야겠다. 이것은 좀 어렵지만 그래도 질문에 답하기 위해 바른 방향으로 나가는 것 같다. 나는 우유, 변화, 단계/과정과 같은 단어들을 칠판에 써서 내가 조사해야 할 내용을 잊지 않도록 했다. 이러한 단어가 학습 자료를 찾고 질문에 대답하는 데 도움이 될 것 같다고 생각한다.	질문 분석
학습 자료	이제 어떤 정보가 필요한지 안다. 다음 단계는 내 질문에 답하는 데 사용할 수 있는 학습 자료를 파악하는 것이다. 여기에 우유 한 병, 우유 회사의 전화번호, 음식이 어떻게 만들어지는지에 대한 몇 권의 책이 있다. 각각의 자료에 대해 생각해 보자. 우유 한 병. 글쎄 우유에 어떤 변화가 일어나는지 모르는데, 이 우유 한 병이 내 조사에 당장 도움이 될 수 있을까? 나중에 조사할 때 사용할 수 있을까? 그럼 이제, 우유 회사의 전화번호를 보자. 글쎄, 내가 회사에 전화해 볼 수는 있지만 우유 회사는 보통 동물을 기르고 젖을 짜기만 하지 않을까? 치즈와 요구르트가 어떻게 만들어지는지, 우유가 어떻게 만들어지는지 알려 줄 수 있을지 모르겠네. 마지막으로 책이 있네. 책은 우리에게 많은 정보를 제공하지. 흠…… 하지만 어떤 책을 읽어 보는 것이 좋을까? 좀 어렵기는 한데, 계속 생각해 보자. 우선 책 속의 사진을 먼저 살펴보자. 우유나 젖소의 사진이 있으면 한번 읽어 보도록 할까?(책을 넘기며). 어! 뭘 찾을 것 같은데? 이 페이지에는 우유가 치즈로 변하는 과정을 보여 주는 흐름도가 있어! 여기에는 많은 어려운 단어가 있지만 친구에게 읽는 것을 도와달라고 할 수 있지! 이걸로 시작해서 치즈가 만들어지는 과정을 기록한 다음 다른 우유 제품과 비교해 보면 '우유는 치즈나 요구르트와 같은 다른 제품으로 어떻게 바뀌는가?'에 대한 답을 찾을 수 있을 것 같아.	조사 방법에 대한 질문 정렬

* 탐구 또는 교과 관련 기능/전략이 될 수 있다.

실행 방식: 마무리는 수업의 핵심 구성 요소로, 한 단원에서 습득한 지식, 기능 및 이해를 전달하는 학생들의 능력을 지원한다(Lynch & Warner, 2008). 성찰하기로 수업을 마무리하는 전략은 학생들이 현재 생각과 수업 내용을 연결하는 데 도움이 되는 쉬운 방법이다. 학생들에게 메타인지 기능을 개발하고 연습할 수 있는 기회를 제공하는 동시에 수업에서 일시 중지하고 숙고하는 데 필요한 시간을 줄여 준다. 학생들이 성찰하며 수업을 마무리하는 것에 익숙해지면 이 전략은 약 5분밖에 걸리지 않는다. 이를 실행하는 방법의 예는 다음과 같다.

1. 대화 유도 및 질문 은행 소개: 이 장의 앞부분에서 학생들의 성찰적인 대화를 스캐폴딩하는 전략으로 대화 유도 및 질문 은행을 소개했다. 공식적으로 성찰하며 수업 마무리하기를 구현하기 전에 학생들에게 이를 소개하는 것이 좋다. 교사 모델링 및 동료와의 공유를 통해 학생들은 자기 대화 및 자기 질문과 같은 메타인지의 일부 특징에 익숙해진다. 학생들이 대화 유도와 질문에 익숙해지면, 이것들은 성찰하며 수업 마무리하기 전략을 사용할 때 학생들의 생각을 돕기 위해 사용될 수 있다.

2. 성찰하며 수업 마무리하기 시간 만들기: 성찰하며 수업 마무리하는 전략은 설계상 빠르고 쉽다. 즉, 이 전략으로 학생들의 사고를 진정으로 표현하기 위해서는 이를 구현할 예측 가능한 구조를 만들어야 한다. 학생들이 매일 이러한 활동에 참여하는 것이 유용하다고 생각하지만, 바쁜 학교에서 이것이 항상 가능한 것은 아니다. 일단 학생들이 형식에 익숙해지면 빈도는 일주일에 몇 번으로 줄일 수 있다.

3. 피드백 제공 기회: 성찰하며 수업 마무리하기 구현에서 중요한 것은 교사 (또는 동료) 피드백을 위한 기회를 제공하는 것이다. 성찰하기 위한 시스템을 만드는 것은 이 문제를 해결하는 한 가지 방법이다. 예를 들어, 학생들이 스티커 메모를 남길 수 있는 벽에 종이 그리드를 만들면 하루가 끝날 때 쉽게 읽을 수 있다([사진 10-6]). 그리고 다음날 "많은 학생들이 여전히 경사를 계산하는 방법에 대해 확실하지 않다고 썼다."와 같이 피드백을 요약하면 학습을 안내할 때 이 전략의 유용성을 간단히 보여 줄 수 있다.

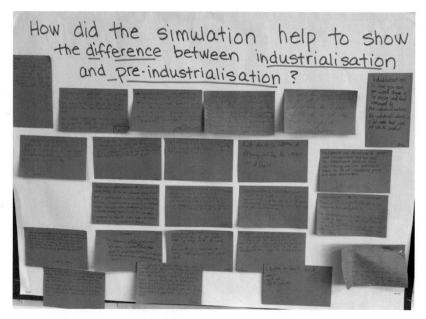

[사진 10-6] 성찰하며 수업 마무리하기 시스템

출처: Nancy Fairburn.

수업 종료 시 또는 일련의 학습 종료 시 학생들에게 학습 내용을 성찰할 수 있도록 하는 방법에 대해 생각해 보라. 어떤 것들이 있는가? 학생들에게 어떻게 피드백을 제공하는가?

_____

_____

_____

_____

_____

_____

_____

_____

_____

_____

_____

_____

_____

_____

_____

_____

_____

_____

_____

_____

_____

_____

실행 방식: 학생들에게 단원의 시작과 끝에서 자신의 생각을 비교하도록 초대하면 이해를 구성하는 방법을 볼 수 있다. 사전/사후 성찰하기를 계획할 때 가능한 사고의 변화를 보여 줌으로써, 학생들이 자신의 사고가 어떻게 성장했는지 명확하게 표현할 수 있도록 한다. 학생들이 개발한 학습 샘플을 비교하고 대조하도록 하는 성찰적인 질문과 결합한다. 실행 방식은 다음과 같다.

1. 단원 전 성찰에 참여하기: 단원 시작 시 개념 매핑(p. 236)과 같은 전략을 사용하여 학생들이 주제 및 단원 개념에 대해 현재 이해하고 있는 내용을 볼 수 있도록 한다. 이러한 활동에서 높은 수준의 구조를 확보하는 것이 좋다. 이를 통해 학생들은 단원 학습 샘플의 시작과 끝을 직접 비교할 수 있다. 성찰이 끝나면 학생들은 '_____을 이해하고 있다, 또는 _____은 아직 잘 모르겠다'와 같은 문장구조를 사용하여 이해의 진술을 만들 수 있다. 단원 전 성찰은 동시에 학생들의 사전 지식을 활성화하고 초기 사고의 기록을 제공한다. 이러한 이유로 제3장의 관계 맺기 전략의 대부분은 사전/사후 성찰하기를 위해 수정될 수 있다. 단원 전 성찰이 완료되면 이 내용을 벽에 걸거나 나중에 사용할 수 있도록 보관한다. 가장 중요한 것은 보관하는 것이다.

2. 단원 후 성찰로 마무리하기: 단원이 끝날 무렵 학생들에게 단원 시작 시 했던 것과 동일한 활동을 수행하도록 권유한다. 학생들이 성찰하기 전에 개념이나 질문을 검토하여 집단적 이해를 확실히 한다. 학생들이 자신의 공책이나 단원에서 제공하는 기타 자료를 사용하도록 권장한다.

3. 성찰 내용 비교 및 대조: 사전/사후 성찰하기가 완료되면 학생들에게 그 내용을 비교 대조하도록 한다. 이 단계는 학생들이 유사점과 차이점을 찾고 이해에 있어 가장 중요한 변화를 결정하도록 장려한다. 다음과 같은 안내 질문을 사용하여 학생들을 지원할 수 있다.

   • 두 성찰 사이에 동일한 것은 무엇인가?
   • 두 성찰의 차이점은 무엇인가?
   • 왜 특정 측면은 동일하게 유지되는가?
   • 왜 특정 측면은 변경되었는가?

4. 사고의 변화 요약: 이 단계에서 학생들은 이해에 대한 가장 중요한 변화를 식별한다. 교사는 학생들에게 가장 중요한 1~2개 변경 사항을 결정하도록 요청하여 식별을 촉진할 수 있다. "이해에 일어난 가장 중요한 변화는 무엇인가, 왜 그런가?"와 같은 질문을 할 수 있다. [사진 10-7]과 [사진 10-8]은 취리히 국제학교의 캐더린 도이치 교사의 학급에서 5학년 학생들로 이루어진 동일한 그룹의 두 개념 매핑을 보여 준다. 하나는 단원의 시작 부분이고 하나는 단원의 끝부분이다. 교사는 학생들이 전체 구조와 개념 간의 연결 단어 사용에 집중할 수 있도록 두 번째 성찰에 대한 스티커 메모를 학생들에게 표시하도록 했다. 이 전략에 참여한 많은 학생들이 개념 매핑의 시각적 구성이 사고의 재구성을 어떻게 반영하는지 주목했다.

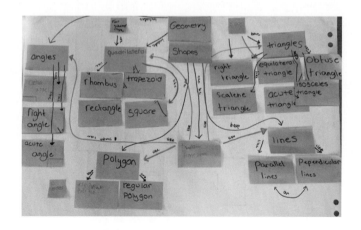

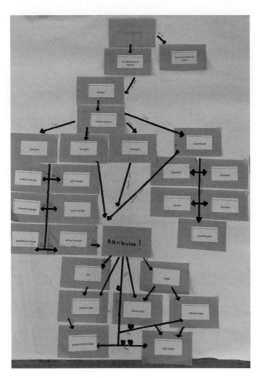

[사진 10-7], [사진 10-8] 기하학 단원의 사전과 사후 개념 매핑

출처: Katherine Deutsch.

5. 과정에 대한 성찰: 마지막으로, 이해를 발달시키는 과정에 학생들의 주의를 집중시킨다. "그것은 어떤 것이고, 어떻게 발생할까?" 이 단계는 학생들이 단원의 범위를 벗어나 학습이 어떻게 이루어지는지 고려하기 위해 도움이 된다. 여기서 "우리의 학습을 비교하는 것을 통해 사람들이 이해를 어떻게 발달시키는지를 알 수 있을까?"와 같은 질문을 던진다. 학생들이 결론을 공유할 수 있도록 지원하는 전략을 사용한다. 예를 들어, "사람들은 _____ 함으로써 이해를 발달시킨다" 또는 "_____는 사람들이 이해를 발달시키는 데 도움이 된다."와 같은 문장구조를 활용할 수 있다. 또는 비유와 같은 전략을 사용할 수 있다([사진 10-9] 참조). 여기에서 5학년 학생들은 "이해를 계발한다는 것은 것은 마치_____ 와 같다."와 같은 비유 문장을 통해 생각을 나누도록 했다. 다음 페이지에 설명된 동영상을 사용하여 이 전략이 어떻게 실행되는지 확인해 보자.

이해를 계발한다는 것은
자전거를 타는 것과 같다.
왜냐하면 배우고 연습하면
점점 쉬워지기 때문이다.

이해를 계발한다는 것은
크리스털처럼 투명한
호수를 보는 것과 같다.
왜냐하면 이해가 명확하기 때문이다.

[사진 10-9] 이해 계발에 대한 비유

출처: Katherine Deutsch.

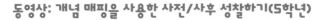

동영상: 개념 매핑을 사용한 사전/사후 성찰하기(5학년)

이 동영상은 취리히 국제학교의 캐더린 도이치 교사의 5학년 학생들이 기하학 단원을 성찰하는 모습을 보여 준다. 그들은 단원의 시작과 끝에서 구성한 개념 매핑을 사용한다. 이 동영상을 보면서 다음 질문에 대해 생각해 보라.

1. 단원의 시작과 끝에서 작성된 개념 매핑이 학생들의 이해도를 비교하는 데 어떻게 도움이 되는가?
2. 교사는 학생들의 성찰적 사고를 지원하는 데 어떤 역할을 하는가?
3. 학급 토론은 지속적인 사고가 장려되고 촉진되는 개념 기반 탐구 문화를 어떻게 보여 주는가?

출처: Katherine Deutsch.

이 동영상은 회원 사이트(www.connectthedotsinternational.com/members-only)에서 시청할 수 있다.

사전/사후 성찰하기는 시간 경과에 따른 학생 학습의 변화를 시각화하는 강력한 방법이다. 학생들의 연령과 기능 수준을 고려할 때 의미 있는 사전/사후 성찰하기를 어떻게 계획할 수 있는가? 이러한 성찰은 다양한 교과에서 어떻게 동일하거나 다르게 보일 수 있는가?

체크리스트와 루브릭

실행 방식: 체크리스트와 루브릭은 학생들이 학습을 평가할 수 있는 효과적인 자체 평가 도구로 사용될 수 있다. 이러한 평가 도구는 교실에서 공통적으로 많이 활용되지만 개념 기반 탐구에서는 기준을 일반화에 맞춘다. 이를 위해 우리는 일반화를 개별 지식 또는 기능 구성 요소로 '분리'하여 학습자가 이해의 적용이 실제로 어떻게 보이는지 이해하도록 지원한다. 다음은 개념 기반 체크리스트 및 루브릭을 만들고 사용하기 위한 몇 가지 조언이다.

일반화에서 백워드 설계 작업: 체크리스트와 루브릭을 개발할 때 단원 일반화로부터 백워드 설계 방식으로 작업한다. 각 일반화의 주요 개념과 이에 대한 이해가 어떻게 생겼는지 살펴보는 것으로 시작하라. [그림 10-5]는 공연 예술에서 '무용가들은 다양한 신체 높이와 모양을 사용하여 관객에게 흥미로운 연결 동작을 만든다'라는 것을 이해하기 위한 체크리스트를 보여 준다. 신체의 높이와 모양의 개념을 풀기 위해 1학년 학습자를 위해 세 단계(높음, 중간, 낮음)와 춤의 일반적인 네 가지 체형(공, 벽, 핀, 트위스트)으로 분류했다. 일반화의 이러한 측면은 학생 체크리스트로 작성되었다. 학생들은 무대에서 자신의 움직임을 추적하기 위해 '댄스 맵'을 만든 다음 첨부된 체크리스트를 완성했다.

단원의 중간

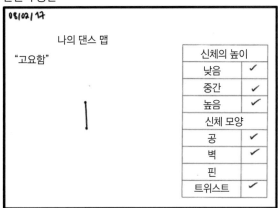

단원의 끝

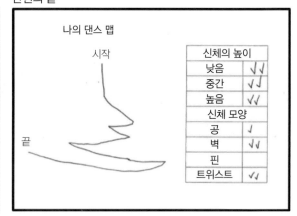

[그림 10-5a], [그림 10-5b] a & b 단원 중간과 끝에서 나타난 댄스 맵

단순하고 구체적으로 유지: 평가 도구를 간단하고 구체적으로 유지한다. 단원 일반화에서 개념을 탐색한 후 포함할 가장 중요한 기준을 구성하는 것이 무엇인지 결정한다. 체크리스트 또는 루브릭에 사용된 용어가 학생 수준에 맞는 것인지 확인한다.

'체크 포인트' 평가 포함: 일반화의 전이 및 적용을 보다 명확하게 하기 위해, 학생들이 평가 도구를 사용하여 지금까지의 진행 상황과 성취를 반영하는 수행 작업 중간에 '체크 포인트'를 포함하는 것이 좋다. 여기서 학생들은 "지금까지 단원 일반화를 얼마나 잘 적용했는가? 학습을 어떻게 개선할 수 있는가?"와 같은 질문을 스스로에게 던진다. 그런 다음 학생들은 학습이 끝나면 이를 최종 과제와 비교한다. 단원 중간의 성찰은 피드백과 목표 설정을 위한 귀중한 기회를 제공한다.

학생이 만든 체크리스트 및 루브릭 통합: 학생들이 자신의 평가 도구를 만들 수 있는 기회를 제공한다. 학생이 만든 체크리스트와 루브릭이 모든 단원에 포함되는 것은 아니지만 자신의 성공 기준을 만드는 능력을 개발하는 것은 귀중한 기능이다. 여기에서 학생들은 "내가 이 일반화를 적용하면 어떤 모습일까? 내가 이 과제를 잘했는지 알기 위해서는 어떤 증거가 필요한가?"와 같은 질문을 스스로에게 던진다.

동영상: 체크리스트 및 루브릭 사용(1학년)

이 동영상은 칼라 마샬이 유나이티드 월드 칼리지 사우스 아시아의 1학년 학생들과 함께 수업하는 모습을 보여 준다. 공연 예술 단원에서 형성된 일반화를 사용하여 학생들은 댄스 맵과 체크리스트를 사용하여 댄스 공연을 성찰한다. 이 동영상을 보면서 다음 질문에 대해 생각해 보라.

출처: David French.

1. 교사는 학급에서 개발한 댄스 일반화를 어떻게 검토하는가?

2. 단원 사전/사후 성찰하기(댄스 맵과 체크리스트)는 학생들이 자신의 공연에 단원 일반화를 적용했는지 확인하는 데 어떻게 도움이 되는가?

3. 이 동영상의 쓰기 평가 도구는 학생들의 자체 평가를 어떻게 지원하는가?

이 동영상은 당사 회원 사이트(www.connectthedotsinternational.com/members-only)에서 시청할 수 있다.

루브릭이나 체크리스트에 적합하다고 생각되는 단원 일반화 중 하나를 선택해 보라. 어떤 개념을 설명해 볼 수 있을까? 어떤 지식이나 기능이 개념 설명을 위해 필요할까?

_____

_____

_____

_____

_____

_____

_____

_____

실행 방식: 전이하기 단계에서는 학생들이 이해한 내용을 적용하기 위한 전략에 참여하도록 한다. 그 후 학생들이 이해한 내용을 자신의 과제에 얼마나 잘 전이했는지에 대해 성찰해 보는 것이 중요하다. 과정 성찰하기는 학생들에게 평가 과제를 분석하여 과정 기반 이해가 맥락에서 어떻게 보이는지 결정하도록 한다. 이 전략은 학생들이 기능 적용을 평가하는 한 모든 교과에서 사용할 수 있다. 실행 방식은 다음과 같다.

1. 학생과 함께 일반화 개발: 단원 초기 단계에서 귀납적 과정을 통해 학생과 함께 다양한 일반화를 개발했다고 하자. 이러한 단원 일반화는 전이 기회를 제공할 수 있도록 하나 이상의 평가 과제와 일치한다.

2. 평가 과제(product) 만들기: 학생들이 단원 일반화를 어떻게 적용했는지 확인하려면 먼저 평가 과제가 있어야 한다. 과제 산물이라 함은 소규모 수행 평가 또는 보다 심도 있는 프로젝트일 수 있다. 이러한 과제를 신중하게 계획하여 학생들의 기능과 이해를 모두 보여 주도록 해야 한다. 학생들이 이러한 평가가 어떻게 성공적으로 마무리되어야 하는지를 이해하는 데 도움이 되도록 공동으로 기준을 만들 수 있다.

3. 완성된 과제 분석: 학생들이 과정 기반 일반화에 대한 이해를 보여 주기 위해 과제를 완성한 후에는 이를 분석할 수 있다. 분석은 학생의 생각을 스캐폴딩하기 위해 조직자 또는 프로토콜을 사용하여 여러 가지 방법으로 진행할 수 있다. 생각을 자극하기 위해 다음과 같은 성찰적인 질문을 사용할 수 있다.

   • _____ 이해를 내 과제에 얼마나 잘 적용했는가?
   • 내 과제에서 가장 덜 분명한 제시된 이해는 무엇인가?
   • 내 과제에서 가장 분명하게 제시된 이해는 무엇인가?
   • 내 성찰을 뒷받침하는 증거는 무엇인가?

4. 과정에 대한 성찰 기록: 학생들에게 성찰 중 중요한 점을 기록할 기회를 준다. 본질적으로 이 자기 평가는 평가 과제 및 관련된 일반화에 대해 잘 성취했던 부분과 더 개발해야 할 부분에 대해서 진술하는 것이다. 이 최종 성찰은 학습 일지나 공책에 기록할 수 있다. 또는 평가에 첨부하고 과제의 일부로 표시할 수 있다. 그런 다음 과정에 대한 성찰은 학생 주도 면담과 같은 다른 평가 관련 활동에 사용될 수 있다.

과정 성찰하기 실행의 예

티파니 브라운은 학생들이 학습과 단원 일반화의 적용을 평가하는 데 도움을 주기 위해 중학교 영어 수업에서 과정에 대한 성찰 전략을 정기적으로 사용한다. [그림 10-6]에서 학생은 '효과적인 개인 이야기는 독자에게 간접적으로 의미 있는 삶의 교훈을 전달한다'는 이해가 자신의 개인 이야기에 어떻게 반영되는지 살펴본다. 학생이 자신의 성찰에 대한 증거로 자신의 이야기를 인용하고 있는지에 주목하라.

작가의 과정 성찰

일반화: "효과적인 개인적 이야기는 독자에게 간접적으로 의미 있는 삶의 교훈을 전달한다."

1. 자신의 이야기에 이 일반화를 어떻게 보여 주고 있는가?

내 이야기는 독자들에게 의미 있는 경험을 만들어 주고 있다. 왜냐하면 내 이야기에서 내가 새로운 것을 처음 경험할 때 얼마나 긴장되는지를 보여 주고 있는데 이것은 많은 독자들도 이와 유사한 경험이 있을 수 있기 때문이다. 만약 독자가 이 이야기와 조금이라도 연관성을 맺을 수 있다면 더 감정적으로 동화되어 의미 있는 경험을 할 수 있다. 또한 내 이야기는 등장인물들의 자유롭고 대담한 성격이 다른 인물들과의 대화와 행동 속에 나타나도록 많은 묘사적 표현을 담고 있다. 그래서 독자들은 등장인물이나 주변의 풍경을 직접 머릿속으로 그려 볼 수 있다. 또 내 이야기가 의미 있는 경험을 제공하는 다른 예는 마지막 성찰 속에 있다. 내 이야기 속의 사건들을 되돌아봄으로써 독자들이 일어난 사건, 내 생각을 시나리오에 적용하면서 느끼는 감정들에 대해 생각해 보게 한다. 결국 독자는 나의 이야기와 깊은 관계를 맺게 된다.

2. 성찰을 뒷받침하는 이야기 속 증거

사용한 전략	이야기 속 증거	이것이 왜 효과적인 글쓰기의 예가 되는가?
감각적 세밀함	바람이 나를 위로 밀어 올리면서 차갑게 느껴졌지만, 나는 조금도 얼지 않았다. 누가 뭐래도 귀마개를 통해서도 희미하게 선풍기의 웅웅거리는 소리와 허공의 미세한 기적이 나를 스쳐 지나가는 소리가 들렸다.	이 부분은 독자들을 이러한 상황으로 초대하여 그때 내가 느꼈던 것을 느끼게 해 준다.
상세한 묘사	그 남자는 거의 턱에 닿을 듯한 검은 머리카락을 가지고 있었고, 같은 그늘이 턱에도 쭈뼛쭈뼛 서 있었다. 그의 피부는 약간 그을린 것처럼 보였지만, 그 그을린 자국이 야외 활동을 많이 했다는 것을 암시하는 흔적은 아니었다. 그는 보기 좋게 하얀 이를 드러내며 싱긋 웃으며 걸어 들어왔다. 그가 웃을 때 그의 갈색 눈이 약간 휘둥그레졌고, 그의 걸음걸이는 약간 뛰는 것 같았다. 나는 그가 걸어 들어오는 순간부터 그는 내가 만난 사람 중 가장 멋진 사람이 될 것이라는 것을 알 수 있었다.	이 부분은 내가 묘사하고 있는 남자의 모습을 독자들의 머릿속에 넣고 그를 선명하게 시각화할 수 있도록 해 준다.

[그림 10-6] 개인 이야기 쓰기 과정에 대한 요약된 성찰

탐구 전반에 걸쳐 성찰하기 평가

성찰은 모든 강력한 평가 과제의 핵심 구성 요소이며, 학생들이 자신의 학습 진도 또는 전반적인 성취에 대해 생각해 볼 수 있도록 한다. 이 장에서 공유하는 전략은 학생들이 평가 과제와 이를 수행하기 위해 취할 수 있는 단계를 이해하기 위해 '깊이 생각'하도록 장려한다. 이 과정에 참여할 때 우리는 학생들에게 성공이 어떤 것인지 확인하거나 시간이 지남에 따라 이해가 어떻게 성장했는지에 대해 성찰하도록 요청할 수 있다. 이러한 전략은 학생들이 자신의 학습에 대해 높은 수준의 주체성을 경험하는 자기주도적 및 자기 조절 학습자가 되도록 지원한다.

이 단계에서 학생들을 평가하기 위해 다음과 같은 질문을 제시할 수 있다.

- 학생들은 메타인지 기능과 전략의 사용을 어떻게 표현하는가?
- 학생들은 자신의 학습 진척도와 성취도를 얼마나 정확하게 자체 평가하는가?
- 학생들은 평가 과제에 대한 개념적 이해를 어떻게 보여 주는가? 여기에는 특정 단원과 관련된 일반화와 중요한 메타인지 기능 및 전략이 모두 포함된다.
- 학생들은 효과적인 학습자에 대해 만든 일반화를 새로운 맥락과 상황으로 어떻게 전이하는가?

학생들이 학습 과정에 대한 자신의 생각을 표현하는 데 어려움을 겪는 것을 발견하면 단순한 과제 후에 성찰하거나 더 규칙적으로 성찰을 진행할 수 있다. 성찰에 대한 학급의 일반화를 기록하고 표시하는 것은 효과적인 학습자가 되기 위한 메타인지적 사고의 중요성을 보여 준다.

> ● 다른 탐구 단계와의 연결 ●
>
> 성찰은 탐구의 모든 단계에 스며들어 학생들에게 한 발짝 물러나, 천천히, 그리고 깊이 생각할 수 있는 기회를 준다. 성찰은 학생들의 학습경험의 일상적인 부분이어야 하지만 교사들은 여전히 그것을 계획해야 한다. 이러한 이유로 우리는 특정 메타인지 기능과 전략을 개발하는 각 단계에서 과제를 표시해야 한다. 그렇게 함으로써 우리는 학생들의 학습 주체성과 탐구학습의 주인은 학생 자신이라는 것에 대한 이해를 쌓도록 할 수 있다.

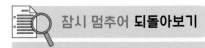

잠시 멈추어 되돌아보기

단원에 대한 성찰하기 전략을 선택할 때 스스로에게 다음과 같은 질문을 던져 보자.

- 여기에 소개된 전략 중 정기적으로 구현할 수 있는 전략은 무엇인가? 학생들의 연령과 능력을 고려할 때 이러한 전략은 교실에서 어떻게 사용될 수 있을까?
- 학생들이 메타인지 기능과 전략을 맥락 안에서 이해하려면 어떤 미니 레슨이 필요할 수 있을까?
- 학생들의 성찰적 사고를 심화시키기 위해 질문 전반에 걸쳐 토론을 어떻게 사용할 수 있을까?
- 학생들에게 평가 과제를 어떻게 소개하고 성공 기준을 어떻게 공동으로 구성할 수 있을까?
- 평가 활동을 통해 학생들에게 개념적 이해의 발전에 대해 성찰할 의미 있는 기회를 어떻게 제공할 수 있는가?
- 학생들이 개별적 또는 소그룹 질문에 참여할 때 어떻게 성찰하도록 할 수 있을까?

Concept-Based Inquiry in Action

제11장

결론

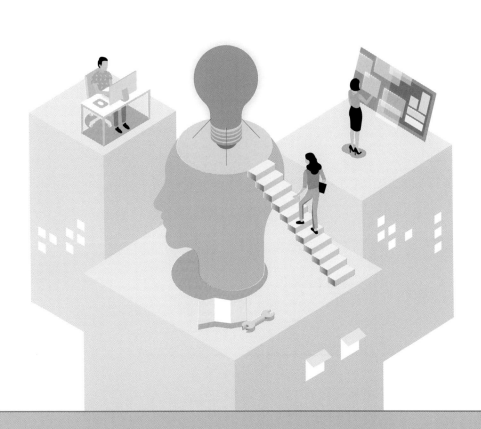

생각하는 교육과정과 수업을 위한 비전

우리는 전 세계 많은 학교에서 이미 진행되고 있는 모든 높은 수준의 개념 기반 탐구를 널리 알리고 싶다. 학습 내용을 공유하고 개념 기반 탐구 모델을 실현하기 위해 교실 문을 열어 준 모든 학생과 교사에게 다시 한번 감사드린다. 이 생각하는 교실 수업에서는 다음 세대의 탐구자와 사상가를 양성하고 있다. 이 개념 기반 탐구학습 모델로 더 많은 교육자들이 학생들이 이해를 계발할 수 있도록 교육하기를 바란다.

제이 리처드 서치먼(J. Richard Suchman, 1965)은 "탐구는 의미 구성을 추구하는 일이다"(p. 26)라고 했다. 학생들이 개념을 형성하고 자신의 일반화를 구성할 수 있도록 지원함으로써 우리는 학생들이 스스로의 질문에 대한 답을 찾는 능력을 강화한다. 생각하는 교실 수업에서 학생들은 학습의 주체성으로 무장한다. 학생들은 이해가 어떻게 그들에게 힘을 주는지 깨닫는다. 자신의 사고를 촉진하기 위해 비판적으로 분석하고, 주장을 수립하고, 증거로 추론할 수 있다. 부정확한 보고와 사실 조작이 흔한 일이 되고 있는 역동적이고 빠르게 변화하는 세상에서 우리 학생들은 과대광고를 '간파'하고 자신의 의견을 형성할 수 있어야 한다. 개념 기반 탐구는 학생들이 새로운 맥락과 상황에 자신의 이해를 구성하고, 비평하고, 적용하면서 독립적인 사고를 촉진한다.

교육자로서 우리는 비판적이고 창의적이며 개념적인 사상가의 개발을 지원하는 데 중요한 역할을 한다. 이 탐구 모델을 사용하여 학생들이 시너지적 사고에 참여하고 일반화를 형성하도록 유도하는 방법을 활용해야 한다. 우리는 학생들이 증거와 씨름하고 동료들과 토론에 참여하면서 자신과 자신의 아이디어를 믿도록 돕는다. 즉, 우리 학생들의 아이디어는 피드백이나 상호작용이 없는 '블랙박스' 안에 존재해서는 안 된다. 우리는 학생들에게 일반화가 주변 세계에 어떻게 적용되는지 볼 수 있는 기회를 제공해야 한다. 이런 식으로 우리는 함께 이해를 구축하는 탐구자 공동체의 일부가 된다는 것이 무엇을 의미하는지 시범을 보여야 한다. 이것은 교실에서뿐만 아니라 더 큰 세상에서도 일어나고 있다!

이해 및 적응

이 책을 가까이에 두고 수업을 계획할 때 영감을 얻고 싶을 때마다 다시 읽어 보기 바란다. 전략에 바로 뛰어들어 기존 단원에 추가할 좋아하는 항목을 선택하는 것이 매혹적일 수 있다. 그러나 우리의 목표가 깊은 개념적 이해를 위한 수단으로 탐구를 사용하는 것이라면, 각 단계의 목적과 이들이 어떻게 서로 연결되고 구축되는지 이해하는 것이 중요하다.

이제 단원 계획이 교육과정 프로젝트에서 단지 최종으로 끝나는 학습경험들을 끌어모은 것으로 생각하는 것 이상으로 나아가야 할 때이다. 이 책에서 많은 전략을 설명하고 있지만 실제로 이 책은 전략에 관한 것이 아니다. 한 단계에서 설명한 전략은 종종 다른 단계에서 사용될 수 있다. 지금까지 살펴본 모든 전략들은 변형하여 적용될 수 있으며, 물론 이 책에서 언급하지 않은 많은 전략을 새로이 추가할 수도 있다. 효과적인 단원 계획의 핵심은 의도라고 생각한다. 탐구의 각 단계의 목적을 이해하면 전략을 유연하게 사용할 수 있고 학생들의 요구에 맞추어 조정할 수 있다.

개념 기반 탐구의 성공은 학생들이 배우기를 원하는 지식, 기능 및 개념적 이해를 명확히 하는 계획 과정에서 시작된다. 이러한 학습 목표가 명확해지면 학생들이 탐구를 통해 취하는 여정을 고려할 수 있다. 이것은 학습자들을 단원에 참여시키고 질문을 찾고 사전 지식을 활성화하는 것으로 시작된다.

다음으로 단원의 개념적 렌즈와 주도적인 개념에 초점을 맞춰 학생들이 성공할 수 있도록 도와야 한다. 학생들이 개념에 대한 초기 이해를 형성하면서 다양한 사례 연구를 조사하기 시작할 수 있다. 조사 단계에서는 전체 학급, 소규모 그룹 또는 개인으로 사례 연구를 탐색할 수 있는 기회를 제공한다. 이를 통해 학생들은 지식과 기능을 모두 개발한다. 학생들이 조사할 때 우리는 조사 내용을 정리할 수 있도록 다양한 전략을 사용한다. 이를 통해 학생들은 인지 부하를 줄이면서 조사된 내용 속의 규칙을 보고 내용을 서로 연결할 수 있다. 정리하기 단계는 학생들이 자신의 일반화를 형성하는 데 필요한 발판을 제공하여 시너지적 사고의 토대를 마련한다. 이렇게 학생이 구성한 이해에 대해 토론하고 비평하면서, 우리 학생들은 열린 마음가짐, 증거 존중적 마음가짐, 끈기 있는 마음가짐을 가지게 된다. 궁극적으로 개념 기반 탐구의 목표는 탐구 범위 내외에서 발생할 수 있는 전이를 용이하게 하는 것이다.

우리는 개념 기반 탐구에 열정을 가지고 학생, 교사 및 학교가 개념적으로 사고하는 능력을 개발하도록 돕는다. 이 책을 읽은 후 교실에서 이 접근 방식을 구현하기로 결정해 보기를 기대한다.

그러나 혼자서 이 길을 가지 않아도 된다!

개념 기반 탐구를 실행하는 다른 교사들과 교류할 수 있는 회원 전용 그룹에 참여해 보라. 이 책과 함께 20개가 넘는 동영상, 단원 계획서 샘플 및 자료를 볼 수 있는 무료 멤버십이 제공되고 있으니 즉시 다운로드하여 학생들과 함께 사용해 볼 수 있다.

www.connectthedotsinternational.com/members-only에 접속하여 확인해 보기를 권장한다.

이 책에서 공유한 아이디어를 교실에서 실행하거나 적용한 사례들을 이메일을 통해 공유하기를 바란다. action@conceptbasedinquiry.com

개념 기반 탐구학습 용어 해설

개념(Concept): 새로운 상황이나 맥락으로 전이되는 과정이나 소재에서 도출된 정신적 구성물.

개념적 렌즈(Conceptual lens): 개념(일반적으로 매크로 개념) 해석상의 초점을 제공하고, 낮은 수준의 사고와 높은 수준의 사고 사이에 지적 시너지 효과 제공.

개념적 이해(Conceptual understanding): 일반화(generalization)를 참조.

개방형 탐구(Open Inquiry): 학생 질문에 초점을 맞추고 교사 또는 학생이 제기한 문제를 해결하기 위해 학생이 설계한 절차에 초점을 맞춘 탐구학습의 한 형태.

계획(Planning): 지식, 기능 및 이해 수준을 고려하고, 작업을 수행하기 전에 작업을 분석하고, 성공을 위한 계획을 포함하는 성찰 전략.

구성주의(Constructivism): 학습이 적극적인 과정이라는 생각에 기초한 학습 이론. 학습자가 자신의 경험에서 의미 구성.

구조화된 탐구(Structured inquiry): 학생들이 일반적으로 규정된 절차를 통해 교사가 구성한 안내 질문을 조사하는 탐구학습의 한 형태.

귀납적 접근 방식(Inductive approach): 학생들이 사실적 예를 탐색하고 공통점을 찾은 다음 일반화를 형성하는 상향식 학습 형식.

기능(Skills): 기능은 전략을 성공으로 이끄는 마이크로 구성 요소 또는 작업.

동화(Assimilation): 새로운 정보에 대한 노출을 기반으로 자신의 정신 스키마를 변경하거나 수정하는 인지 과정.

모니터링(Monitoring): 작업을 완료하는 동안 지식, 기능, 이해, 태도 또는 성과를 모니터링하는 성찰 전략.

발견학습(Discovery learning): 학생들이 문제 해결의 상황 속에 자신의 사전 지식을 사용하여 개념과 아이디어를 '발견'하는 학습의 형태.

사례 연구(Case study): 개념 또는 일반화를 설명하기 위해 탐구할 수 있는 특정 사례 또는 예(예: 사건, 사람, 기간, 문제 또는 가상 상황).

사실(Facts): 사실은 소재를 뒷받침하며 시간, 장소 또는 상황에 고정되어 있음. 소재와 마찬가지로 전이되지 않음.

스캐폴딩(Scaffolding): 학생들에게 구조와 지원을 제공하여 학생들을 더 큰 독립성을 향해 점진적으로 이동시키는 교육 전략.

시너지적 사고(Synergistic thinking): 사실적 수준 사고와 개념적 수준 사고가 상호작용하고 함께 작동할 때 발생하는 사고 유형.

안내된 탐구(Guided inquiry): 교사의 질문은 종종 조사에 초점을 맞추고 학생들에게 리서치하는 방법과 발견한 내용을 공유하는 방법에 대해 더 많은 선택권을 주는 탐구학습의 한 형태.

연역적 접근(Deductive approach): 하향식 학습 형태로, 교사가 학생들에게 수업에서 이해해야 할 내용을 말하고 이 일반화를 반영하는 사실적 예를 조사.

원리(Principles): 교과의 기본 규칙 또는 진실이며 이것들은 일정한 자격이나 조건을 갖추지 않아도 됨.

이론(Theory): 이론은 가능한 최상의 증거를 사용하여 특정 현상에 대해 설명하는 것.

인지 부하(Cognitive load): 과제를 수행할 때 작업기억에 필요한 정신적 노력의 양.

일반화(Generalization): 둘 이상의 개념 간의 관계에 대한 설명. 개념적 이해라고도 함.

전략(Strategy): 학습자가 학습 성과 향상을 위해 메타인지적으로 적응하고 모니터링하는 체계적인 계획.

정신 스키마(Mental schema): 정보를 범주로 구성하고 이들 간의 패턴과 관계를 설정하는 정신적 프레임 워크.

조절(Accommodation): 새로운 정보를 기존의 정신 스키마에 맞추는 인지 과정.

조직자(Organizer): 개념, 이전 경험 또는 사전 지식(사례 연구)에서 의미를 도출하는 데 학생들을 지원하는 도구 또는 정신 모델.

주도적인 개념(Driving concepts): 단원 학습을 구성하고 개념 기반 탐구의 구조와 범위를 제공하는 일련의 개념(교과).

주제/소재(Topic): 주제는 연구의 초점을 지정. 시간, 장소 또는 상황에 갇혀 있으므로 전이 불가.

직접 교육(Direct instruction): 강의, 자습서 또는 설명 등을 통해 말하기를 기본 모드로 사용하는 교수 방식.

평가(Evaluation): 개인 또는 공통 기준을 사용하여 일정 기간 동안의 성과 또는 학습 진도를 측정하는 평가를 포함하는 성찰 전략.

프로세스(Processes): 프로세스는 원하는 목표 또는 최종 결과로 이어지는 일련의 작업. 프로세스는 프로세스의 중요한 목표를 지원하기 위해 함께 제공되는 단계 또는 개별 작업을 포함하는 연속형. 프로세스는 전략으로 세분화될 수 있음.

개념 기반 탐구학습 단원 계획안

단원 명:	학교:
개념적 렌즈:	학년:
주도적인 개념:	교사 명:
단원 웹 연결:	기간:

개념적 이해/일반화: 학생들을 다음을 이해할 수 있다.	안내 질문: 사실적 질문(F), 개념적 질문(C), 호기심 촉발 질문(P)
이해 1:	
이해 2:	
이해 3:	
이해 4:	
이해 5:	

주요 내용 및 핵심 기능	
위에 제시된 이해를 발전시키기 위해 요구되는 주요 내용과 기능은 무엇인가?	
지식 학생들은 다음과 같은 내용을 알 수 있다.	기능(교과 내 또는 교과 간) 학생들은 다음과 같은 것을 할 수 있다.
지식 1:	기능 1:
지식 2:	기능 2:
지식 3:	기능 3:
지식 4:	기능 4:
지식 5:	기능 5:

총괄 평가 과제		
학생들이 학습 목표를 달성했는지 어떻게 알 수 있는가?		
KUD* 평가	총괄 과제	평가 도구(루브릭, 체크리스트 등)

* K: 지식(Knowledge), U: 이해(Understanding), D: 기능(Do)

탐구 자료 및 조사 전략(조사를 위한 탐구 자료 및 전략)
어떠한 정보 자료들을 활용할 수 있는가?

학습 활동의 목적을 표시하기 위해 아래의 아이콘을 계획서 왼쪽에 복사해 넣도록 한다. 하나의 학습 활동이 하나 이상의 탐구 단계를 나타낼 수도 있다.

관계 맺기	집중하기	조사하기	조직 및 정리하기	일반화하기	전이하기	성찰하기

학습 관계 맺기

어떠한 학습 관계 맺기 활동이 탐구를 추진시키고 단원 이해의 계발로 이끌 수 있는가?

탐구 단계	KUD 초점	평가	학습 활동(들)
관계 맺기			

성찰

탐구의 결과를 살펴보라. 어느 정도로 학생들이 지식, 기능 이해를 계발했는가? 이것이 어떻게 나타나고 있는가? 학생들은 이해를 어떻게 전이시켰는가? 이 단원을 다시 가르치게 된다면 어떤 부분을 바꾸어야 한다고 생각하는가?

자료 C

개념 기반 탐구학습 단원 계획의 샘플: 산업화 단원

다음 단원 계획안(unit planner)은 싱가포르 유나이티드 월드 칼리지 사우스 이스트 아시아의 8학년 사회 과목 팀과 낸시 페어번에 의해 처음 개발되었으며, 여기에 제시된 샘플은 독자를 위해 추가 세부 정보를 포함하는 등 원본에서 수정되었다. 단원 계획안에서의 학습 활동은 수업 계획으로 개발되었다. 단원 계획서는 교실에서 진행되는 풍부한 경험을 결코 포착하지 못한다는 점을 이해하는 것이 현명하다. 단원 계획 과정의 구조를 제공하기 위해 여기에 요약된 버전을 포함했다. 이 책에 포함된 전략은 굵은 컬러 글씨로 표시하였으며 해당 페이지 번호를 참조하면 된다.

단원 명: 산업화의 장단점과 위험성 **개념적 렌즈**: 변화/증거 **주도적 개념**: 산업화, 일, 생산, 테크놀로지, 삶의 조건, 역사가 **단원 웹 링크**: 단원 웹	**학교**: 유나이티드 월드 칼리지 사우스 이스트 아시아, 싱가포르 **학년**: 8학년(13~14세) **교사 명**: 8학년 사회 과목 팀 **기간**: 8주

개념적 이해/일반화: 학생들은 다음을 이해할 수 있다.	안내 질문: 사실적 질문(F), 개념적 질문(C), 호기심 촉발 질문(P)
이해 1: 산업화는 사람들이 일하고 생활하는 방식을 변화시켜 새로운 기회와 도전으로 이어진다.	1a. 산업화의 결과로 일과 삶이 어떻게 변화하는가? (C) 1b. 산업혁명 이전의 영국 생활은 어떠했는가? (F) 1c. 산업화 국가에서 농촌에서 도시로의 이주 경향이 일반적인 이유는 무엇인가? (C) 1d. 이주와 산업화의 관계는 무엇인가? (C) 1e. 산업화로 인해 발생하는 사회적 · 경제적 기회와 도전은 무엇인가? (C) 1f. 산업화 기간 동안 여러 집단 사람들의 삶이 어떻게 변하는가? (C) 1g. 산업화가 더 나은 세상을 만드는가, 아니면 산업화가 되지 않는 것이 더 나은 세상을 만드는가? (P) (참고: 이 호기심을 촉발하는 질문은 단원 전체에서 제기된다.)

이해 2: 생산 시스템은 기술 사용을 개발하고 비효율성을 제한함으로써 상품의 생산량을 늘릴 수 있다.	2a. 가내 수공업 시스템은 공장 시스템과 어떻게 다른가? (F) 2b. 공장 시스템은 어떻게 상품을 더 효과적이고 효율적으로 생산하게 하는가? (C) 2c. 어떻게 공장 시스템이 가내 수공업 시스템보다 더 낮은 비용과 더 빠른 속도로 상품을 생산할 수 있게 하는가? (C) 2d. 기술이 비효율성을 줄이는 데 어떤 역할을 하는가? (C)
이해 3: 기업은 근로자를 이용하여 소비자의 요구를 충족하고 경제적 이익을 얻을 수 있다.	3a. 산업혁명 동안 노동자들은 어떻게 착취당했는가? (F) 3b. 산업혁명 기간 동안 아이들은 왜 일을 해야 했는가? (F) 3c. 법률과 노조는 근로자를 보호하는 데 어떻게 도움이 되는가? (C) 3d. 기업이 근로자를 착취하는 이유는 무엇인가? (C) 3e. 근로자의 권리에 대한 책임은 누구에게 있는가? (P) 3f. 아이들은 아무 연령에서부터 일할 권리가 있어야 하는가? (P)
이해 4: 인과 요인의 복잡한 연결성은 상호 관련된 단기 및 장기 결과를 초래하는 변화를 만든다.	4a. 산업혁명에 기여한 가장 중요한 원인은 무엇이었는가? (F) 4b. 산업혁명으로 인해 어떤 장단기적인 결과가 초래되었는가? (F) 4c. 역사가들은 역사적 사건을 어떻게 이해하는가? (C)
이해 5: 역사가는 청중과 목적에 따라 적절한 용어를 사용하여 다양한 형태로 아이디어, 주장 및 관점을 전달한다.	5a. '적절한 용어'는 무엇을 의미하는가? (F) 5b. 글쓴이는 주장을 만들고 주장을 강화하기 위해 어떤 특정 용어를 사용하는가? (F) (특정 텍스트와 관련하여 이 질문을 하여 사실적인 질문으로 만든다.) 5c. 글쓴이는 어떤 분야의 특정 용어를 사용하는가? (F) 5d. 이 텍스트에 사용된 연결단어가 독자를 안내하는 데 어떻게 도움이 되는가? (F) 5e. 역사가는 주제에 대한 권위자로 자신을 확립하기 위해 특정 시대에 대한 지식을 어떻게 전달하는가? (C) 5f. 역사가들은 논증을 만들고 주장을 강화하기 위해 용어를 어떻게 사용하는가? (C) 5g. 역사가의 용어는 청중과 목적에 따라 어떻게 바뀌는가? (C)
이해 6: 역사가들은 반대 주장을 인정하고 해결하면서 증거를 사용하여 역사적 주장을 수립하고 제시한다.	6a. 역사적 주장이란 무엇인가? (F) 6b. 이 역사가는 어떤 주장을 하고 있는가? (F) 6c. 글쓴이는 어떤 증거를 사용하는가? (F) 6d. 역사적 주장에 대한 강력한 증거를 제시하려면 얼마나 자세한 정보가 필요한가? (C) 6e. 역사가가 이의(다른 의견)를 제기할 수 있는 이유는 무엇인가? (C) 6f. 제기된 이의(다른 의견)를 인정하고 해결하는 것이 어떻게 논쟁을 강화하는가? (C) 6g. 역사가들은 주장을 어떻게 설정하고 제시하는가? (C) 6h. 출처의 확증은 역사가가 과거를 이해하도록 어떻게 지원하는가? (C)

주요 내용 및 핵심 기능

위에 제시된 이해를 발전시키기 위해 요구되는 주요 학습 내용과 기능은 무엇인가?

이 단원은 ACARA, 온타리오 커리큘럼 및 The Big Six(Seixas & Morton, 2012)의 성취기준을 기반으로 한다.

지식 학생들은 다음과 같은 내용을 알 수 있다.	기능(교과 내 또는 교과 간) 학생들은 다음과 같은 것을 할 수 있다.
지식 1: 산업혁명의 본질과 중요성. 산업혁명이 생활과 노동 조건에 미치는 영향(ACOKFH016)	기능 1: 증거: 관련성 있고 신뢰할 수 있는 증거로 뒷받침되는 역사적 설명을 개발하기 위해 다양한 출처를 분석하고 해석한다(Seixas & Morton, 2012).
지식 2: 산업혁명 당시의 남성, 여성, 어린이의 경험과 삶의 방식의 변화(ACDSEH081)	기능 2: 증거: 관련성 있고 신뢰할 수 있는 증거를 사용하여 역사적 주장을 확증한다(Seixas & Morton, 2012).
지식 3: 산업혁명을 이끈 기술 혁신과 영국의 산업화에 영향을 준 다른 조건(ACDSEH017)	기능 3: 증거: 적절한 형식의 문서를 사용하여 출처를 인용한다(사회 과목, 온타리오 커리큘럼, 2013).
지식 4: 이 기간 동안 인구 이동과 변화하는 정착 패턴 (ACDSEH080)	기능 4: 중요성: 기준을 사용하여 역사적 사건을 분석하고 역사적 중요성을 결정한다(Seixas & Morton, 2012).
지식 5: 산업혁명의 장단기 영향(ACDSEH082)	기능 5: 연대기: 다양한 시기와 장소에서 발생한 사건과 발전 사이의 관계를 보여 주기 위해 연대기 순서를 사용한다 (ACHHS164).
지식 6: 산업혁명의 영향에 대한 대응으로서 노동조합의 성장(ACDSEH082)	기능 6: 원인 및 결과: 단기 및 장기 원인과 결과의 복잡한 연결성을 나타내기 위해 모델을 사용한다(Seixas & Morton, 2012).
	기능 7: 커뮤니케이션: 청중과 목적에 따라 적절한 용어를 사용하여 다양한 형태로 아이디어, 주장 및 관점을 전달한다(사회 과목, 온타리오 커리큘럼, 2013).

탐구 자료 및 조사 전략

어떠한 정보 자료들을 활용할 수 있는가?

산업혁명 이전, 산업혁명 동안, 산업혁명 후의 유럽 지도

사람들이 일하고 살았던 방식을 묘사한 시대의 그림: 피터르 브뤼헐의 〈추수하는 사람들〉(1565), 윌리엄 힝스의 〈스피닝〉 (1783), 피터르 브뤼헐 더 영거의 〈농장 방문〉(1622).

다큐멘터리 영상

논픽션 책

학습 활동의 목적을 표시하기 위해 아래의 아이콘을 계획서 왼쪽에 복사해 넣도록 한다. 참고 : 하나의 학습 활동이 하나 이상의 탐구 단계를 나타낼 수도 있다.

관계 맺기	집중하기	조사하기	조직 및 정리하기	일반화하기	전이하기	성찰하기

학습 활동

어떠한 학습 활동이 탐구를 추진시키고 단원의 이해 계발로 이끌 수 있는가?

탐구 단계	KUD 초점	평가	학습 활동
 관계 맺기	이해 1: 산업화는 사람들이 일하고 생활하는 방식을 변화시켜 새로운 기회와 도전으로 이어진다. 지식 2: 산업혁명 당시의 남성. 여성. 어린이의 경험과 삶의 방식의 변화 (ACDSEH081)	네 모퉁이 토론 학생들의 사전 지식과 오해하고 있는 부분에 대해 메모 산업혁명 기간에 대한 사전 지식을 평가하기 위한 응답 저널	산업화의 결과로 일과 삶이 어떻게 변화하는가? (C) 산업혁명 이전의 영국 생활은 어떠했는가? (F) **네 모퉁이 토론(p. 88)** 확립 시간: 연대기–영국 역사가 아널드 토인비(Arnold Toynbee)는 1750년 이후 몇 년 동안 농업과 산업의 '혁명'이 모두 일어났다고 제안했다. 지금은 많은 역사가들이 토인비와 다른 생각을 가지고 있다. 많은 역사가들은 혁명의 전환점이 훨씬 더 일찍 일어났을 것이라 보고 혁명 또한 훨씬 더 점진적이었다고 보고 있다 (KS3 Bitesize). 이 기간의 타임라인을 검토하고 토인비에 동의하는지 여부를 결정하라. 자신의 입장을 취하고 네 모퉁이 토론에서 자신의 의견을 뒷받침하는 증거를 준비하라. **시뮬레이션(p. 96)** 문제: 올해는 1700년이고, 당신은 작센에서 영국으로 여행하고 있는 중이다. 여행하는 동안 유일한 바지 한 벌이 고칠 수 없을 정도로 찢어졌다. 이 시기에 살고 있는 대다수의 사람들처럼 재단사를 고용하는 것은 물론 재료를 감당할 수 없다. 그래서 여행 중에 말을 위해 곡물을 담는 데 사용된 삼베 자루를 사용하여 옷을 수선하기로 결정했다. 삼베를 올바른 모양으로 자르고 낡은 바지의 실을 이용하여 새 바지를 꿰매 보라. – 학생들은 삼베나 거친 소재를 사용하여 패턴을 재봉한다. 학생들이 이 작업을 완료하는 데 필요한 시간, 기능 및 노력을 습득할 수 있도록 충분한 시간(예: 10~15분)을 제공한다.

			– 토론 프로토콜 토큰 토크(Token Talk, p. 104)를 사용하여 필요한 시간, 노력 및 기능이 사람들의 생활 방식을 어떻게 형성했는지 이야기를 나눈다. 장소 설정 – 학생들은 바흐의 음악을 듣고 1700년 유럽 지도에 작센에서 영국까지 이동 가능한 여행 경로를 표시한다. – 토론 프로토콜 토큰 토크를 사용하여 1700년대와 현재의 도시 수, 국가 이름 및 국경 위치에 있어 중요한 차이점을 설명한다. **동영상(p. 166)** – 사람들이 어떻게 살았는지 고려하기 위해 서유럽의 산업화 이전 생활에 대한 동영상 시청하기 – 시청하는 동안 교차 비교 차트(p. 185)의 왼쪽 부분을 작성하여 산업혁명 이전의 삶에 대해 기록하기 – 토론 프로토콜 토큰 토크를 사용하여 필요한 시간, 노력 및 기능이 사람들의 생활 방식을 어떻게 형성했는지 발표하기 **성찰 저널(p. 294)** – 학생들은 다음 질문 중 하나 이상에 응답한다(p. 292). – 시뮬레이션 및 매핑 전후 어떤 생각의 변화가 생겼는가? – 새롭고 놀라웠던 부분은 무엇인가? – 아직도 궁금한 부분은 무엇인가?
조사하기 조직 및 정리하기 성찰하기			
집중하기	이해 5: 역사가는 청중과 목적에 따라 적절한 용어를 사용하여 다양한 형태로 아이디어, 주장 및 관점을 전달한다. 기능 1: 증거: 관련성 있는 증거로 뒷받침되는 역사적 설명을 개발하기 위해 다양한 출처를 분석하고 해석한다.	체크리스트	산업화의 결과로 일과 삶이 어떻게 변화하는가? (C) • 산업혁명 이전의 영국 생활은 어떠했는가? (F) **자료 분석** – 미니 레슨: 증거를 위해 이미지 읽기 – 역사가는 사람, 장소 및 사건에 대해 타당한 추론을 하기 위해 세부 사항을 면밀히 조사하고 질문하고 사전 지식을 활용하여 이미지를 분석한다. – 동영상: 이미지 분석 및 설명(비판적 사고 컨소시엄). – 5W 차트(비판적 사고 컨소시엄)를 사용하여 주어진 이미지를 분석하고 요약한다.

 조사하기 조직 및 정리하기	이해 1: 산업화는 사람들이 일하고 생활하는 방식을 변화시켜 새로운 기회와 도전으로 이어진다. 지식 2: 산업혁명 당시의 남성, 여성, 어린이의 경험과 삶의 방식의 변화(ACDSEH 081)	학생들이 이미지를 분석하고 증거를 사용하여 정당성을 제공하는 능력에 주목한다.	**탐정 역할** – 그 기간 사용되었던 도구를 보여 주는 이미지를 분석하여 도구가 무엇이고 어떻게 작동하는지 예측한다. 학생들은 해당 정보 카드로 추론을 확인한다. 4명이 함께 생각하기 전략을 사용(p. 104)하여 도구를 작동하는 데 필요한 시간, 노력 및 기능과 관련하여 도구가 일상생활에 어떤 영향을 미쳤는지 설명한다. – 각 그룹에 주어진 색상으로 버스 정류장 전략을 사용한다. – 소그룹은 돌아가면서 사람들이 일하고 생활하는 방식을 묘사한 시대의 다양한 그림을 분석하고 해석한다. 관찰한 내용과 타당한 해석을 기록한다.
 조사하기 조직 및 정리하기		스파이더 웹 다이어그램 완성하기 토론 중과 토론 후 학생들의 토론 내용에 대해 기록	**논픽션 읽기** – 산업화 이전 영국의 기존 계급 시스템에 대한 거미줄 토론(p. 106)을 통해 이 기간 동안 모든 사람들이 같은 방식으로 살고 일했다는 오해를 피하도록 한다. – 상류층, 상인, 농민 등의 일반적인 일과 생활이 어떠했는지를 결정하기 위한 보조 자료를 제공한다. 주석 달기(p. 201)를 사용하여 교차 비교 차트에 배운 내용을 기록한다.
 성찰하기			**성찰하며 수업 마무리하기(p. 304)** – 이 시기 동안 다른 그룹의 사람들의 일과 삶이 어떻게 달랐는가?
 조직 및 정리하기		루브릭 타임머신: 자가 평가와 교사 평가	**타임머신 과제** – 논픽션 책에서 읽은 정보를 사용하여 1700년대 영국 시골 마을로 여행을 떠난다. 산업혁명 전 영국에서의 삶이 어떠했는지를 설명하는 편지(p. 207)를 쓴다. – 다음과 같은 개념하에 조사한 내용을 정리한다. 가정생활, 직업, 소득에 대한 접근, 물품에 대한 접근, 교통과 통신을 위한 사회 기반 시설, 교육에 대한 접근, 여가활동, 의학적 치료에 대한 접근

  관계 맺기 **집중하기**	이해 1: 산업화는 사람들이 일하고 생활하는 방식을 변화시켜 새로운 기회와 도전으로 이어진다. 지식 2: 산업혁명 당시의 남성, 여성, 어린이의 경험과 삶의 방식의 변화(ACDSEH 081)	토론 중 학생들의 오해, 사전 지식, 사고의 정당화에 대한 내용을 기록한다. 체크리스트 출구 과제: 산업화 또는 산업화 이전 이미지의 예시/비예시	산업화의 결과로 일과 삶이 어떻게 변화되는가? (C) • 산업화 이전과 산업화의 차이점은 무엇인가? (C) **네 모퉁이 토론(p. 88)** – 예시문: 사회가 산업화되면 삶의 모든 측면은 동시에 변화된다. 산업화의 이득은 환경비용을 상쇄한다. 세상은 산업화로 인해 더 좋아진다. **스펙트럼 입장 진술문(p. 92)** – 학생들은 모퉁이 토론 예시문에 대해 동의 여부를 표현하기 위해 벽 스펙트럼에 자신의 이름이 적힌 스티커를 배치한다. '세상은 산업화로 인해 더 좋아진다.'라는 진술에 대한 학생들이 의견이 바뀌면 자신의 이름을 이동할 수 있도록 스펙트럼 진술을 매주 다시 검토한다. **프레이어 모델(p. 124)** – 학생들은 산업화의 정의와 정의에 사용된 중요 단어를 사용하여 산업화의 특성을 함께 구성한다. 이미지를 예시/비예시로 구분하고 그 이유에 대해 토론한다. **예시/비예시(p. 125)** – 예시/비예시 이미지 사이의 관계를 찾고 문장 프레임을 사용한다. 산업화 이전에 대부분의 일은 수동으로(또는 풍력이나 수력으로) 또는 단순한 도구로 수행되었다. 산업화 동안에 육체노동은 기계로 대체되었다. 예시/비예시 이미지의 관계에 대한 내용은 단원의 벽 차트에 정리 기록될 수 있다. – 출구과제: 산업화 이전 또는 산업화에 관련된 새로운 두 가지의 이미지를 보고 학생들은 이미지가 산업화 이전의 이미지인지 산업화 동안의 이미지인지를 분별하고 그 이유를 이미지 뒷면에 적는다.
	이해 1: 산업화는 사람들이 일하고 생활하는 방식을 변화시켜 새로운 기회와 도전으로 이어진다.	체크리스트 단기 및 장기 인과 요인 루브릭	산업화의 결과로 일과 삶이 어떻게 변화되는가? (C) • 산업혁명에 기여한 가장 중요한 원인은 무엇이었는가? (F) • 산업혁명으로 인해 어떤 장단기적인 결과가 초래되었는가? (F) • 역사가들은 역사적 사건을 어떻게 이해하는가? (C)

조사하기	지식 2: 산업혁명 당시의 남성, 여성, 어린이의 경험과 삶의 방식의 변화(ACDSEH081)	역사적 주장 작성: 같은 기준이 형성평가 에세이 과제에 사용된다.	
조직 및 정리하기 일반화하기 전이하기	이해 4: 인과 요인의 복잡한 연결성은 상호 관련된 단기 및 장기 결과를 초래하는 변화를 만든다. 기능 6: 원인 및 결과: 단기 및 장기 원인과 결과의 복잡한 연결성을 나타내기 위해 모델을 사용한다(Seixas & Morton, 2012).		**논픽션 읽기와 인과관계 다이어그램(p. 198)** – 정보 텍스트를 읽고 증거를 뒷받침하는 각인과 요인을 식별하고 개인별 노트에 기록한다. – 영국 산업혁명의 원인을 장단기 요인으로 분류하고 인과관계 다이어그램으로 구성하여 관계를 결정한다. 학급 토론을 통해 유사점과 차이점을 비교한다. – 산업혁명의 결과를 단기 및 장기 요인으로 분류하고 인과관계 다이어그램으로 구성하여 관계를 결정한다. 학급 토론을 통해 유사점과 차이점을 비교한다. **개념 은행(p. 230)** – 요인, 원인, 변화, 단기적 및 장기적 결과 간의 연관성은 무엇인가? **일반화 테스트 강조(p. 256)** – 다른 역사적 사건을 선택하고 원인 및 결과 다이어그램을 그려 본다. – 학생들은 '일련의 요인이 종종 변화를 일으켜 단기 및 장기 결과를 초래한다.'는 일반화를 테스트한다. [*같은 해의 각 후속 단원에서 어떻게 연결되는가? 전략(p. 262)을 사용하여 이 일반화를 재검토한다.]
조사하기 조직 및 정리하기 일반화하기	이해 5. 역사가는 청중과 목적에 따라 적절한 용어를 사용하여 다양한 형태로 아이디어, 주장 및 관점을 전달한다. 기능 7. 커뮤니케이션: 청중과 목적에 따라 적절한 용어를 사용하여 다양한 형태로 아이디어, 주장 및 관점을 전달한다(사회과, 온타리오 커리큘럼, 2013).	학생은 역사적 주장들을 분석한 후 일반화 한다.	산업화의 결과로 일과 삶이 어떻게 변화되는가? (C) • 역사가들은 어떻게 주장을 설정하고 제시하는가? (C) **역사적 주장** – 학생들은 반대 주장을 포함하는 세 가지 역사적 주장을 분석한다. '**주석 달기**' 전략을 사용하여 주장, 증거 및 반대 주장을 식별하기 위해 다양한 색상을 사용하여 텍스트에 주석을 추가한다. – 주석을 비교하고 텍스트 구조에서 패턴을 찾는다. – 역사가는(반대 주장을 인식하고 설명하면서 ~한 근거를) 사용하여 역사적 주장을 수립하고 제시한다'라는 문장구조를 사용하여 일반화한다.

 집중하기	이해 6. 역사가들은 반대 주장을 인정하고 해결하면서 증거를 사용하여 역사적 주장을 수립하고 제시한다.		**다이아몬드 랭킹(p. 142)** – 역사적 중요성에 대한 기준 사용(사전 지식)(예: 깊이, 폭 및 기간) 학생들은 다이아몬드 랭킹 전략을 사용하여 산업혁명의 가장 중요한 원인에 대한 의견을 주장한다.
 전이하기	기능 2. 증거: 관련되고 신뢰할 수 있는 증거를 사용하여 역사적 주장을 확증한다(Seixas & Morton, 2012).	학생의 역사적 주장: 주장, 반대 주장, 증거 및 중요한 인과 요인을 찾는다.	**역사적 주장에 대한 일반화 재검토하기** – 산업혁명의 중요한 원인에 대한 반대 주장을 포함하는 역사적 주장을 쓰기 전에 '창조해 봐!'(p. 275) 전략을 사용한다. 출처를 인용한다.
 조사하기	이해 1. 산업화는 사람들이 일하고 생활하는 방식을 변화시켜 새로운 기회와 도전을 가져 온다. 지식 4. 이 기간 동안 인구 이동과 변화하는 정착 패턴(ACSEH080).	농촌에서 도시로의 이주에 대한 학생 일반화	산업화의 결과로 일과 삶이 어떻게 변화되는가? (C) • 산업화된 나라에서 농촌에서 도시로의 이주는 일반적인 현상인가? (C) • 이주와 산업 간의 관계는 무엇인가? (C) **연결 4(p. 228)** – 인구 이동과 정착 패턴 변화에 초점을 맞춘 영국, 미국, 일본, 호주 등 여러 국가에서 4개의 사례 연구를 선택한다. – 산업화 기간 동안 농촌에서 도시로의 이주 개념에 대해 일반화한다. 학생들이 개발하는 일반화는 마이크로 일반화가 될 것이다. 일반화의 한 예는 '산업화는 사람들이 공장에서 일자리를 찾기 위해 농촌에서 도시로의 이주를 유도한다'가 될 수 있다.
 조직 및 정리하기 일반화하기		인구 증가와 산업의 개념을 연결하는 학생 일반화	**지도를 이용한 조사** – 지도를 사용하여 교차 비교 차트에서 인구 증가와 산업을 비교한다. 인구 증가와 산업 간의 관계를 설명하는 일반화를 만든다.
 조사하기	이해 1. 산업화는 사람들이 일하고 생활하는 방식을 변화시켜 새로운 기회와 도전으로 이어진다. 지식 2: 산업혁명 당시의 남성, 여성, 어린이의 경험과 삶의 방식의 변화(ACDSEH081)	출구 티켓: 교차 비교 차트에서 한 그룹을 선택하고 자신의 입장을 선택한다. 선택한 그룹이 산업화의 결과로 더 좋아졌는지 나빠졌는지 증거를 사용하여 설명한다. 장단기적 결과를 모두 고려한다.	산업화의 결과로 일과 삶이 어떻게 변화되는가? (C) – 산업화의 결과로 생긴 사회적 · 경제적 기회와 도전은 무엇인가? (C) – 산업혁명 당시 다른 그룹의 사람들의 삶이 어떠했는지를 기록하기 위해 비교 차트를 재검토한다. **논픽션 읽기** – 논픽션 텍스트를 읽고 비교 차트를 이용하여 산업혁명 동안 사회의 한 그룹이 겪었던 사회적 · 경제적 기회와 도전이 무엇이었는지 기록한다.

 조직 및 정리하기	이해 6. 역사가들은 반대 주장을 인정하고 해결하면서 증거를 사용하여 역사적 주장을 수립하고 제시한다.	체크리스트 및 메모	**문장구조(p. 232)를 이용한 마이크로 일반화 전략(p. 242)** – 사회가 산업화될 때…… 예: 사회가 산업화될 때 노동자 착취가 일어난다. 사회가 산업화될 때 다른 그룹의 사람들에게 고용의 기회가 증대된다. 사회가 산업화될 때 사업가에게 새로운 기회가 발생한다.
 일반화하기	기능 1: 증거: 관련성 있고 신뢰할 수 있는 증거로 뒷받침되는 역사적 설명을 개발하기 위해 다양한 출처를 분석하고 해석한다(Seixas & Morton, 2012).	문장구조를 사용하여 산업화의 결과에 대한 학생들의 일반화 학생들의 활동: 학생들이 다른 나라의 상황을 살펴볼 때 어떻게 일반화를 적용하고 사실적 증거를 제공하는지 살펴본다.	**응답 저널** – 공책에 적은 마이크로 일반화를 재검토한다. – 문장구조 사용: 산업화는 사람들이 어떻게 ~하는 것을 변화시킨다. 산업화된 다른 나라를 하나 선택하고 주요 및 부가 자료를 사용하여 산업화 이전과 산업화 동안 삶이 어떻게 변화되었는지를 조사하고 조직자에 기록한다.
 전이하기			**전이하기** 마이크로 일반화와 이해 1에서의 일반화를 재검토한다. 이 일반화는 산업화를 겪은 다른 나라의 상황에도 적용되는가?

Concept-Based
Inquiry in
Action

참고문헌

Alfieri, L., Brooks, P., Aldrich, N., & Tenenbaum, H. (2011). Does discovery-based instruction enhance learning? *Journal of Educational Psychology*, *103*(1), 1-18. http://dx.doi.org/10.1037/a0021017

Andrews, G., Woodruff, E., MacKinnon, K., & Yoon, S. (2003). Concept development for kindergarten children through a health simulation. *Journal of Computer Assisted Learning*, *19*(2), 209-219. http://dx.doi.org/10.1046/j.0266-4909.2003.00021.x

Baddeley, A., & Hitch, G. (1974). *Working memory* (pp. 47-89). New York, NY: Academic Press.

Berger Kaye, C. (2010). *The complete guide to service learning*. Minneapolis, MN: Free Spirit Pub.

Bjorklund, D., Miller, P., Coyle, T., & Slawinski, J. (1997). Instructing children to use memory strategies: Evidence of utilization deficiencies in memory training studies. *Developmental Review*, *17*(4), 411-441. http://dx.doi.org/10.1006/drev.1997.0440

Bransford, J. (2000). *How people learn*. Washington, DC: National Academies Press.

Bransford, J., & Schwartz, D. (1999). Rethinking transfer: A simple proposal with multiple implications. *Review of Research in Education*, *24*, 61. http://dx.doi.org/10.2307/1167267

Bruner, J. (1961). The act of discovery. *Harvard Educational Review*, *31*, 21-32.

Bruner, J. (1966). *Toward a theory of instruction*. Cambridge, MA: Belknap Press.

Carey, S. (1987). *Conceptual change in childhood*. Cambridge, MA: MIT Press.

Claxton, G., Chambers, M., Powell, G., & Lucas, B. (2011). *The learning-powered school*. Bristol, UK: TLO.

DeLoura, M. (2013). *Games that can change the world*. *The White House*. Retrieved from https://obamawhitehouse.archive.gov/blog/2013/12/13/games-can-change-world

Dewey, J. (1938). *Experience and education*. New York, NY: Collier.

Duke, N. (2000). 3.6 minutes per day: The scarcity of informational texts in first grade. *Reading Research Quarterly*, *35*(2), 202-224. http://dx.doi.org/10.1598/rrq.35.2.1

Durkin, M. (1993). *Thinking through class discussion*. Lancaster, PA: Technomic Pub.

Dweck, C. (2012). *Mindset*. London, UK: Robinson.

Elkonin, D. (2005). The psychology of play. *Journal of Russian and East European Psychology*, *43*(1), 11–21.

Ellen MacArthur Foundation. (2016). *Lesson 2: Exploring the circular economy* (pp. 1–13). Retrieved from https://www.ellenmacarthurfoundation.org/assets/downloads/Schools-Colleges-WLLLesson-Plan-2-V2.pdf

Erickson, H. (1995). *Stirring the head, heart, and soul*. Thousand Oaks, CA: Corwin.

Erickson, H. (2007). *Concept-based curriculum and instruction for the thinking classroom*. Thousand Oaks, CA: Corwin.

Erickson, H., & Lanning, L. (2014). *Transitioning to concept-based curriculum and instruction*. Thousand Oaks, CA: Corwin.

Erickson, H., Lanning, L., & French, R. (2017) *Concept-based curriculum and instruction for the thinking classroom*. Thousand Oaks, CA: Corwin.

Fisher, D., & Frey, N. (2014). *Checking for Understanding*. Alexandria, VA: ASCD.

Flavell, J., Miller, P., & Miller, S. (2002). *Cognitive development*. Upper Saddle River, NJ: Prentice Hall.

Gabora, L., Rosch, E., & Aerts, D. (2008). Toward an ecological theory of concepts. *Ecological Psychology*, *20*(1), 84–116. http://dx.doi.org/10.1080/10407410701766676

Gagné, R. (1965). The learning of concepts. *The School Review*, *73*(3), 187–196. http://dx.doi.org/10.1086/442739

Geertsen, H. (2003). Rethinking thinking about higher-level thinking. *Teaching Sociology*, *31*(1), 1. http://dx.doi.org/10.2307/3211421

Gerrig, R., & Zimbardo, P. (2002). *Glossary of psychological terms*. *American Psychological Association*. Retrieved December 11, 2017, from http://www.apa.org/research/action/glossary.aspx

Harlen, W., & Jelly, S. (1997). *Developing primary science* (2nd revised ed.). London, UK: Longman.

Harris, T., & Hodges, R. (1995). *The literacy dictionary*. Newark, DE: International Reading Association.

Hattie, J. (2010). *Visible learning*. London, UK: Routledge.

Hattie, J., & Timperley, H. (2007). The power of feedback. *Review of Educational Research*, *77*(1), 81–112. http://dx.doi.org/10.3102/003465430298487

Hawkins, D. (1974). *The informed vision*. New York, NY: Agathon Press.

Ingram, J., & Elliott, V. (2015). A critical analysis of the role of wait time in classroom interactions and the effect on student and teacher interactional behaviour. *Cambridge Journal of Education*, *46*(1), 37–53.

International Baccalaureate Organization. (2009). *Making the Primary Years Programme Happen*. Cardiff, UK.

ISTE Standards for Students. (2016). ISTE. Retrieved from https://www.iste.org/standards/for-students

Jonassen, D. (2006). On the role of concepts in learning and instructional design. *Educational Technology Research and Development*, *54*(2), 177–196. http://dx.doi.org/10.1007/s11423-006-8253-9

Juliani, A. (2014). *Inquiry and innovation in the classroom*. New York: Routledge.

Kaplan, A. (2008). Clarifying metacognition, self-regulation, and self-regulated learning: What's the purpose? *Educational Psychology Review*, *20*(4), 477–484. http://dx.doi.org/10.1007/s10648-008-9087-2

Keil, F. (1992). *Concepts, kinds, and cognitive development*. Cambridge, MA: MIT Press.

Kirschner, P., Sweller, J., & Clark, R. (2006). Why minimal guidance during instruction does not work: An analysis of the failure of constructivist, discovery, problem-based, experiential, and inquiry-based teaching. *Educational*

Psychologist, 41(2), 75-86. http://dx.doi.org/10.1207/s15326985ep4102_1

Klassen, R. (2002). A question of calibration: A review of the self-efficacy beliefs of students with learning disabilities. *Learning Disability Quarterly, 25*(2), 88-102. http://dx.doi.org/10.2307/1511276

Lan, W., Repman, J., & Chyung, S. (1998). Effects of practicing self-monitoring of mathematical problem-solving heuristics on impulsive and reflective college students' heuristics knowledge and problem-solving ability. *The Journal of Experimental Education, 67*(1), 32-52. http://dx.doi.org/10.1080/00220979809598343

Lanning, L. (2012). *Designing a concept-based curriculum for English language arts.* Thousand Oaks, CA: Sage.

Larkin, S. (2014). *Metacognition in young children.* Johanneshov: MTM.

Lindfors, J. (1999). *Children's inquiry.* New York, NY: Teachers College, Columbia University.

Lynch, S., & Warner, L. (2008). Creating lesson plans for all learners. *Kappa Delta Pi Record, 45*(1), 10-15. http://dx.doi.org/10.1080/00228958.2008.10516525

Margulies, N., & Valenza, C. (2005). *Visual thinking: Tools for mapping your ideas.* Bethel, CT: Crown House Publishing.

Markle, S., & Tiemann, P. (1970). "Behavioral" analysis of "cognitive" content. *Educational Technology, 10*, 41-45.

Markman, E. (1991). *Categorization and naming in children.* Cambridge, MA: MIT Press.

Marks Krpan, C. (2017). *Teaching math with meaning: Cultivating self-efficacy through learning competencies.* Toronto, ON: Pearson Education Canada.

Martin-Hansen, L. (2002). Defining inquiry. *The Science Teacher, 69*(2), 34-37.

Mayer, R. (2011). *Applying the science of learning.* Boston, MA: Pearson/Allyn & Bacon.

Medina, J. (2014). *Brain Rules.* Seattle, WA: Pear Press.

Merkt, M., Weigand, S., Heier, A., & Schwan, S. (2011). Learning with videos vs. learning with print: The role of interactive features. *Learning and Instruction.* http://dx.doi.org/10.1016/j.learninstruc.2011.03.004

Moline, S. (2012). *I see what you mean.* Portland, ME: Stenhouse Publishers.

Murdoch, K. (1998). *Classroom connections.* Armadale, Victoria, Australia: Eleanor Curtain Pub.

National Research Council. (2000). *Inquiry and the National Science Education Standards: A Guide for Teaching and Learning.* Washington, DC: The National Academies Press. https://doi.org/10.17226/9596

National Science Teachers Association. (2008). *Live animals and dissection: An NSTA position statement. National Science Teachers Association.* Retrieved from http://www.nsta.org/about/positions/animals.aspx

Ness, M., & Kenny, M. (2015). Improving the quality of think-alouds. *The Reading Teacher, 69*(4), 453-460. http://dx.doi.org/10.1002/trtr.1397

Novak, J. (2002). Meaningful learning: The essential factor for conceptual change in limited or inappropriate propositional hierarchies leading to empowerment of learners. *Science Education, 86*(4), 548-571. http://dx.doi.org/10.1002/sce.10032

Novak, J. (2012). *Learning, creating, and using knowledge.* New York, NY: Routledge.

Olson, S., & Loucks-Horsley, S. (2000). *Inquiry and the National Science Education Standards.* Washington, DC: National Academies Press.

Perkins, D. N., & Salomon, G. (1992). Transfer of learning. *International Encyclopedia of Education, Second Edition.* Oxford, England: Pergamon Press. Retrieved April 13, 2018, from https://www.researchgate.net/file.PostFileLoader.html?id=539ccac5d039b1b6438b460b&assetKey=AS%3A273546285125640%401442229925004

Piaget, J. (1950). *The Psychology of Intelligence* (1st ed.). London, UK: Routledge.

Piaget, J., & Cook, M. (1952). *The origins of intelligence in children*. New York, NY: International University Press.

Porter-O'Donnell, C. (2004). Beyond the yellow highlighter: Teaching annotation skills to improve reading comprehension. *The English Journal, 93*(5), 82-89.

Ramdass, D., & Zimmerman, B. (2008). Effects of self-correction strategy training on middle school students' self-efficacy, self-evaluation, and mathematics division learning. *Journal of Advanced Academics, 20*(1), 18-41. http://dx.doi.org/10.4219/jaa-2008-869

Rawson, K., Thomas, R., & Jacoby, L. (2015). The power of examples: Illustrative examples enhance conceptual learning of declarative concepts. *Educational Psychology Review, 27*(3), 483-504. http://dx.doi.org/10.1007/s10648-014-9273-3

Resnick, L. (1995). From aptitude to effort: A new foundation for our schools. *Daedalus, 124*(4), 55-62.

Rosch, E. (1999). What are concepts? *Contemporary Psychology, 44*(5), 416-417. http://dx.doi.org/10.1037/002085

Ross, B., & Spaulding, T. (1994). Concepts and categories. In R. Sternberg (Ed.), *Thinking and problem solving* (pp. 119-148). New York, NY: Academic Press.

Sackes, M., Trundle, K., & Flevares, L. (2009). Using children's literature to teach standard-based science concepts in early years. *Early Childhood Education Journal, 36*(5), 415-422. http://dx.doi.org/10.1007/s10643-009-0304-5

Salomon, G., & Perkins, D. (1989). Rocky roads to transfer: Rethinking mechanism of a neglected phenomenon. *Educational Psychologist, 24*(2), 113-142. http://dx.doi.org/10.1207/s15326985ep2402_1

Salomon, G., & Perkins, D. (1998). Individual and social aspects of learning. *Review of Research in Education, 23*, 1. http://dx.doi.org/10.2307/1167286

Savitch, W. (1984). *Pascal, an introduction to the art and science of programming*. Redwood City, CA: Benjamin/Cummings Pub. Co.

Schwan, S., & Riempp, R. (2004). The cognitive benefits of interactive videos: Learning to tie nautical knots. *Learning and Instruction, 14*(3), 293-305. http://dx.doi.org/10.1016/j.learninstruc.2004.06.005

Seixas, P., & Morton, T. (2012). *The big six historical thinking concepts*. Canada: Nelson Canada.

Shelley, A., & Thomas, P. (1996). Using metacognitive strategies to enhance learning in the English classroom. *The New England Reading Association Journal, 32*, 3-6.

Short, K. (2009). Inquiry as a stance on curriculum. In S. Davidson & S. Carber, *Taking the PYP forward* (pp. 11-26). Woodbridge, UK: John Catt Educational.

Stanford University. (2013). *Principles for ELL Instruction. Stanford University: Understanding Language*. Retrieved from http://ell.stanford.edu/content/principles-ell-instruction-january-2013

Suchman, J. (1965). The motivation to inquire. *The Instructor*, October, 26-28.

Suchman, J. (1966). A model for the analysis of inquiry. In Herbert J. Klausmeier and Chester W. Harris (Eds.), *Analysis of Concept Learning*. New York, NY: Academic Press.

Swartz, R., & Parks, S. (1994). *Infusing the teaching of critical and creative thinking in elementary grades*. Pacific Grove, CA: Critical Thinking Press and Software.

Taba, H. (1965). The teaching of thinking. *Elementary English, 42*(5), 534-542.

Tsamir, P., Tirosh, D., & Levenson, E. (2008). Intuitive nonexamples: The case of triangles. *Educational Studies in Mathematics, 69*(2), 81-95.

UNESCO. (2008). *Mother tongue matters: Local language as a key to effective learning*. Paris, France: UNESCO.

United Nations Sustainable Development Goals, Goal #14: Life Under Water. (2015). Retrieved from http://www.undp.org/content/undp/en/home/sustainable-development-goals/goal-14-life-below-water.html

Vygotsky, L. (2004). Imagination and creativity in childhood. *Journal of Russian and East European Psychology*, *42*(1), 7-97.

Wadsworth, B. (2004). *Piaget's theory of cognitive and affective development*. New York, NY: Pearson.

Wang, J., & Lin, S. (2008). Examining reflective thinking: A study of changes in methods students' conceptions and understandings of inquiry teaching. *International Journal of Science and Mathematics Education*, *6*(3), 459-479. http://dx.doi.org/10.1007/s10763-007-9085-8

Wiggins, A. (2017). *The best class you never taught*. Alexandria, VA: ASCD.

Wiggins, G. (1990). *The case for authentic assessment*. Washington, DC: U.S. Department of Education, Office of Educational Research and Improvement, Educational Resources Information Center.

Wiggins, G., & McTighe, J. (2008). *Understanding by design*. Alexandria, VA: ASCD.

Wilkerson-Jerde, M., Gravel, B., & Macrander, C. (2015). Exploring shifts in middle school learners' modeling activity while generating drawings, animations, and computational simulations of molecular diffusion. *Journal of Science Education and Technology*, *24*(2-3), 396-415. http://dx.doi.org/10.1007/s10956-014-9497-5

Zywica, J., & Gomez, K. (2008). Annotating to support learning in the content areas: Teaching and learning science. *Journal of Adolescent & Adult Literacy*, *52*(2), 155-165. http://dx.doi.org/10.1598/jaal.52.2.6

Concept–Based
Inquiry in
Action

찾아보기

내용

저자 소개

칼라 마샬(Carla Marschall)은 유아원부터 12학년까지의 커리큘럼을 개발하고 실행했던 경험이 풍부하며, 지난 10년간 스위스, 독일, 홍콩의 IB 학교에서 다양한 커리큘럼 리더십 역할을 담당했다. 현재는 싱가포르의 유나이티드 월드 칼리지 사우스 이스트 아시아의 교감이자 커리큘럼 개발 및 리서치 학장으로 일하고 있다.

칼라는 린 에릭슨의 '개념 기반 커리큘럼과 학습'의 공인된 컨설턴트이며, IB 워크숍 리더로서 린 에릭슨, 레이철 프렌치와 함께 또는 독립적으로 전 세계에서 개념 기반 워크숍을 진행해 왔다. 또한 칼라는 개념 기반 탐구학습을 개발하는 데 관심이 있는 학교들과도 직접적으로 일하고 있다.

칼라는 컬럼비아 대학교 내 교육대학원에서 초등교육 석사학위를 취득하였고, 런던 대학교의 교육기관에서 응용교육 리더십 및 경영 분야에서 석사학위를 취득했다.

레이철 프렌치(Rachel French)는 교육 컨설턴트이자 강사이며, 교육학 석사를 취득하였다. 레이철은 워크숍 및 지속적인 컨설팅을 통해 전 세계 많은 학교들이 개념 기반 탐구를 계획하고 실행할 수 있도록 돕고 있다. 또한 레이철은 커리큘럼을 개발하는 교사들을 지도하고 피드백을 제공한다. IB 프로그램과 개념 기반 탐구학습을 잘 결합하는 데 경험이 많다.

레이철은 유럽, 오세아시아, 아프리카 그리고 남아메리카의 국제학교에서 교사로도 일한 경험이 있다. 린 에릭슨, 로이스 래닝과 함께 공인된 독립 컨설턴트이자, 강사, 트레이너이기도 한 그녀는 에릭슨, 래닝, 마샬과 함께 세계 여러 곳에서 워크숍을 개최했다.

레이철은 프로페셔널 러닝 인터내셔널(PLI) 디렉터이며, PLI는 국제학교 및 교사들이 전문성을 개발할 수 있도록 돕는 기관이다. PLI를 통해 레이철 프렌치는 현재 에릭슨과 래닝의 개념 기반 커리큘럼 학습의 트레이너와 강사 양성 과정을 제공하고 있다.

칼라 마샬과 레이철 프렌치는 커넥트 닷 인터내셔널이라는 컨설팅 회사를 창립하여 개념 기반 탐구에 관심을 가지고 이를 실행하려는 학교와 교사들을 지원하고 있다. 회사 웹 사이트는 이 책에 소개된 동영상이나 다운로드 받을 수 있는 템플릿, 단원 계획서 등을 포함한 다양한 자료들을 제공하고 있다.

더 자세한 사항은 www.connectthedotsinternational.com에서 찾아볼 수 있다.

회원으로 가입하면 다른 교사들이 실행하는 개념 기반 학습에 대해 더 많은 정보를 볼 수 있다.

www.connectthedotsinternational.com/members-only

일러스트레이터 소개

안드레아 모스텔라(Andrea Mosteller)는 교육자이며 아티스트이다. 안드레아는 오스틴에 있는 텍사스 주립대학교에서 공부하였고, 학위 취득의 한 과정으로 단편 애니메이션을 제작하기도 했다. 졸업 후 올랜도 월트 디즈니 월드에서 청소년 프로그램 지도자로 일하면서 유치원에서 12학년 학생들을 대상으로 하는 체험학습을 개발하고 지도했다.

더 넓은 세상을 경험하고 여행하고 싶은 열망으로 안드레아는 반려견 빈과 함께 독일의 비스바덴으로 이주하여 IB 학교인 프랑크푸르트 국제학교의 PYP 교사로 일했다. 10년의 초등학교 교사 경험이 있다.

탐구를 통한 예술과 교육에 대한 안드레아의 열정이 이 책의 일러스트에 잘 담겨 있다.

이메일: me@andreamosteller.com
웹 사이트: andreamosteller.com

역자 소개

신광미(Shin, Kwangmi Kim)

충남대학교 영어영문학 학사

Johns Hopkins University 교육대학원 영어교육 석사

IB 학교 인증 방문 팀 리더 및 컨설턴트

IB 워크숍 리더

전 미국 메릴랜드주 K-12 ELL 교사

현 대전외국인학교 PYP ELL 프로그램 코디네이터/교사

강현석(Hyeon-Suk, Kang)

경북대학교 사범대학 교육학과

경북대학교 대학원 교육학 석사(교육과정 및 수업 전공)

경북대학교 대학원 교육학 박사(교육과정 및 수업 전공)

Univ. of Wisconsin-Madison Post-Doc. 및 연구원 역임

한국대학교육협의회 선임연구원

현 경북대학교 교육학과 교수

    한국교육학회 및 한국교육과정학회 부회장

    한국내러티브교육학회 회장

생각하는 교육과정과 수업을 위한

개념 기반 탐구학습의 실천

전이 가능한 이해의 촉진전략

Concept-Based Inquiry in Action:
Strategies to Promote Transferable Understanding

2021년 9월 15일 1판 1쇄 발행
2024년 1월 25일 1판 6쇄 발행

지은이 • Carla Marschall · Rachel French
옮긴이 • 신광미 · 강현석
펴낸이 • 김 진 환
펴낸곳 • (주) **학 지 사**
　　　　04031 서울특별시 마포구 양화로 15길 20 마인드월드빌딩 5층
대표전화 • 02) 330-5114　　팩스 • 02) 324-2345
등록번호 • 제313-2006-000265호

홈페이지 • http://www.hakjisa.co.kr
인스타그램 • https://www.instagram.com/hakjisabook/

ISBN 978-89-997-2505-0 93370

정가 **22,000원**

출판미디어기업 **학 지 사**
간호보건의학출판 **학지사메디컬** www.hakjisamd.co.kr
심리검사연구소 **인싸이트** www.inpsyt.co.kr
학술논문서비스 **뉴논문** www.newnonmun.com
원격교육연수원 **카운피아** www.counpia.com